고려 사회와 밀교

KB191497

본 불교연구총서는 사단법인 불교학연구지원사업회에서 추진하는 교육불사의 일환으로 불교학의 학문적 발전을 위한 시도로 기획된 것입니다. 사단법인 불교학연구지원사업회는 불교를 연구하는 소장학자를 위해 스님들과 신도들이 뜻을 한데 모아 설립한 단체입니다.

고려 사회와 밀교

김수연 지음

불교연구총서 ⑱

씨아이알

아지랑이 같은 고려시대 밀교사, 그 형태를 찾아

'밀교'는 상상력을 자극하는 단어이다. 단어에서 느껴지는 비밀스러움, 장엄하고 화려한 의례, 의미를 알 수 없는 다라니, 독특하고 다양한 만다라, 낯설고 기괴한 모습의 불보살 등 베일에 가려진 듯 신비로우면서도 원색적이며, 경우에 따라 에로틱한 느낌마저 풍긴다. 밀교라는 단어가 가지는 뉘앙스 때문에 사이비 종교라는 오해를 사기도 한다. 그러나 밀교는 다양한 불교사상의 한 흐름이며, 한국에서는 신라시대 이래로 계속 신앙되어 왔다. 특히 밀교는 다른 어떤 사상보다도 현실과 밀접하게 소통하며 시대상·사회상에 민감하게 반응하기 때문에 사회를 이해하는 중요한 키워드라고 생각하였다.

고려시대 밀교사를 공부를 하면서, 밀교란 무엇인가, 우리나라에도 밀교가 있었는가, 어떻게 밀교 공부를 시작하게 되었는가, 밀교 신자인가 등 많은 질문을 받아 왔다. 그만큼 밀교는 우리에게 거리감이 있는 연구 주제이다. 필자가 밀교사 공부를 시작하게 된 것도 우연인 듯 필연이었던 것 같다. 밀교가 무엇인지 모른 상태에서 석사 1학기 첫 발표 주제로『삼국유사』「혜통항룡」조를 선택하면서부터 밀교에 관심을 가지기 시작하였다. 공부를 계속하며 고려시대로 관심이 옮겨갔지만, 밀교라는 키워드는 놓지 못했다. 혜통에서부터 시작된 관심은 다라니 신앙과 의례로 확장되었다. 사회 속에서 숨 쉬고 신자들과 직접적·직관적으로 소통한다는 신앙의 성격 때문에 더 큰 매력을 느꼈던 것 같다.

이 책은 필자의 박사학위 논문인 『고려시대 밀교사 연구』를 수정·보완한 것이다. 필자가 고려시대 밀교사 공부를 처음 시작할 때 느꼈던 밀교에 대한 인상은 모든 신앙과 연결되어 있지만 명확한 형태가 없는 아지랑이 같은 것이었다. 고려시대 밀교사 관련 자료는 적지 않지만 그 자료들은 스스로의 이야기를 하지 않는다. 단순한 실행 사실을 전하거나 이해할 수 없는 다라니가 나열되어 있는 등 단편적인 자료가 여러 곳에 산재해 있는 형국이다. 이 자료들을 체계적으로 배치, 배열하여 그들의 목소리를 내도록 조율하고 의미를 찾는 것이 연구자의 역할인 것 같았다. 아지랑이 같은 고려시대 밀교사가 형태를 찾을 수 있도록 구도와 틀을 만들어 보고 싶었다.

박사학위 논문에서는 이들 자료를 종파, 경전, 의례의 세 축을 중심으로 배치하여 고려시대 밀교신앙의 성격과 특징을 도출하고자 하였다. 이는 개별적인 사상과 신앙에 대한 선학들의 연구가 충분히 쌓여 있었기 때문에 가능한 것이었다. 다양한 문제의식과 목적을 안고 시작한 연구였고 박사학위 논문과 이 책의 출간으로 연구 단계의 한 단락을 짓고자 한다. 그러나 연구 과정에서 그릇된 해석과 과장된 의미 부여가 있지 않을까 항상 걱정스럽다. 현재까지 진행한 연구들을 더 다듬고 발전시키며, 새로운 자료들을 놓치지 않고 고려시대 밀교사상과 신앙 속에 녹여 내는 것을 앞으로의 과제로 삼고자 한다.

이 책이 나오기까지는 많은 분들의 응원과 도움이 있었다. 숨이 긴 공부를 하는 필자를 재촉하지 않고 기다려 주며 지치지 않도록 도닥여 주었던 가족들에게 진심으로 감사한다. 그리고 학부생 시절부터 석사, 박사를 거쳐 한 명의 연구자로 거듭날 수 있도록 하나하나 가르치고 이끌어주신 지도교수 김영미 선생님께 깊은 존경과 감사를 드린다. 여러 가지로 부족한 필자를 가르쳐 주신 모교의 은사님들과 연구에 많은 조언을 해 준 든든한 선후배들, 이 책의 출간을 응원해 준 국사편찬위원회의 동료 선생님들께도 감사를 전한다. 이 책이 출간될 수 있었던 것은 (사)불교학연구지원사업회의 불교소장학자 지원 사업 덕분이다. 책이 출간될 때까지 관심을 가지고 독려해 주신 사업회 관계자 분들과 도서출판 씨아이알 출판부의 여러 분들에게 감사의 인사를 드린다.

목차

표 목차

제 1 장

머리말

1. 연구 목적과 연구 현황
2. 연구 범위와 연구 방법

1.

깨달음의 추구에서 시작된 불교는 교세^{敎勢}의 확장과 더불어 다양한 사회·문화적 요소들을 흡수하며 변모해 갔다. 그 과정에서 불교를 수용하는 사회가 불교 사상 및 신앙에 영향을 미치고, 그 결과로서 형성된 불교 사상 및 신앙이 다시 사회에 영향을 미치는 순환적 구조를 보인다. 따라서 불교사 연구에서는 이러한 시공간적 변화상과 상호작용을 탐구하는 작업이 수반되어야 한다.

불교의 다양한 사상과 신앙 가운데, 사회와의 상호작용이 가장 활발한 것은 밀교일 것이다. 밀교란 비밀불교^{秘密佛敎}를 줄인 말로, 현교^{顯敎}의 상대 개념이다. 현교는 겉으로 드러나 있는 가르침이라는 의미인데 석가모니^{釋迦牟尼}에 의한 설법이나 문자를 통한 가르침을 지칭한다. 반대로 밀교에서는 언어·문자에 의한 설법만으로는 깨달음을 얻을 수 없고 깨달음은 직관에 의해서만 체득된다고 본다. 따라서 언어·문자로 교리의 내용을 파고들기보다는 주문을 외우고 수인^{手印}을 맺으며 관법^{觀法} 수행을 하여 깨달음을 얻고자 한다. 인도에서 밀교가 교학적으로 체계화되는 것은 7세기 중반 이후의 일이다. 그러나 그 이전에도 대승불교 내에서 주문을 핵심 내용으로 하는 다라니경^{陀羅尼經}이 등장하면서 체계적인 밀교 성립의 기반을 닦았다.

체계화되기 이전과 이후를 막론하고 밀교는 신비적, 주술적, 의례 중심 등의 단어로 표현되곤 한다. 밀교가 담당하던 사상적·사회적 역할도 이러한 측면에 있었다. 밀교는 주술과 관련된 신앙을 포함하기 때문에 현세 기복을 바라는 신자들의 욕구에 즉각적이고 직접적으로 반응할 수 있었고, 어려운 사상이나 교학이 극복하지 못했던 대중신앙의 한계 상황을 해결해 주었다.[1] 또 밀교의 신비적 체험과 정교하게 짜인 장엄한 의례는 신앙심을 심화시켰다. 이에 위정자들은 사회적 혼란으로 흩어진 민심을 밀교 의례를 통해 극복하고자 하기도 하였다.

한국사 내에서도 밀교의 이러한 측면은 주목을 받았다. 특히 고려시대에는 다수의 국가적 밀교의례가 개설되었고 밀교경전의 간행과 유통, 염송 등 다양한 밀교신앙 사례가 남아 있다. 또한 밀교종파가 성립되어 국가적·사회적으로 다각적인 활동을 전개하기도 하였다. 이들 자료를 통해 고려시대의 밀교사상과 신앙뿐 아니라 그 속에 반영되어 있는 정치·사회상을 엿볼 수 있다. 고려시대에는 다른 어떤 시대보다 밀교가 사회 전반에 걸쳐 영향을 미치며 사회와 소통하고 있었기 때문에, 밀교는 고려 사회를 이해하는 중요한 키워드 가운데 하나이다.

한국의 밀교사 연구는 1917년 권상로權相老의 『조선불교약사朝鮮佛教略史』와 1918년 이능화李能和의 『조선불교통사朝鮮佛教通史』에서 비롯된다. 권상로는 『조선불교약사』에서 밀본密本, 명랑明朗, 혜통惠通 등 밀교승려의 활동을 기술하였다. 아울러 부록 「제종종요諸宗宗要」에서 중국의 13개 종파에 따라 한국의 종파를 소개하며, 진언종眞言宗으로 신인종神印宗과 총지종摠持宗을 설명하였다. 이능화는 『삼국유사三國遺事』 신주편神呪篇을 언급하며 신인종과 총지종을 밀교종파로 이해하고 있다. 이후 이들은 밀교의 양대 종파로 받아들여지면서 밀교 연구의 중심 주제가 되었고, 이들 종파가 고려시대에도 지

---

1)   서윤길, 1993, 『高麗密教思想史研究』, 불광출판부, 13쪽.

속적으로 활동을 하고 있었음이 밝혀졌다. 고려시대 밀교 연구가 본격적으로 심화된 것은 불교학계에서 연구 성과가 나오기 시작한 1970년대 후반 이후부터이다. 연구는 고려시대 밀교를 구성하고 그 성격을 규정한다고 여겨지는 다양한 소재들을 중심으로 전개되었다. 그 소재들이란 밀교 종파, 신앙, 의례, 경전 등을 가리킨다.

우선 밀교종파는 밀교사 분야의 고전적 연구 주제이다. 한국의 밀교종파로 총지종과 신인종이 존재한다는 의견에는 연구자 대부분이 동의한다. 또한 각 종파의 성격에 대해, 신인종은 문두루비법^{文豆婁秘法}을 전개하며 호국적 활동을 주로 하고, 총지종은 다라니 염송을 통한 개인 치병을 주로 하였다고 보는 것에도 이견이 없다. 밀교종파 연구에서 가장 큰 논쟁점은 종파의 성립 시기이다. 밀교종파의 신라 중대 성립설과 고려 성립설이 대립하는 양상이다. 지금까지는 총지종과 신인종을 신라시대에 성립하여 조선 초까지 지속되었던 종파로 보고 그 활동과 성격을 규명하는 연구가 다수를 점한다. 밀교종파 신라 성립설을 주장하는 연구들은 신라 불교 속에 보이는 밀교적 요소들을 고찰하면서 이것이 신인종·총지종 개창의 배경이 되었다고 보거나,[2] 신인종과 총지종의 사상에 개별적으로 천착하여 이들 종파가 가지는 밀교적 성격을 고찰하는 연구들로 나뉜다.[3] 이들 두

---

[2] 權相老, 1917,『朝鮮佛教略史』, 京城: 新文館 ; 李能和, 1918,『朝鮮佛教通史』, 京城: 新文館 ; 前田聽瑞, 1919,「初期 朝鮮密教 私考」,『密教研究』12 ; 權相老, 1929,「神印宗과 摠持宗 -朝鮮에서 自立한 宗派의 其五」,『佛教』59 ; 朴泰華, 1965,「新羅時代의 密教 傳來考」,『曉城 趙明基博士 華甲紀念 佛教史學論叢』, 동국대출판부 ; 金在庚, 1978,「新羅의 密教 受容과 그 性格」,『大丘史學』14 ; 洪潤植, 1980,「三國遺事와 密教」,『東國史學』14 ; 정태혁, 1981,「韓國佛教의 密教的 性格에 대한 考察」,『佛教學報』18 ; 朴泰華, 1986,「神印宗과 摠持宗의 開宗 및 發展過程攷」,『韓國密教思想研究』, 동국대출판부 ; 文梨花, 1987,「新羅時代 佛教의 密教的 展開에 對한 考察」, 원광대 사학과 석사학위논문 ; 鄭濟奎, 1989,「統一新羅의 佛教信仰 變遷 小考 -密教的 特性을 中心으로」,『史學志』22-1 등.
[3] 신인종을 대상으로 삼은 연구는 다음이 대표적이다.
    文明大, 1976,「新羅 神印宗의 研究 -新羅密教와 統一新羅社會」,『震檀學報』41 ; 宗釋(전동혁), 1992,「密教의 受容과 그것의 韓國的 展開(1)」,『중앙승가대학 교수 논문집』2 ; 조원영, 2001,「新羅 中代 神印宗의 成立과 그 美術」,『釜山史學』40·41 ; 김복순, 2011,「『삼

연구 내용은 상호 보완적인 것으로, 밀교가 신라 불교의 흐름에서 동떨어진 것이 아니며 신비주의적이고 주술적인 성격이 강하지만 불교 교학에 바탕을 두고 있음을 보여주고 있다. 한편, 신인종과 총지종이 종파로 성립된 것은 고려 초라는 시각에서는[4] 『삼국유사』의 밀교종파 관련 내용이 종파 성립을 의미하지 않는다는 주장이 중심을 이룬다. 또 다른 한편에서는 신인종은 신라시대에 종파로 성립하였다고 인정하지만, 총지종에 대해서는 의심하거나 판단을 보류하는 의견도 있다.[5]

이상과 같이 밀교종파 성립과 관련된 논의들은 주로 신라시대를 대상으로 하고 있다. 이는 『삼국유사』 신주편이라는 자료가 있기 때문이며 고

국유사』'명랑신인'조의 구성과 신인종 성립의 문제」, 『新羅文化祭學術論文集』 32 등. 총지종을 대상으로 삼은 대표적인 연구는 다음과 같다.

呂聖九, 1992, 「惠通의 生涯와 思想」, 『擇窩許善道先生停年紀念 韓國史學論叢』, 일조각 ; 종석(전동혁), 1995, 「밀교의 수용과 그것의 한국적 전개(2) -밀교종파 총지종의 형성과 전개」, 『중앙승가대학 교수 논문집』 4 ; 하정룡, 2002, 「『三國遺事』神呪第六 惠通降龍條와 新羅密敎」, 『회당학보』 7 ; 金淵敏, 2012, 「『三國遺事』惠通降龍條의 전거자료와 기년문제」, 『韓國史學史學報』 25 등.

[4] 高翊晉, 1989, 「初期密敎의 發展과 純密의 受容」, 『韓國古代佛敎思想史』, 동국대학교출판부 ; 서윤길, 1993, 「神印・摠持宗의 開立과 展開」, 『高麗密敎思想史研究』, 불광출판부 ; 徐閏吉, 1994, 「密敎宗派의 成立과 그 展開」, 『韓國密敎思想史研究』, 불광출판부 ; Henrik H. Sørensen, "On the Sinin and Ch'ongji Schools and the Nature of Esoteric Buddhist Prantice under the Koryŏ", *International Journal of Buddhist Thought & Culture* Vol. 5, 2005 ; 서윤길, 2006, 「고려 밀교신앙의 전개와 그 특성」, 『한국밀교사상사』, 운주사.
金淵敏, 2012, 「『三國遺事』惠通降龍條의 전거자료와 기년문제」에서는 『삼국유사』 신주편의 설정 목적이 고려시대 총지종을 존중하기 위해서이고, 「혜통항룡」조의 전거가 되는 『三和尙傳』의 작성 시기가 9세기보다 올라가지 않는다고 주장한다. 총지종의 성립 시기에 대해서 명확히 밝히고 있지는 않지만, 신라 중기 성립설에는 반대의 입장을 보이고 있다.
한편, 신라를 교학불교의 시대로 보고 종파는 고려가 되어서야 성립한다고 주장하는 연구에서 신인종이 주장의 논거 가운데 하나로 제시되기도 하였다. 여기에 해당하는 논문은 다음과 같다. 金煐泰, 1979, 「五敎九山에 대하여 -新羅代 成立說의 不當性 究明」, 『佛敎學報』 16 ; 安啓賢, 1980, 「三國遺事와 佛敎宗派」, 『新羅文化祭學術論文集』 1 ; 許興植, 1997, 「宗派의 起源에 대한 試論」, 『高麗佛敎史研究』, 一潮閣.

[5] 조원영, 2001, 「新羅 中代 神印宗의 成立과 그 美術」 ; 金淵敏, 2017, 『新羅 密敎思想史 研究』, 국민대 국사학과 박사학위논문.

려시대 밀교종파에 관한 연구는 자료적 한계 때문에 많지 않다. 그러나 적은 자료를 재구성해 고려시대 밀교종파의 활동과 사상의 일 단면이 복원되었다.[6] 고려시대 신인종 소속 사찰을 추적하고 국왕의 신인종 사찰 친행親行 양상을 분석하여 그 성격을 도출한 연구도 있고,[7] 『조선왕조실록』 기록을 활용해 고려 후기 총지종의 성격을 찾아보고자 한 연구도 있다.[8]

한편 고려시대 밀교의 교학이나 사상에 관한 연구는 거의 없다. 고려시대 밀교사상의 내용을 직접적으로 알 수 있는 자료가 없다는 한계 때문에 교학의 구체상을 밝히거나 사상을 체계화시키는 연구가 진행되지 못한 것이다. 그러나 고려대장경高麗大藏經과 의천義天의 『신편제종교장총록新編諸宗教藏總錄』에 수록되어 있는 밀교경전 및 장소章疏가 정리되면서 고려시대 밀교사상 전개의 경전적 배경이 소개되었다.[9] 또한 『밀교대장密教大藏』의 현존 유물이 발견되어 경전 분석이 이루어졌고,[10] 금강계종자만다라金剛界種子曼茶羅나 37존尊, 『범서총지집梵書摠持集』 등의 자료를 통해 고려시대에 성불을 지향하는 체계화된 밀교 사상이 수용되었음을 고찰한 연구들도 나왔다.[11] 이들은 신앙의 측면에 주로 치우쳐 있는 고려시대 밀교 연구 경향

6)   宗釋(전동혁), 1992, 「密教의 受容과 그것의 韓國的 展開(1)」; 서윤길, 1993, 「神印·摠持宗의 開立과 展開」; 종석(전동혁), 1995, 「밀교의 수용과 그것의 한국적 전개(2)」; 서윤길, 2006, 「고려 밀교신앙의 전개와 그 특성」; 강대현, 2021, 「고려시대 밀교종파 시넘업[총지종] 연구」, 『한국불교회』 98 등.

7)   韓基汶, 2000, 「高麗時代 開京 現聖寺의 創建과 神印宗」, 『歷史教育論集』 26.

8)   김수연, 2011, 「高麗後期 摠持宗의 활동과 사상사적 의미」, 『회당학보』 16.

9)   全宗釋, 1991, 「高麗時代의 密教經典 傳來 및 雕造考 -高麗密教의 性格과 思想」, 『鏡海法印申正午博士華甲紀念 佛教思想論叢』, 荷山出版社.

10) 남권희, 2014, 「高麗時代 『密教大藏』 卷9의 書誌的 研究」, 『書誌學研究』 58 ; 박광헌, 2014, 「高麗本 『密教大藏』 卷61에 관한 書誌的 研究」, 『書誌學研究』 58.

11) 全東赫, 1989, 「『梵書總持集』から見た高麗密教の性格」, 『大正大學 綜合佛教研究所年報』 11 ; 金永德, 2001, 「密教の韓國的受容の一例 -三十七尊を中心として」, 『密教學報』 3 ; 許一範(귀정), 2005, 「韓國密教의 特性과 曼茶羅」, 『학술대회 발표집』, 회당학회 ; 許一範, 2007, 「韓國의 六字眞言信仰과 金剛界三十七尊의 習合」, 『회당학보』 12 ; 혜정, 2007, 「韓國密教와 金剛界三十七尊」, 『회당학보』 12 ; 최성규, 2011, 「金剛界37尊圖의

속에서 고려시대에 밀교교학에 대한 이해가 있었음을 보여주고 있다. 또한 고려 후기 다른 종파 승려들의 사상과 신앙 속에도 밀교적 성격이 내포되어 있다는 사실을 밝혀 고려 후기 불교사 속에서 밀교의 영향과 역할을 규명하기도 하였다.[12]

이에 비해 고려시대 밀교신앙은 다각적으로 연구되어, 가장 많은 연구성과를 축적한 분야이다. 다라니신앙과 관련해서는 고려시대에 간행된 다라니경의 목록화 작업이 이루어져 현재 남아 있는 고려시대 다라니경의 전모가 파악되었다.[13] 널리 신앙되었던 개별 밀교경전에 관한 연구도 진행되어 그 속에 내포되어 있는 사상과 신앙 전통 등이 소개되었다.[14] 또한 구체적 신앙 행위인 밀교의례 연구도 크게 진척되었다. 고려시대 불교의례라는 큰 틀 안에서 밀교의례가 소개되거나[15] 불교의례의 밀교적

韓國的 展開에 대한 연구」, 『회당학보』 16 ; 김수연, 2015, 「고려시대 간행 『梵書摠持集』을 통해 본 고려 밀교의 특징」, 『한국중세사연구』 41 등.

12) 徐閏吉, 1977, 「了世의 修行과 准提呪誦」, 『韓國佛教學』 3 ; 徐閏吉, 1981, 「高麗의 密教와 淨土信仰 ―元旵의 現行西方經을 중심으로」, 『東國思想』 14 ; 서윤길, 2006, 「고려 천태와 밀교의 정토사상」, 『한국밀교사상사』, 운주사 등.

13) 南權熙, 1999, 「高麗時代 陀羅尼와 曼茶羅類에 대한 書誌的 分析」, 『高麗의 佛腹藏과 染織 : 1302年 織造環境과 織物의 特性』, 계몽사 ; 南權熙, 2002, 『高麗時代 記錄文化 硏究』, 淸州古印刷博物館 ; 남권희, 2005, 「韓國 記錄文化에 나타난 眞言의 流通」, 『密教學報』 7 ; 禹秦雄, 2010, 『韓國 密教經典의 版畫本에 관한 연구』, 경북대 문헌정보학과 박사학위논문 ; 남권희, 2013, 「장서각 소장 불교 典籍文化財의 書誌 연구」, 『藏書閣』 29 ; 남권희, 2017, 「고려시대 간행의 수진본 小字 총지진언집 연구」, 『書誌學硏究』 71 등.

14) 全東赫, 1989, 「『梵書摠持集』から見た高麗密教の性格」 ; 千惠鳳, 1991, 「高麗初期刊行의 寶篋印陀羅尼經」, 『古山千惠鳳教授停年紀念選集 韓國書誌學硏究』, 삼성출판사 ; 김영덕, 1999, 「佛頂尊勝陀羅尼經에 관한 연구」, 『韓國佛教學』 25 ; 한성자, 2001, 「다라니를 통해 본 지공화상의 밀교적 색채」, 『삼대화상 연구논문집Ⅲ ―지공·나옹·무학·함허화상』, 불천 ; 남권희, 2001, 「≪佛說長壽滅罪護諸童子陀羅尼經≫의 版本 硏究」, 『國會圖書館報』 38-6 ; 김호성, 2006, 『천수경의 새로운 이해』, 民族社 ; 김수연, 2015, 「고려시대 간행 『梵書摠持集』을 통해 본 고려 밀교의 특징」 ; 옥나영, 2016, 「紫雲寺 木造阿彌陀佛坐像의 腹藏 「如意寶印大隨求陀羅尼梵字軍陀羅像」의 제작 배경」, 『이화사학연구』 53 ; 김수연, 2016, 「민영규본 『범서총지집(梵書摠持集)』의 구조와 특징」, 『韓國思想史學』 54 ; 김수연, 2017, 「14세기 고려의 다라니신앙 경향과 그 성격 ―『금강경』 권말수록 다라니를 중심으로」, 『한국중세사연구』 49 ; 옥나영, 2020, 「『五大眞言』 千手陀羅尼 신앙의 배경과 42手 圖像」, 『규장각』 56 등.

성격이 부각되기도 하였으며,16) 주요 밀교의례들이 개별적으로 심층 고
찰되기도 하였다.17) 밀교신앙을 바탕으로 전개된 불교미술에 대한 연구
성과도 적지 않다.18)

대외적으로 고려와 중국과의 영향 관계를 고찰하여 고려시대 밀교의
사상적 의미에 천착한 연구들도 있다. 이러한 연구는 원 시기에 황실을
중심으로 신앙되었던 티베트불교, 즉 라마교剌嘛敎와의 관계를 살핀 연구
가 주를 이루었다.19) 또 원 황제의 어향사御香使로 고려를 방문해 숭앙받았

---

15) 安啓賢, 1975, 「佛敎行事의 盛行」, 『한국사』6 -高麗貴族社會의 文化, 국사편찬위원회 ;
洪潤植, 1976, 『韓國佛敎儀禮의 硏究』, 東京: 隆文館 ; 홍윤식, 1994, 「불교행사의 성행」,
『한국사』16 -고려 전기의 종교와 사상, 국사편찬위원회 ; 金炯佑, 1992, 『高麗時代 國
家的 佛敎行事에 대한 硏究』, 동국대 사학과 박사학위논문 ; 김종명, 2001, 『한국 중세
의 불교의례: 사상적 배경과 역사적 의미』, 문학과 지성사 ; 안지원, 2011, 「고려 불교
의례와 국가불교」, 『고려의 불교의례와 문화 -연등·팔관회와 제석도량을 중심으로』,
서울대학교 출판문화원 등.

16) 洪潤植, 1975, 「韓國佛敎 儀禮의 密敎信仰的 構造 -日本佛敎 儀禮와의 比較를 中心으로」,
『佛敎學報』12 ; 金煐泰, 1977, 「高麗歷代王의 信佛과 國難打開의 佛事」, 『佛敎學報』17 ;
徐閏吉, 1977, 「高麗의 護國法會와 道場」, 『佛敎學報』14 ; 洪潤植, 1988, 「≪高麗史≫ 世
家篇 佛敎記事의 歷史的 意味」, 『韓國史硏究』60 ; 鄭泰爀, 1997, 「高麗朝 各種道場의 密
敎的 性格」, 『韓國密敎思想』, 한국언론자료간행회 ; 서윤길, 2006, 「고려의 호국법회와
도량」, 『한국밀교사상사』 등.

17) 고려시대 밀교의례 가운데 灌頂道場(金正明, 1977, 「灌頂信仰에 對한 硏究 -高麗時代
를 中心으로」, 『釋林』11 ; 김수연, 2012, 「高麗時代 灌頂道場의 사상적 배경과 특징」, 『韓
國思想史學』42), 消災道場(陳旻敬, 1998, 「高麗武人執權期 消災道場의 설치와 그 性格」,
『釜大史學』22 ; Henrik H. Sørensen, "Worshipping the Cosmos; Tejaparabha Rituals
under the Koryŏ", *International Journal of Buddhist Thought & Culture* Vol. 15, 2010
; 김수연, 2013, 「消災道場을 통해 본 고려시대의 天文祈禳思想」, 『韓國思想史學』45),
文豆婁道場(韓基汶, 2000, 「高麗時代 開京 現聖寺의 創建과 神印宗」), 楞嚴道場(서윤길,
2006, 「고려의 능엄도량」, 『한국밀교사상사』), 佛頂道場(김수연, 2009, 「고려시대 佛
頂道場 연구」, 『梨花史學硏究』38) 등이 개별적으로 연구되었다. 仁王百高座會에 관해
서는 많은 선행 연구가 있는데, 밀교의례로서 접근·검토한 것으로는 서윤길, 2006, 「
고려시대의 인왕백고좌도량」, 『한국밀교사상사』가 대표적이다.

18) 李淑姬, 1990, 「高麗時代 金剛鈴의 圖像的 硏究」, 『美術史學硏究』186 ; 崔聖銀, 2008, 「高
麗時代 護持佛 摩利支天像에 대한 고찰」, 『佛敎硏究』29 ; 양희정, 2008, 「고려시대 아
미타팔대보살도 도상 연구」, 『美術史學硏究』257 ; 우주옥, 2009, 「高麗時代 線刻佛
像鏡과 密敎儀式」, 『美術史學』24 ; 엄기표, 2011, 「고려-조선시대 梵字眞言이 새겨진
石造物의 현황과 의미」, 『역사민속학』36 ; 박재업, 2014, 「高麗時代 藥師佛畵 硏究」,
원광대 고고미술사학과 석사학위논문 등.

8 고려 사회와 밀교

던 인도 출신 선종 승려 지공指空의 밀교적 성격을 분석하는 연구도 있다.[20] 미술사 분야에서는 미술품들에 반영된 원 라마교의 영향을 고찰하는 연구들이 있어,[21] 문헌사 분야에서는 고찰되지 못했던 티베트불교와의 관계를 살펴볼 수 있는 실마리를 제공해 주고 있다. 최근에는 미술사 분야를 중심으로 거란 불교와의 교류 및 영향 관계를 논구한 논물들도 다수 발표되었다.[22]

이상과 같이 고려시대 밀교 연구는 오랜 기간 다양한 분야에 걸쳐 이루어졌다. 그 결과 고려시대 밀교 소재들의 개별상을 밝히는 연구는 다양화되고 심화되었다. 그러나 기존의 연구 경향은 몇 가지 문제점을 안고 있다. 첫째, 종합적인 고찰이 부족하다. 앞서 살핀 바와 같이 고려시대 밀교 연구는 불교학, 사학, 서지학, 미술사학 등 여러 학문 분야에서 이루어져왔다. 그 결과 다양한 연구들이 축적되었으나 각각의 학문 분야별로 분리된 채 연구가 진행되어온 감이 없지 않다. 불교학계에서는 종합적 고찰을

---

19) 李龍範, 1964, 「元代 喇嘛教의 高麗傳來」, 『佛教學報』 2 ; 全宗釋, 1987, 「高麗佛教と元代喇嘛教との關係 -喇嘛教の影響を中心に」, 『印度學佛教學研究』 35-2(70) ; 許一範, 2000, 「チベット·モンゴル佛教の高麗傳來について」, 『印度學佛教學研究』 48-2(96) ; 뎀브렐, 2009, 「몽골과 고려의 불교교류에서의 밀교적 영향 연구」, 동국대 불교학과 석사학위논문 ; 김수연, 2017, 「원 간섭기 고려 왕실의 티베트불교 수용과 밀교의례의 확산」, 『이화사학연구』 54 등.

20) 한성자, 2001, 「다라니를 통해 본 지공화상의 밀교적 색채」 ; 한성자, 2002, 「『文殊舍利最上乘無生戒經』을 통해 본 지공화상의 밀교적 색채」, 『회당학보』 7.

21) 秦弘燮, 1985, 「高麗後期 金銅佛像에 나타나는 라마佛像樣式」, 『미술사학연구』 165·166 ; 정은우, 2007, 『高麗後期 佛教彫刻 研究』, 문예출판사 ; 鄭恩雨, 2012, 「고려후기 불교조각과 원의 영향」, 『震檀學報』 114 ; 정은우, 2015, 「공주 마곡사 오층석탑 금동보탑 연구」, 『백제문화』 52 등.

22) 周炅美, 2009, 「遼代 朝陽北塔 出土 經幢 研究」, 『東岳美術史學』 10 ; 정은우, 2010, 「고려 중기 불교조각에 보이는 북방적 요소」, 『美術史學研究』 265(장남원 외, 2011, 『고려와 북방문화』, 양사재 재수록) ; 이승혜, 2015, 「高麗時代 佛腹藏의 形成과 意味」, 『美術史學研究』 285 ; 이승혜, 2017, 「韓國 腹藏의 密教 尊像 安立儀禮적 성격 고찰」, 『미술사논단』 45 ; 이승혜, 2019, 「농소고분(農所古墳) 다라니관(陀羅尼棺)과 고려시대 파지옥(破地獄) 신앙」, 『정신문화연구』 42-2(통권 155) ; 이승혜, 2021, 「10~11세기 中國과 韓國의 佛塔 내 봉안 『寶篋印經』 재고」, 『이화사학연구』 62 등.

한 저서들이 있지만[23] 사학계에서는 찾아볼 수 없다. 이제는 이러한 연구 성과들을 바탕으로 고려시대 밀교를 종합적으로 구조화시켜 보아야 할 단계이며 다양한 고려시대 밀교의 주제들을 통일성 있게 재구성하고 해석하는 시각이 필요하다.

둘째, 역사적 맥락에 대한 고려가 필요하다. 지금까지 고려시대 밀교에 관한 연구는 밀교사의 흐름만이 강조된 경향이 있다. 고려시대 밀교 관련 자료들을 시대 순으로 정리하여 그 속에서 고려시대 밀교의 의미와 역할 등을 도출하고자 한 것이다. 그러나 밀교는 현세구복적 신앙으로 주로 활용되었던 만큼, 불교의 다른 어떤 사상보다 시대와 사회에 민감하게 반응한다. 따라서 고려시대의 역사적 전개와 사회적 변화를 중심축으로, 밀교가 그 속에서 어떻게 작용하고 자리매김되어 갔는지를 살펴보아야 할 필요가 있다. 또한 고려 사회 내에서의 밀교의 변화상도 함께 고찰되어야 할 것이다. 이러한 연구는 다시 첫 번째 문제점과 연결되면서, 다양한 학문 분야의 연구 성과들을 역사를 매개로 종합하고 재구성하는 시각을 제공해 줄 수 있을 것이다.

고려시대에는 밀교가 사회의 다방면에서 전면적으로 활용되었다. 밀교의 활용 폭이 넓었기 때문에 이 책에서는 밀교를 정치·사회·사상적 측면과 접목시켜 고려사의 다음과 같은 측면을 고찰하고자 한다. 우선 밀교의례의 개설 양상과 기능을 통해 밀교가 국가의 통치 체제 속에서 어떠한 역할을 하였는지를 살펴보겠다. 특히 밀교의례는 재앙을 직접적으로 해결하기 위한 것이었으므로 당시 고려 사회의 사회상과 재이관災異觀 등도 함께 고찰할 수 있다. 둘째 밀교신앙에 반영되어 있는 시대적·사회적 요구를 추적하겠다. 이는 고려 사회가 당면하고 있는 시대상·사회상과 직결

---

23) 서윤길, 1993, 『高麗密教思想史研究』; 徐閏吉, 1994, 『韓國密教思想史研究』, 불광출판부 ; 서윤길, 2006, 『한국밀교사상사』, 운주사.

된다. 밀교문화라는 창을 통해 고려 사회를 재조명하는 기회가 될 것이다. 셋째, 밀교경전의 간행·유통 상황과 밀교종파에 대한 고찰을 통해 고려의 밀교신앙과 사상의 경향을 살펴보겠다. 고려시대에는 밀교가 현세구복적 다라니신앙을 중심으로 전개되었지만, 체계화된 밀교교학을 연구하는 흐름도 존재하였음을 함께 논구해 보고자 한다. 나아가 밀교가 다른 종파 및 사상과 어떻게 교섭하고 있는지를 살펴, 고려시대 밀교가 불교신앙의 기층을 형성하였음을 밝히겠다.

2.

연구 범위와
연구 방법

　밀교는 비밀불교의 줄임말로, 현재 매우 애매하게 사용되는 용어이다. 좁게는 7세기 중반 이후『대일경大日經』,『금강정경金剛頂經』의 성립과 함께 체계화된 사상, 또는 그를 기반으로 성립된 종파를 지칭한다. 넓게는 불교의 신비적·주술적 부분, 즉 대승불교 내의 주술적 요소를 가리킨다. 광범위한 지역에서 장시간에 걸쳐 유포되었기 때문에 시대와 지역마다 밀교에 대한 정의와 범위가 다르기도 하다.[24] 밀교는 고대 인도 이래의 유가瑜伽, 주술呪術, 종교의례를 비롯하여 천문, 의학, 수학 등의 자연과학은 물론, 일상생활의 규칙에 이르기까지 아시아 각지의 종교문화, 민족문화를 포괄한다.[25] 때로는 신비주의적인 요소가 짙은 종교를 가리키기도 하고, 또 주술적인 경향을 '밀교적'이라는 용어로 부르기도 한다. 밀교 자체가 다중적인 의미를 가지는 데 더하여, 밀교의 역사적 전개에도 제반 사회 문화적 요소들이 개입되면서 복잡한 양상을 보이는 것이다.

---

[24]　정성준, 2007,『밀교학의 기초지식』, Eastward, 22쪽.
[25]　松本有慶, 1997,『密敎－インドから日本への傳承』, 東京: 中公文庫, 15쪽.

따라서 고려시대 밀교에 대한 연구를 진행하기 위해서는 밀교의 범위 설정이 최우선적으로 필요하다. 그를 위해서는 현대의 사전적 정의보다는 고려시대의 용례를 검토할 필요가 있다. 고려시대에 '밀교'라는 용어를 언급한 자료 가운데 먼저 주목할 것은 이제현李齊賢, 1287~1367의 「금서밀교대장서金書密教大藏序」이다. 직접적으로 '밀교'를 정의하고 있지는 않지만 무엇을 밀교라고 하였는지를 유추할 수 있다. 이제현은 불서佛書 중 다라니는 오직 부처만이 알 수 있고 그 뜻이 깊고 말이 신비하여 이해할 수도 들을 수도 없으나, 그럴수록 사람들이 존숭하고 공경하여 사람들에게 감응하는 것이 깊고 영이靈異한 자취가 많다고 하였다.[26] 이 글에 의하면 '밀교대장'이란 다라니를 모아 편찬한 것으로, 밀교는 해득解得할 수 없는 가르침, 곧 다라니를 가리킨다.

한편 지원至元 30년충렬왕 19, 1293에 진정대선사眞靜大禪師가 편찬한 『선문보장록禪門寶藏錄』에서는[27] 불교의 가르침을 현교顯教, 밀교密教, 심교心教의 세 가

---

26) 李齊賢, 「金書密教大藏序」, 『益齋亂稿』 卷5, 序, "佛之書入中國 譯而爲經 數千萬卷 所謂陁羅尼者 中國之所不能譯也 非惟中國爲然 自竺域之人 亦不得聞而解之 以謂唯佛與佛 乃能知之 盖其義奧其辭秘 秘故不可聞 奧故不可解 不可解則人敬之篤 不可聞則人尊之至 尊之至 敬之篤 其感於人也必深矣 靈異之跡 亦宜乎多也 昔之人知其若此 裒而纂之 成九十卷 名之曰密教大藏 刊行于世 則玆九十卷者 數千萬卷之根柢也 我主上殿下萬機之暇 留神乎釋典 其於密教 信之尤切 發內帑之珍 泥金以書之 … 今者主上殿下 不傷民財 不費民力 簡而得其要 速而致其精 可謂得佛氏之意 而功德 豈易量哉 嗟歎不足 拜手稽首 謹書"

27) 『선문보장록』의 서문에는 저술자가 '海東沙門 內願堂 眞靜大禪師 天頙蒙旦'이라고 소개되어 있다. 여기에 등장하는 천책이 고종·원종 연간에 활동한 白蓮社 제4세 천책인지 아닌지에 대해서는 논란이 있다. 『선문보장록』이 백련사 4세 천책의 저술이라고 최초로 언급한 것은 조선후기에 편찬된 『萬德寺志』이다. 백련사 4세 천책은 眞靜國師로 『선문보장록』의 저술자의 이름과 거의 일치하기 때문이다. 그러나 백련사 천책은 1278년경에는 입적해 있던 것으로 추정되기 때문에 『선문보장록』의 저술 연대와 맞지 않는다. 또한 『선문보장록』은 철저하게 禪을 教의 우위에 두고 있다는 점에서 천책의 사상과도 맞지 않는다. 따라서 『선문보장록』의 저술자인 천책을 백련사 천책과 별개의 인물로 보는 것이 타당하다는 의견도 있다(高翊晋, 1979, 「白蓮社의 思想傳統과 天頙의 著述問題」, 『佛教學報』 16, 159~163쪽). 채상식도 이에 동의하며, 混丘(1250~1322)를 『선문보장록』의 찬자로 보고 있다(蔡尙植, 1996, 『高麗後期佛教史研究』, 一潮閣, 109~110쪽).

지로 구분하고 있다.[28] 『송고승전宋高僧傳』의 내용을 인용한 부분으로, 현교는 교종을 가리키고 심교는 선종을 가리키는데 거기에 밀교를 더하여 삼교三教를 이야기하고 있는 것이다. 이 책에서는 밀교를 유가, 관정灌頂, 오부五部, 호마護摩와 삼밀三密 및 만나라법曼拏羅法이라고 규정하고 있다.[29] 유가는 삼밀유가三密瑜伽, 즉 삼밀을 상응相應시키는 밀교의 수행을 지칭하며, 관정은 밀교의 전법의식傳法儀式이고, 오부는 금강계金剛界 밀교의 사상을 표현하는 단어이다. 호마는 지혜의 불꽃으로 번뇌를 태우는 수행의식으로 밀교의례에 수반된다.[30] 삼밀은 신밀身密·구밀口密·의밀意密로 삼업三業의 밀교적 표현이며,[31] 만나라 즉 만다라는 밀교 경전에서 설하는 진리를 도상화한 것이다. 이들은 모두 『대일경』·『금강정경』을 비롯한 체계화된 밀교 경전에 등장하는 교설 내용들이다. 즉, 『선문보장록』에서는 체계화된 중

---

[28] 『선문보장록』의 이 내용은, 본문에서는 『大宋僧史略』이 출처라고 밝히고 있지만, 실제로는 贊寧의 『송고승전』을 인용한 것이다. 譯經篇 제일 마지막의 역경과 경전에 대해 논하는 부분에서 이 내용이 등장한다. 천책의 밀교관이 직접 드러난 것은 아니지만, 이 내용에 동의하였기 때문에 『선문보장록』에 인용하였을 것이다. 따라서 이 내용을 통해 고려후기 승려의 밀교관을 고찰해도 무방할 것이다.

[29] 天頙, 『禪門寶藏錄』 卷上(『韓國佛教全書』 6, 470b23~c09), "教者不倫 有三疇類 一顯教者 諸乘經律論也 二密教者 瑜伽灌頂五部護摩三密曼拏羅法 三心教者 直指人心見性成佛禪法也 次一法輪 卽顯教也 以摩騰 爲始祖焉 次二教令輪者 卽密教也 以金剛智 爲始祖焉 次三心輪者 以菩提達磨 爲始祖焉 是故傳法輪者 以法音傳法音 傳教令輪者 以祕密傳祕密 傳心輪者 以心傳心 此之三教三祖 自西而東 化凡而聖 流十五代"

[30] 호마는 공양물을 불에 태워 신에게 바치는 베다 의식에서 시작되었다. 밀교의 호마에는 外護摩와 內護摩의 두 종류가 있다. 외호마는 실제로 壇을 설치하고 나무·五穀·음식 등을 火天에게 공양함으로써 번뇌의 소진을 상징적으로 나타내는 것으로 事護摩라고 한다. 내호마는 여래의 智火로써 무명과 번뇌를 소진시키는 것을 內觀하는 것으로 理護摩라고 한다(장익, 2009, 「밀교경전에 나타난 호마의 의미와 성취법」, 『밀교세계』 5, 69쪽).

[31] 삼밀은 두 가지로 해석된다. ① 여래의 三業의 활동은 매우 미묘하여 범부로서는 알 수 없는 경계이므로 密이라 한다. 법신 대일여래의 身密은 우주의 전체적 활동이며, 語密은 우주간의 온갖 언어·음성의 활동이며, 意密은 우주간의 온갖 정신 활동을 의미하는데, 이 삼밀은 각각 서로 涉入한다. ② 부처님과 중생은 그 體에서 一體不二이므로 중생도 부처님과 같이 미묘한 삼업의 활동이 있다. 그러나 오직 수행을 한 이만이 아는 것이고 범부는 알 수 없는 작용이므로 密이라고 한다(耘虛 龍夏, 1995, 『佛教辭典』, 東國譯經院, 삼밀).

기밀교에 입각한 사상과 수행을 밀교라 칭하고 있다. 이상의 내용을 정리하면 아래의 표와 같다.

[표 1-1] 고려시대 밀교의 의미

전거	내용	의미	
금서밀교대장서	다라니	다라니	다라니신앙
선문보장록	유 가	『대일경』・『금강정경』의 수행	수행
	관 정	관정을 통한 전법	의례, 종파
	오 부	『금강정경』의 교설	사상, 수행
	호 마	작법	의례
	삼 밀	신밀・구밀・의밀	수행, 사상
	만나라	만다라	사상, 수행, 의례

고려에서는 다라니와 성불을 지향하는 체계화된 밀교사상을 밀교로 보고 있던 것이다. 이를 현대 밀교학의 개념으로 치환시키면, 고려시대의 '밀교'라는 용어는 초기밀교와 중기밀교를 모두 포괄한다.[32] 위의 두 자

---

32) 밀교를 세부적으로 구분하는 방식으로는 여러 가지가 있다. 그 가운데 『대일경』・『금강정경』의 성립 이후 체계화되어 성불을 지향 밀교를 正純密敎[純密]로, 그 이전의 밀교를 雜部密敎[雜密]로 구분하는 일본 眞言宗의 구분법이 가장 고전적이다. 그러나 이 구분 방식은 純과 雜이라는 가치 판단이 개입되어 있으며, 잡밀 속에도 순밀의 성격을 지니는 내용이 포함되어 있어 구분이 애매하다. 또 밀교가 독자적이고 확고한 종파로 형성된 일본 밀교를 설명하는 틀이기 때문에 한국이나 중국 밀교를 설명하는 데 적합하지 않다.
밀교의 전개를 시기적으로 나누어, 『대일경』・『금강정경』의 성립 이전의 밀교를 초기밀교로, 그 이후를 중기밀교로, 탄트라밀교를 후기밀교로 나누는 구분법도 있다. 순밀과 잡밀이라는 용어에 포함되어 있는 가치 판단적 요소를 배제하고 후기밀교까지 시야를 넓혔다는 데 의미를 찾을 수 있으며, 현재 가장 일반적으로 사용되는 구분 방식이다. 그러나 잡밀과 순밀이라는 용어가 초기밀교와 중기밀교로 대체된 것이므로 양자의 구분이 애매하다는 문제점은 여전히 남아 있다. 또한 탄트라밀교를 후기밀교라고 하였으나, 탄트라밀교의 특징이 소위 초기밀교 단계에서부터도 보이기 때문에 후기밀교라는 표현이 적합한지에 대해서도 의문이 제기된다(요리토미 모토히로 외 저, 김무생 역, 1989, 『밀교의 역사와 문화』, 민족사, 16~17쪽 ; 張益, 1998, 「密敎學의 範圍 設定 硏究」, 『韓國佛敎學』 24 참조).
이상과 같은 문제점들이 거론되지만 현재로서는 다른 대안이 없기 때문에 이 책에서는 밀교를 시기적으로 구분하는 방식을 사용하고자 한다. 즉, 『대일경』과 『금강정경』

료는 모두 고려 후기의 용례이지만 고려시대 당대인의 시각이 반영되어 있다. 또한 어떠한 사상에 대한 규정은 오랜 시기에 걸쳐 합의된 결과이기 때문에, 이 책에서는 이상의 '밀교' 규정을 고려 전기에까지 소급시켜 적용할 것이다. 그리고 다라니에 대해서는 직접적으로 다라니명이 언급된 경우에만 연구 범위에 포함시키고자 한다. 다라니는 주문이기 때문에 주술과 관련된 사례들을 '밀교적'이라고 표현하며 밀교의 범위에 포함시키는 경우가 있다. 그러나 모든 주술적 경향의 사례들이 밀교에 바탕을 둔 것은 아니므로 밀교에 바탕을 둔 것이 확실한 사례만을 고찰하고자 한다.

고려시대인들이 규정하는 밀교에는 사상, 수행, 의례, 다라니신앙 등이 포함되어 다양한 양상으로 드러난다. 특히 다라니신앙의 경우, 다라니 및 다라니경전의 염송, 간행, 서사書寫, 패용佩用, 납탑納塔뿐 아니라 다라니 염송을 중심으로 이루어지는 밀교의례까지 포함한다. 여러 범주의 신앙이 다라니신앙 속에 포괄되어 있으며, 이들 신앙은 고려 사회 안에서 서로 다른 의미를 갖는다. 따라서 고려시대 밀교에 대해 일원적인 기준을 제시하는 것은 매우 어려운 일이다. 이에 이 책에서는 밀교종파, 밀교경전, 밀교의례를 세 축으로 고려시대 밀교에 접근하고자 한다. 수행과 의례는 밀교의례로 드러나며, 사상과 신앙은 밀교경전의 유통과 관계되고, 이 요소들은 종파를 매개로 전승·확산되기 때문이다.

밀교종파는 조직적 측면에서 고려시대 밀교에 접근하는 창이다. 고려시대에는 신인종과 총지종이라는 밀교종파가 존재했다고 알려져 있다. 이 두 종파에 관해서는 고려 후기에 편찬된 『삼국유사』의 신주편에 실려 있다. 이를 신주와 관련된 활동을 하였다는 의미로 이해한다면, 고려 후기 인식에서 이들 종파를 밀교종파로 파악해도 무방할 것이다. 종파는 사상

성립 이전의 求福的 성격의 밀교를 초기밀교로, 『대일경』과 『금강정경』의 성립 이후 이들 경전을 바탕으로 성불을 추구하는 체계화된 밀교를 중기밀교로, 티베트와 네팔 일대에서 성행했던 탄트라밀교를 후기밀교로 칭할 것이다.

을 연구하고 그에 입각한 사회 활동을 전개하며 신앙을 확산시키는 바탕
이 된다. 밀교종파를 통해 고려시대에 연구되었던 밀교의 교학, 사회 활동
및 밀교신앙에의 접근이 가능하다.

경전을 위시한 불교 문헌들은 사상과 신앙을 종적·횡적으로 연계하는
역할을 한다. 사바세계에서 교화를 펼쳤던 석가모니의 말씀이 경전으로
전해지고, 그것을 바탕으로 구축된 사상 체계가 경전을 통해 전승된다. 뿐
만 아니라 교학과 사상을 심화시키는 논쟁들도 불교 문헌의 전승과 확산
을 통해 가능하였다. 이는 밀교도 예외가 아니었다. 밀교종파가 밀교사상
을 연구할 수 있었던 것은 밀교경전이 존재하였기 때문이며, 밀교신앙의
확산 역시 밀교경전을 매개로 한다. 고려시대에는 인쇄문화의 발달과 더
불어 밀교경전들이 다수 유통되었는데, 이는 당대의 사상 및 신앙을 가늠
할 수 있는 척도가 된다. 밀교경전을 연구하면 사상과 신앙의 유통을 추적
할 수 있는 것이다.

의례는 신앙이 구체적 행위로 발현된 것이다. 특히 고려시대에는 국가
적 밀교의례가 다양하게 개설되어, 고려시대 밀교를 특징짓는 중요 요소
가운데 하나로 꼽는다. 국가적 밀교의례가 개설되면 내적으로는 신앙심
을 바탕으로 공덕을 기대하며, 외적으로는 문제 해결을 위해 국가적 노력
이 이루어지는 모습이 연출된다. 결과적으로 불보살의 공덕이 실재하지
않더라도 사람들에게 심리적 위안을 가져다준다. 이를 위해서 위정자들
은 당시 고려 사회에서 공감되던 밀교신앙을 의례화해야 했을 것이기 때
문에 국가적 밀교의례를 통해 어떤 신앙이 유행하였는지를 알 수 있다. 또
한 밀교의례의 개설 목적을 살피면 당대 사회의 문제점과 요구 사항을 파
악할 수 있다. 이와 같이 고려시대 밀교사에서는 밀교종파와 밀교경전, 밀
교의례가 중요한 구성 요소이면서 동시에 유기적으로 고려 밀교사의 제
양상諸樣相을 드러내고 있다. 따라서 종파·경전·의례로부터 밀교에 접근하

는 방법은 고려시대 밀교를 살펴보는 가장 효과적인 틀이라고 생각한다.

고려시대 밀교사 연구는 『고려사高麗史』, 『고려사절요高麗史節要』 등 역사서와 『동문선東文選』, 고려 문인들의 문집들, 승려들의 저술 및 금석문金石文을 기본 자료로 한다. 이러한 고려시대 자료에는 밀교 관련 기록이 다수 등장하지만 자료 간의 연계성이 낮고 산발적이다. 이 책에서는 이러한 밀교 관련 자료들을 최대한 수집하고, 이를 성격별·시기별로 재배치하여 고려시대 밀교의 신앙 경향과 사회적 역할 등을 도출하고자 한다. 또한 고려시대 밀교의 성격을 잘 드러내주는 특정 자료들에 대해서는 깊이 천착할 것이다.

나아가 새로운 자료를 적극 활용하고자 한다. 『조선왕조실록』은 고려시대 밀교사 연구에서 간과되어 왔던 자료이지만, 조선 초의 불교 정책은 고려 말의 불교 상황을 담고 있는 경우가 많다. 또한 단본單本으로 간행되어 유통되던 밀교경전 중에는 기존에 주목받지 못했던 유의미한 자료들이 있다. 이러한 자료들을 새로운 시각으로 발굴하고 면밀히 분석하여 고려시대 밀교의 역사성을 찾아볼 것이다. 고려 사회의 변화와 함께 상호 소통하며 변모해가는 밀교사상과 신앙의 모습을 추적하고자 한다.

이 책은 다음과 같이 내용으로 구성되었다. 제2장에서는 고려시대 밀교가 신앙될 수 있었던 배경을 서술하겠다. 인도에서 발생한 밀교가 중국을 거쳐 신라로 전래된 과정과 신라시대 밀교의 성격을 정리하고자 한다. 나아가 이것이 고려시대 밀교로 어떻게 계승되는지를 살펴보겠다.

제3장에서는 고려시대의 밀교종파를 살펴보겠다. 현재 신인종과 총지종의 성격이나 활동에 대해서는 상당 부분이 밝혀졌다. 그러나 『삼국유사』를 주요 사료로 보는 시각을 벗어나지 못하고 있다. 이 책에서는 문집이나 『동문선』, 『조선왕조실록』을 활용하여 고려시대 밀교종파의 사상과 수행, 활동 등을 보다 상세하게 살펴보고자 한다.

제4장에서는 대장경 및 『밀교대장』, 의천의 『신편제종교장총록』과 단본 밀교경전을 나누어, 고려시대 밀교경전 유통의 양상들을 살펴보겠다. 양자는 같은 밀교경전이라도 성격이 다르다. 대장경에 입장入藏되어 있는 밀교경전은 거질巨帙의 대장경을 조성하는 과정에서 목록집에 입각해 편입된 것으로, 고려시대의 밀교신앙을 직접적으로 보여주기 어렵다. 따라서 대장경 입장 밀교경전에 대하여는 입장 상태를 고찰함으로써 고려대장경에 수록된 밀교경전의 특징을 추출해 보는 연구를 진행하겠다. 이와 달리, 단본 밀교경전은 고려시대에 선호되어 별도로 간행된 밀교경전이다. 따라서 이는 고려시대의 밀교경전에 관한 개인의 신앙 경향을 보여주는 자료이다. 이를 대상으로 고려시대 밀교경전 신앙을 고찰하겠다.

　제5장에서는 고려시대의 밀교의례를 살펴보겠다. 우선 17종에 달하는 고려시대 밀교의례의 개설 양상과 소의경전을 소개하고, 고려시대 밀교의례의 성격을 찾아볼 것이다. 그리고 그 가운데 특징적인 소재도량消災道場, 불정도량佛頂道場, 관정도량灌頂道場의 세 가지 밀교의례를 집중적으로 고찰하고자 한다. 소재도량은 고려시대에 가장 많이 개설된 비정기적 밀교의례이다. 개설 빈도에서 중요성을 보여줄 뿐 아니라, 고려시대 천문재이관天文災異觀과 그것을 기양하는 방식을 보여준다는 점에서 주목해야 할 의례이다. 불정도량은 소재도량 다음으로 많이 개설된 비정기적 밀교의례이다. 또 고려시대 밀교의례 가운데 의례의 의식궤칙儀式軌則을 설하는 의궤儀軌를 적극적으로 활용하여 소의경전所依經典보다 폭넓은 재난을 기양하였던 사례이다. 관정도량은 밀교기양의례와 즉위의례의 두 종류가 있다. 두 가지 다른 종류의 의례가 하나의 명칭을 사용하는 독특한 사례이다. 기양의례로서의 관정도량은 전란을 기양하기 위하여 개설되었다. 즉위의례로서의 관정도량은 고려후기 왕권 신성화의 한 방식일 뿐 아니라, 밀교의 전법의식이라는 의미도 있어 밀교사적으로 중요하다.

마지막으로 제6장에서는 고려시대 밀교의 성격을 고찰하겠다. 앞선 장들이 고려시대 밀교를 구성하는 소재들에 대한 심층적 고찰이었다면, 본장은 그것을 종합하여 고려시대사의 맥락 속에서 해석하고자 하는 것이다. 또한 고려 사회 속에서 밀교가 어떻게 변화하고 전개되었는지를 살펴서 고려시대 밀교의 역할과 의미를 추구하고자 한다.

제 2 장

신라의 밀교 수용

1. 밀교의 중국 전래
2. 신라의 밀교 수용과 전개

1.

경전이라는 텍스트 속에서 밀교적 요소가 중요한 위치를 차지하게 된 것은 4~5세기에 걸쳐서이다. 4세기 전반에 흥기한 굽타^{Gupta} 왕조 시기에 바라문교가 여러 신들과 민중의 일상의례를 내포한 힌두교로 재편성되면서, 불교도 신자들의 현실생활에 적응하기 위하여 힌두교와 중복되는 다양한 요소를 받아들였다. 치병, 장수, 기우 등 현실적인 요구를 설하는 다라니경전, 제존諸尊을 공양하고 관상觀想하는 내용을 설하는 밀교경전들은 이 시대의 산물이다.[1] 이러한 초기밀교의 가장 큰 특징은 다라니陀羅尼, dhāraṇī가 밀교경전 내에 적극적으로 도입되었다는 점이다.

우선 다라니의 어의語義와 밀교경전에 흡수되는 과정을 살펴보자. 다라니는 보통 진언眞言, mantra, 주呪, vidyā와 동일한 의미로 사용되나, 이들은 원래 각기 별개의 어원을 가지고 성립되었다. 먼저 진언은 베다^{Veda} 성전聖典 속의 신들에 대한 찬가讚歌에서 비롯된다. 찬가는 신성한 말이며 진실한 말이기 때문에 이를 통해 불가사의한 힘을 얻을 수 있다는 측면에서 주문이라는 의미로도 사용되었다. 이것이 그대로 대승불교 속에 흡수되었고, 밀교경전 속에서는 진언으로 변화하여 불교의 재해 제거 주문이 된 것이다.

---

[1]   요리토미 모토히로 외 저, 김무생 역, 1989,『밀교의 역사와 문화』, 22~23쪽.

주는 지식, 학문, 지혜 등의 어원적 의미를 가지며, 일반인이 모르는 전문적인 기술 등을 의미한다. 불교경전에서 비드야는 지혜와 주법呪法이라는 두 가지 의미로 사용되기 때문에 지혜·학문을 뜻하는 명明과 결합하여 명주明呪로 한역漢譯되기도 한다.[2] 한편 다라니는 총지總持·攝持로 한역되는데, 본래는 정신을 통일하고 마음을 집중하는 의미를 지닌다. 정신 집중의 결과 경전의 내용을 잘 기억할 수 있으므로 초기의 대승경전에서는 다라니를 '경전을 억지憶持·문지聞持한다'는 의미로 사용하였다. 이후 정신통일을 하고 교법을 기억하기 위한 방편으로 특정한 문자를 사용하게 되었고, 이것도 다라니라고 부르게 되었다. 이들 다라니는 경전의 핵심 사상을 의미하게 됨으로써 다라니는 기억되는 대상인 경전이나 불법佛法 그 자체를 뜻하기에 이른다.

이후 3세기경이 되면 다라니와 주를 동일시하는 현상이 일어났다. 다라니와 주가 형태면에서 유사하고 양자의 신비성이 상통하였으며 호법護法이라는 측면에서 일치하였기 때문에 동화가 일어난 것이다.[3] 이것이 불교경전 속에 도입되어 밀교경전이 형성되게 되었다. 초기밀교경전에 도입된 다라니는 주와 결합된 이후에 나타난 제재除災를 설하는 다라니이다.

경전의 한역 시기를 기준으로 6세기에 들어서면서,[4] 초기밀교경전 속에서 체계화된 중기밀교의 중요 요소들이 나타나기 시작하였다. 6세기 전

---

2) 松長有慶 저, 張益 역, 1993, 『밀교경전 성립사론』, 불광출판부, 101~103쪽 ; 선상균
     (무외), 2006, 「다라니 의미의 체계화 과정」, 『밀교세계』 1, 43~45쪽.
3) 선상균(무외), 2006, 「다라니 의미의 체계화 과정」, 45~66쪽.
     다라니와 神呪의 동화 과정에 대해서는 氏家覺勝, 1987, 『陀羅尼思想の硏究』, 大阪: 東
     方出版 참조.
4) 인도 초기밀교의 산스크리트 사본이 거의 현존하지 않기 때문에, 초기밀교에 관한 연
     구는 漢譯 경전과 번역된 시기를 이용하여 진행된다. 수세기에 걸쳐 번역된 한역 경전
     을 정리하면 초기밀교의 흐름을 찾아볼 수 있기 때문이다(松長有慶 저, 張益 역, 1993,
     『밀교경전 성립사론』, 138~139쪽). 이 책에서도 초기밀교경전의 한역 연대를 제시하
     며 논의를 전개할 것이다.

반 양대梁代 실역失譯의 『모리만다라주경牟梨曼茶羅呪經』에는 작단법作壇法과 호
마법護摩法이 정리되어 있고, 만다라의 시작이라고도 할 만한 화상법畵像法이
설해진다. 이 경전에서 주목할 것은 인계印契, mudrā가 처음 설해지고 각 인
계와 주呪를 짜맞추었다는 점이다. 삼밀三密 가운데 신밀身密과 구밀口密이 결
합되는 것이다. 아지구다阿地瞿多, Atikūta, 無極高가 번역한 『다라니집경陀羅尼集經』
에서는 본존을 짧은 범자로 표현하는 종자種子나, 본존을 지물持物로 나타내
는 삼매야형三昧耶形5)이 설해지기 시작하였다. 7세기 초에 지통智通이 번역
한 『관자재보살달부다리수심다라니경觀自在菩薩怛嚩多唎隨心陀羅尼經』에는 종자·
삼매야형·존형尊形의 세 가지로써 하는 관법觀法이 설해져 있다. 체계화된
밀교의 본존本尊 관념이 나타나고 있다고 볼 수 있다.6) 현세 이익적 공덕을
설하는 경전이 여전히 주를 이루지만, 동시에 체계화된 중기밀교로의 이
행을 예고하는 경전들도 등장하기 시작하는 것이다.

중기밀교란 『대일경大日經』, 『금강정경金剛頂經』을 바탕으로 성립한 체계
화된 밀교를 가리킨다.7) 이 두 경전의 성립을 기점으로 초기와 중기밀교

---

5) 줄여서 三形이라고도 한다. 불보살의 持物이나 印契로, 諸尊의 서원을 형상화한 것이
    다. 예를 들어, 不動尊이 가지고 있는 검은 제도하기 어려운 중생을 구제하려는 서원의
    표시이다. 그밖에 대일여래의 寶塔, 보생불의 寶珠, 약사여래의 약병 등도 모두 삼매야
    형이다(耘虛 龍夏, 1995, 『佛敎辭典』, 삼매야형).
6) 松長有慶 저, 張益 역, 1993, 『밀교경전 성립사론』, 143~145쪽.
7) 『대일경』은 중인도 오리시(Orīsā) 지방에서 7세기 중반에 성립된 경전이다. 산스크리
    트 원전은 아직 발견되지 않았으나, 다른 산스크리트 경전이나 논소에서 『대일경』을
    인용하고 있어 산스크리트 원문을 일부 알 수 있다. 현재 전하는 것은 한역 1종과 티베
    트역 1종이다. 한역 경전은 善無畏와 一行에 의해 7권으로 한역되었다. 제7권인 『供養
    次第法』은 前6권에 부속하는 의궤를 모은 것으로, 제7권을 선무외의 찬술로 보는 설
    도 있다. 티베트장경에는 前6권과 분리되어 論疏部에 포함되어 있다(賴富本宏, 1999, 「密
    敎의 確立 -『大日經』과 『金剛頂經』의 成立과 思想」, 『インド密敎』, 東京: 春秋社, 33~45쪽 ;
    松長有慶 저, 張益 역, 1993, 『밀교경전 성립사론』, 193~196쪽).
    『금강정경』은 『대일경』보다 약간 늦은 시기에 남인도에서 성립되었다. 『금강정경』은
    단일한 경전이 아니라, 열여덟 곳의 다른 장소에서 설했던 총계 10만頌의 집성으로 되
    어 있다. 그 첫 회가 『眞實攝經』으로, 흔히 이 경전을 가리켜 『금강정경』 혹은 『初會金
    剛頂經』이라고 한다. 현재 『금강정경』은 산스크리트 원전 1종, 티베트역 1종, 한역 3

를 구분하는 것은 이들 경전이 이전 밀교경전과 비교해 몇 가지 특색을 지니고 있기 때문이다. 우선 초기밀교경전에서 주로 현세이익과 재난 제거를 설하였다면, 중기밀교경전에서는 성불成佛이 주목적이 된다. 두 번째, 초기밀교에서 주로 다라니를 외우는 구밀이 중심이 되었다면, 중기밀교에서는 인계·다라니·삼마지samādhi를 신身·구口·의意 삼밀로 일체화한 조직적 관법이 발전하게 된다. 세 번째, 초기밀교경전에서는 경전이 불설佛說로 되어 있지만 내용상 불교 교리와 관계가 없는 제재除災 경전이 적지 않았다. 그러나 중기밀교경전에서는 중관中觀·유식唯識·여래장如來藏 등 대승불교의 기본적인 교설이 밀교의례나 관법 속에 적극적으로 도입되고 있다. 네 번째, 경전의 교설을 도상화한 만다라曼荼羅, maṇḍala가 성립된다. 다섯 번째, 초기밀교경전은 석가모니의 교설이라고 되어 있는 반면, 중기밀교경전에서는 대일여래大日如來가 설법주說法主가 된다.8) 이상과 같은 중기밀교의 특징을 『대일경』과 『금강정경』이 공유하고 있기 때문에 이 두 경전은 함께 언급되는 경우가 많다. 그리고 실제로 『금강정경』에서는 『대일경』의 영향을 받은 부분들을 찾아볼 수 있다.9) 그러나 사상 내용이나 실천 체계, 나아가 만다라의 구조 등에서 두 경전은 큰 차이를 보이고 있다. 이에 『대일경』 사상을 바탕으로 한 것은 태장계胎藏界 밀교, 『금강정경』 사상을

종 등 총 5종의 원전이 전한다(松長有慶 저, 張益 역, 1993, 『밀교경전 성립사론』, 218~230쪽).

8) 松長有慶 저, 張益 역, 1993, 『밀교경전 성립사론』, 162~164쪽.

9) 賴富本宏, 1999, 「密教の確立」, 『インド密教』, 47쪽에서는 『금강정경』이 『대일경』의 영향을 받아 성립된 근거로 다음의 세 가지를 들고 있다. ①『대일경』의 주존은 '비로자나'인데, 『금강정경』에서는 '금강계 비로자나'이다. 이는 『대일경』의 비로자나를 전제로 '금강계'라는 명사를 추가한 것이다. ②『대일경』에는 관음, 문수, 보현 등 현교와 동일한 명칭의 보살이 등장하는 반면, 『금강정경』에는 金剛法, 金剛利, 金剛寶 등 현교의 보살 명칭이 金剛名으로 변화하였다. 밀교교학적으로 더 발전된 단계임을 의미한다. ③『대일경』은 佛部·蓮花部·金剛部의 3부 구성인데 반해, 『초회금강정경』은 寶部를 더한 4부 구성이며, 廣義의 『금강정경』에서는 그 위에 羯磨部를 더한 5부 구조로 되어 있다.

바탕으로 한 것은 금강계金剛界 밀교로 구분한다.

밀교는 밀교경전의 중국 전래를 통해 이루어졌다. 밀교경전은 초기에는 주로 실크로드를 통해 전해졌다. 중국에 밀교를 처음 전했다고 일컬어지는 인물은 4세기 동진東晋 초에 들어온 백시리밀다라帛尸梨密多羅, Śrīmitra로 『대송승사략大宋僧史略』 등에 그의 전기가 전한다. 그는 주문을 잘 지송持誦하고 영험이 뛰어났으며 『공작왕주孔雀王呪』를 번역하였는데 이것이 주법呪法의 시작이라고 하였다.[10] 그러나 실제로 밀교가 전래된 것은 이보다 이른 시기였다. 3세기 전반에 월지月支 출신의 지겸支謙이 『화적다라니신주경華積陀羅尼神呪經』과 『마등가경摩登伽經』 등을 번역하였고, 3세기 중반에는 축법호竺法護가 『마등가경』의 이역異譯인 『사두간태자이십팔수경舍頭諫太子二十八宿經』을 번역하였다.[11] 『화적다라니신주경』에서는 다라니의 제재 기능과 억지 기능을 모두 담고 있으며, 향, 꽃, 등촉燈燭으로 부처님께 공양을 하고 다라니를 외운다고 하는 기본적인 의례를 설하고 있다. 또 『마등가경』은 많은 주문과 함께 호마작법護摩作法과 점성술을 언급하는 초기밀교경전이다. 그러나 이들 다라니경이 처음부터 '밀교'라는 사상 개념이 확정된 위에서 '밀교경전'이라 규정되어 유입된 것은 아니었다. 이들은 일종의 이문화異文化로서 단발적으로 소개되었다.[12]

중국에 중기밀교를 들여온 인물은 선무외善無畏, Śubhakara-siṃha, 戊婆揭羅僧訶, 637~735이다.[13] 그는 인도 오리사 지방의 우다국烏茶國, Uḍra 불수왕佛手王의 왕자로 태어났으며, 날란다那爛陀, Nālanda에서 현밀顯密 양교에 통달한 달마국다

---

10) 贊寧 撰, 『大宋僧史略』卷上(『大正藏』54, 240c03~06), "帛尸梨密多羅本西域人 東晋之初至于建業 王導周伯仁庾亮皆欽重之 善持咒術 所向多驗 時江東未有咒法 密出孔雀王咒 咒法之始也"

11) 요리토미 모토히로 외 저, 김무생 역, 1989, 『밀교의 역사와 문화』, 61~62쪽.

12) 賴富本宏, 1999, 「中國密教の流れ」, 『中國密教』, 東京: 春秋社, 16쪽.

13) 이하 중국에서 활약한 밀교 승려에 관한 내용은 다음을 참고하여 정리하였다. 栂尾祥雲, 1933, 『秘密佛教史』, 和哥山縣: 高野山大學出版部(1985, 京都: 臨川書店 재간행), 89~132쪽 ; 요리토미 모토히로 외 저, 김무생 역, 1989, 『밀교의 역사와 문화』 ; 岩崎日

達磨掬多, Dharma-gupta에게 밀교를 배웠다. 당唐 현종玄宗 개원開元 4년716 장안長安에 도착하여 『대일경』과 『소실지갈라경蘇悉地羯羅經』, 『소바호동자경蘇婆呼童子經』 등 4부 12권을 번역하였다. 선무외의 가장 대표적인 제자는 그와 함께 『대일경』을 번역하고 그 주석서인 『대일경소大日經疏』를 찬술한 일행一行, 683~727이다. 그는 금강지金剛智, Vajra-bodhi, 669 혹은 671~741로부터 다라니비인陀羅尼秘印을 배웠으며, 밀교, 선禪, 계율戒律을 함께 수학하였고 천문과 역법에도 밝았다고 한다. 특히 그가 찬술한 『대일경소』는 이후에도 『대일경』 연구의 가장 중요한 주석서로 꼽히며 동아시아 밀교사에 막대한 영향을 미쳤다. 일행 외에도 현초玄超와 신라 승려 의림義林, 불가사의不可思議 등이 선무외의 법맥을 이었다.

중국에 『금강정경』을 들여온 인물은 금강지이다. 중인도 이사나말마왕伊舍那靺摩王, Iśanavarma의 셋째 아들로, 10세에 날란다사의 적정지寂靜智에게 출가하였다. 개원 7년719에 장안에 도착하였으며, 개원 11년에 칙명으로 자성사資聖寺에서 『금강정유가중약출염송경金剛頂瑜伽中略出念誦經』과 『칠구지다라니경七俱胝陀羅尼經』을 번역한 것을 시작으로 총 8부 11권의 경전을 번역하였다. 금강지가 장안에 왔을 때, 14세의 불공不空, Amogha-vajra, 阿目佉跋折羅, 705~774이 그에게 출가하였다. 불공은 금강지의 밀교를 계승하여 발전시켰고, 당 현종·숙종肅宗·대종代宗의 국사國師로 활동하며 낙양洛陽과 장안, 즉 당의 중심지에서 밀교를 선양하였다. 뿐만 아니라 무위武威, 태원太原, 오대산五台山에 이르기까지 밀교를 널리 홍포해, 밀교는 이때를 기해 전성기를 맞이하게 된다. 불공은 경전 번역에도 크게 힘써, 『정원석교목록貞元新定釋教目錄』(이하 『정원석교록』으로 줄여 씀)에는 불공이 번역한 110부 143권에 달하는 역경 목록이 실려 있다. 금강지와 불공은 여러 제자를 두었는데 그중에 『왕

出男, 1999, 「中國密教の祖師たち」, 『中國密教』, 東京: 春秋社 ; 鎌田茂雄, 1999, 『中國佛教史』 6 -隋唐の佛教(下), 東京: 東京大學出版會, 398~418쪽 및 721~753쪽.

오천축국전住五天竺國傳』을 찬술한 신라 출신의 혜초慧超가 있다. 그는 금강지에게 수학하다가 금강지의 사후에는 불공을 스승으로 모신 인물이다.

불공 이후 당 밀교계를 이끌었던 인물은 청룡사靑龍寺의 혜과惠果, 746~805이다. 혜과는 당 대종·덕종德宗·순종順宗의 국사로서 위덕이 온 나라에 높았다고 한다. 그는 불공에게 전법관정傳法灌頂을 받고 금강계 밀법을 전수받았으며, 선무외의 제자인 현초로부터 『대일경』, 『소실지경』을 전수받았다. 이에 이때까지 별도의 법맥으로 전승되던 태장·금강 양계 밀교가 혜과에 의해 일원화되었다.

혜과 이후 중국에서는 『소실지경』의 지위가 높아졌다. 『소실지경』은 『대일경』 계통의 경전으로, 뛰어난 실지를 얻기 위한 작법을 주로 설하고 있기 때문에 현실적으로 세간에 많이 통용되었다. 『소실지경』의 부상은 혜과 이후 황실의 밀교가 도교에 압도되어 쇠퇴하고, 밀교는 도교의 현세 이익적 성격의 영향을 받아 성불 문제를 소홀히 한다고 하는 사상사적 맥락과도 관련이 있다.[14] 그 후 회창會昌 5년845의 회창폐불을 계기로, 궁정 내 도량內道場 불사를 주로 하였던 밀교는 설 자리를 잃었다. 특히 밀교는 불구佛具와 만다라 등 유형적인 의례 용품이 중요한데, 이들이 폐불 시에 크게 파손되면서 재기하지 못한 것이다. 그러나 밀교는 작법作法과 다라니를 중심으로 유교·도교 및 현교와 교류하며 사상적·신앙적 맥을 이어갔다.

---

14) 정성준, 2007, 『밀교학의 기초지식』, 64~65쪽.

2.

신
라
의
밀
교

수
용
과
전
개

1) 신라의 밀교 수용

(1) 밀교의 수용과 주술신앙

신라 밀교사를 논하는 데 가장 중요한 자료는 『삼국유사三國遺事』 신주편神呪篇이다. 여기에는 밀본密本, 명랑明朗, 혜통惠通 등 세 명의 전기가 실려 있는데 이 가운데 명랑은 신인종神印宗의 종조宗祖로, 혜통은 총지종摠持宗의 종조로 꼽힌다. 이 세 승려들이 신라 밀교 수용의 바탕을 만들고, 이후 8세기에 당에서 중기밀교를 수학한 승려들이 귀국하면서 신라에 밀교교학의 전통이 성립하고 신앙이 확산되었다.[15]

밀본은 『약사경藥師經』을 독송하여 선덕여왕과 김양도金良圖의 병을 치유한 인물이다. 밀본이 독송한 『약사경』은 『관정경灌頂經』의 제12권인 『관정발제과죄생사득도경灌頂拔除過罪生死得度經』일 것으로 추정된다.[16] 『관정경』은

---

15) 『삼국유사』 신주편이 중요하기는 하지만 자료 자체가 가지고 있는 문제도 적지 않다. 본 절에서는 고려 밀교사의 前史로서 신라시대 밀교 수용을 다루기 때문에 신주편의 문제들을 깊게 고찰하지는 않을 것이며, 이 책의 제3장. 밀교종파의 성립과 활동에서 신인종, 총지종의 성립 문제를 논하면서 함께 언급하겠다.

16) 『약사경』은 梁代에 『관정경』의 제12권으로 편입되어 크게 유행하였다. 따라서 그 영향이 신라에 미쳤을 가능성이 높을 뿐 아니라, 후에 명랑의 文豆婁秘法이 『관정경』에

전체적으로 업설業說을 중심으로 치병과 제액除厄의 주술을 전개한 경전이다. 업설이라는 기본 사상을 바탕으로 친숙한 주술을 전개하기 때문에, 신라 초기불교의 밀교적 흐름을 배경으로 구체적인 주술 형태를 찾을 경우 가장 적절한 경전이라 할 수 있다. 이 경전에 입각해 강력한 치병주술을 펼친 밀본은 신라 최초의 본격적 밀교 승려라 할 수 있을 것이다.[17]

『관정경』의 제12권에는 약사여래의 12대원大願과 유리광정토琉璃光淨土의 장엄 및 그 부처의 위신력과 속명법續命法이 설해져 있다. 그 가운데 국왕의 병을 치료하는 방법도 직접적으로 언급되어 있어, 이 부분이 선덕여왕의 치병에 활용되었을 것으로 짐작된다. 한편, 김양도는 신라의 통일전쟁기에 무장으로 활동하던 인물로, 진골이다.[18] 이들을 치유한 밀본의 활약을 계기로 왕실과 귀족 사이에서 『약사경』과 그를 포함하는 『관정경』이 널리 알려졌을 것이다. 이는 이후 명랑이 『관정경』을 소의경전으로 활동을 전개할 수 있던 배경 가운데 하나로 작용하였을 것이다.[19]

명랑은 문무왕대에 문두루비법文豆婁秘法으로 당병唐兵을 물리친 인물이다. 왕실 및 불교계와 깊은 친연성을 가지는데, 모계는 성골로 자장慈藏이 그의 외숙이고 당시 저명한 승려였던 국교대덕國敎大德과 의안대덕義安大德이 그의 형이었다. 670년문무왕 10에 설방薛邦이 50만 대군을 이끌고 정주貞州에

근거하고 있기 때문에, 밀본이 독송한 『약사경』은 『관정경』 제12권으로 추정된다(高翊晋, 1989, 『韓國古代佛教思想史』, 397쪽).
한편, 밀본의 『약사경』이 『관정경』 권12라면 「密本催邪」 조에 어떤 형태로든 『관정경』과의 연관성이 드러나 있어야 하며, 밀본과 명랑이 밀교라는 큰 테두리 안에서는 관련이 있으나 그 실현에서는 차이가 보이기 때문에 명랑의 문두루비법을 근거로 밀본의 『약사경』이 『관정경』 권12라고 보는 시각에는 문제가 있다는 견해도 있다(김연민, 2012, 「密本의 『藥師經』 신앙과 그 의미」, 『한국고대사연구』 65, 219~221쪽 ; 金淵敏, 2017, 『新羅 密敎思想史 研究』, 31~32쪽).

17) 高翊晋, 1989, 『韓國古代佛教思想史』, 399쪽.
18) 『三國史記』에 의하면, 김양도는 661년(무열왕 8)에 大阿湌으로 백제 사비성 공격에 참여하였고, 669년(문무왕 9)에 波珍湌으로 入唐하였다. 대아찬과 파진찬은 모두 진골만 오를 수 있던 관등이다.
19) 옥나영, 2007, 「『관정경』과 7세기 신라 밀교」, 『역사와 현실』 63, 265쪽.

임박했을 때, 비단[綵帛]으로 임시 사천왕사四天王寺를 짓고 풀로 오방신상五方神像을 만들어 유가명승瑜伽明僧 12인과 문두루비법을 펼치자 풍랑이 일어 당군의 배가 모두 침몰하였다고 한다.

명랑이 시행한 문두루비법의 소의경전은 『관정경』제7권인 『복마봉인대신주경伏魔封印大神呪經』이다.[20] 그런데 명랑의 문두루비법에 등장하는 사천왕사 창건과 유가명승 12인의 존재는 『관정경』에서 설하는 내용이 아니다. 그러나 사천왕의 조력에 대한 내용은 언급되어 있다. 경전에서 천제석天帝釋이 문두루비법에 대해 설한 여래에게 "지금 부처님이 위신을 받들어 사천왕에게 명하여 그 신의 이름과 아울러 문두루법을 돕도록 하고자 합니다"[21]라 하고, 각 천왕의 이름과 그 위력을 설하고 있는 것이다. 따라서 문두루비법의 개설 장소는 사천왕이 있는 장소였을 것이고, 이에 문무왕이 당군에 대한 대책을 물었을 때 명랑은 제일 먼저 사천왕사를 건립할 것을 제안하였을 것이다.[22] 이와 더불어 『금광명경金光明經』의 제6 「사천왕품四天王品」도 사상적 배경을 제공한 것으로 보인다. 명랑은 자신의 집을 희사해 금광사金光寺, 혹은 금강사金剛寺를 건립하는데,[23] 사찰의 명칭이 『금광명경』을 연상시키기 때문이다. 한편, 문두루비법은 불신佛身 및 1,250명의 제자와 여러 보살승菩薩僧을 관상하는 것이 의례 절차 속에 포함되기 때문에,[24] 비법을 펼 때 유가행瑜伽行, 즉 지관수행止觀修行을 잘했던 유식 승려들

---

20) 『관정경』 권7이 가장 기본적인 소의경전이지만, 이 외에도 『金光明經』과 『大方廣十輪經』(高翊晉, 1989, 『韓國古代佛教思想史』, 401~403쪽), 『觀佛三昧海經』(文明大, 1976, 「新羅 神印宗의 研究」, 205~207쪽)도 사상적 배경을 제공하였다.

21) 帛尸梨密多羅 譯, 『灌頂經』 卷7(『大正藏』 21, 516a18~19)

22) 옥나영, 2007, 「『관정경』과 7세기 신라 밀교」, 267~268쪽 ; 玉娜穎, 2017, 『新羅時代密教經典의 流通과 그 影響』, 숙명여대 사학과 박사학위논문, 52쪽.

23) 『삼국유사』 권5 「明朗神印」조에는 명랑이 '金光寺'를 창건했다고 하며, 권4 「二惠同塵」조에는 '金鋼寺'를 新創하였다고 한다. 고려시대에는 『金光明經』과 『金剛明經』을 같은 의미로 혼용해서 사용한 것으로 보이기 때문에, 금강사와 금광사는 같은 도량의 이칭으로 볼 수 있다(김복순, 2011, 「『삼국유사』 '명랑신인'조의 구성과 신인종 성립의 문제」, 209쪽).

을[25] 보조로 활용하였다고 생각된다.

밀본과 명랑이 『관정경』을 활용한 작법을 행한 데 반해, 혜통은 이들과
성격이 조금 다르다. 혜통은 입당하여 무외삼장無畏三藏에게 수학하고, 삼장
의 추천으로 당 고종高宗 공주의 병을 치유하였다. 공주의 병은 독룡毒龍의
소행이었는데,[26] 혜통은 흰콩과 검은콩을 신병神兵으로 바꾸어 용을 쫓았
다. 혜통에게 쫓겨난 용은 악심을 품고 신라로 가서 혜통과 친한 정공鄭恭
을 죽게 만들고 혜통마저 해하려고 하였다. 왕의 군대가 혜통을 잡으러 오
자 그는 사기병과 붓을 들고 지붕에 올라갔다. 붓으로 사기병의 목에 선을

---

24) 帛尸梨密多羅 譯,『灌頂經』卷7(『大正藏』21, 515a26~b13), "當先自存念汝身如我之像
三十二相八十種好 紫磨金色身長一丈六尺 項背日光 存想吾身已 次復存念一千二百五十弟
子 次復存念諸菩薩僧 存念是三想已 又復存念五方大神 一名曰亶遮阿加 其身長大一丈
二尺 著青色之衣吐于青氣住在東方 二者名曰摩呵祇斗 其身長大一丈二尺 著赤色之衣吐于
赤氣住在南方 三者名曰移兜涅羅 其身長大一丈二尺 著白色之衣吐于白氣住在西方 四者名
曰摩呵伽尼 其身長大一丈二尺 著黑色之衣吐于黑氣住在北方 五者名曰烏呾羅嬭 其身長大
一丈二尺 著黃色之衣吐于黃氣住在中央 此五方之神各有眷屬 一神王者有七萬鬼神相隨逐
也 五方各有七萬鬼神 七五三十五萬諸鬼神 悉來左右扶佐病者 令免危厄過度諸難 此鬼神王
為人作護 令諸邪惡不得妄行"

25) 瑜伽明僧의 해석에 대해서는 의견이 분분하다. 고익진은 瑜伽唯識에 밝은 승려로 해석
하고 있다. 한편 서윤길은 瑜伽를 밀교의 전통적인 수행법인 三密瑜伽로 보고 있으며
(徐閏吉, 1994,『韓國密敎思想史硏究』, 304쪽), 옥나영도 이 견해에 동의하고 있다(玉
娜穎, 2017,『新羅時代 密敎經典의 流通과 그 影響』, 52쪽). 전동혁은『관정경』이 12권
으로 구성된 점에 착안하여 유가명승 12인을 灌頂12章句를 誦하는 12명의 밀교 아사리
라고 해석하였다[종석(전동혁), 1992,「密敎의 受容과 그것의 韓國的 展開(1)」, 26쪽].
그런데 7세기 중반 신라에 전통적인 밀교 수행을 하는 승려나 아사리가 얼마나 있었
을지 의문이 든다. 또한 문두루비법은『관정경』제7권을 소의로 하므로, 다른 권의 관
정장구를 함께 염송할 필요는 없다. 김연민은 유가명승을 명랑과 비슷한 성격을 가진
승려라고 하며, 유가명승 12명을 활용한 이유를 阿地瞿多의 普集會壇에서 찾고 있다.
보집회단은 외각에 12院을 조성해 12尊位를 안치하도록 되어 있는데, 이것을 문두루
비법에 적용하였다는 것이다(金淵敏, 2017,『新羅 密敎思想史 硏究』, 50쪽). 이 경우는
문두루비법의 작단법 자체에 수정을 가하지 않으면 안 되기 때문에, 이 의견을 받아들
이기는 어렵다.

26) 「혜통항룡」조의 독룡을 전염병으로 보는 연구도 있다. 독룡이 혜통에게 쫓겨나 신라
로 오고, 신라 내에서 지역을 옮겨 다니며 해를 끼친 것을 전염병이 당에서 신라로, 신
라 내에서도 각지로 확산된 것으로 파악하였다(노중국, 2011,『『삼국유사』惠通降龍
조의 검토 -질병 치료의 관점에서」,『新羅文化祭學術論文集』32).

굿자 병사들의 목에도 선이 그어졌다. 사기병의 목을 자르면 어떻게 되겠
냐는 혜통의 말에 병사들이 달아났다고 한다. 이와 같이 콩과 사기병을 활
용한 주술은 일종의 모방주술模倣呪術, imitative magic이라고 할 수 있다. 모방주
술은 주술의 가장 원시적인 형태로, 밀본의 『약사경』 독송이나 명랑의 문
두루비법에 비하면 불교적 관념이 줄은 듯한 느낌이 든다. 그러나 순수한
주술의 관점에서 볼 때는 오히려 더 심화되고 철저한 것이라 볼 수 있다.[27]

　「혜통항룡」조에서 가장 문제가 되는 것은 혜통의 사사師事 관계이다. 『삼
국유사』에 그의 스승으로 나오는 무외삼장이 누구인가 하는 것이다.[28]

---

[27]　高翊晋, 1989, 『韓國古代佛敎思想史』, 420쪽.

[28]　혜통의 사사 관계는 신라 밀교사의 중요한 쟁점 가운데 하나이다. 「혜통항룡」조의 기
사는 7세기와 8세기 일이 뒤섞여 있다. 혜통의 활동 연대를 언제로 볼 것인가는 8세기
전반에 당에 전래된 체계화된 중기밀교가 혜통을 통해 신라에 전래되었는가의 여부
와 연결된다. 혜통의 스승인 무외삼장으로 거론되는 인물은 ① 善無畏, ② 阿地瞿多(高
翊晋, 1989, 『韓國古代佛敎思想史』, 414~418쪽), ③ 智通[종석(전동혁), 1995, 「밀교의
수용과 그것의 한국적 전개(2)」, 43~46쪽], ④ 선무외와 다른 無畏(노중국, 2011, 「『삼
국유사』惠通降龍조의 검토」, 37~42쪽) 등 네 명이다. 각 주장의 내용과 문제점은 아
래와 같다.
　① 선무외는 실제로 無畏三藏이라 불렸기 때문에 가장 유력하지만, 혜통의 스승을 선
무외로 보면 景德王代 信忠奉聖寺 창건을 제외한 「혜통항룡」조의 모든 기사의 연대를
50년가량 하향 조정해야 한다. ② 阿地瞿多는 '無極高'로 의역되며 이는 '無高'로 약칭
될 수도 있다. 나아가 선무외삼장이라는 선입견이 개입되면 '無畏'로도 와전될 수 있
는 이름이다. 아지구다는 『陀羅尼集經』을 한역한 인물인데, 이 경전은 밀교적 印呪와
壇法을 모은 것이다. 혜통의 스승이 아지구다였다면 혜통의 작법은 『다라니집경』에
기반했어야 함에도, 「혜통항룡」조에서는 이 경전의 흔적을 찾아볼 수 없다는 문제가
있다. ③ 智通은 摠持寺에 주석했던 唐僧으로 혜통과 이름이 비슷하다. 혜통은 총지종
의 宗祖로 거론되기도 하는 만큼, 양자 간에는 많은 유사성을 찾을 수 있다. 사상적으
로도 지통과 혜통은 모두 聖觀音呪法을 행하고 있다고 하였지만, 혜통의 성관음주법
사례는 찾아볼 수 없다. 따라서 이 주장 역시 혜통이 지통을 계승하였다면 보여야 할
사상적 연계를 찾을 수 없다는 문제가 있다. ④ 『兩部大法相承師資付法記』에 무외와
선무외가 별도로 나오는 점을 근거로, 무외→금강지→선무외의 사자상승 관계를 설
정하였다. 이렇게 되면 무외가 선무외보다 앞 시기의 인물이므로 「혜통항룡」조의 활
동 연대가 안 맞는 문제도 해결된다고 보았다. 그러나 『양부대법상승사자부법기』의
무외가 등장하는 앞뒤 부분이 모두 선무외의 행적이기 때문에, 무외와 선무외를 다른
인물로 보기에는 무리가 있다. 아울러 무외를 별도로 상정하더라도, 그 제자로 설정된
금강지가 719년에 입당하기 때문에 혜통과 활동 연대가 어긋나는 문제는 여전히 해
결되지 않는다.

'무외삼장'이라는 이름에서 개원 연간에 입당한 선무외가 가장 유력하나, 선무외를 혜통의 스승으로 보기에는 연대가 맞지 않는다. 혜통은 인덕麟德 2년665에 귀국하는 반면 선무외는 개원 5년716에 입당하기 때문이다. 혜통의 스승인 무외삼장이 누구인지는 확언할 수 없다. 다만 선무외가 실제로 무외로도 약칭되었던 점에서, 선무외와 관련시켜 혜통의 권위를 높이기 위한 후대의 부회附會로 보는 것이 타당할 것이다.29)

　이상과 같이 『삼국유사』 신주편에 밀본, 명랑, 혜통 등 세 명의 승려를 묶은 것은 이들에게 공통점이 있다고 파악했기 때문일 것이다.30) 이들은 이후 신라에 수용되는 중기밀교와는 구별되는 밀교 주술 신앙을 보인다. 이들 세 승려는 왕실과 관계를 맺고 밀교의례를 개설하고, 질병 치유도 하면서 밀교신앙이 확산될 수 있는 바탕을 마련하였다. 이는 밀교에 대한 관심의 고조로 이어졌다. 당에서 유학하던 명효明曉는 700년경에 『불공견삭다라니경不空羂索陀羅尼經』 1권을 가지고 신라로 귀국하였는데, 그는 총지문總持門에 뜻을 두어 이무첨李無諂에게 이 경전의 새로운 번역을 부탁하였다고 한다.31) 그런데 명효는 화엄 승려로 그가 저술한 『해인삼매론海印三昧論』은

　　　한편, 하정룡은 존승각간이라는 명칭을 고려하면, 『불정존승다라니경』을 전래한 罽賓國 승려 佛陀波利가 무외삼장일 가능성도 배제할 수 없다고 간략하게 언급하였다 (하정룡, 2002, 「『三國遺事』 神呪第六 惠通降龍條와 新羅密敎」, 216~217쪽).

29)　金在庚, 1978, 「新羅의 密敎 受容과 그 性格」, 17쪽.

30)　고려에 이들 세 승려의 전기가 『二和尙傳』이라는 제목으로 묶어 전해진 것이 이들을 하나의 범주로 본 근거였다는 견해가 있다(정병삼, 2011, 「『삼국유사』 神呪편과 感通편의 이해」, 『新羅文化祭學術論文集』 32, 15쪽 ; 『三國遺事』 卷5, 避隱 第8, 信忠掛冠, "按三和尙傳 有信忠奉聖寺 與此相混 然計其神文之世 距景德已百餘年 況 神文與信忠 乃宿世之事 則非此信忠 明矣 宜詳之").
　　　한편 '三和尙傳'을 '王和尙傳'의 誤記로 보고, 『三和尙傳』이라는 별도의 책이 있는 것이 아니라 이마의 '王' 모양 흉터 때문에 王和尙으로도 불렸던 혜통의 전기, 즉 『삼국유사』 「혜통항룡」조를 가리킨다는 입장도 있다(신종원, 2010, 「『삼국유사』 신충괘관조의 몇 가지 문제」, 『新羅文化祭學術發表論文集』 31, 58쪽 ; 金淵敏, 2012, 「『三國遺事』 惠通降龍條의 전거자료와 기년문제」, 40~42쪽).

31)　智昇 撰, 『開元釋敎錄』 卷9(『大正藏』 55, 566b18~23), "於天后代聖曆三年(700)庚子三月 有新羅國僧明曉 遠觀唐化將欲旋途 於總持門先所留意 遂慇懃固請譯此眞言 使彼邊維

화엄사상을 밀교적 시각에서 해석하였다는 평가를 받는다.[32] 당시 신라에서는 새로운 사상조류로서 밀교에 관심을 갖고 밀교적 요소들을 기존 사상·문화에 접목시켰음을 알 수 있다.

이후 8세기에 들어서면 다라니를 염송하는 수행자의 모습도 확인되며, 변화관음變化觀音을 위시한 밀교계 불보살상이 조성되는 사례도 보인다. 이는 체계화된 중기밀교를 수학한 밀교 승려들의 활동과는 별도로, 새로운 신앙 유형으로 자리잡아가는 신라 밀교신앙의 모습을 보여준다.

(2) 중대의 입당 구법 밀교 승려

『삼국유사』 신주편 외에, 신라의 밀교 승려에 관한 한국 자료는 없다. 그러나 선무외·금강지의 부법 계보를 전하는 당 해운海雲의 『양부대법상승사자부법기兩部大法相承師資付法記』(이하 『양부부법기』로 줄여 씀), 일본 사이쵸[最澄], 767~822의 「내증불법상승혈맥보內證佛法相承血脈譜」 등을 통해 당에서 활동하던 신라 출신 밀교 승려들을 확인할 수 있다. 이들 가운데 일부는 귀국하여 신라에서 활동을 전개하였다.

우선, 선무외의 제자부터 살펴보자. 『양부부법기』에는 일행과 함께 신라 승려 현초가 등장한다.[33] 현초는 선무외에게 『대비로자나대교왕경大毘

<hr>

同聞祕教 遂於佛授記寺翻經院 爲譯不空胃索陀羅尼經一部 沙門波崙筆受"

32) 옥나영, 2013, 「『不空羂索陀羅尼經』의 신라 전래와 그 의미」, 『史學研究』 111, 179쪽.
『불공견삭다라니경』의 번역을 부탁한 明曉가 『海印三昧論』을 저술한 明晶, 遁倫(道倫)의 『瑜伽論記』에 등장하는 晶法師와 동일 인물인지의 여부에 대해서는 의견이 분분하다. 이에 대해서는 옥나영, 2013, 「『不空羂索陀羅尼經』의 신라 전래와 그 의미」, 165쪽 각주 8번 참조. 이 책에서는 이들을 동일인으로 보는 입장을 따른다.

33) 海雲 記, 『兩部大法相承師資付法記』卷下(『大正藏』 51, 786c15~787a01), "時善無畏三藏 復將此大毘盧遮那大敎王 傳付大興善寺沙門一行 及保壽寺新羅國沙門玄超 沙門一行既傳教已造大毘盧遮那義譯七卷(成分爲十四卷) 略譯二卷 大毘盧遮那形像圖樣壇儀一卷 標幟壇儀法一卷 契印法一卷 造金剛頂經義決三卷(上卷有本 餘兩卷闕本) 大興唐寺一行和尙博膽天文 學通內外 唐梵經史無不洞明 每與玄宗皇帝行座 相隨論理國及預翻經 不暇傳法 次沙門玄超阿闍梨 復將大毘盧遮那大敎王 及蘇悉地敎 傳付靑龍寺東塔院惠果阿闍梨"

^{盧遮那大教王經}』과 소실지교^{蘇悉地教} 및 제존유가^{諸尊瑜伽} 등의 법을 전수받고,[34)]
이를 다시 청룡사 혜과에게 전수하였다. 일행이 선무외의 대표적인 제자
이고 내외 학문에 통달하기는 하였지만, 『양부부법기』에 의하면 그는 법
을 전해 받을 시간적 여유가 없었다고 한다. 이에 선무외의 법을 실질적으
로 전수받은 이는 현초라 밝히고 있다. 현초의 스승인 선무외, 제자인 혜과
가 당 밀교사에서 지니는 중요성을 생각해볼 때, 현초의 위치는 매우 중요
하다.[35)] 그로 말미암아 아마도 신라에 귀국하지 못했을 것으로 보인다.[36)]

『양부부법기』에는 누락되어 있지만, 선무외의 신라 출신 제자로 의림,
불가사의도 있었다. 의림은 일본 사이쵸의 스승인 순효^{順曉}의 스승이다.
즉, 사이쵸는 의림의 손제자에 해당한다. 의림은 선무외에게 대비태장만
다라^{大悲胎藏曼茶羅}의 묘법^{妙法}을 전수받고[37)] 103세의 나이로 신라에서 대법
륜^{大法輪}을 굴리고 있었다.[38)] 이 글이 쓰인 시기가 당 정원^{貞元} 21년^{805, 애장왕6}
이므로, 의림의 출생 연대는 703년이 된다. 선무외가 735년에 입적하므로

---

34) 『大唐靑龍寺三朝供奉大德行狀』(『大正藏』50, 295a08~11), "又於無畏三藏和上弟子玄
超和上邊 求授大悲胎藏毘盧遮那大瑜伽大敎 及蘇悉地大瑜伽法 及諸尊瑜伽等法 一一親垂
旨授"

35) 일본 眞言宗 사찰에 현초의 저술로 전해지는 12세기 필사본 2종이 있다. 1133년에 필
사한 오사카 金剛寺의 『寂勝太子別壇供養儀軌』와 1167년에 필사한 나고야 眞福寺의
『都鉢天王護摩記(吽迦陀野護摩供養記)』가 그것이다. 신라 현초의 저술이라고 바로 신
뢰하기는 어려우나, 일본 밀교에서 현초의 위상을 알려주는 자료이다(김연민, 2019,
「8·9세기 新羅의 中期密敎 유학승」, 『新羅史學報』47, 70~71쪽).

36) 高翊晋, 1989, 『韓國古代佛敎思想史』, 449~450쪽.

37) 「順曉和尙付法記」(『傳敎大師全集』1, 44쪽 ; 서윤길, 2006, 『한국밀교사상사』, 118쪽
재인용), "沙門義林阿闍梨者 是鎭國道場大德阿闍梨也 師事善無畏三 藏以大悲胎藏
曼茶羅妙法 付囑沙門義林"

38) 서윤길, 2006, 「신라 의림선사와 그의 밀교사상」, 『한국밀교사상사』에서는 의림이 대
비태장만다라법 외에 三部三昧耶와 三部悉地法을 전수받았으며, 삼부실지법은 오대
산신앙 및 사리탑신앙에 영향을 주었다고 주장한다. 그에 의하면 삼부실지법은 선무
외의 破地獄系 三部儀軌(『三種悉地破地獄轉業障出三界祕密陀羅尼法』, 『佛頂尊勝心破
地獄轉業障出三界祕密三身佛果三種悉地眞言儀軌』, 『佛頂尊勝心破地獄轉業障出三界祕
密陀羅尼』)에서 유래하는 교법이라고 한다. 그런데 이 삼종의 파지옥계 의궤는 담고
있는 사상적 경향에서 볼 때, 中晚唐 시대의 찬술일 가능성이 제기되기도 한다(長部和
雄, 1982, 『唐宋密敎史論考』, 京都: 永田文昌堂, 98쪽). 따라서 의림이 삼종실지법을 전

의림은 8세기 중기쯤에는 귀국했을 것으로 추정된다. 즉, 의림은 선무외의 체계화된 태장계 밀교사상을 신라에 전한 최초의 인물일 가능성이 있다. 이러한 의림이 『양부부법기』에서 누락된 이유는 저자인 해운이 혜과의 법맥을 중심으로 소개하고 있으며, 해운이 이 책을 저술한 834년에는 의림의 법맥이 희미해졌기 때문일 것으로 추정된다.[39]

불가사의는 승전류僧傳類에 그 이름이 전하지는 않는다. 그러나 그가 찬한 『대비로자나경공양차제법소大毘盧遮那經供養次第法疏』(이하 『공양차제법소』로 줄여 씀) 2권이 현존한다. 그는 『공양차제법』을 선무외에게 직접 물으면서 듣고, 그 법문을 분수分數에 따라 뽑아서 기록하였다고 한다. 또 스스로 신라국 영묘사零妙寺 승려임을 밝히고 있다.[40] 그가 『공양차제법소』를 당에서 썼는지 신라에서 썼는지 알 수 없지만, 저술 당시 영묘사와 관계가 있었음을 알 수 있다.[41]

한편, 경덕왕대에 활동하던 진표眞表도 스승인 순제順濟로부터 『대일경』 제7권인 『공양차제법』을 전수받았다.[42] 순제가 어떻게 『공양차제법』을 입수하였는지는 알 수 없다. 그러나 당시 밀교가 당 현종의 후원으로 영향력을 확대하고 있었기 때문에, 그러한 분위기 속에서 순제도 선무외를 찾아가 가르침을 받았을 가능성이 있다. 선무외가 입적한 740년을 전후한

수받고 그것이 오대산신앙과 사리탑신앙의 형성에 영향을 주었다는 주장은 조심스럽게 검토되어야 할 것이다.

39) 高翊晋, 1989, 『韓國古代佛教思想史』, 450~452쪽.

40) 不可思議 撰, 『大毘盧遮那經供養次第法疏』 卷下(『韓國佛教全書』 3, 409a9~11), "此文造人 新羅國 零妙之寺 釋僧不可思議 隨分穿鑿"

41) 박광연, 2006, 「眞表의 占察法會와 密教 수용」, 『韓國思想史學』 26, 19쪽.
옥나영에 의하면 불가사의가 신라에 귀국해 『供養次第法疏』를 저술하였다고 한다. 신라 승려들이 저술에서 본인을 밝히는 방식을 살펴보면, 이름 앞에 사찰명을 병기할 때 그 사찰은 그 경론을 저술할 때 연관이 있는 사찰이라는 것이 주장의 근거이다(옥나영, 2012, 「不可思議의 『大毘盧遮那供養次第法疏』의 찬술 배경과 의의」, 『韓國思想史學』 40, 292~296쪽).

42) 『三國遺事』 卷4, 義解 第4, 關東楓岳鉢淵藪石記, "濟授沙弥戒法傳教 供養次第秘法一卷 占察善惡業報經二卷曰 汝持此戒法 於彌勒地藏兩聖前 懇求懺悔 親受戒法 流傳於世"

시기는 의림을 비롯한 선무외의 제자들이 중기밀교를 신라로 전래한 때이다. 같은 시기, 혹은 그보다 약간 앞선 시기에 순제도 진표에게 『공양차제법』을 전하였고, 진표는 『공양차제법』의 절제된 수행을 직접 실천하였다.[43] 그리고 제자인 영심永深, 융종融宗, 불타佛陀 등이 법을 구하러 오자 관정을 하고 『공양차제법』 등을 전수하였다.[44] 진표와 그 제자들을 순수한 밀교 승려로 볼 수는 없지만, 관정을 통한 전교傳敎와 『공양차제법』의 전수는 신라 중대에 밀교의 영향력이 확대되어 가는 모습을 보여준다.

이상으로 선무외와 태장계의 부법을 살펴보았다. 『양부부법기』에 금강지의 제자로 거론되는 신라 승려는 없다. 그러나 혜초는 『대승유가금강성해만수실리천비천발대교왕경大乘瑜伽金剛性海曼殊室利千臂千鉢大敎王經』(이하 『천비천발경』으로 줄여 씀)의 서문에서 스스로 금강지에게 법을 전수받았다고 밝히고 있다.[45] 불공은 사후 자신을 계승해 밀교를 펼 제자를 부촉하는 유서에서 그의 뛰어난 제자 6인을 거명했는데,[46] 여기에 등장하는 '신라혜초新羅慧超'와 동일 인물이다. 혜초는 금강지 사후에 본인의 사형師兄에 해당

---

43) 박광연, 2006, 「眞表의 占察法會와 密敎 수용」, 19~24쪽 참조.

44) 『三國遺事』 卷4, 義解 第4, 關東楓岳鉢淵藪石記, "時 俗離山大德永深 與大德融宗 佛陀等 同詣 律師所伸請曰 我等 不遠千里 來求戒法 願授法門 師默然不答 三人者乘桃樹上 倒墮於地 勇猛懺悔 師 乃傳敎頃 逐與袈裟及鉢 供養次第秘法一卷 日察善惡業報經二卷 一百八十九柱"

45) 慧超 撰, 「大乘瑜伽金剛性海曼殊室利千臂千鉢大敎王經序」(『韓國佛敎全書』 3, 381b4~15), "大唐開元二十一年 歲次癸酉 正月一日辰時 於薦福寺道場內 金剛三藏 與僧慧超 授大乘瑜伽金剛五頂五智尊千臂千手千鉢千佛釋迦曼殊室利菩薩秘密菩提三摩地法敎 逐於過後 受持法已 不離三藏 奉事經 于八載後 至開元二十八年 歲次庚辰 四月十五日 聞奏開元聖上皇 於薦福寺御道場內 至五月五日 奉詔譯經 卯時焚燒香火 起首翻譯 三藏演梵本 慧超筆授大乘瑜伽千臂千鉢曼殊室利經法敎 後到十二月十五日 翻譯將訖"
海雲의 『양부부법기』는 '金剛智→不空→惠果'의 정통성을 주장하려는 목적으로 저작된 것으로, 그 외의 부법 제자들은 기록하지 않은 것으로 보인다(高翊晋, 1989, 『韓國古代佛敎思想史』, 454~455쪽).

46) 圓照 集, 「三藏和上遺書一首」, 『代宗朝司空大辨正廣智三藏和尙表制集』 卷3(『大正藏』 52, 844a28~b03), "吾當代灌頂三十餘年 入壇授法弟子頗多 五部琢磨成立八箇 淪亡相次 唯有六人 其誰得之 則有金閣含光 新羅慧超 靑龍慧果 崇福慧朗 保壽元皎 覺超 後學有疑 汝等開示 法燈不絶 以報吾恩"

하는 불공을 스승처럼 모시며 법을 전수받았기 때문에 양자 모두의 제자로 등장하는 것이다. 혜초는 이 외에도 돈황燉煌에서 발견된 『왕오천축국전』의 저자이며, 「하옥녀담기우표賀玉女潭祈雨表」를 저술하기도 하였다. 후자는 혜초가 내도량 사문으로서 국가적 의례의 주관을 맡고 있었음을 보여준다.

혜초와 함께 거론된 불공의 부법 제자 6인은 모두 밀교의 대가들이었다. 제일 처음 등장하는 함광숨光은 인도 출신으로 불공을 따라 인도에 가서 범본梵本 경전을 구해 오고 오대산에서도 함께 수행했던 중심인물이다. 혜과慧果는 중국 밀교를 집대성한 혜과이며, 혜랑慧朗은 여러 밀교행사를 주관하여 불공의 『표제집表制集』에 가장 많은 글을 남긴 제자였다. 이들과 함께 거명된 혜초의 위상은 확고한 것이었다. 신라에 귀국하지 못하고 당에서 생을 마친 것으로 추정되지만, 밀교 고승인 혜초의 활동은 신라 승려들에게도 적지 않은 영향을 주었을 것이다.[47] 혜초의 행적에서 보이는 주요 사찰인 천복사千福寺와 대흥선사大興善寺는 승장勝莊을 비롯한 여러 신라 승려들이 머물렀던 곳인 만큼, 이들이 혜초의 행적과 사상에 관심을 기울이고 신라에 전래하였을 것으로 생각된다.[48]

『양부부법기』에는 혜과의 제자인 혜일惠日과 오진悟眞의 이름도 실려 있다. 『양부부법기』에는 이름만 등장하지만, 다른 자료들을 통해 그들의 행적을 추적할 수 있다. 혜일은 건중建中 2년[781]에 혜과에게 가서 태장·금강계, 소실지와 제존유가 30본本을 전수받아 정통한 뒤, 귀국하여 가르침을 크게 폈다고 한다.[49] 금강계법이 신라에 전해지고 있음을 보여주는 확실한

47) 정병삼, 2005, 「慧超의 활동과 8세기 신라밀교」, 『韓國古代史硏究』 37, 171~174쪽.
48) 옥나영, 2021, 「밀교 승려 혜초의 사상과 신라 밀교 -『천발경』 서문을 중심으로」, 『韓國思想史學』 67, 189~192쪽 참조.
49) 『大唐靑龍寺三朝供奉大德行狀』(『大正藏』 50, 295b19~24), "建中二年 新羅國僧惠日 將本國信物 奉上和上 求授胎藏金剛界蘇悉地等 幷諸尊瑜伽三十本 已來授訖 精通後時 卻歸

기록으로 주목된다.50) 아울러 혜일은 『불공견삭다라니경』을 보완한 인물이기도 하다. 명효의 부탁으로 이무첨이 번역한 『불공견삭다라니경』은 총 16품이었는데, 결인結印이 설해져 있지 않음을 보고 혜일이 1품을 더해 현재의 17품으로 완성하였다는 것이다.51) 오진은 혜일과 같은 해에 혜과로부터 태장 비로자나와 제존의 지념교법持念敎法 등을 전수받고, 정원 5년789 중천축으로 가 『대비로자나경』의 범본을 구하였으나 귀국하지 못하고 토번국吐藩國에서 사망하였다.52) 이후 중국의 나한신앙에 습수되어, 중국 500나한 가운데 479번째 나한으로 모셔지고 있다.53) 이들 기록으로 보아, 혜일과 오진은 신라에서부터 가까운 도반이 아니었을까 생각된다.54) 혜과의 제자인 의조義操의 제자이자 해운의 사형師兄이기도 한 균량均亮도 신라인이다. 『양부부법기』에 이름만 등장하지만, 금강계 대법을 전수받은 아사리阿闍梨로서 의조의 14인 제자 속에 '신라국승균량新羅國僧均亮'이라고 이름을 올리고 있다.55)

이상과 같이 당에 중기밀교가 수용되는 이른 단계에서부터 신라 출신

本國 廣弘大敎 精誠絶粒持念 悉地現前 逐白日沖天竺國王宮中瞻禮 求乞其法 空中▨言西大唐國 有祕密法法有靑龍寺"

50) 高翊晉, 1989, 『韓國古代佛敎思想史』, 455쪽.
51) 李無諂 譯, 『不空羂索陀羅尼經』(『大正藏』 20, 420c14~18), "但惠日謹案 西域大咒藏中說 … 其咒印一品惠日續檢梵本翻入 合成一十七品"
　　宗釋(全東赫), 1996, 「唐朝의 純密盛行과 入唐 新羅 密敎僧들의 思想 – 순밀사상의 신라 전래와 그것의 한국적 전개」, 『중앙승가대학 교수 논문집』 5, 78~79쪽 ; 옥나영, 2013, 「『不空羂索陀羅尼經』의 신라 전래와 그 의미」, 181~183쪽.
52) 『大唐靑龍寺三朝供奉大德行狀』(『大正藏』 50, 295b24~27), "同年[建中 2, 781] 新羅國僧悟眞 授胎藏毘盧遮那 及諸尊持念敎法等 至貞元五年 往於中天竺國 大毘盧遮那經梵夾餘經 吐藩國身歿"
53) 계미향, 2015, 「신라 悟眞의 오백나한 입전 현황 고찰 –제479번 羅漢 新羅國 悟眞常尊者」, 『한국불교학』 76 참조.
54) 高翊晉, 1989, 『韓國古代佛敎思想史』, 455~456쪽.
55) 海雲 記, 『兩部大法相承師資付法記』 卷下(『大正藏』 51, 784b04~10), "次靑龍寺東塔院義操阿闍梨所傳 金剛界大法 則有當院同學僧 法潤 義貞 義舟 義圓 景公寺僧深達 淨住寺僧海雲 崇福寺僧大遇 醴泉寺僧從賀 文苑 會昌寺新羅國僧均亮 當院常堅 玄法寺僧智深 法全弟子僧文祕(已上一十四人授金剛界大法皆次阿闍梨位故)"

승려들이 활발한 저술 작업을 하고 밀법 전승에 중요한 역할을 하였던 사실은 신라 사회의 밀교에 대한 관심을 방증해 준다.[56] 신라 중대는 신주神呪로써 치병과 외적 기양 등 활동을 하던 혜통, 명랑 등이 사회적 활동을 활발히 전개해 밀교를 정착시키는 동시에, 중기밀교를 수학한 입당구법승들이 귀국하면서 사상적 깊이를 더해가던 시기였다. 이를 바탕으로 신라 하대에도 밀교 승려들의 활동이 이어지고 밀교신앙이 확산되었다.

2) 신라 하대 밀교신앙의 확산

신라 하대 밀교 승려의 승전으로 전하는 것은 없다. 그러나 『삼국유사』 신주편 「명랑신인」조에는 명랑의 법맥을 이은 안혜安惠, 낭융朗融, 광학廣學, 대연大緣 등 승려의 활동상이 함께 실려 있다.[57]

우선, 안혜와 낭융의 기사부터 살펴보자. 『삼국유사』에는 명랑의 법맥을 이은 안혜와 낭융이 김유신金庾信, 김의원金義元, 김술종金述宗 등과 함께 원원사遠源寺를 창건하였다고 한다. 그러나 여기에는 문제가 있다. 김유신과 김술종은 7세기의 인물인데, 원원사는 현존하는 유물로 미루어 8세기 말에서 9세기 초에 창건된 것으로 보이기 때문이다. 따라서 7세기 후반에 원원사가 창건되었다는 내용은 원원사를 전통 있는 사찰로 보이기 위해

---

56)   정병삼, 2005, 「慧超의 활동과 8세기 신라밀교」, 177쪽.
57)   『三國遺事』 卷5, 神呪 第6, 明朗神印, "及我太祖創業之時 亦有海賊来擾 乃請安惠 朗融之裔 廣學 大緣等二大德 作法禳鎮 皆朗之傳系也 故并師而上至龍樹 爲九祖(本寺記 三師爲律祖未詳) 又太祖爲創現聖寺 爲一宗根柢焉 又新羅京城東南二十餘里 有遠源寺 諺傳安惠等 四大德 與金庾信 金義元 金述宗等 同願所創也 四大德之遺骨 皆藏寺之東峰 因号四靈山 祖師嵓 云則四大德 皆羅時高德 按埃白寺柱貼注脚載 慶州戶長巨川 母阿之女 女母明珠女 女母積利女之子 廣學大德 大緣三重(古名善會) 昆季二人 皆投神印宗 以長興二年辛卯 随太祖上京 随駕焚修 賞其勞 給二人父母忌日寶 于埃白寺 田畓若于結云云 則廣學 大緣二人 随聖祖入京者 安師等 乃與金庾信等 創遠源寺者也 廣學等二人骨 亦来安于兹爾 非四德皆創遠源 皆随聖祖也 詳之"

후대에 만들어진 것으로 해석할 수 있다.[58] 김유신 가문은 신문왕의 구귀족 세력 제거 과정에서 타격을 받은 이래로 신라 중대에 정치적으로 배격을 당하였다. 그러나 하대에 들어서면서 김유신 가계를 우대하는 분위기가 조성되었다. 이에 어느 정도 세력을 회복하자, 안혜 등과 함께 도성 남쪽에 왜적을 막기 위해 원원사를 건립한 것으로 추정된다.[59]

또 안혜·낭융의 법맥을 잇는 광학과 대연은 태조 왕건이 고려를 건국할 때 해적의 침입을 막았다.[60] 이 공을 인정받아, 태조가 개경에 현성사現聖寺를 창건하고 일종一宗의 근본으로 삼게 하였다고 한다. 신라시대에 이어져 오던 명랑 계통의 밀교가 고려 초에 하나의 종파를 형성하게 된 것이다.[61] 이들은 왕건이 동왕 14년931에 경주에 갔다가 개경으로 돌아갈 때 분수焚修하며 어가를 수행하기도 하였다.

다양한 밀교 승려들의 활동은 밀교 존상의 조성과 다라니 염송의 정착 등 신라에 밀교신앙을 확산시키는 데 공헌하였다. 『삼국유사』 권3 「대산오만진신臺山五萬眞身」조에 의하면 보천寶川은 만년에 울진국蔚珍國 장천굴掌天窟에 머물며 수구다라니隨求陀羅尼를 외워 굴신窟神을 감화시켜서 보살계菩薩戒를 받도록 하였다.[62] 밀교 승려가 아닌 보천이 밤낮으로 수구다라니를 염송하였다는 점에서, 당시 신라 사회에 다라니 염송이 일반적으로 퍼졌던 모습을 추정할 수 있다. 『무구정광대다라니경無垢淨光大陀羅尼經』을 탑 속에 안치

58)   文明大, 1976, 「新羅 神印宗의 研究」, 194~195쪽.
59)   文明大, 1976, 「新羅 神印宗의 研究」, 195~202쪽 ; 高翊晋, 1989, 『韓國古代佛敎思想史』, 411쪽 ; 조원영, 2001, 「新羅 中代 神印宗의 成立과 그 美術」, 17~18쪽.
60)   이때의 해적은 견훤의 수군을 가리킨다고 한다(韓基汶, 2000, 「高麗時代 開京 現聖寺의 創建과 神印宗」, 478~479쪽).
61)   高翊晋, 1989, 『韓國古代佛敎思想史』, 412~413쪽 ; 서윤길, 2006, 『한국밀교사상사』, 324쪽.
62)   『三國遺事』 卷3, 塔像 第4, 臺山五萬眞身, "寶川常汲服其靈洞之水 故晚年肉身飛空 到流沙江外 蔚珎國掌天窟 停止誦隨求陀羅尼 日夕爲課 窟神現身白云 我爲窟神已二千年 今日始聞隨求眞詮 請受菩薩戒 旣受已翌日窟亦無形 寶川驚異留二十日 乃還五台山神聖窟"

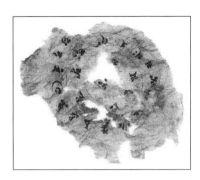

[그림 2-1] 갈항사 준제진언(758년, 국립대구박물관 소장)
출처: 국립중앙박물관, 2011, 『문자, 그 이후 - 한국고대문자전』, 180쪽

하거나, 이 경전에 의거하여 77개 혹은 99개의 소탑小塔을 만들어 납입하
기도 하였다.[63] 758년의 백지묵서白紙墨書 「준제진언准提眞言」이 유물로 현존
하며,[64] 진성여왕 9년895의 「백성산사전대 길상탑중 납법침기百城山寺前臺吉祥塔
中納法琛記」에는 탑 안에 법보法寶로 『무구정광대다라니경』, 「수구즉득대자재
다라니隨求卽得大自在陀羅尼」, 『진언집록眞言集錄』 등을 봉안하였다는 기록이 있
다.[65] 이들을 통해 신라 사회에 여러 종류의 다라니가 유통되고 있었음을

---

63) 佛國寺 釋迦塔에서 발견된 『무구정광대다라니경』이 가장 대표적이다. 그 외에도 「皇
福寺石塔 金銅舍利函記」, 「昌林寺 無垢淨塔誌」, 「百城山寺前臺 吉祥塔中 納法琛記」 등에
도 『무구정광다라니경』을 납입하였다는 기록이 있다. 『무구정경』에 의거한 조탑신
앙의 특징 가운데 하나는 77 혹은 99개 소탑을 함께 봉안하는 것이다. 「黃龍寺九層木
塔刹柱本紀」에 의하면 『무구정광경』에 의거해 99개의 소탑을 제작하여 넣었다고 한
다. 또 「中和三年銘金銅舍器記」와 「백성산사전대 길상탑중 납법침기」에도 이 경전에
의거해 77개의 소탑을 제작해 각 탑 안에 진언을 넣어 납입하였다고 한다. 신라 하대 『무
구정경』에 의거한 조탑사례는 金英美, 1994, 『新羅佛敎思想史硏究』, 民族社, 174쪽 ; 郭
丞勳, 1996, 「고려 초기 『一切如來心秘密全身舍利寶篋印陀羅尼經』의 간행」, 『아시아문
화』 12, 120쪽 ; 元善喜, 2008, 「신라 하대 無垢淨塔의 건립과 『無垢淨光大陀羅尼經』 신
앙」, 『韓國學論叢』 30, 국민대 한국학연구소, 138쪽 등 참조.
64) 경상북도 김천시 葛項寺 삼층석탑 기단부에 안치되어 있던 금동병 속에서 발견되었다
(남권희, 2005, 「韓國 記錄文化에 나타난 眞言의 流通」, 67~68쪽).
65) 「百城山寺前臺吉祥塔中納法琛記」, "寧二旆蒙年百城山寺前臺 吉祥塔中納 法琛記 無垢淨
大陀羅尼經 一卷 法花經一部 淨名經 一部 隨求卽得大自在陀羅尼 金剛般若經 一卷 花嚴二
佛 名號 卅類神衆 列名 威光所遇佛友名 善財所携五十五 善友 列名 五十三佛號十大弟子德
號 七處 九會卅九品列名 兼卅心十地名 十卷金光明 經卅一品 列名 大般若經十六會二百七

확인할 수 있다.

다라니신앙의 확산과 더불어, 불교계 내에서도 다라니 염송을 주로 하는 승려들이 등장하게 되었다.

> A-1. 그 해[효공왕 12년⁹⁰⁸] 첫겨울에 등루燈樓를 세우고, 11월 4일 공산公山 동사桐寺의 홍순대덕弘順大德을 맞이하여 좌주座主를 삼고, 재齋를 베풀어 경찬慶讚하였다. 태연대덕泰然大德, 영달선대덕靈達禪大德, 경적선대덕景寂禪大德, 지념연선대덕持念緣善大德, 흥륜사興輪寺 융선주사融善呪師 등의 고승들이 다 모여 법회를 장엄토록 하였다.⁶⁶⁾
>
> A-2. 초楚의 봉황과 같거나 주周의 옥돌과 이름을 나란히 한 자도 있었다. 혹은 참송懺誦으로 추천되거나 총지摠持로 채용되기도 하고, 혹은 귀족 신분[華僧]으로 천거되거나 굳은 절조[古節]를 인정받기도 하였다.⁶⁷⁾

인용문 A-1은 수창군壽昌郡 호국성護國城에 팔각의 등루燈樓를 세우고 법회를 개설하였다는 내용이다. 이 법회에는 고승들이 초대되었는데, 그 가운데 지념연선대덕과 융선주사라는 이름이 보인다. 지념연선대덕은 지념持念을 대표적 능력으로 내세우는 연선대덕, 혹은 지념 계통의 연선대덕으로 해석할 수 있다. 지념은 다라니, 총지를 기억하며 지닌다[念持]는 의미이기 때문에⁶⁸⁾ 연선대덕은 밀교 승려로 볼 수 있다.⁶⁹⁾ 융선주사의 경우, 주문을 주로 하고 잘하였기 때문에 '주사'라는 명칭이 붙여졌을 것이다.⁷⁰⁾『다라

十八品 列名 佛經雜語 花嚴性起 卅篇 眞言集錄 二卷 佛舍利 一軀 又二枚 釋迦如來涅槃銅畵像 一 瑠璃泥小塔 九十九 又七十七 每塔納眞言 大般涅槃經十七品 列名 ▨心般若經"

66) 崔致遠, 「新羅壽昌郡護國城八角燈樓記」, 『東文選』 卷64, 記
67) 崔致遠, 「新羅迦耶山海印寺善安住院壁記」, 『東文選』 卷64, 記
68) 다라니는 持 혹은 摠持라고도 한다. 본래는 정신을 통일하고 마음을 일점에 집중하는 의미를 가지므로, 다라니의 어원은 '持念'과도 의미가 통한다. 이 때문에 고려시대 持念業과 摠持宗을 동일하게 본다(서윤길, 2006, 『한국밀교사상사』, 49~51쪽).
69) 金昌鎬, 2001, 「新羅壽昌郡護國城八角燈樓記의 分析」, 『古文化』 57, 152쪽.
70) 융선주사가 흥륜사 승려라는 점과 관련해, 밀본 이후로 흥륜사가 치병을 주로 하는 밀교 사찰로 성격이 변하였고 그것이 신라 하대까지 이어졌다는 견해도 있다. 김양도가

니집경』과『금광명최승왕경金光明最勝王經』 등에서는 도량을 건립하는 자, 즉 작단作壇을 주재하는 승려를 주사라고 불렀다. 융선주사는 경찬재 의례의 형식적인 측면을 담당했을 것이다.[71] 이들을 통해 신라 하대에 다라니, 진언 전문가들이 존재하였음을 알 수 있다.

당시 신라에서 다라니나 진언을 잘하는 것이 하나의 능력으로 인정받았던 듯하다. 인용문 A-2가 이를 보여준다. 이 글은 해인사 출신의 대덕들을 소개하기에 앞서, 신라 대덕 선발 규정을 설명하는 부분이다. 이 가운데 총지를 잘하는 것이 하나의 항목으로 설정되어 있다. 명랑 이후 왕실에서 총지의 효능을 중요시하였을 것이기 때문에 대덕의 선발 기준에 포함된 것으로 보인다.[72]

> B. 제51대 진성여왕이 임금이 된 지 몇 해 만에, 유모 부호부인鳧好夫人과 그의 남편 위홍魏弘 잡간帀干 등 서너 명의 총신들이 권력을 마음대로 하여 정사를 어지럽히니 도적이 벌떼처럼 일어났다. 나라 사람들이 이를 근심하여 다라니 은어隱語를 지어 길 위에 던져두었다. … 다라니는 이렇다. "나무망국 찰니나제 판니판니 소판니 우우삼아간 부이 사바하南無亡國 刹尼那帝 判尼判尼 蘇判尼 于于三阿干 鳧伊 娑婆訶" 풀이하는 이가 말하기를, "'찰니나제'는 여왕을 말하고 '판니판니 소판니'는 두 소판을 말한 것이니, 소판은 관작官爵의 이름이요, '우우삼아간'은 서너 명의 총신을 말한 것이며, '부이'는 부호부인을 말한 것이다."라고 하였다.[73]

위의 인용문 B는 진성여왕대에 그의 실정失政을 비난하는 내용의 다라

밀본에게 치료받은 후 흥륜사에 불·보살상을 시주하고 벽화를 그렸으며, 호랑이에게 물린 상처에는 흥륜사의 장을 바르고 나발 소리를 들으면 낫는다는 소문이 있었기 때문이다(박미선, 2011,「新羅 占察法會와 密敎」,『東方學志』155, 11~13쪽 ; 이현숙, 2019,「치유 공간으로서의 한국고대 사찰 -신라 흥륜사를 중심으로」,『新羅史學報』46, 200~211쪽 참조).

71) 김연민, 2019,「신라 하대 다라니신앙과 그 의미」, 459쪽.
72) 박광연, 2013,『新羅 法華思想史 研究』, 198쪽.
73) 『三國遺事』卷2, 紀異 第2, 眞聖女王居陀知

니가 길에 놓여 있었다는 내용을 전한다. 진짜 다라니는 아니고 다라니의 형식을 빌린 것이다. 귀의한다는 의미의 '나무'를 제일 앞에 두어 "망국 (의 군주)에 귀의한다"고 운을 뗌으로써 왕의 실정이 망국에 이르게 할 정도의 심각한 일임을 드러내고자 하였다. 또 원만한 성취를 바란다는 의미로 다라니의 말미를 징식하는 '사바하'를 제일 뒤에 두어 다라니의 형식을 갖추고 있다. 이는 당시 신라인들이 다라니에 익숙했음을 보여준다.

한편, 체계화된 중기밀교 사상이 중대 대당 유학승들의 귀국에 의해 전래되었지만, 그 사상이 어느 정도 신라 사회에 영향을 미쳤는지는 확인할 수 없다. 그러나 밀교의례와 다라니, 밀교 존격 등 외형적으로 드러나는 밀교 요소들은 신라 사회에 널리 확산되었다. 이는 이후 지권인智拳印을 결한 비로자나불毘盧遮那佛, 묘관찰지인妙觀察智印을 결한 아미타불의 조성과 오대산신앙五台山信仰의 형성을 이끈다.

지권인을 결한 비로자나불은 중기밀교의 영향을 받은 도상이다.[74] 그러나 이 도상이 나오기 전부터, 신라에서는 밀교계 존상인 변화관음이 조성되고 있었다. 변화관음은 본래 자재묘용自在妙用한 관음응현觀音應現의 논리에서 시작되었다.[75] 초기 밀교의 다라니경전에 주로 등장하며, 관음보살의 무한한 능력에 따른 다양한 모습을 나타내기 위해 인도 힌두교 신들에서 흔히 볼 수 있는 다면다비多面多臂와 동물의 표현방식을 관음도상에 수용

---

74) 지권인 비로자나불상의 도상에 대해서는 姜友邦, 1989,「韓國 毘盧遮那佛像의 成立과 展開」,『美術資料』44 ; 文明大, 1992,「智拳印毘盧遮那佛의 成立問題와 石南巖寺毘盧遮那佛像의 硏究」,『佛教美術』11 ; 文明大, 1994,「毘盧遮那佛의 造形과 그 佛身觀의 硏究」, 『李基白先生古稀記念 韓國史學論叢』上, 一潮閣 ; 김리나·이숙희, 1998,「統一新羅時代 智拳印 毘盧舍那佛像 硏究의 爭點과 問題」,『미술사논단』7 ; 徐志敏, 2006,「통일신라 비로자나불상의 도상 연구 – 광배와 대좌에 보이는 중기밀교 요소를 중심으로」,『美術史學硏究』252 ; 이숙희, 2009,『통일신라시기 밀교계 불교조각 연구』, 학연문화사 ; 서지민, 2020,「석남사 비로자나불상을 통해 본 통일신라시대 여래형 지권인 비로자나불상의 도상과 신앙」,『불교미술사학』29 등 참조.
75) 鄭炳三, 1982,「統一新羅 觀音信仰」,『韓國史論』8, 서울대 국사학과, 45~46쪽.

한 것이다.76) 『삼국유사』에는 경흥憬興의 병을 고친 십일면관음과 맹인 아이의 눈을 뜨게 한 분황사 천수관음의 이야기가 실려 있다.77) 이러한 영험담은 신라 사회에 밀교가 뿌리내리고 확산되는 데에 긍정적인 영향을 주었을 것이다. 실제로 경주 중생사지衆生寺址, 굴불사지掘佛寺址, 석굴암 등에 8세기에 제작된 변화관음상이 유물로 현존한다.

지권인을 맺은 비로자나불은 금강계 대일여래에서 유래된 도상으로 이해되고 있으며, 두 가지 유형으로 나타난다. 그 첫 번째가 보관을 쓴 보살형 비로자나불이고, 두 번째가 장신구가 없는 여래형 비로자나불이다. 양자는 8

[그림 2-2] 석굴암 십일면관음
사진: 양병주 촬영

세기 중반 비슷한 시기에 등장하나 여래형 비로자나불의 유물 사례가 더 많다.

---

76) 이숙희, 2009, 『통일신라시기 밀교계 불교조각 연구』, 19쪽.

77) 『三國遺事』卷5, 感通 第7, 憬興遇聖, "忽寢疾彌月 有一尼來謁候之 以華嚴経中善友原病之說爲言曰 今師之疾 憂勞所致 喜笑可治 乃作十一樣面 貌各作俳諧之舞 嵬嶪成削 變態不可勝言 皆可脫頤師之病 不覺洒然 尼遂出門乃入南巷寺(寺在三郎寺南) 而隱所將杖子 在幀畫十一面圓通像前"

『三國遺事』卷3, 塔像 第4, 芬皇寺千手大悲 盲兒得眼, "景德王代 漢歧里 女希明之兒 生五稔而忽盲 一日其母 抱兒詣芬皇寺 左殿北壁畫千手大悲前 令兒作歌禱之 遂得明"

[그림 2-3] 신라 보살형 지권인 비로자나불(동화사 비로암 사리외함, 863년경, 국립대구박물관 소장)

우선 보살형 비로나자불부터 살펴보자. 754~755년에 제작된 『백지묵서화엄경^{白紙墨書華嚴經}』의 앞부분에는 자색 닥종이에 금·은니로 변상도가 그려져 있는데, 그 중심에는 보살형 비로자나불이 위치하고 있다. 중간 부분이 파손되어 있지만 왼쪽 팔의 장신구와 사자좌^{獅子座}에서 보살형 비로자나불로 추정된다. 동화사^{桐華寺} 비로암 삼층석탑에서 나온 금동사리외함에도 보관을 착용하고 지권인을 결한 보살형 비로자나불이 등장한다. 현재 소재지를 알 수 없으나 세키노 다다시^{關野貞}의 『조선고적도보^{朝鮮古蹟圖譜}』에도 8세기에 조성된 보관형 금동비로자나불의 사진이 실려 있다.

여래형 지권인 비로자나불 가운데 현재 확인되는 가장 오래된 유물은 766년에 제작된 석남암사지^{石南巖寺址} 석조 비로자나불 좌상으로, 신라 하대가 시작되기 직전의 것이다. 지권인 자체는 중기 금강계 밀교의 본존 수인과 일치하지만 신라의 지권인 비로자나불은 머리에 관을 착용하지 않은 여래형을 하고 있다.[78] 신라적 변용이 이루어졌다고 볼 수 있다.

---

[78] 밀교의 비로자나불, 즉 大日如來는 머리에 관을 착용하고 팔찌와 목걸이 등을 착용한 장엄한 모습으로 형상화된다.

[그림 2-4] 석남암사 석조 비로자나불좌상(766년, 내원사)

묘관찰지인을 맺은 아미타불상도 중기밀교의 영향을 받은 도상으로 이해되고 있으며, 통일신라 9세기경부터 나타나기 시작한다.[79] 묘관찰지인은 금강지가 번역한 『금강정경유가수습비로자나삼마지법金剛頂經瑜伽修習毘盧遮那三摩地法』과 불공이 번역한 『금강정경관자재왕여래수행법金剛頂經觀自在王如來修行法』 등에 나타나는 수인이다. 두 손의 손바닥을 위로 향하게 하고 서로 포갠 후 엄지와 둘째손가락을 붙이고 각 손가락의 등을 맞대고 있는 모습의 수인이다. 대일여래의 오지五智 중 연화부蓮華部의 지智인 묘관찰지妙觀察智에서 비롯된 것으로, 금강계 5불 가운데 서방 무량수여래의 수인이다. 9세기에 조성된 비로사毘盧寺 석조 아미타불 좌상과 분황사芬皇寺 석조 아미타

---

79) 이하 묘관찰지인을 맺은 아미타불에 대해서는 이숙희, 2009, 『통일신라시기 밀교계 불교조각 연구』, 227~240쪽 ; 정진영, 2020, 「나말려초 '묘관찰지인' 아미타불상의 출현과 의미」, 『美術史學』 39를 참고하여 정리하였다.

불 좌상을 비롯하여 9세기에 조성된 사례가 5, 6점 가량 현재까지 전하고 있다. 이러한 밀교 도상을 차용한 불보살상은 입당구법승의 귀국과 더불어 당에서 유행하던 밀교 도상들이 도입되고 밀교교학에 대한 이해가 깊어지면서 제작된 것으로 보인다.

통일신라 시기 밀교신앙의 일 단면을 보여주는 것이 오대산신앙이다. 오대산신앙은 보통 문수신앙과 결합되어, 오대산을 문수보살의 주처住處로 생각하는 신앙이다. 신라에서는 여기에 약간의 변형을 가해 오대산의 각 대臺에 불보살의 진신眞身이 상주한다고 믿었다.『삼국유사』에는 신라의 오대산신앙은 보천에 의해 정립된 것으로 표현된다. 권3「대산오만진신」조와「명주오대산보질도태자전기溟州五台山寶叱徒太子傳記」조에 그 내용이 실

[표 2-1] 오대의 구조

	암자	봉안 존격	독경	염송	승려	이름
동	관음방 (觀音房)	원상(圓像) 관음 1만 관음상	8권 금광명경 인왕반야경 천수주	관음예참	5명	원통사 (圓通社)
남	지장방 (地藏房)	원상 지장 팔대보살(八大菩薩)과 1만 지장상	지장경 금강반야경	점찰예참 (占察禮懺)	5명	금강사 (金剛社)
서	미타방 (彌陀房)	원상 무량수 무량수여래와 1만 대 세지	법화경	미타예참	5명	수정사 (水精社)
북	나한당 (羅漢堂)	원상 서가 석가여래와 500 아라한	불보은경 (佛報恩經) 열반경	열반예참	5명	백련사 (白蓮社)
중앙	진여원 (眞如院)	니상(泥像) 문수부동 (文殊不動) 비로자나불과 36화형 (化形)	화엄경 육백반야경	문수예참	5명	화엄사 (華嚴社)
본사 (本寺)	화장사 (華藏寺)	원상 비로자나 삼존 대장경	문장경 (門藏經)	화엄신중 염송	5명	법륜사 (法輪社)
하원 (下院)	문수갑사 (文殊岬寺)		화엄신중예참 (華嚴神衆禮懺)		7명	도회소 (都會所)

려 있다.

　보천과 효명曉明 형제는 왕의 아들로 오대산에 들어가 암자를 짓고 항상
예배하고 염불 수행하였다. 왕이 돌아가고 국인國人이 신왕을 추대하고자
오대산을 찾았는데, 보천은 극구 거절하고 오대산에 머물렀으며 효명이
즉위하였다. 보천은 오대산에서 50년 동안 수행한 후 입적하면서 사社의
결성과 각 사에 따른 독경讀經, 예참법禮懺法 등 신앙의례를 유언으로 남겼
다. 이를 표로 정리하면 [표 2-1]과 같다.[80]

　표에서 보이는 것처럼, 오대산신앙은 화엄사상을 중심으로 하였다. 그
러나 『화엄경』 속의 세계가 아니라 신라인에 의해 구상된 세계관이 반영
되어 있다. 즉 현재불인 아미타불과 열반에 든 화신불化身佛 석가여래, 법신
불法身佛인 비로자나불이 대중 구제와 자비의 화신인 관음보살, 지장보살
과 함께 오대산에 상주한다고 생각한 것이다.[81] 신라의 오대산신앙은 당
시를 풍미하던 다양한 사상들이 융합되어 형성된 것이었다. 성립 시기에

---

80)　[표 2-1]은 『삼국유사』의 내용을 바탕으로 정리한 것이다. 그런데 오대산신앙에 대해
　　약간 다른 내용을 전하는 자료가 있어 눈길을 끈다. 월정사 소장 『五臺山事蹟』에는 충
　　렬왕 33년(1307) 閔漬가 쓴 「五臺山聖跡幷新羅淨神太子孝明太子傳記」가 실려 있다. 이
　　에 의하면 오대의 구조는 다음과 같다. 두 자료의 비교와 차이에 대해서는 박광연,
　　2015, 「한국 오대산신앙 관련 자료의 재검토 -『삼국유사』 기록의 비판적 해석」, 『사
　　학연구』 118, 209~216쪽 참조.

	삼국유사	태자전기
東 觀音房	圓像 觀音 1만 觀音像	阿閦如來 1만 觀世音菩薩
南 地藏房	圓像 地藏 八大菩薩과 1만 地藏像	八大菩薩 1만 地藏菩薩
西 彌陀房	圓像 無量壽 無量壽如來과 1만 大勢至	無量壽如來 1만 大勢至菩薩
北 羅漢堂	圓像 釋迦 釋迦如來과 500 阿羅漢	釋迦如來 1만 彌勒菩薩 500 大阿羅漢
中 眞如院	泥像 文殊不動 毘盧遮那佛과 36化形	毘盧遮那如來 1만 文殊菩薩 文殊大聖

81)　金英美, 1994, 『新羅佛敎思想史硏究』, 148~149쪽.

대해서도 의견이 분분하다.[82] 『삼국유사』의 내용을 그대로 받아들이면 신라 중대에 성립된 것이 되지만, 보천이 유언한 형태로 정립된 것은 신라 하대의 일로 보인다.[83]

그런데 이러한 오대산신앙에서 밀교의 흔적을 찾을 수 있다. 당 오대산 신앙의 영향이다. 당의 오대산신앙은 불공과 징관澄觀, 738~839에 의해 형성 되었다. 불공은 『금강정경』을 중심으로 한 금강계 밀교의 전수자이다. 징 관은 화엄 승려이기는 하지만, 그의 사상에서 화엄과 밀교의 교섭을 찾아 볼 수 있다. 금강계 만다라의 세계관을 근거로 오대산 문수신앙의 교의를 확립한 것도 그 연장선상에 있다. 징관의 『대방광불화엄경소大方廣佛華嚴經疏』 와 『대방광불화엄경수소연의초大方廣佛華嚴經隨疏演義鈔』를 보면, 그는 오대산을 불지佛智를 상징하는 문수보살의 화현化現으로 보고 있다. 또 오대산의 오대 는 문수보살의 오지五智이자 지법신智法身 대일여래의 오지, 이를 인격화한 오불五佛을 나타내고 있다고 한다.[84] 비로자나를 중심으로 사방에 불보살 을 배치한 것이 밀교 오방불五方佛의 영향을 받은 점으로 거론된다.

한편 본사인 화장사에는 비로자나 삼존상을 주존으로 모셨다고 한다. 화장사에서는 화엄사상을 중심으로 한 신앙의례가 행해졌기 때문에 『화 엄경』의 주불인 비로자나불을 주존으로 모시는 것은 극히 자연스럽다. 이 비로자나 삼존상의 외견 묘사가 없기 때문에 어떠한 형상으로 조성되었 는지는 알 수 없다. 그러나 신라 하대 비로자나불의 도상과 크게 다르지 않았을 것이다. 즉, 지권인을 결한 비로자나불이 조성되었을 것으로 추정

---

[82] 오대산 신앙의 형성 시기에 관한 연구사는 박광연, 2013, 『新羅 法華思想史 硏究』, 190 쪽 각주 132) 참조.
[83] 이 책에서는 화엄결사의 형식, 오대산 신앙의 밀교적 윤색, 비로자나불화의 제작 등을 근거로, 오대산 신앙이 신라 하대에 형성되었다는 김복순의 주장을 따른다(金福順, 1996, 「新羅 五臺山 事蹟의 形成」, 『江原佛敎史硏究』, 小花).
[84] 朴魯俊, 1997, 『唐代 五台山文殊信仰과 그 東아시아的 展開에 關한 硏究』, 성신여대 사 학과 박사학위논문, 46~58쪽.

된다. 금강계 밀교의 주존인 대일여래에서 수인을 빌려와 당시 신라 화엄계의 과제였던 비로자나불의 형상화를 해결한 것이다.[85] 오대산신앙의 형성 자체가 밀교와 불가분의 관계를 가지고 있기 때문에 밀교 대일여래의 도상을 빌린 지권인 비로자나불이 안치되었을 가능성이 매우 높다.

요컨대 신라의 오대산신앙은 당시 신라인의 재래 불교사상과 오행에 대한 인식을 화엄의 입장에서 포섭하고 또 밀교적으로 재정립시킨 신라적 신앙의 한 형태였다고 볼 수 있다.[86] 신라 중대에 전래된 중기밀교는 화엄사상과 결합된 신앙 형태로 널리 확산되었다. 이는 밀교와 화엄 양자 모두에게 이익이 되는 형태였을 것이다. 밀교의 입장에서는 생소하게 느껴질 사상 체계를 신라인에게 익숙한 화엄사상과 접목시킴으로써, 신라 사회에 널리 그리고 깊숙이 침투할 수 있었다. 화엄의 입장에서는 밀교에서 형태적으로 구현하기 어려운 법신 비로자나불의 도상을 차용해올 수 있었으며, 밀교에서 주로 하는 다라니의 형태를 빌려 화엄사상을 다시 확산시킬 수 있었다.

화엄 저술 속에 밀교 요소가 보이는 예는 8세기 전반에 찬술된『해인삼매론』에서부터 찾을 수 있다.[87] 신라 밀교의 시초인 밀본의 활동 시기가 7세기 중반인 것을 감안하면 비교적 이른 시기라고 할 수 있다. 『해인삼매론』은『화엄경』의「십지품」에 의거하여 그 요의義를 간추려 만卍 모양의 도인圖印을 만들고 의미를 해석한 형태의 글이다. 이 저술이 의상의『일승법계도一乘法界圖』의 영향을 받았음은 이견의 여지가 없으나, 그 내용을

---

85) 南東信, 1993,「羅末麗初 華嚴宗團의 대응과 ≪(華嚴)神衆經≫의 성립」,『外大史學』5, 148~149쪽.

86) 朴魯俊, 1997,『唐代 五台山文殊信仰과 그 東아시아의 展開에 關한 硏究』, 118쪽.

87) 『해인삼매론』의 저자인 명효는 7세기 말에 중국에 유학하였다가 8세기 초에 신라에 귀국하여 활동한 인물이다. 이 저술은 740년에 일본에서 필사된 기록이 있기 때문에, 명효의 활동 시기를 고려하면 700~740년 사이에 찬술되었다고 생각된다(최연식, 2011,「신라 및 고려시대 화엄학 문헌의 성격과 내용」『佛敎學報』60, 243쪽).

살펴보면 의상과는 다른 방향에서 『화엄경』을 이해하고 있다. 그리고 밀교적 요소가 포함되어 있다는 점이 눈길을 끈다.[88]

『해인삼매론』이 가지고 있는 밀교적 요소로 우선 꼽을 수 있는 것은 도인의 형식이다. 『일승법계도』가 중앙에서 왼쪽으로 도는 것을 시작으로 내부의 굴곡을 따라 오른쪽으로 돌아 출발점인 중앙으로 다시 돌아오는 반면, 『해인삼매론』은 그 반대 방향으로 도는 독시법讀詩法을 취하고 있는 것이다. 이렇게 오른쪽과 왼쪽으로 도는 의미의 차이는 밀교의 금강계 만다라에서 실마리를 찾을 수 있다. 금강계 만다라는 총 9회로 구성되어 있으며, 만다라는 두 가지 방향으로 활동을 한다. 항삼세삼매야회降三世三昧耶會

사인회(四印會)	일인회(一印會)	이취회(理趣會)
공양회(供養會)	성신회(成身會) = 갈마회(羯磨會) = 근본회(根本會)	항삼세회 (降三世會)
미세회(微細會)	삼매야회 (三昧耶會)	항삼세삼매야회 (降三世三昧耶會)

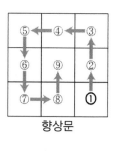

향상문

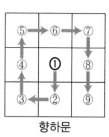

향하문

[그림 2-5] 금강계 만다라의 향상문과 향하문

---

88) 이하 『해인삼매론』에 보이는 밀교적 요소의 내용은 이정희, 2009, 「明皛 『해인삼매론』의 화엄사상과 밀교적 특성」, 『한국불교학』 55 ; 옥나영, 2013, 「『不空羂索陀羅尼經』의 신라 전래와 그 의미」 ; 문진영, 2020, 「신라 명효 『해인삼매론』의 주요 내용과 특징」, 『불교철학』 7을 참고하여 정리하였다.

에서 위로 올라가 왼쪽으로 돌아 중앙의 성신회成身會로 끝나는 것이 향상문向上門이고, 중앙의 갈마회羯磨會에서 시작해 향상문의 반대 방향을 돌아 항삼세삼매야회에서 끝나는 것이 향하문向下門이다.[89] 전자는 범부의 마음으로부터 불과佛果로 향하는 방향이고, 후자는 불과로부터 중생으로 향하는 방향이다. 흥미로운 것은, 오른쪽으로 도는『일승법계도』가 법성法性에서 시작해 불로 끝나는 향하적 관점이 반영되어 있고『해인삼매경』은 생사生死에서 시작해 열반으로 끝나는 향상적 성향을 보인다는 점이다. 밀교적 상징성이 내포되어 있는 것이다.

또한 도인 뒤에 다라니의 의미와 효용에 대하여 설명하고 있다. 명효는 다라니에 두 가지 의미가 있다고 하였다. 첫 번째는 마하연 원교圓敎가 드러내는 광대한 묘의이고 두 번째는 비밀법장秘密法藏이다. 전자가『화엄경』교학과 관련된 의미라면, 후자는 밀교적 교의를 지칭하는 것이라 볼 수 있다. 나아가 일체 경계의 요의와 일체 제불의 공덕을 포함한 다라니가 해인삼매에 포함된다고 하며, 불퇴전지不退轉地에 이르기 위해서는 다라니문에 의지해야 한다고 하였다. 이상과 같이 화엄과 밀교를 융합한 새로운 불교학적 경향은 당시 당과 신라에 상당한 영향을 미쳤을 것으로 추정된다.

다음으로 725~961년 사이에[90] 신라에서 저술된『건나표하일승수행자비밀의기健拏標訶一乘修行者秘密義記』(이하『비밀의기』로 줄여 씀)를 살펴보자.『비

---

89) 금강계 만다라의 중앙에 위치하는 회를 羯磨會＝成身會＝根本會라고 한다. 갈마는 업 (karma)의 음역으로, 모든 움직임의 출발점이라는 의미에서 향하문이 시작되는 이 회를 갈마회라고 부른다. 또한 모든 움직임의 종착점으로 佛身이 성취되는 會處라는 의미에서, 향상문에서는 성신회라고 부른다. 그리고 구회 만다라의 가장 중앙이며 출발점·종착점이 되는 가장 중요한 회처이기 때문에 근본회라고도 한다(金岡秀友, 1989, 『密敎の哲學』, 東京: 講談社, 149~151쪽).

90)『비밀의기』는『대일경』의 영향이 확실한 용어를 사용하고 있기 때문에『대일경』이 번역된 725년보다 후대에 저술되었다. 또한 961년에 편찬된 宗鏡錄에 인용되고 있기 때문에,『비밀의기』저술의 하한 연대는 961년이 된다(최연식, 2004,「≪健拏標訶一乘修行者秘密義記≫와 羅末麗初 華嚴學의 一動向」,『韓國史硏究』126, 45쪽).

밀의기』는 화엄사상을 전면에 드러내는 저술이지만, 동시에 화엄사상과는 이질적인『대승기신론大乘起信論』사상의 영향을 받은 모습도 보인다. 그 밖에도 밀교적 용어와 신비적·주술적 모습이 많이 나타나고 있다.『비밀의기』에는 비로자나불을 대일광명존大日光明尊, 대일존大日尊 등으로 부르는 사례가 보인다. 비로자나를 대일大日이라 번역하기 시작한 인물이 일행임을 감안하면,『비밀의기』는 확실히『대일경』의 영향을 받은 저술이다. 또한 바라문이 법장法藏비구에게 가르침을 전하면서 밀전密傳을 강조하거나 도상들을 이용하여 설명하는 것도 밀교적 분위기를 보이고 있다. '호마' 등 밀교의례와 관계되는 용어를 사용하기도 한다. 화엄의 교판敎判인 소승교小乘敎에서 원교까지의 다섯 교를 교주敎主 및 오장五臟과 대응시키는 것도 밀교의 영향을 받은 것으로 보인다.91) 하지만 원교의 교주로 대일여래가 아닌 노사나불을 들며,92) 교주와 오장의 대응이 밀교경전들과 일치하지는 않는다. 따라서『비밀의기』에 보이는 밀교적 요소나 사상의 영향은 피상적이고 간접적이라고 말할 수 있다.93)

그러나 이를 통해 신라의 화엄 승려가 밀교적 용어를 가져와 사용하고 밀교사상의 특징적인 측면들에 관심을 가지고 있었음을 알 수 있다.94) 이

---

91) 이를 표로 정리하면 아래와 같다(佐藤厚, 2003,「韓國佛敎における華嚴敎學と密敎との融合」,『印度學佛敎學研究』51-2(102), 623쪽).

	五敎	敎主	五臟
1	小乘敎	生身化身, 穢土佛	心花
2	大乘始敎	自受用身, 色究竟處佛	肝花
3	大乘終敎	法王性身, 他受用身, 無勝世界佛	脾花
4	頓敎	阿閦佛, 不動佛, 妙喜世界佛	腎花
5	圓敎	盧舍那佛, 蓮花臺藏世界佛	肺花

92) 佐藤厚, 2003,「韓國佛敎における華嚴敎學と密敎との融合」, 622쪽.
93) 최연식, 2004,「≪健拏標訶一乘修行者秘密義記≫와 羅末麗初 華嚴學의 一動向」, 72쪽.
94) 『釋摩訶衍論』을 통해서도 이러한 성격을 확인할 수 있다.『석마하연론』은 馬鳴의『대승기신론』에 대한 龍樹의 주석서로 알려져 있지만 일본에서는 일찍부터 진위 논란이 있어서, 일본 천태종에서는 신라 승려 珍聰의 말을 인용해 이 논서를 신라인 月忠의 僞

러한 모습은 앞서 제시한 다라니 염송 신앙의 사례들과 더불어, 신라 사회에 밀교신앙과 사상이 확산되고 있는 모습을 보여준다. 그리고 이러한 모습은 고려시대의 밀교신앙 전통으로 계승된다.

撰으로 보고 있다(김영미, 2011, 「高麗와 遼의 불교 교류 -『釋摩訶衍論』을 중심으로」, 『고려와 북방문화』, 養士齋, 71쪽). 그런데『석마하연론』은 권9와 10의 거의 全文을 주문으로 채우고 있다는 점에서 밀교적 성격을 띠고 있는 동시에, '마하연'을 화엄의 法界緣起思想에 입각해 풀고 있는 논서이다(李箕永, 1997, 「釋摩訶衍論의 密敎思想」, 동국대 불교문화연구원 편, 『韓國密敎思想』, 언론자료간행회, 117쪽).『석마하연론』이 신라 찬술이라면, 이 역시 화엄과 밀교의 결합된 모습을 보여주는 한 사례가 될 수 있을 것이다.

밀교종파의 성립과 활동

1.

밀교종파의
성립과 전개

신인종神印宗과 총지종摠持宗은 고려시대 밀교의 양대 종파로 인식되고 있다.[1] 『삼국유사』 신주편에 양 종파의 종조宗祖)로 여겨지는 명랑明朗과 혜통惠通의 전기가 실려 있고 조선 『태종실록太宗實錄』의 종파 통폐합 기사에 양종파명이 보이기 때문이다. 그렇다면 이들 종파는 언제 성립되었을까. 현재로서는 『삼국유사』를 근거로 이들 종파가 신라 중대에 성립되었다고 보는 견해가 다수를 점하고 있다.[2] 신인종의 신라 중대 성립은 인정하되

---

[1] 불교 종파에 대한 개념 정의는 아직까지 정설이 없이 연구자별로 다르게 정의된다. 동아시아의 불교 종파 개념에 대한 논의는 금강대학교 불교문화연구소 편, 2016, 『동아시아 종파불교 -역사적 현상과 개념적 이해』, 민족사 참조.
이 책에서는 기존의 종파 개념을 종합하여, 開宗祖가 설정되고 宗旨를 뒷받침할 소의 경전이 제시되며 宗刹과 교단이 획립되는 것을 종파 성립의 최소 조건으로 보고자 한다. 나아가 고려시대에는 광종 이후 僧科가 실시되면서, 승과를 거치지 않고 僧階를 받기 어렵게 되고 승계를 받은 후에야 僧政에 참여하고 住持로 임명받을 수 있었다. 즉 종파가 승정체계와 연계된다는 것이다(許興植, 1997, 『高麗佛敎史硏究』, 一潮閣, 125쪽). 이 책에서는 종파를 논함에 이와 같은 승정에의 참여도 함께 고려할 것이다.

[2] 李能和, 1918, 『朝鮮佛敎通史』; 前田聽瑞, 1919, 「初期 朝鮮密敎 私考」; 權相老, 1929, 「神印宗과 摠持宗」; 朴泰華, 1965, 「新羅時代의 密敎 傳來考」; 文明大, 1976, 「新羅 神印宗의 硏究」; 정태혁, 1981, 「韓國佛敎의 密敎的 性格에 대한 考察」; 朴泰華, 1986, 「神印宗과 摠持宗의 開宗 및 發展過程攷」; 文梨花, 1987, 「新羅時代 佛敎의 密敎的 展開에 對한 考察」; 鄭濟奎, 1989, 「統一新羅의 佛敎信仰 變遷 小考」; 呂聖九, 1992, 「惠通의 生涯와 思想」; 宗釋(전동혁), 1992, 「密敎의 受容과 그것의 韓國的 展開(1)」; 종석(전동혁), 1995, 「밀교의 수용과 그것의 한국적 전개(2)」; 하정룡, 2002, 「『三國遺事』 神呪第六

총지종은 신라시대에 존재하지 않았다고 보거나[3] 판단을 보류하기도 한다.[4] 이와 달리 고려 초에 종파로서 성립하였다는 입장도 있다.[5] 밀교종파의 성립 시기는 밀교사만의 문제가 아니라 한국 불교사의 종파 성립 문제와도 결부되어 있어,[6] 오랜 기간 동안 중요하게 논의되어 왔다.

본 절에서는 밀교를 중심 사상으로 활동을 전개하였던 밀교종파의 성립과 변천에 대하여 고찰할 것이다. 우선 밀교종파의 성립 시기를 논하기에 앞서, 기존 밀교종파 성립 시기에 관한 논의를 검토하고자 한다. 다만 밀교종파의 성립에 관한 자료는 매우 적고 그 내용도 불분명한 측면이 있다. 따라서 종파 성립에 관한 기사가 거의 없는 총지종보다 그에 대한 실마리를 찾을 수 있는 신인종을 중심으로 밀교종파의 성립에 대해 고찰해 보겠다.

惠通降龍條와 新羅密教」; 김복순, 2011, 「『삼국유사』 '명랑신인'조의 구성과 신인종 성립의 문제」 등.

[3] 조원영, 2001, 「新羅 中代 神印宗의 成立과 그 美術」; 蔡尙植, 2003, 「한국 중세불교의 이해 방향과 인식틀」.

[4] 김연민, 2016, 『新羅 密敎思想史 硏究』.

[5] 高翊晋, 1989, 「初期密敎의 發展과 純密의 受容」, 『韓國古代佛敎思想史』, 동국대출판부; 서윤길, 2006, 「고려 밀교신앙의 전개와 그 특성」, 『한국밀교사상사』.

[6] 한국 불교사에서 종파의 개념에 관한 논의는 종파 성립 시기에 관한 논의와 불가분의 관계에 있다. 종파의 개념을 세우고 그것이 통일신라시대에 유효한가 아닌가를 고찰하는 방식으로 논의가 전개되었기 때문이다. 종파의 개념과 종파 성립 시기에 대한 주요 주장 및 그 한계에 대해서는 許興植, 1997, 「宗派의 起源에 대한 試論」, 『高麗佛敎史硏究』; 金在庚, 2000, 「新羅 佛敎史의 大勢와 土着信仰」, 『韓國古代史硏究』 20; 박광연, 2016, 「한국의 '불교 종파' 연구 재고(再考)」, 『동아시아 종파불교』 참조.
한국 불교의 종파 성립 시기가 통일신라 시기인가 고려 초인가에 대한 논의 과정에서 신인종은 양측 모두에게 중요한 논거가 되었다. 즉, 종파의 통일신라 성립설을 주장하는 입장에서는 신인종이 문무왕대 종파로서 성립하였음을 주장의 근거 가운데 하나로 삼는다. 반면, 고려 초 성립설을 주장하는 입장에서는 그럼에도 불구하고 五敎 가운데 신인종이 포함되지 않는 점을 반박의 근거로 삼는다.

1) 신인종·총지종의 성립

밀교종파인 신인종과 총지종의 성립 시기에 대하여 신라 중대에 성립되었다는 설이 다수를 점하지만 재고를 요하는 측면이 있다. 관련 사료를 살펴보자.

> A-1. 이제 화상和尙=惠通은 무외삼장無畏三藏의 골자骨子를 전하고 속세를 두루 다니면서 사람을 구제하고 만물을 감화시켰다. 더불어 숙명을 깨닫고 절을 세워 원망을 풀어주었으니, 밀교의 교풍이 이에 크게 떨쳤다. 천마天磨의 총지암摠持嵒과 모악母岳의 주석원呪錫院 등은 모두 그 유파의 후예이다.7)
>
> A-2. 이 일[문무왕대 문두루비법으로 당 병사를 격파]로 인하여 (명랑은) 신인종의 종조가 되었다. … 태조가 그를 위해 현성사現聖寺를 창건하여 일종一宗의 근저根柢로 삼았다.8)

위의 인용문 A-1은 혜통의 법맥에 관한 서술이다. 혜통이 밀교를 크게 일으켰고 그 흐름이 고려의 총지암과 주석원으로 이어진다고 서술하고 있다. 천마의 총지암은 천마산天磨山의 총지사摠持寺를 가리킨다. 총지사는 개경 탄현문炭峴門 10리 밖에 있던 사찰로,9) 고려시대 총지종의 종찰이었다. 주석원은 현재 관련 기록을 찾아볼 수 없지만, 이름에서 다라니나 진언과의 관련성을 내비치고 있다. 이들이 혜통의 후예라고 하였기 때문에 선행 연구에서는 여기에서 거슬러 올라가 혜통 때 총지종이라는 종파가 성립되었다고 보았다. 한편 인용문 A-2에서는 명랑을 신인종의 종조라 명확히 표현하고 있다. 종조란 한 종파의 개조라는 의미를 가지므로, 이 사료는 문무왕대 이래로 신인종이 하나의 종파였음을 주장하는 핵심 자료로 꼽혀왔다.

---

7) 『三國遺事』卷5, 神呪 第6, 惠通降龍
8) 『三國遺事』卷5, 神呪 第6, 明朗神印, "因玆爲神印宗祖 … 太祖爲創現聖寺 爲一宗根柢焉"
9) 『新增東國輿地勝覽』卷12, 長湍都護府

그런데『삼국유사』의 위의 내용과 관련해 고려해야 할 점들이 있다. 우선, 사상의 유입과 그 사상을 바탕으로 하는 종파의 개종開宗을 혼동해서는 안 되며, 한 종파의 연원淵源과 그 종파의 성립을 동일시해서도 안 된다는 것이다.[10] 실제로『삼국유사』의 서술은 종파에 대한 입장이 명확하지 않아 사상과 종파가 애매하게 뒤섞여 있다.[11] 혜통과 명랑은 모두 당 유학승으로, 밀교라는 새로운 사상을 받아들여 신라 사회에 적지 않은 영향력을 확장시켜 나갔다. 그러나 이것을 곧바로 밀교종파의 성립과 등치시킬 수는 없다.

둘째, 「명랑신인」조의 기록은 문무왕대 신인종 종파 성립의 가장 확실한 근거로 꼽히지만, 명랑이 신인종의 종조가 되었다는 내용이 문무왕대의 사실을 서술한 것이라 단언하기는 어렵다. 오히려 훗날 개창된 신인종이 명랑의 문두루비법文豆婁秘法을 활용한 외적 기양 의례를 계승하였기 때문에, 명랑을 종조로 추대하여 신인종 전통의 유구함을 주장하였다고 해석할 수도 있다.

아울러 기왕의 연구 성과와 같이 신인종이 중대에 성립되었다고 한다면 해결하기 어려운 문제들이 발생한다. 신인종이 명랑의 활약으로 문무왕대 종파로 성립되었다면 신인종은 왕실과 정치적으로 가장 밀착되어 활동하는 종파가 되었을 것이다. 그러나 신라 중대·하대의 자료에는 화엄, 유식, 선종에 관한 내용이 주를 이룬다. 반면, 같은 시기 신인종에 관한 기록은 명랑을 제외하면『삼국유사』신주편의 안혜安惠, 낭융朗融, 광학廣學, 대연大緣의 이름이 간략하게 언급된 이외에는 나타나지 않는다. 여기에서 신

---

10) 金煐泰, 1979,「五敎九山에 대하여」, 71쪽.
11) 기존에는『三國遺事』義解篇은 중국에서 성립한 종파를 수용하거나 신라에서 형성된 종파가 수록된 것으로 해석되어 왔다. 그러나 眞表의 法相宗, 慈藏의 律宗 등『삼국유사』의 인물과 종파를 직결시키는 도식이 성립될 수 없음이 이미 논증되었다(安啓賢, 1980,「三國遺事와 佛敎宗派」; 許興植, 1997,『高麗佛敎史硏究』, 118~119쪽).

인종이 실제 종파로서 성립되어 활동을 전개하였는지에 대한 의문이 제기된다. 명랑에서 비롯된 문두루비법의 전승 자체를 부정하는 것은 아니다. 다만 문두루비법의 외적 격퇴 기능이 주목받아 신라 중대에 신인종이 개창되었다면, 지금의 자료보다는 더 역사의 전면에 드러났어야 하는 것이 아닌가 생각되는 것이다.

그렇다면 왜 『삼국유사』에서는 종파로 성립하였다고 오해할 만한 표현을 사용한 것일까. 『삼국유사』가 편찬될 당시, 즉 고려 후기의 시각이 반영되었기 때문이다. 실제로 『삼국유사』는 체재 구성과 내용 서술에서 13세기 당시의 시대적 과제나 동시대인들의 관심을 적잖게 반영하고 있다.[12] 신주편의 내용도 그러할 가능성이 농후하다. 『삼국유사』가 편찬된 13세기는 신인종과 총지종이 독립된 종파로서 성립되어 있던 시기였다. 이때의 인식이 『삼국유사』 신주편에 반영되어 '종조'라는 표현이 등장하였을 것이다.

이상과 같이 신인종이 신라 중대에 종파로 성립되었다고 보기는 어렵다면 밀교종파의 성립 시기는 언제가 될까. 신인종의 경우, 고려 초 태조 연간으로 보인다.

> B. 우리 태조의 창업 때에 이르러서 또한 해적이 와서 근심이 되니 이에 안혜·낭융의 후예인 광학·대연 등 두 대덕에게 청하여 법을 만들어 진압하게 하였는데 모두 명랑의 계통이었다. 그러므로 법사를 아울러 위로 용수龍樹에 이르기까지 9소祖로 삼았다. 또한 태조가 그를 위해 현성사를 창건하여 일종의 근저로 삼았다.[13]

위의 인용문 B는 고려시대 신인종의 본찰인 현성사現聖寺 · 賢聖寺 창건과도 관련된 기사이다.[14] B에는 일종의 근본으로 삼았다는 종파 개창을 직접

---

12) 남동신, 2007, 「『삼국유사』의 사서로서의 특성」, 『일연과 삼국유사』, 신서원, 106쪽.
13) 『三國遺事』 卷5, 神呪 第6, 明朗神印

적으로 언급한 표현이 있다. 현성사의 창건은 실제로『고려사』태조 19년[936]
조에서 확인할 수 있다.[15] 그러나 고려 초 현성사의 창건 당시부터 '신인
종'이라는 종파 명칭이 사용되었는지는 알 수 없다. 신라 이래로 교세가
강성했던 유식 교단조차 고려 초에는 법상종, 혹은 유가종이라는 '종' 개
념으로 명명된 사례가 없고 유가업瑜伽業이라 표현되기 때문이다.[16] 따라
서 "일종의 근저로 삼았다[爲一宗之根柢]"는 13세기『삼국유사』편찬자
의 표현이라고 보아야 한다. 그렇다고 이것이 태조대의 신인종 개종을 부
정하는 논거가 되지는 않는다. 표현은 다를지 모르지만, 고려 후기의 관념
에서 신인종이 개창되었다고 받아들여질 만한 사실이 실제 태조대에 있었
기에 위와 같은 기록이 남았을 것이다.

　　태조대에 종파가 개창되었음은 광학과 대연을 포함하여 용수에 이르기

---

14)　現聖寺는 '現'이 의종의 이름인 '晛'과 유사하다는 이유로, 명종대에 賢聖寺로 개칭되
　　었다(『高麗史』卷19, 世家 第19, 明宗 6年 5月 丙午).
15)　『高麗史』卷2, 世家 第2, 太祖 19年, "是歲 創廣興 現聖 彌勒 內天王等寺 又創開泰寺於連山"
16)　남동신, 2009, 「고려 전기 금석문과 法相宗」, 『佛敎硏究』30, 166쪽.
　　9세기 말에 조성된 것으로 추정되는 三和寺 철불좌상의 불상 조성 발원자 명단에 '華
　　嚴業決言大太(德)'이 나오는 것으로 보아, '業'의 용례는 9세기 말까지 소급될 수 있다
　　고 한다. 고려시대의 용례로는 혜종 원년(944)에 조성된 「五龍寺法鏡大師碑」 음기에
　　나오는 '華▨業大德'이 최초이다. 여기에서의 화엄업은 승려의 전공을 의미하는 것이
　　다. 또 목종 9년(1009) 千秋太后와 金致陽이 발원한 『大寶積經』(일본 京都國立博物館
　　소장)에 '花嚴業'과 '花嚴業大師'이라는 표현이 등장한다. 광종 초에 승계가 정비된 후의
　　자료이기 때문에 대사는 고려의 승계를 따른 것이다.『대보적경』의 사경이 태후가 발
　　원한 것이므로 '화엄업'은 국가의 공인을 받은 명칭이었다고 생각된다. 즉, '업'이 국
　　가에서 불교 교단을 관리하는 단위가 되었다는 의미이다(박광연, 2012, 「高麗前期 佛
　　敎 敎團의 전개 양상 -'業'과 '宗'의 용례를 중심으로」, 『한국중세사연구』34, 218~220
　　쪽). 김남윤 역시 고려의 승려는 출가할 때 소속 業이 정해지면 일생 동안 그것을 바꾸
　　지 못하였는데, 이는 고려 국가가 불교교단을 통제하기 위한 것으로 광종대 승과 실시
　　와 더불어 더욱 확고해졌을 것이라고 하였다(金南允, 1992, 「고려중기 불교와 法相宗」,
　　『韓國史論』28, 서울대 국사학과, 125쪽).
　　한편, '宗'의 경우 숙종 6년(1101)에 조성된 「興王寺大覺國師墓誌銘」에 當世의 學佛者
　　로 6종, 곧 戒律宗·法相宗·涅槃宗·法性宗·圓融宗·禪寂宗이 있다고 하였다. 또한 예
　　종 12년(1117)에 조성된 「崔繼芳墓誌銘」에는 그의 동생이 출가하여 慈恩宗 僧統이 되
　　었다는 기록이 있다("有弟三人 一曰尙之 出家爲慈恩宗僧統 次曰賚 今爲工部尙書三司使
　　次曰愈 爲大府寺主簿早卒").

까지 위로 9조가 정해졌다는 데에서 더욱 명확히 알 수 있다.[17] 이는 법맥을 정리하였다는 의미로, 정통성을 세우고 타자와의 구별을 꾀하는 작업이기 때문이다. 이를 통해 이 무렵에 신인종이 독립된 종파로 성립되었다고 볼 수 있다.

그렇다면 왜 신인종의 계보가 용수로부터 시작된 것일까.[18] 용수와 광학·대연 사이의 일곱 조사가 누구인지는 기록되어 있지 않기 때문에 어떠한 법맥으로 용수에 이르고 있는지 알 수 없다. 그런데 당 금강계 밀교의 법맥 가운데에 용수보살龍樹菩薩이 있어 눈길을 끈다. 『양부부법기』에 의하면, 금강지로 이어지는 법맥은 다음과 같다.[19]

비로자나여래毘盧遮那如來 → 보현금강살타普賢金剛薩埵 →
묘길상보살妙吉祥菩薩 → [12대] → 용맹보살龍猛菩薩
→ 용지아사리龍智阿闍梨 → 금강지金剛智

법맥을 위와 같이 정리한 후, 『양부부법기』의 주에서는 용맹보살이 바로 용수보살이라고 하였다.[20] 금강지 이후로는 그 법이 불공不空에게 전해

---

17) 高翊晋, 1989, 『韓國古代佛敎思想史』, 411~412쪽 ; 서윤길, 2006, 『한국밀교사상사』, 174~175쪽.

18) 고익진은 龍樹가 '諸方等深奧經典無量妙法'을 용궁에서 전수했다는 내용에 주목하고, 용수가 초조로 설정된 이유는 명랑의 龍宮傳法이 이와 유사하기 때문이라고 설명하였다(高翊晋, 1989, 『韓國古代佛敎思想史』, 412쪽).

19) 海雲 記, 『兩部大法相承師資付法記』卷上(『大正藏』 51, 783c17~25), "三藏金剛智云 我從南竺國 親於龍智阿闍梨邊 傳得此金剛界百千頌經 龍智阿闍梨自云 從毘盧遮那如來(卽釋迦如來是此約法性身爲名)在世 以此金剛界最上乘法 付屬普賢金剛薩埵 普賢金剛薩埵付妙吉祥菩薩 妙吉祥菩薩復經十二代 以法付囑龍猛菩薩(龍猛菩薩 卽龍樹菩薩也 菩薩生時於龍樹下生 故名龍樹也)龍猛菩薩又經數百年以法付囑龍智阿闍梨 龍智阿闍梨又經百餘年(此二聖者 道果成就 皆壽數百歲)以法付金剛智三藏"

20) 후대의 자료이기는 하지만, 『佛祖統紀』에도 龍樹와 龍猛은 동일인물로 되어 있다. 志磐 撰, 『佛祖統紀』卷5(『大正藏』 49, 174a23~25), "十三祖龍樹尊者 南天竺國梵志之裔 始生之日 在於樹下 由入龍宮始得成道 故號龍樹(西域記 梵云那迦閼樹 此翻龍猛)"

지고, 그 법이 다시 혜과惠果로 연결되는 계보가 전개된다. 신인종의 계보가 용수로부터 시작되는 이유는 이러한 당 밀교의 법맥에 신인종의 법맥을 접목시켰기 때문이 아닌가 한다.[21]

그런데 위의 계보에 신인종조 명랑을 접목시키려면, 생존연대상 명랑은 용지아사리의 제자가 되어야 한다. 용수로부터 시작되는 9조 설정은 신인종을 당 밀교 계보에 가탁하고자 하는 의도가 있었을 것으로 추정되므로, 인도인 용지아사리에게 명랑을 직접 대지는 않았을 것이다. 아마 「혜통항룡」조의 무외삼장無畏三藏과 같이 선무외를 연상시키지만 연대상 동일인일 수 없는 인물을 개입시키지 않았을까 생각한다.[22] 즉, 용지아사리 다음에 금강지를 연상시키는 인물을 설정하고, 그의 부법 제자로 명랑을 위치시켰을 가능성이 있다.[23] 또한 초조를 비로자나여래로 설정하지

---

21) 김연민 역시 신인종의 계보가 당 금강계 밀교의 계보를 염두에 두고 설정되었을 가능성이 크다고 하며, 유사한 견해를 제시하고 있다(金淵敏, 2012, 「『三國遺事』惠通降龍條의 전거자료와 기년문제」, 58쪽).

22) 「혜통항룡」조에서 혜통의 스승으로 등장하는 무외삼장은 혜통의 법맥을 당 태장계 밀교와 연결시키는 고리의 역할을 한다고 생각한다. 일연은 『삼국유사』를 편찬하면서 연대가 모순된 경우는 본인의 의견을 제시하는 주석을 붙이고 있다. 그러나 이 부분에 대해서는 아무런 의문을 제기하지 않았다. 이는 무외삼장이 선무외가 아닌 별도의 역사적 인물이라고 생각했거나, 혜통 전승에서 무외삼장이라고 표현한 의도를 파악하고 인정하였기 때문일 것이다.

이 문제에 대해 김연민은 『삼국유사』「혜통항룡」조는 고려 총지종을 존중하기 위한 목적으로 편입되었으며, 무외삼장은 선무외의 후회로 혜통의 후예들에 의해 내세워졌다고 주장하였다(金淵敏, 2012, 「『三國遺事』惠通降龍條의 전거자료와 기년문제」 참조).

23) 명랑이 창건한 金剛寺(『三國遺事』卷4, 義解 第4, 二惠同塵, "神印祖師明朗 新創金剛寺 設落成會")의 명칭에서도 전통적인 諸菩薩에 金剛을 붙인 새로운 보살명을 부여한 금강계 밀교와의 관련성을 엿볼 수 있다. 金剛寺가 명랑이 본인의 집을 희사해 창건한 金光寺와 동일한 사찰인가 아닌가에 대한 의견은 분분하다. 고익진은 『삼국유사』에 기록에서 보이는 '乃捨爲寺'(금광사)와 '新創'(금강사)이라는 창건 방법의 차이를 들어 다른 사찰로 보고 있다(高翊晋, 1989, 『韓國古代佛敎思想史』, 400~403쪽). 문명대는 금강사와 금광사의 음운이 비슷하기 때문에 동일한 사찰이라고 하였으며(文明大, 1976, 「新羅 神印宗의 研究」, 191쪽), 김복순은 고려시대 '金剛'이 '金光'과 혼용된다는 점을 들어 동일한 사찰로 보고 있다(김복순, 2011, 「『삼국유사』'명랑신인'조의 구성과 신인종 성립의 문제」, 204~210쪽).

않은 것은 비로자나여래 이하 금강살타, 묘길상보살이 역사적 인물이 아니라 관념적 불보살이기 때문일 것이다.

[그림 3-1] 총지사판 『보협인다라니경』(1007년, 도쿄국립박물관 소장)

사진: 이승혜 촬영

한편 총지종의 경우, 종파의 개창 시기가 언제인지 정확히 알 수는 없다. 그런데 목종 10년(1007)에 총지사에서 『보협인다라니경寶篋印陀羅尼經』을 간행한 행적이 있어 눈길을 끈다. 이 판본을 인쇄한 유물이 여러 건 발견된 것을 보면,[24] 총지사판이 『보협인다라니경』의 전범典範이었던 듯하다. 총지사가 『보협인다라니경』에 의거한 탑신앙을 이끌었다는 점에서, 늦어도 목종 연간에는 총지종이 종파로 성립되었을 가능성이 크다. 또한 대각국사 의천大覺國師 義天, 1055~1101이 병에 걸렸을 때 총지사로 들어갔다가 그곳에서 입적했다는 기록이 있다.[25] 의천이 총지사에 간 이유는 질병을 치유하기 위해서였을 것이다. 그런데 질병 치유는 『삼국유사』에 소개된 혜통의 대표 능력이다. 즉, 의천의 사례는 『삼국유사』에서 총지종의 대표적 활동으로 묘사되는 질병 치유가 혜통의 법맥을 잇는 총지사에서 행해

---

[24]   목종 10년 총지사 개판 『보협인다라니경』으로 간행된 판본은 東京博物館 소장본, 故 金完燮 소장본(현재 소재지 미상), 안동 普光寺 목조아미타불 좌상 복장 유물로 발견된 보물 제1571호(안동 보광사 소장)가 유물로 남아 있다.
[25]   『高麗史』卷11, 世家 第11, 肅宗 6年 9月 甲申 ; 卷90, 列傳 第3, 宗室1, 大覺國師 煦

진 실례이다. 따라서 언제인지 확언할 수는 없지만 고려 전기 목종 이전에 총지종이 종파로 성립되었으며 문종 이전에 총지종의 종파적 특징이 확립되었을 것으로 생각된다.[26]

2) 밀교종파의 동향과 변화

고려 전기에 성립된 밀교종파는 각각의 특성에 맞추어 여러 방향에서 활동을 전개하였다. 신인종은 외적의 침입을 막는 문두루도량을 개설하였고, 그 종찰인 현성사에는 국왕의 친행이 빈번하였다. 총지종은 질병 치유 활동을 전개하였으며, 다라니 염송을 기본으로 하는 국가적 밀교의례 개설에도 개입하고 있었다. 신인종의 문두루도량 개설과 총지종의 질병 치유 등은 이들 종파의 특징적 활동으로, 뒤에서 자세히 서술하겠다.

이러한 사회적 활동 외에도 고려시대 밀교 승려들은 승과僧科에 응시해 승계를 받음으로써 국가의 승정僧政 조직에 편입되어 있었다. 신인종 승려 옥명玉明은 대선大選일 때 권근權近, 1352~1409에게 시를 받은 적이 있으며,[27] 식암息庵은 신인종에 출가해 승과에 합격하고 여러 사찰의 주지를 역임하였다고 한다.[28] 신인종 승려들은 승과에 합격하면 교종의 승계를 받았다.[29]

---

26) 고익진은 통일신라시대에 총지종의 영향력이 컸고, 신인종과 율종이 고려 초 태조 연간에 성립되는데 총지종의 종파 개창을 이보다 늦출 이유가 없다고 하며 총지종이 고려 초에 종파로 개창된다고 하였다(高翊晋, 1989, 『韓國古代佛敎思想史』, 460~461쪽).
27) 權近, 「送明大選」, 『陽村集』 卷3, 詩
28) 李崇仁, 「送息庵游方序」, 『東文選』 卷88, 序, "吾門生金時用來言曰 息庵鷄林士族也 年十二 投神印宗薙髮 學旣進 中僧選 歷住諸伽藍"
29) 韓基汶, 2000, 「高麗時代 開京 現聖寺의 創建과 神印宗」, 493쪽.
   權近, 「德方院記」, 『陽村集』 卷13, 記類, "神印宗都大師然公 性度慈仁 德量宏大"
   成俔의 『慵齋叢話』에서는 조선 전기 교종의 승계를 大選-中德-大德-大師라 하며, 判事로 임명된 교종 승려를 都大師라 하였다고 서술하고 있다(成俔, 『慵齋叢話』 卷9, "敎宗則自大禪升爲中德 自中德升爲大德 自大德升爲大師 拜判事者 謂之都大師"). 조선 전기의 도대사는 승직으로, 이를 고려 말까지 소급시켜 적용하기는 어려울 것 같다. 그러나 고려시대에 신인종이 교종 승계를 받았다는 증거는 될 수 있다. 한편, 然公의 사례

한편 낙산사 주지였던 지념업持念業 선사禪師 조유祖猷를 대선사大禪師로 임명하는 관고官誥가 남아 있어, 총지종은 선종의 승계를 받았음을 알 수 있다.[30]

고려 말이 되면 총지종 승려들은 승직僧職에 나간 사례도 찾아볼 수 있다. 신인종도 승직에 나갔을 가능성이 높으나, 현재 자료가 부족하여 구체적인 모습은 확인하기 어렵다. 총지종 승려들이 승직을 받았다는 사실을 전하는 자료는 이색李穡, 1328~1396의 「이형금창덕원군 휴족손총지승록 이주식래향姨兄金敏德原君携族孫摠持僧錄以酒食來餉」[31]과 「자비령 나한당기慈悲嶺羅漢堂記」이다.[32] 「이형금창덕원군 휴족손총지승록 이주식래향」은 제목에서 '총지승록'이라는 표현이 보이는데, 이는 총지종 소속의 승록僧錄을 지칭한다고 보인다.[33] 「자비령 나한당기」에는 좌가부승록左街副僧錄인 계명사啓明寺 주지

와 비슷한 시기에 조계종, 총지종 등 선종 승계를 받는 종파의 승려들을 '都大禪師'라고 칭하는 경우들이 보인다. '도대선사'는 '도대사'와 짝이 되는 표현으로, 여기에서도 신인종 승려들이 교종으로 분류되었음을 다시 확인할 수 있다.
그런데 太古普愚(1301~1382)가 우왕대에 받은 '禪教都摠攝 淨智圓明 妙辯無礙 玄悟國一都大禪師'라는 賛號를 보면(朴宜中, 「億政寺大智國師智鑑圓明塔碑」) 고려 말에 도대선사는 선종 승려에게 수여되는 승계였음을 알 수 있다. 따라서 '도대선사'와 짝이 되는 '도대사'도 고려 말에 승계로 사용되었을 가능성이 있다.

30) 崔滋, 「持念業禪師祖猷爲大禪師教書」, 『東文選』卷27, 制誥. 조유가 받은 禪師와 大禪師는 모두 선종의 승계이다.
총지종 승려의 승계에 대한 가장 이른 자료는 총지사판 『寶篋印陀羅尼經』(1007년)의 간기이다. 그에 의하면 "摠持寺主 眞念廣濟大師 釋弘哲"이 개판하였다고 하는데, 여기에서 홍철의 승계가 大師일 가능성이 있다. 한편, 이색의 시 가운데에는 '摠持都大禪師'라는 인물이 등장한다(李穡, 「寄摠持都大禪師」, 『牧隱詩藁』卷31). 이는 총지종의 都大禪師를 의미하는 표현으로, 총지종이 선종으로 분류되었음을 알 수 있는 사례 가운데 하나이다. 총지라는 이름을 가진 도대선사일 가능성도 있지만, 『목은집』에서 慧諶의 제자인 覺雲을 '曹溪都大禪師'라고 칭하는 사례가 있어(李穡, 「傳燈錄序」, 『牧隱文藁』卷7, 序), 도대선사 앞의 총지가 종파명일 가능성이 더 높다.
31) 李穡, 『牧隱詩藁』卷35, 長湍吟
32) 李穡, 『牧隱文藁』卷3, 記
33) 여기에 등장하는 摠持僧錄이 고려 말 懶翁慧勤의 제자인 摠持國一大禪師 日昇杲菴일 가능성도 있다. 이색은 일승고암과 친분이 두터웠던 듯 그에 관한 몇 편의 글과 시를 남겼는데, 그곳에서 '昇上人'(李穡, 「杲菴記」, 『牧隱文藁』卷6, 記), 혹은 '杲菴'(李穡, 「柳巷喫粥」, 『牧隱詩藁』卷18 ; 「門生崔中正竹堂」, 『牧隱詩藁』卷34)이라 지칭하고 있다. 일승고암은 이 이름을 공민왕에게서 받았으며, 이색의 이종형인 덕원군 김창이 병문

정해定海가 자비령의 나한당을 중건하였고, 그의 문도인 성주省珠를 통해 이색에게 글을 요청하였다는 내용이 나온다.[34] 그런데 이색의 문집에 실린 다른 글에 의하면, 성주는 총지종 승려이다.[35] 따라서 그 스승인 좌가부승록 정해 역시 총지종 승려임을 추정할 수 있다.

승록 및 좌가부승록은 모두 승록사僧錄司에 소속되어 있는 승직이다. 승록사는 불교계의 운영에 대한 국가의 정책을 보조하는 역할을 담당하거나, 불교계의 수계자를 등록하는 등 승적僧籍을 맡는 행정 기능을 가진 관청이었다. 승록사는 크게 좌가左街와 우가右街 조직으로 이루어져 있었다. 양가兩街에는 공통적으로 최하의 승유僧維에서 시작하여 승정僧正, 부승록副僧錄, 승록僧錄, 도승록都僧錄으로 이어지는 직제가 있었으며, 그 위로 양가를 아우르는 좌우가도승통左右街都僧統이 있었다.[36] 덕원군 김창의 족손族孫인 총지종 승려와 계명사 주지 정해의 사례는 총지종 승려들이 늦어도 고려 말에는 상당히 높은 승직에 임명되고 있었음을 보여주는 것이다.

신인종 승려들의 승직 임명 기사는 찾을 수 없지만, 고려 말에 문인들과 교유하고 친밀한 관계를 유지한 행적들이 있다. 권근, 이숭인李崇仁, 1347~1392이 신인종 승려들과 가까이 지냈던 문인들이다. 신인종의 연사然師, 혹은 연공然公은 조선 초에 도대사都大師의 승계를 지니고 있던 인물이다. 그는 우왕 10년1384에 고간古澗이라는 이름의 건물을 짓고 권근에게 기記를 써줄 것을 요청하였다.[37] 또 조선 초 갑술년1394~정축년1397에 걸쳐 여행객들을 위해

안을 온 것은 우왕대의 일이다. 따라서 덕원군 김창과 함께 온 총지승록이 일승고암이 었다면 이 시에서도 '승상인'이나 '고암'으로 그를 지칭하였을 것이다.

34) 李穡, 「慈悲嶺羅漢堂記」, 『牧隱文藁』 卷3, 記, "今左街副僧錄啓明寺住持中德定海者 又重新之 因其徒省珠求記於予"

35) 李穡, 「慈悲嶺羅漢堂修造記 因摠持宗省珠作」, 『牧隱詩藁』 卷29

36) 許興植, 1997, 『高麗佛敎史硏究』, 346쪽.
    서윤길은 僧維(혹은 僧史), 僧正, 副僧錄, 都僧錄의 순으로 승급한다고 하였다(서윤길, 1993, 『高麗密敎思想史硏究』, 369쪽).

37) 權近, 「古澗記」, 『陽村集』 卷11, 記類

제3장 밀교종파의 성립과 활동 71

덕방원德方院을 중창하여 권근이 「덕방원기」를 써주기도 하였다.[38] 신인종 옥명은 대선으로 권근과 면식이 없을 때, 권근이 지인의 부탁으로 그에게 시를 써준 일이 있었다. 그 후 공양왕 2년[1390]에 권근이 계림으로 유배를 갔을 때 옥명을 직접 만나게 되었으며, 유배지를 옮겨도 멀리하지 않고 찾아왔다고 한다. 조선이 건국되고 권근이 개경으로 돌아왔을 때에는 옥명 역시 현성사에 있으면서 자주 권근의 집을 방문하였다. 옥명은 효심이 지극하기로 유명했다고 한다.[39] 권근의 시를 통해 보면 옥명은 신인종에서 전수되어 오는 전승을 배워 승당입실升堂入室하였다고 하므로,[40] 문두루비법의 전수자였을 가능성이 있다. 이숭인은 식암息庵과 매우 친근한 사이로, 식암이 사방을 유력遊歷하는 것에 대해 사람들이 의아해하자 그의 수학 태도라며 그를 변호해주고 있다. 식암은 계림 사족으로 12세에 신인종에 출가하고 승과에 합격하여 여러 사찰의 주지를 역임하다가 나옹혜근懶翁慧勤, 1320~1376의 제자가 된 인물이다.[41] 그는 권근과도 친분이 있었던 듯, 유방遊方을 떠날 때 권근으로부터도 시를 받았다.[42]

---

38) 權近, 「德方院記」, 『陽村集』 卷13, 記類
39) 權近, 「送明上人詩序」, 『陽村集』 卷17, 序類, "昔予在諫院 有儒一生袖詩來請曰 神印之釋 玉明者 喜與吾儒遊 今歸覲也 吾儕贈以詩 願吾子亦惠一言 予乃爲賦之 而未嘗接其面 後數 年 予謫在鷄林 有浮屠者憫予困厄 辭語欵曲 訊之卽明也 鷄林是其桑梓之鄕而母在焉 故來 事之 鄕人稱其善孝 及予從興海 而明也再往訪 每訪必有饋 其誠甚至 方是時 予負重譴竄海 上 雖平日素相善者 皆背馳而却走 若將浼焉 而明與予曾無宿昔之交 徒以一詩之故 不怵於 勢 綢繆慰薦於流離患難之際者如此 其厚誠可感矣 況當寥落無人之境 跫音之喜 曷勝道哉 予旣得賜環 明也亦來京師 寓賢聖寺 踵吾門者數數矣 蓋其性篤於朋友者也"
40) 權近, 「送神印宗玉明上人」, 『陽村集』 卷7, 詩類[南行錄], "釋門文豆婁 神變最第一 幻語驚 世人 機權甚秘密 上人學其傳 升堂而入室"
41) 李崇仁, 「送息庵游方序」, 『東文選』 卷88, 序, "吾門生金時用來言曰 息庵鷄林士族也 年十 二 投神印宗薙髮 學旣進 中僧選 歷住諸伽藍 一旦 去而從懶翁游 久之似有得也 將有以質 之翁 而翁逝矣 或者曰 古之浮屠 有烏巢肩栖生肘 而不肯出戶限者 彼彼上人 旣號息菴矣 曷 不屛迹空山 優哉游哉 自樂於己 而遠游四方 不恤足之胝而身之罷哉 何不憚若是乎 時用竊 惑焉 幸先生敎之 予曰 息菴之息 非息形也息心也 自其息形者言之 雖瞑目端坐 塊如槁木 而 所謂坐馳者或有之矣 自其息心者言之 方寸之間 淡然空寂 不物於物之山林之朝市 何嘗不 息也 或者之言 於息菴何累哉 況息菴之行 不以其所己得者爲足 而方將求其名師尊宿以請 益者哉 烏可訾也 烏巢肩柏生肘者 是或一道也 子歸 以予言問息菴而可 則書以爲序"

조선 건국 이후지만, 권근은 신인종 전법사傳法師이자 계림 갑산사岬山寺 주지인 성원性圓과 교유하며 그에게 자식 교육을 맡기기도 하였다.[43] 한편 신인종을 대표하는 의례인 문두루도량은 조선 정종 때까지도 현성사에서 개설되었다.[44] 옥명상인과 같은 문두루비법 전수자가 조선 초까지 의례에 관여하고 있었음을 보여주는 자료이다. 뒤에서 살펴보겠지만, 총지종역시 조선 초 내도량인 밀원密院에 소속되어 왕실의 액막이 의식을 담당하고 있었다. 이와 같이 밀교 승려들은 문인들과 교유하면서 활동하고 있었고, 조선 초까지 각 종파의 특성이 유지되고 있었다.

그러나 조선 태종·세종대에 이루어진 종파 통폐합에 의해 밀교종파는 변화를 겪게 된다.

C-1. 의정부에서 선교禪教 각 종파를 합하여 남겨 둘 사사寺社를 정하도록 청하였다. "… 조계종曹溪宗과 총지종은 합하여 70사寺를 남기고, 천태소자종天台疏字宗·천태법사종天台法事宗은 합하여 43사를 남기고, 화엄종華嚴宗·도문종道文宗은 합하여 43사를 남기고, 자은종慈恩宗은 36사를 남기고, 중도종中道宗·신인종은 합하여 30사를 남기고, 남산종南山宗·시흥종始興宗은 각각 10사를 남길 것입니다." 임금이 그대로 따랐다.[45]

C-2. 의정부에서 여러 고을의 자복사資福寺를 명찰名刹들로 대신하기를 청하니, 그대로 따랐다. … 중신종中神宗에 임실任實의 진구사珍丘寺·함흥咸興의 군니사君尼寺·아주牙州의 동림사桐林寺·청주淸州의 보경사菩慶寺·봉화奉化의 태자사太子寺·고성固城의 법천사法泉寺·백주白州의 견불사見佛寺·익주益州의 미륵사彌勒寺이고, 총남종摠南宗에 강음江陰의 천신사天神寺·임진臨津의 창화사昌和寺·삼척三陟의 삼화사三和寺·화순和順의 만연사萬淵寺·나주羅州의 보광사普光寺·창평昌平의 서봉

---

42) 權近,「送息菴遊方」,『陽村集』卷4, 詩
43) 權近,「送岬山住持圓公詩 幷序 性圓」,『陽村集』卷8, 詩類[新都八景],"圓公 神印之傳法也 氣淑而性靜 言寡而行修予固重之 以爲方外之友 又屬豚犬以開其蒙 圓公晝夜訓誨不倦 期於有成 予盆重之 建文三年春 得住雞林之岬山寺"
44) 『定宗實錄』卷3, 定宗 2年 3月 15日(庚辰),"太白晝見 設祈禳文豆屢道場 于賢聖寺 七日"
45) 『太宗實錄』卷11, 太宗 6年 3月 27日(丁巳)

사珊峰寺·인제麟蹄의 현고사玄高寺·계림鷄林의 천왕사天王寺이다.46)

C-3. 예조에서 계하기를, "석씨釋氏의 도는 선과 교 양종兩宗뿐이었는데, 그 뒤에 정
　　　통과 방계가 각기 소업所業으로써 7종으로 나누어졌습니다. … 조계·천태·총
　　　남 3종을 합쳐서 선종으로, 화엄·자은·중신·시흥 4종을 합쳐서 교종으로
　　　하며, 서울과 지방에 승려들이 우거할 만한 곳을 가려서 36개소의 절만을 두
　　　어 양종에 분속시킬 것입니다."라고 하였다.47)

　　인용문 C-1에 의하면, 태종 6년1406에 총지종은 조계종과 함께 도합 70
개, 신인종은 중도종과 함께 도합 30개 사원이 남겨졌다. C-2에 보이듯
이, 그 후 태종 7년이 되면 총지종과 율종律宗인 남산종의 종파명은 보이지
않은 채, 새롭게 총남종이라는 종파명이 보인다. 신인종과 중도종의 종파
명도 보이지 않고 중신종이 새롭게 등장한다. 종파를 통폐합하였다는 명
확한 기록은 없지만, 종파명의 변화에서 종파 통폐합이 단행되었다고 보
는 것이다. 그리고 C-3의 세종 6년1424이 되면, 불교 교단은 선종과 교종의
양종으로 재정비되기에 이른다.

[표 3-1] 조선 초 불교 교단 정비

태종 6년		태종 7년		세종 6년	
구분	사원 수	구분	사원 수	구분	사원 수
조계종·총지종	70	조계종	24	선종	36
천태소자종·천태법사종	43	천태종	17		
남산종	10	총남종	8		
화엄종·도문종	43	화엄종	11	교종	36
자은종	36	자은종	17		
중도종·신인종	30	중신종	8		
시흥종	10	시흥종	3		

---

46)　『太宗實錄』卷14, 太宗 7年 12月 2日(辛巳)
47)　『世宗實錄』卷24, 世宗 6年 4月 5日(庚戌)

[표 3-1]을 보면, 태종 6년에 11개였던 종파가[48] 태종 7년에는 7개 종파로 흡수 혹은 통폐합의 형태로 정리된다. 흡수의 대표적인 예는 화엄종과 도문종이다. 도문종은 해동종海東宗의 후신이다. 해동종이라는 종파명은 중국인이 원효의 화엄소華嚴疏를 해동소海東疏라 지칭한 데서 연유한다.[49] 고려 후기에 실제로 원효를 내세운 해동종 내지는 분황종芬皇宗이 있었으며, 이들은 화엄종과 마찬가지로 교종 승계를 받았다.[50] 동일한 화엄사상이었기 때문에 태종 7년에 화엄종에 도문종이 흡수되었다.

통폐합이 이루어진 종파로는 천태소자종·천태법사종, 중도종·신인종, 총지종·남산종이 있다. 이 가운데 천태소자종과 천태법사종은 모두 천태종의 분파들이었기 때문에 통폐합이라기보다는 천태종으로 통합되었다고 보아야 한다. 태종 6년에 도합 30개 사찰을 남기도록 조처된 중도종과 신인종은 태종 7년에는 중신종이라는 이름으로 나타난다. 이 이름은 이들 종파가 어느 한 쪽으로 흡수 통합된 것이 아님을 의미한다. 새로운 종파명에 중도종의 '중'과 신인종의 '신'이 한 글자씩 포함되어 있기 때문이다. 총남종도 마찬가지이다. 총지종의 '총'과 남산종의 '남'을 종파명에 남겨

---

48) '天台疏字法事宗'을 天台宗, 疏字宗, 法事宗으로 보고, 12개 종파로 파악하는 견해도 있다. '天台疏字法事宗'의 해석을 둘러싸고는 크게 두 가지 견해가 있다. 하나는 천태소자종과 천태법사종의 두 종파로 보는 것이고, 다른 하나는 천태종, 소자종, 법사종의 세 종파로 보는 것이다.
두 종파로 보는 경우 白蓮寺 계통을 천태법사종으로, 백련사를 제외한 천태 계통이나 좁게는 妙蓮寺 계통을 천태소자종으로 보기도 하고(金暎遂, 1937, 「五敎兩宗에 對하야」, 『震檀學報』8, 100쪽 ; 許興植, 1997, 『高麗佛敎史硏究』, 527~528쪽 ; 姜南錫, 2001, 『高麗 天台思想史의 硏究』, 원광대 불교학과 박사학위논문, 316~321쪽), 천태법사종은 『法華經戒環解』와 普賢道場 등 수행 측면 중점을 두었고 천태소자종은 이론적 경향으로 天台章疏를 중시하였다고 보는 입장도 있다(高翊晋, 1975, 「法華經 戒環解의 盛行來歷考」, 『佛敎學報』12, 9쪽 ; 李鍾益, 1979, 「韓國佛敎諸宗派成立의 歷史的 考察」, 50쪽). 한편 세 종파로 보는 경우에는 국청사의 천태종, 친원적인 묘련사 계통의 소자종, 백련사 계통의 법사종으로 이해한다(황인규, 2015, 「고려후기·조선초 천태종단의 존재양상 추이 및 동향 ―주요 고승과 사찰을 중심으로」, 『한국불교학』74, 245~246쪽).
49) 李鍾益, 1979, 「韓國佛敎諸宗派成立의 歷史的 考察」, 『佛敎學報』16, 37~38쪽.
50) 許興植, 1997, 『高麗佛敎史硏究』, 528쪽.

놓음으로써, 총지종과 남산종의 종지宗旨를 함께 있고 있음을 드러냈다.

위와 같은 종파의 흡수 및 통폐합은 어떤 기준으로 이루어진 것일까. 종파명이 유지되는 조계종과 천태종, 화엄종, 자은종은 고려시대부터 교세가 강했던 종파이다. 여기에서 총지종, 남산종, 중도종, 신인종은 교세가 약했기 때문에 종파의 크기를 기준으로 통합되었을 가능성을 생각해볼수 있다. 그러나 시흥종을 살펴보았을 때 그렇지 않음을 알 수 있다. 시흥종은 단독으로 드러난 종파 가운데 배속된 사찰 수가 가장 적음에도 불구하고 선교 양종으로 통합되기 이전까지 일관되게 종파명을 유지하고 있다. 종파의 규모나 교세가 통합의 기준이라면 시흥종이 존속될 이유가 없다. 시흥종은 고려 후기에 보이는 소승업小乘業과 동일한 것으로 생각된다.[51] 시흥始興이라는 종파명에서 석가모니 입멸 후 초기 교단들의 교학전통을 잇고 있음을 암시하기 때문이다. 시흥종을 제외한 다른 종파들은 모두 대승에 속하기 때문에 시흥종은 어느 종파와도 통합되지 않고 유지된 것이다. 따라서 조선 초에 이루어진 종파 통폐합은 교세의 크기가 기준이 아니라, 종파의 성격이나 종지의 유사성을 기준으로 이루어진 것임을 알 수 있다.

그렇다면 동일하게 밀교종파였던 총지종과 신인종을 통폐합하는 것이 이치에 맞을 텐데, 총지종과 신인종은 각각 다른 종파와 통폐합이 이루어졌다. 이는 이 두 종파를 묶을 수 없는 중요한 차이가 존재하기 때문이다.

---

[51]　許興植, 1997,『高麗佛教史研究』, 532~533쪽.
　　　한편 시흥종을 涅槃宗의 다른 이름으로 보는 견해(金映遂, 1937,「五教兩宗에 對하야」)와 천태종의 일파로 보는 견해도 있다(退耕, 1929,「天台宗과 始興宗」,『佛教』60·61 ; 李鍾益, 1979,「韓國佛教諸宗派成立의 歷史的 考察」; 李永子, 2002,「부암대사 무기의 성불구제관과 정토사상」,『법화·천태사상연구』, 동국대학교 출판부). 전자는 五教兩宗 가운데 가장 먼저 흥기하여 시흥종이라 칭한 것으로 보고 시흥종이 열반종의 異稱이라고 하였다. 후자의 경우, 고려 말에 시흥종이 조계종과 대립되는 위치에 있었던 것으로 보아 교세가 약하지 않았으며, 雲默無寄가 기거한 산이 始興山인 점 등을 근거로 천태교학에 기초를 둔 신흥교단으로 파악하고 있다.

바로 선과 교의 차이이다. 앞서 언급한 바와 같이 고려시대에 총지종 승려들은 선종 승계를 받았고 신인종 승려들은 교종의 승계를 받았다. 다라니를 중심으로 활동을 전개한다고 하는 종파의 성격보다, 선종이냐 교종이냐의 구분이 종파를 나누는 제1준칙으로 작용한 것이다. 후술하겠지만, 밀교종파의 선교 구분은 고려시대 밀교종파의 사상을 추적하는 실마리가 된다.

이상과 같은 종파 통폐합의 결과 신인종, 총지종이라는 밀교종파는 사라지게 되었다. 그러나 신인종과 총지종이 조선 초 종파 통폐합의 대상이 되었다는 사실은 이들이 그만큼 종파로서 확고한 위상을 지니고 있었음을 보여주는 것이기도 하다.

2.

1) 문두루도량 개설

고려시대의 신인종 관련 기록에서 크게 눈에 띄는 것은 두 가지이다. 문
두루도량 등 밀교의례의 개설과 왕의 현성사 친행이다. 그 가운데 문두루
도량은 신인종의 가장 대표적인 활동이다. 명랑을 종파의 연원으로 삼고
있는데다가, 조선 초까지도 문두루도량과 신인종을 불가분의 관계로 파
악할 정도였다.[52] 문두루도량의 개설 목적과 고려사회 내에서의 역할을
살펴보자.[53]

---

[52]   權近, 「送神印宗玉明上人」, 『陽村集』 卷7, 詩類[南行錄], "釋門文豆婁 神變最第一 幻語驚世
      人 機權甚祕密 上人學其傳 升堂而入室 所性不在茲 孝友本天質 詩酒伴儒生 豁達無拘必 …";
      『定宗實錄』 卷3, 定宗 2年 3月 15日(庚辰), "太白晝見 設祈禳文豆婁道場 于賢聖寺 七日"
[53]   문두루도량은 신라 명랑 때부터 이어져 오던 의례이다. 명랑과 신라 신인종에 관한 연
      구에서 이미 소의경전, 절차 등이 모두 밝혀졌으므로, 이 책에서는 이를 반복하지 않
      고 고려시대의 문두루도량에만 초점을 맞추어 서술하겠다.

[표 3-2] 문두루도량의 개설 양상

	개설 시기	개설 장소	개설 목적	비 고
①	문종 28년(1074) 7월	사천왕사(경주)	번병의 침입 방지	27일간 계속
②	숙종 6년(1101) 4월		소나무 충해로 인한 전란 방지	관정·보성도량 동시에 개설
③	예종 3년(1108) 7월	진정사(동계)	변방의 적이 물러가기를 기원	비사문사에서 사천왕 도량 동시에 개설
④	예종 4년(1109) 4월	흥복사, 영명사, 장경사, 금강사 (서경)	전쟁에서의 승리 기원	
⑤	[강종 재위 시 (1212~1213)]	금강사(서경)	외적의 침입 방지	『동국이상국집』 수록
⑥	고종 4년(1217) 4월	현성사(개경)	[전쟁 승리 기원]	
⑦	고종 4년(1217) 12월	현성사(개경)	[전쟁 승리 기원]	

* [ ]의 내용은 추정

문두루도량은 문종대에서 고종대까지 총 일곱 차례 개설되었다. 연례적으로 행해지던 연등회燃燈會와 팔관회八關會를 제외하고 열두 번째로 많이 개설된 의례이다. 고려시대에 국가적으로 거행된 불교의례의 종류가 80종 이상이라는 사실을 감안하면, 문두루도량은 상당한 비중을 가지는 불교의례였다. 또한 개설 목적이 확실히 드러나는 몇 안 되는 불교의례 가운데 하나이기도 하다.

문두루도량의 개설 목적은 적의 침입을 물리치기 위한 것이었다. 이는 『고려사』에 수록된 문두루도량의 개설 양상에서 드러날 뿐 아니라, 고려후기에 쓰인 「문두루도량문文豆婁道場文」을 통해서도 확인할 수 있다[표 3-2-⑤].

A. 덕화德化가 헤아릴 수 없이 넓으시어 갠지스강의 모래알과 같이 무수한 찰토刹土에 널리 미쳤으며, 힘이 더할 수 없이 뛰어난 것은 신인神印의 문門보다 더 높은 것이 없습니다. 돌아보건대 덕이 적은 몸으로 외람되이 큰 조업을 이어받았으

므로 깊이 근심하여 앞날을 걱정하오나 아직도 나라를 안정시킬 장구한 계책이 없습니다. 틈이 생기고 사이가 벌어져 침략을 받는 추악한 풍속이 생기게 될까 두렵습니다. 이에 부처님의 구원에 의하여 뒷날에 다가올 재앙을 미리 없애고자 사신을 별경別京에 보내어 청정한 절에 향연香筵을 베풀고 참된 승려를 초빙하여 비전祕典을 베풉니다. 우러러 바라옵건대 방편으로 신통한 감응을 두루 빌어주소서. 병기는 거두어져 영원히 외적이 침범하는 우려가 없고 사직이 장구하여 앉아서 중흥中興의 경사를 이루게 하소서.54)

위의 인용문 A는 이규보李奎報, 1168~1241가 서경 금강사金剛寺에서 개설되는 문두루도량을 위해 쓴 도량문으로, 어느 해의 도량을 위한 것인지는 정확히 알 수 없다. 그러나 『동국이상국집東國李相國集』에 의하면 이 글은 한림원翰林院에서 지어졌다. 그는 희종 2년1207에 임시직인 직한림원 권보直翰林院 權補가 되었다가 이듬해 정식 임명을 받아 고종 2년1215 7월까지 한림원에 재직하였다고 한다.55) 이규보의 한림원 재직 시기와 "덕이 적은 몸으로 외람되이 큰 조업을 이어받았다."는 구절로 미루어, 강종 재위 시에 개설된 것으로 추정된다.56) 위의 인용문을 통해 문두루도량은 외침을 방지하기 위해 개설되었음을 알 수 있다. 신라 명랑 때 문두루도량을 개설했던 목적이 고려 후기까지 유지되고 있는 모습이다.

문두루도량은 고종 4년1217 두 차례의 기록을 제외하고는 전부 그 목적이 드러나 있다. 문종 28년1074에 개설된 문두루도량[표 3-2-①]은 동경, 즉 경주의 사천왕사四天王寺에서 번병蕃兵의 침입을 막기 위해 개설되었다.

---

54) 李奎報, 「金剛寺文豆婁道場文」, 『東國李相國集』 卷39, 佛道疏
55) 朴宗基, 1997, 「李奎報의 생애와 著述 傾向」, 『韓國學論叢』 19, 국민대 한국학연구소, 43~44쪽.
56) 韓基汶, 2000, 「高麗時代 開京 現聖寺의 創建과 神印宗」, 489쪽.
    보위를 이어받은 지 얼마 지나지 않은 시점에 쓰여진 것이기 때문에 고종 4년에 개설된 문두루도량의 도량문일 수도 있다. 그러나 고종 4년에는 현성사에서 개설한 것이 확실하므로, 강종 즉위년에 개설된 것일 가능성이 더 크다고 한다.

이 해의 기록에 번병 침입 기사가 없기 때문에, 문두루도량 개설의 직접적 원인이 되는 사건이 무엇이었는지는 알 수 없다. 그런데 그 전 해인 동왕 27년 6월에 동번東蕃 해적이 동경 관내 파잠부곡波潛部曲에 침입하여 백성들을 납치해 갔다는 기사가 있어,[57] 당시 동해안에 해적들이 출몰해 피해를 입히고 있었음을 추측할 수 있다. 동해안을 따라 침입해 오는 해적들이었기 때문에 경주에서 도량을 개설하였을 것이다.

예종 3년[1108]과 4년은 여진과 직접적으로 충돌하였던 때이다. 예종 2년[1107] 12월에 시작된 여진 정벌은 예종 3년 2월 여진의 웅주성雄州城 포위, 3월 여진의 영주성英州城 공격, 4월 웅주성 포위, 5월 오연총吳延寵의 웅주성 전투 승리, 7월 윤관尹瓘의 재정벌 등으로 숨가쁘게 진행되었다. 이에 고려에서는 그해 7월 문두루도량을 개설[표 3-2-③]하기 몇 달 전부터 다양한 불교의례를 개설하고 있다. 5월 신해일에는 『약사경藥師經』을 강의해 적병이 물러가기를 빌었으며, 같은 달 신유일에는 호천昊天과 오방제五方帝에게 초제를 지냈다. 6월 임진일에는 보제사普濟寺에 가서 분향을 하고 북방의 적을 물리쳐 주기를 기원하였다. 따라서 문두루도량도 여진과의 전쟁에서 승리하기를 기원하기 위해 개설된 것으로 보인다. 사천왕의 수위首位인 북방 비사문천을 모신 비사문사毗沙門寺에서 사천왕도량을 함께 개설함으로써 문두루도량의 효과를 높이고자 하였다.

그러나 연이은 전투로 고려군의 손실도 극심해지자[58] 예종은 동요하기 시작하였다. 예종 4년[1109] 5월에 "정치는 백성을 편하게 하기에 충분하지 않고, 위신은 다방多方을 제어하기에 충분하지 않다."라고 자책하고 있음에서 드러난다.[59] 이에 이 해 예종은 친히 신기군神騎軍과 정노반군精弩班軍

57) 『高麗史』 卷9, 世家 第9, 文宗 27年 6月 丙申, "兵馬使奏 東蕃海賊寇 東京轄下波潛部曲 奪掠民口 元興鎭都部署軍將 率戰艦數十艘 出椒島與戰 斬十二級 奪俘十六人"

58) 『高麗史』 卷96, 列傳 第9, 金仁存, "王將伐東女眞 大臣皆贊成之 仁存獨上疏極諫 不報 及尹瓘等 破女眞築九城 女眞失窟穴 連歲來爭 我兵喪失甚多"

을 여러 차례 사열하였고, 4월에 들어서는 신중원^{神衆院}에서 재를 지내고 창
릉^{昌陵, 왕건의 아버지인 世祖 龍建의 능}에서 제사를 지내는 등 전쟁의 승리를 기원하고
있다. 문두루도량[표 3-2-④]의 개설 역시 이러한 기사들 한가운데에 위
치하고 있다.[60] 예종은 숙종의 무신 우대정책을 계승하고 문신들의 반대
에도 불구하고 여진정벌을 강행하였다.[61] 그러나 여진정벌이 장기화되
고 피해가 커지면서 예종에게 정치적 부담으로 작용하자, 전쟁에서의 필
승을 위해 문두루도량을 개설하였다고 생각된다.

고종 4년¹²¹⁷에 두 차례 개설된 문두루도량[표 3-2-⑥·⑦]은 거란유종
^{契丹遺種}의 침입을 물리치기 위한 것이었다. 거란유종은 고종 3년 8월에 고
려에 침입하기 시작하였다. 특히 동왕 4년 3·4·5월은 거란유종이 경기
일대까지 위협하였다. 개경은 장악하지 못하였지만, 남하를 위한 중요한
역참들을 장악함으로써 삼남지역까지 전선이 확장될 위험에 놓이게 되었
다. 이후 고려군의 반격이 성공하여 같은 해 8월경에는 거란유종을 동계
너머 여진 지역으로까지 밀어내게 되었다. 그러나 그해 11월에 거란유종
이 재침략하여 동왕 6년까지 전쟁이 이어졌다.[62] 이에 고종은 4년 정월과
4월, 10월에 무능승도량^{無能勝道場}, 5월에 신중도량^{神衆道場}, 6월에 마리지천도
량^{摩利支天道場}, 10월에 불정도량^{佛頂道場}, 12월에 사천왕도량^{四天王道場} 등 진병^{鎮兵}
관련 불교의례들을 계속해서 개설하였다. 왕의 사찰 친행도 이어졌으며,

---

59) 『高麗史』 卷13, 世家 第13, 睿宗 4年 5月 癸丑

60) 이상 예종대 여진 정벌의 전황에 대해서는 秋明燁, 2001, 「11世紀後半~12世紀初 女眞
征伐問題와 政局動向」, 『韓國史論』 45, 서울대 국사학과, 115쪽 참조.

61) 예종 2년의 여진정벌 단행 이유에 대해서 학계에서는 크게 세 가지 견해가 있다. 첫째,
숙종 9년 대여진전 패전이라는 치욕을 씻기 위해 결행된 것이라는 이해가 있다. 둘째,
域外의 농경지 획득 및 농업이민 추진에 대한 욕구라는 내적 요인에 의해 일어났다고
보기도 한다. 셋째, 예종의 왕권 강화를 위한 것이라는 견해도 있다(姜恩淨, 2002, 「12
世紀初 高麗의 女眞征伐과 對外關係의 變化」, 『北岳史論』 9, 172쪽).

62) 고종 초 거란유종의 침입에 대해서는 신안식, 2011, 「고려 고종초기 거란유종의 침입
과 김취려의 활약」, 『韓國中世史研究』 30 참조.

송악산은 좋은 운기運氣가 없어졌으니 왕이 별궁에 있으며 재앙을 물리쳐야 한다는 술객術客의 말에 따라 죽판궁竹板宮으로 거처를 옮기기도 하였다.[63] 당시의 긴박했던 상황을 보여주는 것으로, 대표적 외적 기양도량인 문두루도량도 이러한 분위기 속에서 같은 해 두 차례나 개설된 것이다.

문두루도량은 모두 외적의 침입을 물리치기 위해 개설된 것이었다. 다른 밀교의례들이 대부분 궁궐 안에서 개설된 데 반해, 문두루도량은 모두 궁궐 밖의 사찰에서 개설된 것이 특징적이다.[64] 이는 문두루도량이 다른 어떤 밀교의례보다 주관 종파와의 관련성이 뚜렷하기 때문이다. 특히 문두루도량 개설에는 오방신상五方神像이 반드시 필요하다. 오방신상은 과거 명랑이 풀을 엮어서라도 갖추었을 정도로 문두루도량의 중요 요소였다. 따라서 문두루도량은 오방신상이 갖추어져 있는 신인종 사찰에서 개설할 수밖에 없었을 것이다. 신인종의 종파 성립 자체가 문두루도량 개설의 효험을 담보로 하고 있음을 보여주는 것이기도 하다.

문두루도량을 내세우는 신인종의 활동은 고려 말, 조선 초까지도 이어졌다.

> B-1. 불문佛門의 문두루文豆婁는 / 신이한 변화가 으뜸이네. / 신비한 말[幻語]로 사람들을 놀라게 하고 / 방편과 계략[機權]은 매우 비밀스럽구나. / 상인上人이 그 전승을 배워서 / 당堂에 오르고 법맥을 이었네.[65]
>
> B-2. 내가[권근이] 귀양을 갔다 죄를 용서받고 돌아온[賜環] 후에, 명明 상인이 또한 서울로 와 현성사에 있으며 우리 집에 찾아오기를 여러 차례 하였다.[66]
>
> B-3. (정종 2년1400 3월 경진일에) 태백성이 낮에 보여 현성사에서 기양문두루도량祈攘文豆婁道場을 7일 동안 개설하였다.[67]

---

63) 『高麗史』卷22, 世家 第22, 高宗 4年 4月 己酉
64) 홍윤식, 1994, 「불교행사의 성행」, 180~181쪽.
65) 權近, 「送神印宗玉明上人」, 『陽村集』卷7, 詩類[南行錄]
66) 權近, 「送明上人詩序」, 『陽村集』卷17, 序類

인용문 B-1은 권근이 신인종 승려인 옥명에게 준 시이다. 그 첫 구절에서 신인종을 가리켜 '불문의 문두루'라고 표현하고 있어 고려 말에도 신인종은 문두루도량으로 대변되고 있었음을 짐작할 수 있다. 문두루는 '신인'의 범어 원음을 음사한 것이다. 고려에서 신인종이라는 종파명이 거론되고 있었음에도 시에서 굳이 '문두루'라고 표현한 것은 문두루도량을 염두에 둔 표현임을 추측할 수 있다. 옥명은 신인종에서 전수되어 오는 전승을 배워 승당입실升堂入室하였다고 하므로, 여기에서 옥명이 문두루비법의 전수자였을 가능성이 제기된다. 또한 B-2에서 보이듯이, 그는 고려 말인 공양왕 3년[1391]경에 개경 현성사에 머무르고 있었다.[68] 이는 고려 말까지 현성사가 신인종의 중심 도량으로 기능하였다는 의미이다.[69]

문두루도량과 현성사를 중심으로 한 신인종의 활동은 조선 초에도 보인다. 인용문 B-3에 의하면 조선 정종 2년에 태백성이 낮에 보이는 성변星變을 기양하기 위해 현성사에서 기양문두루도량을 개설하였다. 기양문두루도량은 재난 기양을 위한 문두루도량이라는 의미로 보이므로 문두루도량의 일종으로 생각된다. 문두루도량이라는 명칭이 들어간 의례를 현성사에서 개설하였다는 점에서, 신라~고려시대 신인종에게 기대되었던 역할이 조선 초까지 계승되고 있음을 보여준다.

---

67) 『定宗實錄』 卷3, 定宗 2年 3月 15日(庚辰)
68) 인용문 B-2에서 옥명은 권근이 사환을 받은 후에 현성사에 있었다고 하는데, 권근은 고려 말에 유배형을 받았다가 1390년 11월 석방되어 陽村으로 갔다. 그 다음해 1월에 개경으로 와 석방에 대한 謝恩을 한 뒤 3월에 다시 양촌으로 가서 조선 태조 2년(1393)까지 그곳에서 머물렀다(강문식, 2001, 「權近의 生涯와 交遊人物」, 『韓國學報』 102, 64~65쪽).
69) 韓基汶, 2000, 「高麗時代 開京 現聖寺의 創建과 神印宗」, 492쪽 및 497~498쪽.

2) 국왕의 현성사 친행

현성사는 고려 태조 19년에 광흥사廣興寺, 미륵사彌勒寺, 내천왕사內天王寺, 개태사開泰寺 등과 함께 창건되었다.[70] 그렇지만 이후 인종 8년[1130]에 현성사에서 재를 설하였다는 기록이 나오기까지[71] 현성사의 명칭은 역사서에 등장하지 않는다.[72]

현성사는 인종대를 시작으로 왕들이 자주 친행했던 사찰이었다. 기록에 명시되어 있는 왕들의 친행 이유는 비를 빌기 위해,[73] 혹은 내란을 진압하기 위해서였다.[74] 왕의 친행이 수반되었는지는 알 수 없지만, 국가의 양재기복禳災祈福을 위한 재가 현성사에서 열리기도 하였다.[75] 이와 같이 고려시대 역대 왕들은 다양한 목적으로 현성사에 친행을 하였다. 『고려사』에 실려 있는 국왕의 현성사 친행 횟수는 총 71회이다.

현성사를 가장 자주 방문한 왕은 고종이다. 고종은 고려 역대 왕 가운데 가장 빈번하게 현성사에 친행하였고, 술사의 말에 따라 현성사에 이어移御하기도 하였다.[76] 고종의 현성사 친행은 동왕 4년[1217]에 처음 시작되는데, 이는 거란유종의 침입 때문이었다. 고종은 거란의 침입을 불력으로 막아내고자 현성사에서 문두루도량을 두 차례 개설하였다.

---

70) 『高麗史』 卷2, 世家 第2, 太祖 19年
71) 『高麗史』 卷16, 世家 第16, 仁宗 8年 4月 辛丑, "門下侍中 李公壽與兩府大臣會議 令百寮 出米有差 設齋于現聖靈通二寺 爲國家禳災祈福"
72) 한기문은 태조~인종에 현성사 관련 기록이 없는 이유로, ① 기록의 미비, ② 인종 이전까지 4대종파가 강조되면서 소수종파였던 신인종이 위축되었기 때문으로 보았다. 신인종이 인종대 등장한 것은 이 시기에 조계종의 부흥을 위시해 다수의 종파가 등장할 수 있는 분위기가 조성되었기 때문이라고 한다(韓基汶, 2000, 「高麗時代 開京 現聖寺의 創建과 神印宗」, 484~485쪽).
73) 『高麗史』 卷22, 世家 第22, 高宗 16年 5月 ; 卷58, 志 第8, 五行2, 金, "乙未 幸賢聖寺 祈雨"
74) 『高麗史』 卷27, 世家 第27, 元宗 14年 4月, "丙午 幸賢聖寺 集五敎兩宗僧徒 設道場 於男山宮 以祈平賊"
75) 『高麗史』 卷16, 世家 第16, 仁宗 8年 4月, "辛丑 門下侍中 李公壽 與兩府大臣會議 令百寮 出米有差 設齋 于現聖 靈通二寺 爲國家禳災祈福"
76) 『高麗史』 卷22, 世家 第22, 高宗 4年 12月 壬申

[표 3-3] 국왕의 현성사 친행 양상

임금	재위년		횟수		친행 시기
인종	24		1		13.3
명종	27		4		5.6 ‖ 5.8 ‖ 6.5 ‖ 6.10
고종	20	46	15	39	4.4 ‖ 4.12 ‖ 4.12 ‖ 5.5 ‖ 5.9 ‖ 7.10 ‖ 9.4 ‖ 10.4 ‖ 10.11 ‖ 11.8 ‖ 14.4 ‖ 15.5 ‖ 16.9 ‖ 17.2 ‖ 19.3
	26		24		22.9 ‖ 23.9 ‖ 29.9 ‖ 30.3 ‖ 30.8 ‖ 31.3 ‖ 36.2 ‖ 36.9 ‖ 37.9 ‖ 38.4 ‖ 38.9 ‖ 39.5 ‖ 40.2 ‖ 40.9 ‖ 41.9 ‖ 42.3 ‖ 42.8 ‖ 43.3 ‖ 43.9 ‖ 44.3 ‖ 44.9 ‖ 44.9 ‖ 45.8 ‖ 46.2
원종	11	15	7	10	2.3 ‖ 3.7 ‖ 4.3 ‖ 4.8 ‖ 5.3 ‖ 6.3 ‖ 7.8
	4		3		14.4 ‖ 14.8 ‖ 15.4
충렬왕	34		14		1.4 ‖ 1.8 ‖ 2.3 ‖ 5.4 ‖ 5.11 ‖ 10.3 ‖ 11.9 ‖ 14.3 ‖ 15.10 ‖ 18.9 ‖ 19.9 ‖ 21.9 ‖ 23.5 ‖ 23.5
충숙왕	25		2		0.9 ‖ 1.9
공민왕	23		1		1.3

* 고종 19년 6월~원종 11년 4월의 강화도 천도 이전과 이후를 구분하였다.

　고종의 현성사 친행은 강화도 천도 이후에도 지속되었다. 현성사는 고종 22년[1235] 9월 기사에 사찰명이 나타나는 것으로 보아[77] 천도 초에 강화도에 옮겨졌던 것 같다. 비슷한 시기에 이름이 보이는 사찰로는 연등회와 팔관회 개설 후 각각 행향行香을 했던 봉은사奉恩寺와 법왕사法王寺가 있다.[78] 현성사가 이들 두 사찰과 비슷한 시기에 강화도에 옮겨졌다는 사실에서 현성사의 중요성을 짐작할 수 있다. 현성사는 외적 격퇴에 신험을 보이는 도량이라는 상징성이 있었기 때문에 왕이 직접 현성사에서 기도를 함으로써 몽골 격퇴를 기원했던 것이다.[79]

---

77) 『高麗史』卷23, 世家 第23, 高宗 22年 9月 丙子
78) 봉은사는 고종 21년 2월에 연등회 개설과 관련해, 법왕사는 동왕 22년 11월에 팔관회 개설과 관련해 등장한다(『高麗史』卷23, 世家 第23, 高宗 21年 2月 癸未 ; 22年 11月 癸酉). 태조의 「訓要十條」에서 연등회·팔관회를 계승하도록 규정한 이후, 이 두 의례는 고려가 멸망할 때까지 고려와 함께 한 고려문화의 상징이었다(안지원, 2011, 『고려의 불교의례와 문화』, 325쪽).
79) 江都 시기 신인종 관련 기록의 특이점은 현성사 친행은 빈번하나 문두루도량 개설 기

원종대에도 총 10회에 걸쳐 현성사 친행이 이루어졌다. 고종대와 마찬가지로 강화도에 있을 때에는 의례를 개설하지 않았다. 그리고 개경 환도 후 첫 번째 현성사 친행에서 의례가 수반되었다. 즉, 원종 14년[1273]에 오교양종五敎兩宗의 승려를 모아 남산궁男山宮에 도량을 베풀고 역적들을 토벌 평정할 것을 축원하는 것이었다. 이때 도량은 삼별초 봉기를 진압하기 위한 것이었다.[80] 이 해 3월에 삼별초가 탐라耽羅에 들어가면서, 삼별초의 봉기는 새로운 국면으로 접어들고 있었다. 원종에게는 승화후承化侯 온溫을 왕으로 세우고 항전의지를 불태우던 삼별초는 큰 위협이었다. 이를 물리치기 위해 현성사에 친행을 하고 승려들을 모아 역적 토벌을 기원한 것이었다.

한편 현성사 친행은 충렬왕 때에도 지속되었다. 충렬왕은 역대 고려왕 가운데 현성사를 세 번째로 많이 방문한 왕이었다. 현성사는 기본적으로 외적 침입을 막기 위한 기도처였으며, 고종·원종대에는 그 대상이 몽골이었다. 원 간섭기에 접어든 충렬왕대의 경우, 신라의 망덕사望德寺의 사례와 같이 몽골의 경계심을 누그러뜨리기 위한 외교적 방편으로 현성사를 찾았던 것이 아닌가 하는 해석도 제기되었다.[81]

그런데 충렬왕대 현성사 친행과 관련하여, 왕과 함께 제국대장공주가 현성사를 방문하였다는 점이 주목된다.

    C-1. (충렬왕 원년[1275]) 여름 4월 기유일에 왕과 공주가 현성사에 가서 황제를 위하여 복을 빌었다.[82]

록이 한 번도 나오지 않는다는 점이다. 그러나 신인종과 현성사의 역할을 생각해 보면, 기록되지는 않았지만 국왕의 친행 때 문두루도량이 개설되었을 것으로 추정된다고 한다(韓基汶, 2000,「高麗時代 開京 現聖寺의 創建과 神印宗」, 485~486쪽).

80) 『高麗史』卷27, 世家 第27, 元宗 14年 4月 丙午

81) 韓基汶, 2000,「高麗時代 開京 現聖寺의 創建과 神印宗」, 486쪽. 종석도 반원 도량불사에 대한 감시와 규제를 피하기 위해 충렬왕 원년에 현성사에서 원 세조의 복을 빌었다고 보았다(宗釋(전동혁), 1992,「密敎의 受容과 그것의 韓國的 展開(1)」, 35쪽).

82) 『高麗史』卷28, 世家 第28, 忠烈王 元年

C-2. (충렬왕 원년 8월) 무오일에 왕과 공주가 현성사로 처소를 옮겼다.[83]

C-3. (충렬왕 23년1297 5월) 계유일에 왕과 공주가 현성사에 가서 내고內庫의 쌀 1백 석을 내어 빈궁한 백성들에게 나누어 주었다. 이것은 공주를 위하여 복을 축원함이었다. … 임오일에 공주가 현성사에서 죽었다.[84]

『고려사』에 실려 있는 제국대장공주의 현성사 친행은 위의 세 번이 전부이다. 기록에서 확인할 수 있는 제국대장공주의 친행 사찰은 총 열여덟 군데이며, 그 가운데 묘련사妙蓮寺는 20회나 찾았다.[85] 이와 비교하면 공주는 현성사를 그다지 자주 방문하지는 않았다. 그러나 중요한 시기에 현성사를 방문하고 있다.

인용문 C-1은 현성사에서 황제의 복을 빌었다는 내용이다. 제국대장공주가 고려에 들어온 지 10개월가량밖에 되지 않은 시점이다. 인용문 C-2에서 왕과 공주가 현성사로 처소를 옮겼는데, 그 시점은 공주가 출산을 하기 약 40일 전이었다.[86] 첫 아이의 원만한 출산을 빌기 위해 거처를 옮긴 것으로 추정된다. 인용문 C-3을 보면 제국대장공주는 현성사에서 임종하였다. 공주가 임종하기 직전에는 내고를 열어 백성들에게 쌀을 나누어주었는데, 공주가 병에 걸렸기 때문에 치병을 위해 축원한 것이었다. 고려에서 제국대장공주는 여러 차례 병에 걸렸는데, 그때 찾은 사찰들은 관음사觀音寺, 완륜사王輪寺, 신효사神孝寺, 길상사吉祥寺, 묘련사 등이었다. 그런데 마지

---

83) 『高麗史』卷28, 世家 第28, 忠烈王 元年

84) 『高麗史』卷31, 世家 第31, 忠烈王 23年

85) 『高麗史』에 실려 있는 제국대장공주의 친행 사찰 및 친행 횟수는 다음과 같다.

賢聖寺	妙蓮寺	神孝寺	王輪寺	玄化寺	興王寺	吉祥寺	福靈寺	觀音寺
3	20	9	5	4	4	3	3	2

廣明寺	法華寺	金經社	洛山寺	普濟寺	禪源寺	安國寺	積石寺	孝信寺
2	2	1	1	1	1	1	1	1

86) 『高麗史』卷28, 世家 第28, 忠烈王 元年 9月 丁酉, "公主生子謜 于沙坂宮" 8月 戊午는 20일, 9月 丁酉는 30일에 해당한다.

막 임종을 맞으면서, 치병이나 요양을 위해서는 한 번도 찾지 않은 현성사를 찾았다. 그 이유는 무엇이었을까. 밀교 사찰인 현성사의 분위기가 티베트불교를 신봉하던 원 사찰의 분위기와 유사하여 제국대장공주가 선호하였고, 이에 원 황제와 공주의 복을 빌기 위해 친행이 이루어졌던 것이 아닌가 생각된다.

몽골, 특히 황실에서는 티베트불교를 믿고 있었다. 4대 쿠빌라이칸은 중통中統 원년1260에 사캬파Sa skya pa의 팍파hPhags pa, 八思巴 · 八合思八, 1235~1280를 국사國師로 임명하였다.[87] 1270년에는 그를 제사帝師로 삼았다. 제사 팍파는 원과 남송과의 전쟁 시기에 원의 승리를 돕고자 마하칼라Mahākāla상을 제작하게 하였다. 마하칼라는 대흑천大黑天으로 한역되는데 분노상을 한 전투신이다.[88] 관세음보살이 사악한 중생을 제도할 때 나타나는 분노존으로 전쟁의 신, 주방의 신, 무덤의 신, 재물의 신으로 여겨진다. 이 가운데 전쟁에 관한 직능이 주목을 받은 것이다. 팍파는 티베트 승려인 담파Dam pa, 膽巴, 1230~1303를 추천해[89] 그에게 상의 제작을 지휘하도록 하였다. 담파는 특히 주술에 뛰어났던 인물이었다.[90] 그는 지원至元 9년1272에 마하칼라의 위력으로 적을 격파하는 영험을 보였다.[91] 이에 원 황실은 세조 이래로 마

---

87) 『元史』卷202, 列傳 第89, 八思巴, "中統元年 世祖即位 尊為國師 授以玉印"
88) 佛光大辭典編修委員會 編, 1989, 『佛光大辭典』, 臺灣: 佛光出版社, 大黑天.
89) 『元史』卷202, 列傳 第89, 膽巴, "八思巴時 又有國師膽巴者 … 中統間 帝師八思巴薦之"
90) 村岡倫, 1996, 「元代モンゴル皇族とチベット佛教 －成宗チムルの信仰を中心にして」, 『佛教史學研究』39-1, 83~85쪽 ; 최소영, 2021, 「대칸의 스승: 팍빠('Phags pa, 八思巴, 1235~1280)와 그의 시대」, 『東洋史學研究』155, 164~166쪽.
91) 念常 集, 『佛祖歷代通載』卷22(『大正藏』卷49, 726a03~09), "壬申留京師王公咸稟妙戒 初天兵南下 襄城居民禱眞武 降筆云 有大黑神 領兵西北方來 吾亦當避 於是列城望風款附 兵不血刃 至於破常州 多見神兵 出入其家 民罔知故 實乃摩訶葛刺神也 此云大黑 蓋師祖父七世 事神甚謹 隨禱而應 此助國之驗也"
전투신으로서의 마하칼라 신앙을 고취시킨 것은 탄파이지만, 팍파도 마하칼라와 깊은 인연을 가지고 있었다. 『喜金剛經』에 대한 원 세조의 난해한 질문에 고민하던 팍파가 꿈속에서 마하칼라의 계시로 답을 얻어 세조의 신임이 두터워진 후, 마하칼라는 팍파의 後見神이 되었다고 한다(李龍範, 1964, 「元代 喇嘛教의 高麗傳來」, 167쪽).

하칼라를 숭상하여 대호국신大護國神이라 부르기에 이르렀으며, 마하칼라를 모시는 사찰이 전국적으로 건립되었다.[92] 조금 후대의 일이지만, 1318년에 유관柳貫, 1270~1342은 「호국사비명護國寺碑銘」에서 "몽골 칸들은 마하칼라상의 축복으로 큰 성공을 거두었고 마하칼라는 가장 위대하고 강력한 수호자로 존중받는다."라고 황실의 마하칼라에 대한 신앙을 언급하고 있다.[93] 세조의 딸인 제국대장공주 역시 이와 같은 분위기 속에서 성장하였을 것이다.

마하칼라는 분노존의 모습을 한 전투신이다. 현존하는 유물에 없는 것으로 미루어 보아 고려에서는 분노존상이 거의 제작되지 않았을 것으로 보이기 때문에, 가장 근접한 분위기의 존상은 신장상神將像이었을 것이다. 현성사는 문두루도량을 주관한 신인종의 본찰이다. 문두루도량에서는 오방신상을 세우는데 이 신상들은 무구를 갖춘 신장의 모습을 하고 있었다.[94] 현성사의 오방신상과 원 황실에서 숭상한 마하칼라의 외관 및 사찰 분위기가 유사했기 때문에, 제국대장공주가 현성사를 자주 찾은 것이 아닐까 생각한다.[95]

이상 고려시대 현성사 친행을 개괄적으로 살펴보았다. 이를 통해 현성사 친행은 주로 전쟁의 승리를 기원하기 위한 목적으로 이루어졌음을 알

---

[92] Shen Weirong, "Tibetan Buddhism in Mongol-Yuan China", *Esoteric Buddhism and the Tantras in East Asia*, Leiden; Boston : Brill, 2011, p.543.

[93] 최소영, 2021, 「대칸의 스승: 팍빠와 그의 시대」, 166쪽.

[94] 『三國遺事』 卷2, 紀異 第2, 景明王, "十月 四天王寺五方神 弓絃皆絶"

[95] 사천왕도 신장상으로 유사한 분위기를 가지고 있었을 것이다. 8세기 후반~9세기 초에는 사찰에 사천왕문이 설치되기 시작되었다고 하니(심효섭, 2000, 「韓國古代 佛教寺院內 四天王門의 形成考」, 『역사와 교육』 9, 27쪽) 고려시대에도 사천왕문이 있었으며, 따라서 마하칼라와 외양이 비슷한 신장상이 오방신상 외에도 있었다는 반론도 가능하다. 그러나 사천왕상은 사찰의 입구에서 사찰을 수호하는 역할을 하므로 특정 사찰의 중심이 되는 신앙 대상이 아니라 보편적인 신앙의 대상이다. 따라서 오방신상을 중요 신앙 대상으로 모셨을 현성사가 고려 내의 어느 사찰보다 원 황실의 신앙 분위기와 유사했을 것으로 생각된다.

수 있었다. 이는 문두루도량을 주관하는 신인종이 외적의 침입으로부터 국가를 수호하는 종파로 인식되었다는 의미이다. 이러한 신인종의 성격은 전쟁으로 인한 혼란기에는 종파의 번영을 가져왔을 테지만, 평화기에는 그 역할이 제한된다. 따라서 일본 정벌 이후 큰 대외전쟁이 없던 원 간섭기에 신인종과 관련된 자료들은 찾아보기 어렵다. 그러나 앞서 살펴보았듯이 신인종의 활동은 계속 이어졌던 듯하다. 즉, 고려 말이 되면 신인종 승려가 승과를 보고 승계를 받은 등의 모습이 나타난다. 이후 신인종의 활동은 조선 초까지 이어졌다.

3.

총지종의 활동과
관법 수행

1) 질병 치료와 밀교의례 개설

총지종의 활동 가운데 가장 특화된 것은 질병 치료 활동이었다. 『삼국유사』에 의하면 혜통은 당 고종의 공주가 병에 걸렸을 때 이를 치료하였으며, 신문왕의 등창을 치유하기도 하였다. 혜통의 기사는 사사관계를 나타내는 연대가 맞지 않는다는 점에서 문제가 있기는 하지만 혜통의 주요 활동이 질병 치료였음은 의심할 여지가 없다.

총지종의 치료 활동은 고려시대에도 이어졌다. 대각국사 의천은 병에 걸렸을 때 총지사에서 요양을 하였으며, 그는 결국 총지사에서 생을 마감하였다.[96] 병에 걸린 의천이 총지종 소속의 총지사를 찾았던 이유는 총지종이 왕실의 치료 활동을 일정 부분 담당하였기 때문일 것이다.

의종대에는 총지사 주지 회정懷正은 주금呪噤으로써 왕의 총애를 받았다고 한다.[97] 여기에서 등장하는 주금이 정확히 어떠한 것인지는 알 수 없

---

96) 『高麗史』卷11, 世家 第11, 肅宗 6年 9月 甲申 ; 卷90, 列傳 第3, 宗室1, 大覺國師 煦
97) 『高麗史』卷18, 世家 第18, 毅宗 11年 8月 乙卯

지만, 왕실 의료기관인 태의감太醫監에 주금박사呪噤博士, 주금사呪噤師, 주금공呪噤工 등이 소속되어 있어 눈길을 끈다. 『고려사』에서는 태의감의 구성과 각각의 품계, 그리고 주금업呪噤業의 선발 방식만을 서술하고 있어,[98] 주금사 등이 태의감 내에서 어떠한 역할을 수행했는지 확실히 알기는 어렵다. 그러나 주금업 선발 과정에서 시험을 보았던 책들을 통해 볼 때,[99] 주금업은 침이나 뜸 등 간단한 치료를 담당하였던 것으로 보인다.[100] 한편 『신당서新唐書』에서 주금박사의 업무가 병에 걸린 자를 위해 주문을 외우고 푸닥거리를 하는 일을 가르치는 것이라고 밝히고 있다.[101] 고려시대 주금업 종사자도 이와 유사한 일을 하였을 것이다. 종합해 보면, 고려시대 주금이라는 단어는 의학과 다라니 염송을 병행한 치료 행위를 의미하며, 총지사 승려 회정은 이와 같은 능력을 인정받아 의종의 총애를 받았다는 것이다. 이로 보면 총지종이 주금을 중심으로 치료 활동을 전개하고 있었음을 알수 있다.

고려 후기 총지종의 치료 활동은 고종대에 활동한 지념업 선사 조유를

---

98) 『高麗史』에 의하면 呪噤博士는 從九品에 10石의 녹봉을 받았으며, 田地 25結을 받았을 것으로 추정된다. 주금박사의 전지 수에 대한 기록은 없지만, 품계와 녹봉이 같은 書學博士, 司天博士 등이 25결을 받았기 때문이다. 呪噤師와 呪噤工의 품계와 녹봉은 기록에 없으나, 주금사는 전지 20결을 받았다는 기록이 있다. 閑人, 雜類는 관직명을 표기하지 않고 전지 17결을 주었다고 하니, 주금공도 여기에 포함되어 있을 가능성이 크다(『高麗史』 卷76, 志 第30, 百官1 ; 卷78, 志 第32, 食貨1 ; 卷80, 志 第34, 食貨3).

99) 『高麗史』 卷73, 志 第27, 選擧1, "凡呪噤業式 貼經二日內 初日 貼脈經十條 翌日 貼劉涓子方十條 並通六條以上 讀小經瘡疽論七卷 明堂經三卷 內兼義理 通六机 讀大經針經十机 內兼義理 通六机 又讀七卷本草經二机"
이 가운데 『明堂經』은 『明堂灸經』으로 뜸에 관한 책이다(허흥식, 2005, 『고려의 과거제도』, 일조각, 154쪽). 『劉涓子方』은 金瘡, 癰瘡 및 기타 피부병에 대한 치료 방법을 기술한 『劉涓子鬼遺方』으로 추정된다(林惠慜, 2006, 「고려시대 질병 치료와 승려」, 동아대 사학과 석사학위논문, 24쪽).

100) 임혜민은 주금업이 의학 전반에 대한 지식보다는 치료에 전념하는 전문의였던 것으로 추정하였다(林惠慜, 2006, 「고려시대 질병 치료와 승려」, 24쪽). 허흥식 역시 주금사는 針灸나 瘡疽 등 응급처치와 관련된 일들을 하였던 것으로 보고 있다(허흥식, 2005, 『고려의 과거제도』, 154~155쪽).

101) 『新唐書』 卷48, 志 第38, 百官3, 太常寺, 太醫署, "掌教呪禁祓除爲厲者 齋戒以受焉"

대선사로 임명하는 교서 및 관고에서 확인할 수 있다.

A-1. 아무개[祖猷]가 총지의 법력으로 사나운 여귀厲鬼를 쫓아 없애 사람들을 구제한 것이 몇이던가. 더구나 우리 사직의 중신이 병에 걸렸는데, 선사의 한 번 외침으로 병이 회복되었다.102)

A-2. 법은 스스로 서지 못하고 말로 인하여 서므로, 진승眞乘은 진언眞言을 총섭總攝한다. 덕은 일정한 스승이 없고 착한 것을 주장하는 것이 스승이 되므로, 큰 호號는 마땅히 크게 착한 이에게 더해야 하는 것이다. 낙산사洛山寺 주지 선사 조유는 자신이 가지고 있는 삼매의 힘으로 일체의 마귀를 제압할 수 있었다. 진양공晋陽公이 수십 일 동안 병을 앓고 있을 적에 천리 밖의 낙가산으로부터 갑자기 와서 용주龍咒를 외웠는데, 바리때 밑에 금강저金剛杵의 소리를 드날리자 술잔 가운데에 비친 뱀이 각궁角弓의 그림자인 것을 깨달았다. 이에 상쾌하고 화평한 기운이 빨리 돌아와 우뚝하게 태산이 다시 편안한 것 같았다.103)

위 인용문은 모두 최자崔滋, 1188~1260의 글이다. 조유는 지념업 승려로 다라니를 지송한 법력으로써 병자를 구제하였음을 전한다. 총지는 dhāraṇi의 한역이며 티벳역에서는 gzuńs로 번역되는데 본래는 정신을 통일하고 마음을 일점에 집중하는 의미를 가진다.104) 이러한 다라니의 어원은 지념持念과도 의미가 통한다.105) 따라서 지념업의 조유는 다라니를 업으로 삼는 총지종 승려로 생각된다.106) 그는 법력으로 여귀를 쫓아내어 사람

---

102) 崔滋, 「持念業禪師祖猷爲大禪師敎書」, 『東文選』 卷27, 制誥
103) 崔滋, 「官誥(持念業禪師祖猷爲大禪師敎書)」, 『東文選』 卷27, 制誥
104) 松長有慶 저, 張益 역, 1993, 『밀교경전 성립사론』, 103~104쪽.
105) 신라 하대 崔致遠이 찬술한 「新羅迦耶山海印寺善安住院壁記」에는 '持念緣善大德'이라는 인물이 등장하는데, 持念을 대표적 능력으로 내세우는 연선대덕, 혹은 지념 계통의 연선대덕으로 해석할 수 있다. 함께 등장하는 融善呪師와 함께, 밀교 승려로 추정된다. 연선대덕과 지념업, 혹은 총지종과의 관계는 단언할 수 없으나, 신라 하대부터 다라니를 전문으로 하는 승려가 있었음을 보여준다.
106) 지념업과 총지종의 관계는 서윤길, 2006, 『한국밀교사상사』, 49~51쪽 참조.
業과 宗의 관계에 대해서는 아직 충분한 밝혀지지 않았다. 보통은 業에서 宗으로 이행되면서 배타성을 강화하는 과정으로 본다(남동신, 2009, 「고려 전기 금석문과 法相宗」,

을 구휼하였다. 여귀는 전염병을 이르는 것인데, 최이崔怡가 정권을 잡은 전후 기간 동안에 고려에서는 여러 차례 전염병이 돌았다.[107] 이때 조유가 주술을 사용해 전염병에 걸린 사람을 구휼한 것이다. 나아가 그는 고종 13년1226에 진양공 최이의 병을 고친 것을 계기로 대선사에 임명되었다. 당시 최이는 발에 부스럼이 나는 종瘇을 앓고 있었는데,[108] 조유가 용주를 외워 이를 치유한 것이다. 이 용주는『천수경千手經』의 소룡다라니召龍陀羅尼였을 것으로 추정된다.[109]

총지종의 질병 치료 활동이 백성들 개개인에게까지 미쳤는지는 명확히 알 수 없다. 하지만 조유가 대민 치료 활동을 전개한 것으로 보여 눈길을 끈다. 인용문 A-1을 보면 총지의 법력으로 사람들을 구한 것이 몇이던가 라고 하며, 그가 생민生民에게 이익을 주었음을 밝히고 있다. 전염병이 돌았을 때 다라니를 사용해 이를 제거하여 많은 사람을 구했다는 의미이다. 이규보가 한림원 시절에 쓴「동림사행 역병기양 소룡도량문東林寺行疫病祈禳召龍道場文」과「역병기양 소룡도량문疫病祈禳召龍道場文」을 보면 역병을 물리치기 위해 소룡도량을 개설했음을 확인할 수 있다. 조유가 역병을 물리치기 위해 사용한 것이 소룡다라니 혹은 소룡도량이었는지는 확인할 수 없지만, 소룡다라니를 활용해 최이의 병을 고쳤던 조유가 역병을 물리칠 역량이 충분했을 것이다. 개경의 총지사는 도성에 있는 만큼 왕실 의료에 관여하였으며, 지방에 거처하던 총지종 승려들은 다라니를 염송하여 대민 치료 활동을 펼쳤다고 생각된다.

166쪽). 밀교종파를 다루는 연구에서도 持念業을 摠持宗의 전신으로 보거나, 동일한 종파의 다른 표현 방식으로 보는 것이 일반적이다. 이 책에서는 기왕의 견해를 따라 지념업과 총지종을 동일한 종파로 보고 논지를 전개하겠다.

107) 고려후기 전염병의 발생 상황에 대해서는 이현숙, 2010,「전염병, 치료, 권력」,『전염병의 문화사 -고려시대를 보는 또 하나의 시선』, 혜안, 40~59쪽 참조.

108) 『고려사』권129, 열전 제42, 崔怡, "十三年, 怡患瘇, 自兩府至掾吏, 爭祈禱設齋作疏, 都下爲之紙貴."

109) 김영미, 2010,「고려시대 불교와 전염병 치유문화」,『전염병의 문화사』, 171~172쪽.

고려 말 이색도 총지종 승려에게 치료를 받았던 것 같다. 『목은고牧隱藁』
에는 이색의 이종형인 덕원군德原君 김창金敞이 총지종 승려와 함께 병문안
을 왔다는 내용의 시가 전한다.[110] 이 시에 총지종 승려의 방문 목적이 직
접적으로 드러나 있지는 않다. 그러나 덕원군 김창은 이색의 병문안을 위
해 방문하였다. 총지종의 전통적인 대표 활동이 치병임을 감안하면, 이종
제인 이색의 치병을 위해 족손族孫인 총지종 승려를 대동하고 이색을 방문
했다고 생각해야 할 것이다.

총지종의 대표적 활동이 질병 치료라는 인식은 조선 초까지 이어졌다.
다음은 『조선왕조실록』에 보이는 총지종 관련 기사이다.

> B. 전지傳旨하였다. "총지종은 오로지 밀원密員의 술법으로써 둔갑하고 사람을 구료
> 救療한다고 하여 설치한 것인데, 위의 종파의 승려들이 그 직임을 알지 못한다.
> 이제부터 그 직책과 사찰 주지직을 주지 말도록 하라."[111]

위의 인용문은 총지종이 밀원의 방술로써 둔갑하고 사람을 구료하기
위해 설치된 것이라고 밝히고 있다. 당시 총지종의 승려들은 밀원으로서,
내도량內道場의 일종인 밀원密院에 소속되어 있었다.[112] 둔갑은 기문둔갑奇門
遁甲을 가리키는데, 세종의 어머니 원경왕후元敬王后 민씨閔氏를 위해 둔갑법
을 사용한 사례를 통해 어떠한 치료 방법이었는지를 확인할 수 있다. 세종
2년1420 원경왕후 민씨가 하질에 걸렸는데 치료를 해도 차도가 없자, 세종
은 치료 방법으로 원경왕후를 개경사開慶寺로 옮겼다.[113] 이때 술사둔갑법

110) 李穡, 「姨兄金敞德原君携族孫摠持僧錄以酒食來餉」, 『牧隱詩藁』 卷35, 長湍吟, "吾兄七
十尙强康 白髮盈簪頰有光 馳馬遠來無小困 携僧厚餉輒先嘗 江山歷歷眞懷土 天地茫茫卽
醉鄕 初日入窓催返轡 病夫羞皸臥空床"
111) 『太宗實錄』 卷35, 太宗 18年 2月 10日(辛卯), "傳旨曰 摠持宗專以密員之術 遁甲救人而設
右宗僧人不知其任 自今其職銜及寺社住持 勿令差下"
112) 이 책의 제3장. 3절. 인용문 C-1 참조.
113) 『世宗實錄』 卷8, 世宗 2年 6月 6日(癸卯), "上及讓寧孝寧奉大妃 避病于開慶寺 用術士遁甲

術士遁甲法이 사용되었다. 개경사로 옮긴 뒤에도 여전히 차도가 없었던지 며칠 후 해순海恂에게 둔갑술을 행하도록 한 후 어머니를 모시고 오부吳溥의 집으로 가려고 하였다.[114] 얼마 후에는 상왕, 즉 태종이 원경왕후의 피병소를 방문해 둔갑으로 피방避方하는 것도 효험이 없다는 말을 한다.[115] 이상의 사료에서 공통적으로 읽어낼 수 있는 것은 둔갑이 자리를 옮기는 것과 관련이 있다는 점이다. 즉, 둔갑으로써 치료를 한다는 것은 병이 낫는 지점으로 환자를 옮기는 것을 의미하는 것이다.[116]

밀원密院은 조선 왕실에 계승된 고려 왕실 불교의 전통 가운데 하나인 것으로 생각된다. 따라서 고려시대에도 밀원의 총지종 승려들은 치료 활동과 신통력을 제일의 임무로 요구받았을 것이다. 그러나 당시 총지종 승려들은 맡은 바 소임을 다하지 못한 것 같다. 그 승려들이 직임을 알지 못한다고 하며, 치료 활동과 신통력 때문에 내려지던 직책과 사찰의 주지직을 모두 주지 말도록 하고 있다. 이 기사를 통해 신통력과 치료 능력을 인정받는 총지종 승려들은 사찰의 주지로 임명받곤 하였다는 사실도 알 수 있다. 앞선 인용문 A의 지념업 선사 조유는 다라니를 이용한 치료 능력이 뛰어났으며 낙산사의 주지로 있었다. 조유의 낙산사 주지직은 그의 치료 능력 덕분이었을 가능성이 높다. 고려 후기 총지종이 질병 치료를 주요 활동으로 하고 있었고, 그를 통해 국가 및 왕실과 밀착된 관계에 있었음을 다

法 悉屏侍衛夜出 唯宦官二人侍女五人內奴十四人從之 … 上親行藥師精勤 供佛飯僧 病猶未歇"

114) 『世宗實錄』卷8, 世宗 2年 6月 10日(丁未), "上及讓寧孝寧奉大妃 令道流僧海恂先行遁甲之術 欲向豐壤 吳溥家 迷失路 誤到他家 家甚隘陋 又尋豐壤南村注簿崔詮家 乃留祈祝 病猶未愈"

115) 『世宗實錄』卷8, 世宗 2年 6月 13日(庚戌), "上王潛幸避病所 視大妃疾 出御外廊 命備晝膳 勸上及讓寧孝寧食 … 上王曰 爾以予言出語之曰 大妃之病 全是瘇證 無足疑矣 近日遁甲避方 終無驗效 乃令通接人物 大妃自誠寧死後 傷悼不食 以至今日 加以瘇證 羸憊尤甚 然言語 顔容如舊"

116) 치병과 둔갑의 관계에 대해서는 김수연, 2021, 「고려시대 밀교 치유 문화의 양상과 특징」, 『醫史學』30-1(통권 제67호), 21~24쪽 참조.

시 한번 확인할 수 있다.

치료 활동만큼 중요했던 총지종의 제재구복 활동은 밀교의례 개설이었다. 명종 16년¹¹⁸⁶에 총지사에서 불정소재도량^{佛頂消災道場}이 개설되고 있어, 총지종이 밀교의례에 관여하였음을 알 수 있다. 한편 고려 후기에 총지종이 국가 및 왕실과 관련된 의례 활동을 한 모습은 『조선왕조실록』을 통해서도 짐작할 수 있다. 다음은 조선 초기 총지종의 활동 내용이다.

> C-1. 밀원密院의 번番드는 것을 없앴다. 처음에 총지종 승려 열 사람이 모두 료料를 받고 윤번으로 섬전三殿에 들어와서 진언을 외웠는데, 이를 밀원密員이라고 하였다. 이때에 이르러 삼사三司에서 번 드는 승려의 료만 지급하기를 청하였으므로, 모두 없애라고 명하였다.117)
>
> C-2. 빈전殯殿에서 진언법석眞言法席을 베풀고, 임금이 상왕上王=정종과 더불어 친히 전奠을 베풀고 행향行香하였다. 예조禮曹에서 아뢰었다. "빈전에 삭망일朔望日과 유명일有名日에 별요전別燒奠을 친히 행할 때에는 각사各司의 시위侍衛와 예도禮度를 모두 인소전仁昭殿의 사례에 의거하소서."118)

인용문 C-1은 총지종 승려가 밀원에 소속되어 궁중에서 다라니 염송 활동을 하였다는 사실을 전한다. 이는 고려시대 자료에서는 찾아볼 수 없는 사례이다. 밀원은 내도량의 일종으로 생각이 되는데, 여기에는 총지종 승려 10명이 소속되어 궁중에서 다라니를 독송하였다. 어떤 종류의 다라니를 외운 것인지는 확인할 수 없지만, 순서를 정해 돌아가며 다라니 독송을 행한 것으로 보아 액막이를 위해 행해지는 일상적인 다라니 염송으로 생각된다.

C-1의 기록을 보면, 밀원 10명이 순서를 정해 3전을 돌며 다라니를 염송하는 일은 조선 태종 원년¹⁴⁰¹에 폐지되었다. 그러나 궁중 내에서 다라

---

117) 『太宗實錄』卷1, 太宗 元年 5月 26日(甲寅)
118) 『太宗實錄』卷15, 太宗 8年 6月 2日(己卯)

니를 염송하던 총지종의 활동이 단절된 것 같지는 않다. 인용문 C-2의 진언법석 개설 사실 때문이다. 이 빈전은 명 영락제永樂帝의 황후인 인효문황후仁孝文皇后의 빈전이었다. 인효문황후는 전해인 태종 7년1407에 세상을 뜨는데,[119] 부고 사실이 전해진 후 조선에서는 왕이 직접 소복을 갖추고 거애례擧哀禮를 행하기도 하였다.[120] 따라서 인용문 C-2의 진언법석은 천도 의식으로 개설된 것이었다. 의례의 이름이 진언법석이기 때문에 밀교 승려들이 의례를 집전하였으며 총지종 승려가 그 역할을 담당한 것으로 보인다. 이 경우 외부에서 총지종 승려를 불러들여 법석을 거행하거나, 밀원 소속의 승려들이 법석을 집전했을 수도 있다. 후자의 경우에도 의례를 집전하는 승려는 총지종 소속이었을 것이다. 3전을 돌며 액막이 다라니 염송을 한다고 하는 중대한 임무를 담당하던 이들이었기 때문에 다라니 염송과 관련된 업무는 총지종 승려들이 맡아 보았을 것이다.

숭유억불崇儒抑佛을 내세우던 조선 궁궐 내에서 이루어진 불교 행사들은 마지막까지 버릴 수 없었던 고려시대의 전통이었을 것이다. 이는 늦어도 고려 후기에 내도량으로서 밀원密院이 존재했고, 총지종 승려들이 그곳 소속의 밀원密員으로서 치료 활동을 하거나 궁중의 액막이 다라니 독송, 추선 의례 및 소소한 밀교 관련 행사들을 집전했다는 사실을 알려준다. 고려 의종대 회정의 사례 역시 총지종이 왕실과의 밀착된 관계 속에서 권력을 행사했음을 보여주는 것이다. 이 사례들을 통해 그 밀착 관계의 중심에는 총지종 승려들로 구성된 밀원이 존재하였음을 추정할 수 있다.

---

[119] 『太宗實錄』卷14, 太宗 7年 8月 29日(庚戌)
[120] 『太宗實錄』卷14, 太宗 7年 9月 1日(辛亥)

2) 아자 관법 수행

현재 고려시대 총지종 승려들의 수행에 대한 내용을 직접적으로 전하는 자료는 없다. 그러나 총지종은 관법 수행을 중요시하는 전통을 가지고 있었던 것 같다. 앞서 살펴본 선사 조유의 예와 같이, 총지종이 선종 승계를 받고 있기 때문이다. 아울러 조선 세종 6년[1424]에 선·교 양종으로 종파를 통합할 때, 총지종의 후신인 총남종은 선종에 포함이 된다.[121] 총지종과 함께 총남종을 이룬 남산종은 고려시대에 교종으로 분류되는 종파였다.[122] 즉, 총남종이 선종에 포함되었다는 사실은 총지종 주도의 종파 통합이 이루어졌음을 의미하며, 고려시대에 총지종이 선종으로 분류되었음을 다시 한 번 확인시켜 준다.

더욱 중요한 사실은 고려 후기에 다라니를 선정에 들기 위한 방편으로 활용하곤 하였다는 점이다.[123] 고종 5년[1218]에 간행된 『범서총지집梵書摠持集』의 서문을 통해 이를 알 수 있다. 이 서문에서는 요 도진道殷의 『현밀원통성불심요집顯密圓通成佛心要集』(이하 『성불심요집』으로 줄여 씀)에서 『대비심경大悲心經』을 인용한 구절을 재인용하며, "주저呪는 선정장禪定藏이니, 백천의 삼매三昧가 항상 현전現前한다."고 이야기한다. 『성불심요집』에서는 수행을 위해 다라니를 지송하고 다라니를 구성하는 범자들을 관상觀想하여 삼매에 드는 방법을 설한 다음, 범자를 관상하지 못하면 마음을 다해 다라니를 지송하는 것만으로도 일체 삼매를 구족할 수 있다고 설한다.[124] 『범서총

---

121) 『世宗實錄』卷24, 世宗 6年 4月 5日(庚戌), "乞以曹溪 天台 摠南 三宗 合爲禪宗 華巖 慈恩 中神 始興 四宗 合爲敎宗 擇中外堪寓僧徒之處 量宜置三十六寺 分隷兩宗 優給田地 酌定居 僧之額 群居作法 俾之精修其道"

122) 李奎報,「律業首座都行官誥」,『東國李相國集』卷34, 敎書·麻制·官誥
都行이 敎宗 승계를 받았기 때문에, 律業은 敎宗으로 분류되었음을 알 수 있다. 敎宗의 승계는 大德-大師-首座-僧統이다.

123) 고려 후기 다라니를 활용한 관법수행에 대해서는 이 책의 제6장. 2절. 3) 선정장으로 서의 다라니 인식 대두 참조.

124) 道殷 集,『顯密圓通成佛心要集』卷上(『大正藏』46, 996b25~28), "或有不能想得梵字者 但

지집』의 서문에서는 다라니 지송만으로도 삼매에 들 수 있다는 내용에 주목하였지만, 그 이전에 다라니 관상이 수행의 기본이라는 내용이 전제되는 것이다. 총지종도 이러한 다라니 인식을 공유하고 있었을 것이다.

그렇다면 총지종은 어떠한 다라니를 관상하였을까. 다음 인용문을 통해 고려 후기에 총지종이 『대일경』에 근거한 관법 수행을 행하고 있었음을 확인할 수 있다.

> D. 사師=慧諶가 승려에게 묻기를, "사리闍梨는 무엇을 업으로 합니까?" 승려가 말하였다. "다라니陀羅尼입니다." 사가 말하기를, "다자다라니多字陀羅尼와 일자다라니一字陀羅尼와 무자다라니無字陀羅尼가 있습니다. 다른 것은 묻지 않겠습니다. 무엇이 무자다라니입니까?" 승려가 말하기를, "아啊자입니다." 사가 말하기를, "그것은 일자一字입니다."라고 하니 승려가 대답이 없었다. 사가 말하기를, "당신은 바른 도를 공부하십시오."라고 하였다.[125]

위의 인용문 D는 진각국사 혜심眞覺國師 慧諶, 1178~1234과 어떤 아사리阿闍梨의 대화이다. 여기에서 혜심과 대화한 승려는 밀교 승려,[126] 그중에서도 총지종 승려로 생각된다. 무엇을 업으로 하느냐는 혜심의 질문에 다라니라고 대답한 점이 지념업을 연상시키기 때문이다. 다라니를 업으로 한다는 대답을 들은 혜심은 다자·일자·무자 세 종류의 다라니를 들며, 무자다라니가 무엇인가라는 질문을 한다. 여러 개의 글자로 이루어진 다라니와 하

只專心持誦亦具一切三昧 故大悲心經云 陀羅尼是禪定藏 百千三昧常現前故"

125) 慧諶,「室中對機」,『曹溪眞覺國師語錄』(『韓國佛教全書』6, 22c01~05)

126) 闍梨는 阿闍梨의 줄임말이다. 아사리는 산스크리트어 ācārya를 음역한 것으로 具足戒를 주는 律師, 즉 授戒師나 밀교의 만다라 및 諸尊의 수인, 진언 등에 통달하고 傳法灌頂을 받은 밀교 승려를 가리킨다. 서윤길은 혜심이 상대 승려를 아사리의 줄임말인 사리로 호칭하는 점을 들어, 상대 승려가 밀교 승려라고 보고 있다(서윤길, 2006,『한국밀교사상사』, 320쪽). 혜심과 대화를 한 상대 승려가 밀교 승려라는 점에 이견은 없다. 그런데 고려시대의 闍梨의 용례를 살펴보면, 法師 등과 마찬가지로 상대 승려에 대한 단순한 호칭으로 사용되는 것이 일반적이다. 따라서 상대 승려가 밀교 승려인지 아닌지의 여부는 호칭이 아니라 대화의 내용에서 찾아야 할 것이다.

나의 글자로 이루어진 다라니는 알겠으나, 글자가 없는 다라니라는 모순된 표현에 의구심을 표한 것이다. 이에 대해 상대 승려는 아啊자, 즉 아자阿字라고 대답한다.127) 혜심은 '아'라는 한 글자가 있기 때문에 그것은 일자라고 하며, 상대 승려가 잘못된 도를 공부하고 있음을 꾸짖는다.

승려는 '아'라는 한 글자가 있음에도 왜 그것을 무자다라니라고 한 것일까. '아'는 산스크리트어에서 없다[無]·아니다[不] 등 부정의 접두사로 사용이 되기 때문에, 그 가운데 무無를 차용해 무자다라니를 '아'라고 했을 가능성이 있다. 그러나 아자에는 그 이상의 의미가 있기 때문에 단순히 어학적 관점이 아니라 사상과 연결되는 측면에서 접근해야 한다. 그리고 이를 해명하기 위해서는 아자에 대한 이해, 특히 『대일경』의 아자에 대한 이해가 전제되어야 한다.

아자는 밀교 이전부터 중요시 여겨지던 글자였다. 대승불교에 들어서『반야경般若經』과 『화엄경華嚴經』에 사십이자문四十二字門이 소개되고 있는데, 이는 42개의 각 글자와 그 글자를 머리글자로 한 일정한 의미를 가진 어구의 배열로 이루어져 있다.128) 그리고 그 어구의 내용은 각 글자가 가진 의미이다. 이 가운데 아자는 42자의 근본이며, 다른 모든 음을 대표한다고

---

127) 啊는 장음a(ā)를 한자로 옮긴 것이다. 범어의 書法에서 a와 ā는 같은 a 글자를 사용하기 때문에(金岡秀友, 1989,『密敎の哲學』, 58쪽) 啊는 阿와 동일하다고 보아도 무방하다.

128) 氏家覺勝, 1985,『陀羅尼思想の硏究』, 大阪: 東方出版, 83쪽.
四十二字門 가운데 앞부분 5글자를 소개하면 다음과 같다.
阿字門 一切法初不生故
　　　akāro mukhaḥ sarvadharmānām ādyanutpannatvāt/
羅字門 一切法離坵故
　　　rakāro mukhaḥ sarvadharmāṇām rajopagatatvāt/
波字門 一切法第一義故
　　　pakāro mukhaḥ sarvadharmāṇām paramārthanirdeśāt/
遮字門 一切法終不可得故 諸法不終不生故
　　　cakāro mukhaḥ sarvadharmāṇām cyavanopapattyanupalabdhitvāt/
那字門 諸法離名性相不得不失故
　　　nakāro mukhaḥ sarvadharmāṇām nāmāpagatatvāt/

여겨져 왔다. 또한 아자는 본초불생本初不生의 의미를 가지기 때문에 무소득 공無所得空의 상징으로 아자=공空이라는 사상이 나오기도 하였다.[129] 이러한 아자의 자의字義는 밀교로 계승되어 우주법계가 곧 아자이고 아자가 곧 우주법계라는 아자법계설阿字法界說로 발전한다. 그런데 우주법계는 바로 법신불인 대일여래大日如來이기 때문에 대일여래는 범자 아자로 상징이 되며, 이 아자를 관하여 자신과 대일여래를 일체화시키는 것이 밀교의 수행법이다. 아자에 관한 이러한 이해는 『대일경』에서 두드러진다.

『대일경』에서 설하는 아자관阿字觀의 수행은 밀교수행자가 아자의 범자를 관상하면서 제법諸法이 본불생本不生임을 관하는 수행이다. 아자관 수행에 관한 내용은 『대일경』 곳곳에 흩어져 있는데, 제7권 『공양차제법供養次第法』에서 구체적인 방법을 확인할 수 있다. 『공양차제법』은 『대일경』의 전체 구성 가운데 실천 방법을 서술하는 부분으로 총 4개의 품으로 구성되어 있다. 「진언행학처품眞言行學處品」에서 수행할 조건을 갖추고, 「증익수호청정행품增益守護淸淨行品」에서 정업正業으로 몸을 정화한 후, 「공양의식품供養儀式品」에서 본존을 초청하는 의식을 설한다. 그 뒤의 「지송법칙품持誦法則品」에서 명자明字를 관하고, 그 명자를 본존으로 전변轉變시켜 관한다고 하는 『대일경』의 관법 수행 방식이 설해져 있다. 여기에서 명자란 본존을 상징하는 범자들을 가리키는데, 이 범자는 아자로 대표된다.[130] 인용문 D의 승려가 아자를 무자다라니라고 이야기한 이유는 이와 같은 아자 관법을 염두에 두었기 때문일 것이다.

마음속으로 아자를 떠올리고 그를 본존의 형태로 전변시키는 방식의 수행법이기 때문에 다라니는 현실적인 형상으로 드러나지 않는다. 이와 같은 관법 수행을 통해 궁극적으로 체득해야 할 것은 우주 법계가 본불생

---

129) 金岡秀友, 1989, 『密敎の哲學』, 54~55쪽.
130) 不可思議 撰, 『大毘盧遮那供養次第法疏』 卷下(『韓國佛敎全書』 3, 397a03), "一切眞言住 於阿字"

이라는 진리이다. 아자를 관하는 것으로 시작했지만 전변의 과정을 통해 아자에 담긴 본불생의 진리만 남고 자형字形은 사라지게 된다. 이것이 아자를 무자다라니라고 표현한 이유일 것이다. 요컨대 총지종은 『대일경』에 바탕을 둔 아자 관법 수행을 하고 있었으며, 그것이 아자를 무자다라니로 파악한 사상적 근거로 작용하였던 것이다.

제 4 장

밀교경전의
간행과 유통

1. 대장경·교장과 밀교경전
2. 단본 밀교경전의 간행

1.

대장경 · 교장과
밀교경전

석가모니 입멸 후 몇 차례의 결집結集을 통해 설법을 문자화한 것이 불교경전의 시작이다. 불교에서는 석가모니가 직접 설하지 않았더라도 그 내용이 불교사상에 입각한 것이라면 경전으로 인정하였기 때문에, 이후에도 새로운 불교경전이 계속 등장하였다. 불교경전은 불교의 동전東傳과 함께 중국에 들어왔고, 중국에서 만들어지기도 하였다. 중국과 긴밀한 관계를 유지하고 문물 교류가 왕성하게 이루어졌던 삼국시기에는 많은 종류의 불교경전이 신속하게 유입되었다. 전래된 불교경전들은 필사筆寫나 목판인쇄木版印刷 등의 방법을 통해 확산되었다. 이 가운데에는 적지 않은 밀교경전도 포함되어 있었다.

고려시대에도 밀교경전은 지속적으로 유입되었다. 고려시대에는 송宋과 요遼의 대장경에 포함되어 밀교경전이 대거 들어온다는 점이 특징적이다. 이렇게 들어온 밀교경전은 크게 두 종류로 구분할 수 있다. 그 첫 번째는 대장경大藏經에 입장된 형태의 밀교경전이고, 두 번째는 단본單本으로 간행된 밀교경전이다. 두 차례에 걸쳐 조성된 대장경과 대장경에 입장入藏된 다라니를 모은 『밀교대장密教大藏』, 그리고 대각국사 의천大覺國師 義天이 주도하여 정리한 교장教藏1)은 경전 및 장소章疏의 집대성을 목적으로 하였다. 따라서 전체 대장경과 교장의 구성 및 입장 위치 등을 통해, 각 경전에 대한 고려시대인들의 인식을 살펴볼 수 있다. 또한 국가 주도 사업이라는 점에서 단본으로 간행된 경전들과 성격을 달리하므로 양자를 구분하여야 한다.

본장에서는 이 두 형태의 밀교경전의 간행 양상과 특징을 살펴보려고 한다. 우선 밀교경전이 대규모로 전래되는 계기가 되었던 대장경 조성과 대각국사 의천의 『신편제종교장총록新編諸宗教藏總錄』(이하 『교장총록』으로 줄여 씀)을 대상으로 밀교경전의 유입과 고려의 수용 태도 등을 고찰하고, 대장경 수록 다라니 모음인 『밀교대장』을 살펴보겠다. 단본 밀교경전의 경우, 유입보다는 고려에서의 간행 실례와 현존 판본의 비교 등을 통해 그 의미를 궁구하겠다. 단본 경전들의 간행은 시대의 필요를 반영하므로, 유입 그 자체보다 간행 양상을 살펴야 사상사적 의미를 찾을 수 있을 것이기 때문이다.

1) 밀교경전의 대장경 입장

한국 역사상 최초로 불교경전이 유입된 것은 고구려 때이다. 소수림왕 2년372에 전진前秦의 순도順道가 불상과 함께 경문經文을 들여왔으며,[2] 고국양왕 원년384에 동진東晉의 담시曇始가 경률經律 수십 부를 가지고 왔다고 한

---

1) '교장'이란 三藏의 妙義를 科釋한 章疏들을 총망라하여 하나의 총서로 삼는다는 의미이다. 의천의 교장은 '續藏' 또는 '續藏經'이라는 명칭으로 불리기도 하는데, 속장은 대장경에서 누락된 것을 모아 편찬한 後篇과 같은 의미로 일본에서 사용하는 용어이다. 삼장의 正文, 즉 正藏이 아니면서도 佛典으로서 정장에 이어져 있다고 하여 속장이라고 부를 수는 있다. 그러나 이는 어디까지나 교장의 佛典的 성격이나 위치를 말하는 것이지 하나의 묶음으로 형성된 불전총서를 일컫는다고는 할 수 없다(金煐泰, 1997, 「大覺國師의 高麗敎藏」, 『韓國佛敎史正論』, 불지사, 532~534쪽 ; 徐秀晶, 2004, 「義天『新編諸宗敎藏總錄』의 佛敎書誌學的 硏究」, 동국대 불교학과 석사학위논문, 26쪽 재인용). 이 책에서는 장소의 총집이라는 의미를 살려 교장이라는 용어를 사용하겠다.

2) 『三國遺事』卷3, 興法 第3, 順道肇麗, "高麗本記云 小獸林王卽位二年壬申 乃東晉咸安二年 孝武帝卽位之年也 前秦符堅 遣使及僧順道 送佛像經文"

다.3) 신라는 진흥왕 26년565 진陳의 사신 유사劉思와 명관明觀이 경론經論 1,700여 권을 싣고 온 것을 시작으로, 선덕여왕 12년643에는 자장慈藏이 삼장三藏 400여 함을 가지고 와 통도사通度寺에 안치하였다. 또 흥덕왕대 830 년을 전후한 시기에 당唐 유학승 구덕丘德이 불경을 가지고 돌아와 왕이 승려들을 거느리고 왕륜사王輪寺 앞길에서 맞이하였으며, 신라 말에는 보요선사普耀禪師가 오월吳越에서 대장경을 가지고 와 해룡왕사海龍王寺를 열고 개산조開山祖가 되기도 하였다.4)

고려시대에는 태조 11년928 신라 승려 홍경洪慶이 당 민부閩府로부터 대장경 1부를 배에 싣고 왔다는 기록이 대장경에 관한 최초 기록이다. 이때 들여온 대장경은 제석원帝釋院에 안치되었으며,5) 필사본이었을 것으로 보인다.6) 인쇄본 대장경이 유입되는 것은 성종 10년991의 일이지만, 그 전에도 광종 연간에 대내大內에서 대장경법회大藏經法會를 개설하거나7) 경종 3년971에 원화전元和殿에서 대장경을 개독開讀하는 등8) 대장경과 관련된 불사가 진행되었다. 성종 10년에는 북송北宋에서 인쇄본 대장경 481함 2,500권이 들어오는데,9) 이것이 송 태종 태평흥국太平興國 8년983에 완성된 개보칙판대장경開寶勅板大藏經(이하 개보장으로 줄여 씀)이다. 개보장은 송 태조의 명으로 개보 5년972부터 12년간에 걸쳐 조성한 대장경으로, 촉蜀의 성도成都

---

3)　『三國遺事』卷3, 興法 第3, 阿道基羅, "又按元魏釋曇始(一云惠始) 傳云 始關中人 自出家
　　已後多有異迹 晉孝武太元九年末 齎經律數十部 往遼東宣化 現授三乘 立以歸戒 蓋高麗聞
　　道之始也"

4)　『三國遺事』卷3, 塔像 第4, 前後所將舍利, "眞興王代天嘉六年乙酉 陳使劉思與釋明觀 載
　　送佛經論一千七百餘卷 貞觀十七年 慈藏法師載三藏四百餘函來 安于通度寺 興德王代太和
　　元年丁未 入學僧高麗釋丘德 齎佛經若干函來 王與諸寺僧徒 出迎于興輪寺前路 大中五年
　　入朝使元弘 佛經若干軸來 羅末普耀禪師 再至吳越 載大藏經來 卽海龍王寺開山祖也"

5)　『高麗史』卷1, 世家 第1, 太祖 11年 8月 ; 『三國遺事』卷3, 塔像 第4, 前後所將舍利, "又天
　　成三年戊子 默和尙入唐 亦載大藏經來"

6)　鄭駜謨, 1990, 『高麗佛典目錄硏究』, 亞細亞文化社, 13쪽.

7)　金廷彦, 「普願寺法印國師寶乘塔碑」(『韓國金石全文』中世上, 415쪽)

8)　金廷彦, 「高達寺元宗大師慧眞塔碑」(『韓國金石全文』中世上, 399쪽)

9)　『高麗史』卷93, 列傳 第6, 韓彦恭

에서 완성되었기 때문에 촉판대장경蜀板大藏經이라고도 한다. 당 개원開元 18
년730에 편찬된『개원석교록開元釋敎錄』(이하『개원록』으로 줄여 씀)에 수록
된 경전을 조판한 것이다.10) 이후 동아시아의 대장경은 기본적으로 개보
장을 바탕으로 조성되었다.11) 개보장은 현종 10년1019과12) 13년에도 전
래되었다.13) 문종 37년1083에도 송대장경을 받아 개국사開國寺에 안치하였
다는 기록이 있다.14) 한편, 11세기에 들어서면 요에서도 대장경을 조성하
기 시작한다. 요대장경은 1021년에 조성이 시작되어 중희重熙 22년1053에 1
차로 완성되었으며, 그 후에도 새로 발견되거나 번역되는 것들을 계속 입
장하였다. 요대장경은 문종 17년1063에 처음 고려에 들어왔고15) 문종 26
년에도 1장藏이 고려에 전래되었다.16)

　고려 전기 대장경의 지속적인 유입은 초조대장경 조성과도 관련이 있다.
송으로부터 대장경이 유입되고 20여 년 후, 현종대에 거란이 침입하였다.
고려에서는 현종 2년1011에 거란의 침입을 물리치기 위하여 대장경을 조성
하기 시작하여,17) 선종 4년1087에 이를 완성시켰다. 75년 이상의 오랜 기간

---

10) 　개원 18년(730)『개원록』이후에도 몇 종류의 역경 목록이 편찬되었다. 정원 11년
　　(795)에는 밀교계 경전을 중심으로 730년부터 794년까지 새로 번역된 경론과 저술
　　345권을 모아 圓照가『大唐貞元續開元釋敎錄』을 편찬하였다. 그는 다시 정원 16년
　　(800)에 그 이후 한역된 78권의 경전을 추가하여 2,447부 7,339권을 수록한『貞元新定
　　釋敎目錄』을 편찬하고, 그 入藏錄으로 1,258부 5,390권을 제시하였다. 南唐의 恒安은
　　保大 3년(945)에『개원록』이후 새로 입장된 경론과 누락된 경론 140부 413권을 수록
　　한『大唐保大乙巳歲續貞元釋敎錄』을 편찬하였다(정병삼, 2010,「고려 再雕大藏經 '외
　　장'의 사상적 의의」,『불교학연구』27, 259쪽).
11) 　정병삼, 2011,「고려대장경의 사상적 의의」,『불교학연구』30, 70쪽.
12) 　蔡忠順,「玄化寺碑」(『韓國金石全文』, 450쪽),"於去庚申歲 … 以昨令差使將紙價資去入
　　中華 奏告事由欲求大藏經特蒙 許送金文一藏"
13) 　『高麗史』卷4, 世家 第4, 顯宗 13年 5月 丙子
14) 　『高麗史』卷9, 世家 第9, 文宗 37年 3月 己丑
15) 　『高麗史』卷8, 世家 第8, 文宗 17年 3月 丙午
16) 　이상 송·요 대장경의 조성과 고려 전래는 鄭駜謨, 1990,『高麗佛典目錄研究』, 14~16
　　쪽 ; 姜順愛, 1995,「舊大藏目錄의 初雕大藏經 構成體系에 관한 研究 -開元釋敎錄과의
　　比較를 中心으로」,『書誌學研究』11, 77~79쪽 ; 吳龍燮, 2004,「慧照國師 購來의 遼本大
　　藏의 봉안」,『書誌學研究』27, 8~13쪽을 참고하여 정리하였다.

에 걸쳐 조성한 만큼 고려는 중국에서 새로 번역되는 경전들을 지속적으로 수용하기 위하여 여러 차례 대장경을 받아들였다.

고려 후기에는 몽골의 침입으로 고종 19년[1232] 부인사符仁寺에 소장되어 있던 대장경판이 불타버렸기 때문에 고종 23년부터 38년까지 16년에 걸쳐 재조대장경의 조판 사업이 이루어졌다.[18] 불력佛力을 빌려 몽골의 침입을 물리치기 위함이었다.[19] 고종 23년[1226]에 대장경판의 재조再雕 사업을 전담하기 위하여 강화江華에 대장도감大藏都監을 설치하고 남해南海에는 분사대장도감分司大藏都監을 설치하여 고려대장경을 완성하였다.

현재 재조대장경 속에는 총 355부의 밀교경전이 포함되어 있다.[20] 이를 역경 시기에 따라 정리하면 [표 4-1]과 같다.

재조대장경에 입장되어 있는 밀교경전은 역경 시기에 따라 크게 세 종류로 나뉜다. [표 4-1]의 ①번은 당 개원 18년[730] 이전에 번역되어 『개원록』에 수록된 경전들이다. 초기밀교경전들과 선무외善無畏의 역경, 금강지金剛智 역경의 일부가 여기에 포함된다. ②번은 개원 19년 이후에 번역된 경전들로, 금강지의 역경 일부와 불공不空의 역경 전체, 그리고 불공 이후에 번역된 밀교경전들이 여기에 포함된다. 불공은 개원 19년[731]에 낙양을 떠

---

17) 李奎報,「大藏刻板君臣祈告文」,『東國李相國集』卷25, 雜著, "則昔顯宗二年 契丹主大擧兵來征 顯祖南行避難 丹兵猶屯松岳城不退 於是乃與群臣 發無上大願 誓刻成大藏經板本 然後丹兵自退"

18) 『高麗史』卷24, 世家 第24, 高宗 38年 9月, "壬午 幸城西門外大藏經板堂 率百官行香 顯宗時板本 燼於壬辰蒙兵 王與群臣更願 立都監 十六年而功畢"; 李奎報,「大藏刻板君臣祈告文」,『東國李相國集』卷25, 雜著, "又甚於禽獸 則夫豈知天下之所敬有所謂佛法者哉 由是凡所經由 無佛像梵書 悉焚滅之 於是符仁寺之所藏大藏經板本 亦掃之無遺矣"

19) 불경을 寫經, 간행, 유통하면 경전을 수호하는 帝釋天과 그 권속들을 來臨한다. 이들신의 威信力으로 국토를 수호하기 위해, 전란 시에 대장경을 간행하였다고 한다(서윤길, 2006,『한국밀교사상사』, 478~482쪽).

20) 이 책에서는 大正新修大藏經의 密教部(19권~21권)에 수록된 경전들을 밀교경전으로 분류하였다. 고려대장경에 입장되어 있는 당대 밀교 승려인 善無畏, 金剛智, 不空 및 송대의 대표적 역경승인 天息災, 法天, 法賢, 施護의 역경 목록은 全宗釋, 1991,「高麗時代의 密教經典 傳來 및 雕造考」 참조.

[표 4-1] 재조대장경 입장 밀교경전

분 류		밀교경전 부수	수록함차
①	개원 18년(730) 이전 역경	130부	신(臣, 117함)~고(羔, 199함) 사(思, 284함), 경(竟, 304함), 수(獸, 436함)
②	개원 19년 이후 당대 역경	103부	번(磻, 529함)~합(合, 548함)
③	송대 역경	107부	두(杜, 481함)~경(經, 488함)
		15부	준(遵, 573함)~치(馳, 605함)

났다가 천보天寶 5년745에 다시 당으로 돌아와 경전 번역에 매진하였다.[21]
그는 천보 5년 이전에는 독립적으로 경전 번역에 임하지 않았기 때문에
불공의 역경은 모두 『개원록』이 찬술된 이후에 번역되었다. ③번은 송대
에 새로 번역된 경전들이다.

이상과 같은 재조대장경 입장 밀교경전의 특징은 크게 두 가지를 꼽을
수 있다. 첫째, 송대에 새로 번역된 밀교경전들을 수용하였다. 그 결과 재
조대장경에는 천식재天息災, 법현法賢, 법천法天, 시호施護 등 10세기 후반에 활
동하였던 송대 4대 번역가들이 번역한 밀교경전이 편입되었다. 후술하겠
으나, 고려시대의 밀교는 의례면에서는 당의 영향을 많이 받았다. 교학면
에서는 요 불교계의 영향을 찾아볼 수 있으며, 원에서 숭상하던 티베트불
교의 영향도 보인다. 이처럼 고려시대의 밀교는 동아시아 여러 나라와 밀
교의 다양한 측면에서 교류를 하였는데, 송과는 경전의 교류가 있었던 것
이다.

둘째, 송의 개보장을 토대로 초조대장경이 조성되고 송대 신역 밀교경
전이 수용되는 등 송과의 경전 교류가 기본을 이루었지만, 경전을 교감하
는 데에는 요대장경을 활용하였다. 수기守其의 『고려국신조대장교정별록高
麗國新雕大藏校正別錄』(이하 『교정별록』으로 줄여 씀)에 의하면, 재조대장경을

---

21)   圓照 撰, 『貞元新定釋敎目錄』卷15(『大正藏』55, 881a13~b08)

조성하면서 교감을 위해 활용한 판본은 국전본國前本, 국후본國後本, 송본宋本, 단본丹本=거란본 등 네 가지 종류이다. 국전본과 국후본은 모두 고려에서 조성된 판본인데, 현종대에 처음 조성된 초조대장경을 국전본이라고 하며, 문종대에 요대장경이 유입된 후 그를 참조해 조성한 초조대장경을 국후본이라고 한다.[22] 문종대 초조대장경이 조판되는 시점부터 요대장경이 1차로 교감자료로 활용되었다.

요대장경은 고려 후기에 재조대장경을 조성하는 과정에서 재차 교감자료로 활용되었다. 『교정별록』에는 총 75건의 교정 기록이 남아 있는데,[23] 이 가운데 『소실지갈라공양법蘇悉地羯羅供養法』(시詩함, 선무외 역, K.431, T.894), 『최승등왕여래경最勝燈王如來經』(지知함, 사나굴다闍那堀多 역, K.350, T.1354) 등 두 종류의 밀교경전이 요대장경을 바탕으로 추가되었다.[24] 『소실지갈라공양법』은 국본과 송본에 없기 때문에 거란본의 감感함에 들어 있는 것을 편입하였다고 한다. 국본과 송본에는 동일하게 선무외 역인 『소실지갈라경蘇悉地羯羅經』만 있었는데, 거란본을 참조하여 그 구체적 공양법을 설한 『소실지갈라공양법』을 재조대장경 조성 시에 편입한 것이다.[25]

---

22) 千惠鳳, 1988, 「槪說」, 『湖林博物館所藏 初雕大藏經調査硏究』, 12쪽 ; 정병삼, 2011, 「고려대장경의 사상사적 의의」, 79쪽 재인용.

23) 상세한 교정 내용은 鄭駜謨, 1990, 『高麗佛典目錄硏究』 ; 吳龍燮, 1986, 「高麗國新雕大藏校正別錄 硏究」, 『書誌學硏究』 1 ; 姜順愛, 1994, 「高麗國新雕大藏校正別錄의 分析을 통해 본 初雕 및 再雕大藏經의 變容에 관한 硏究」, 『한국비블리아』 7 참조.

24) 요대장경에 의한 교감 사례는 아니지만, 『六字神呪經』도 밀교경전으로 교감의 대상이 되고 있다. 이 경전의 경우 才함에 菩提流志 역의 『육자신주경』이 2부가 있었다고 한다. 이들 경전을 『개원록』과 비교해 살펴보았더니 그중 하나가 知함의 失譯本과 같았기 때문에, 중복해서 입장된 것으로 파악해 삭제한다고 밝히고 있다[守其 校勘, 『高麗國新雕大藏校正別錄』 卷3(『高麗大藏經』 38, 530a16~b03), "才函 六字神呪經 〈大唐天竺菩提流志 譯諸藏皆有〉 國宋二藏此才函中 更有六字神呪王經 菩提流志譯者 丹藏卽無 … 按彼經 則後知函之中 失譯人名今附梁錄者耳意者 宋藏見彼題中 六字神呪之言 以爲此經之異譯 遂將類聚 重編於此 是一錯也"].

25) 守其 校勘, 『高麗國新雕大藏校正別錄』 卷5(『高麗大藏經』 38, 507b03~11), "詩函 蘇悉地羯羅供養法三卷 輸波迦羅唐言善無畏譯 丹藏卽云 蘇悉地羯羅經名旣不同 文亦大異 譯人一也 今撿丹藏之經 國宋藏中 始終皆無供養法者 丹藏亦於感函有之 委尋開元貞元二錄 善

실제로『개원록』의 선무외 역경 가운데『소실지갈라공양법』은 실려 있지 않다.26) 또『최승등왕여래경』은 송의 대장경에서 없어져 버린 것이라 거란본에 의해 편입한다고 하였다.27)『개원록』을 살펴보면 사나굴다 역의 『동방최승등왕여래경』이 실려 있다.28) 그러나 이것이 개보장을 조성하는 과정에서 누락이 되었던 듯, 수기가 재조대장경을 편찬할 때에는 개보장과 초조대장경 모두에 이 경전이 입장되어 있지 않았던 것 같다.

요대장경은 매우 정교하고 경전의 수록 범위도 당시 대장경 가운데 가장 광범위하였다. 요대장경은 요 성종대에 조성이 시작되어 흥종을 거쳐 도종대에 1차로 완성되었다. 이 시기 요 불교계에서는 각원覺苑, 법오法悟, 지복志福, 도진道殿 등이 활동하며 밀교를 선양하고 있었다.29) 밀교교학에 대한 연구와 경전 수집이 이루어지면서, 요대장경을 조성할 때 개보장이나 기존 목록집에서 누락되어 있던 밀교경전들을 편입할 수 있었을 것이다. 이는 고려의 밀교경전이 기본적으로는 당과 송에서 번역된 경전을 바탕으로 하지만, 대장경 편찬 시에 요에서만 유통되던 밀교경전도 유입되었음을 의미한다. 고려 불교계는 요 불교계의 영향을 적지 않게 받았던 것으로 보이는데, 그 배경 가운데 하나로 이와 같은 대장경의 유입이 있었다고 생각된다.

無畏譯 只有三經一法 而無此供養法 今以目錄雖無詳其文義 非是後人僞妄集者 故依丹藏 兩俱存焉"

26) 智昇 撰,『開元釋教錄』卷9(『大正藏』55, 571c27~a04), "大毘盧遮那成佛神變加持經 七卷(第七一卷是念誦法) 蘇婆呼童子經 三卷(唐云妙臂童子 亦云蘇婆呼律 或二卷) 蘇悉地羯羅經 三卷(唐言妙成就法 此與蘇婆呼 並是咒毘奈耶 不曾入大曼茶羅 不合輒讀同 未受具人盜聽戒律 便成盜法) 虛空藏菩薩能滿諸願最勝心陀羅尼求聞持法 一卷(出梵本金剛頂經 成就一切義品 略譯少分) 右四部一十四卷其本並在"

27) 守其 校勘,『高麗國新雕大藏校正別錄』卷4(『高麗大藏經』38, 530c21~531a01), "知函 最勝燈王如來經〈丹本〉闍那崛多譯 此經此本宋藏失之 今得丹藏而編入"

28) 智昇 撰,『開元釋教錄』卷12(『大正藏』55, 600c23~24), "東方最勝燈王如來經一卷 隋天竺三藏闍那崛多等譯(出內典錄第四譯)"

29) 栂尾祥雲, 1933,『秘密佛教史』, 136쪽.

재조대장경의 밀교경전은 당시까지 불전 목록 속에 포함되어 알려져 있던 밀교경전들이 망라되었다는 데 큰 의미가 있다. 그러나 기본적으로 당송의 불전 목록에 입각해 조성하였기 때문에 목록에 없는 밀교경전들이 입장되지 않기도 하였다. 『불설치성광대위덕소재길상다라니경佛說熾盛光大威德消災吉祥陀羅尼經』과 『불정심관세음보살대다라니경佛頂心觀世音菩薩大陀羅尼經』(이하 『불정심다라니경』으로 줄여 씀)은 방산석경房山石經에 편입되어 있고 고려 시대에 실제로 유통된 사례가 보이지만 재조대장경에서 찾아볼 수 없다. 이러한 사례들에 대해서는 다음 절에서 자세히 언급하겠다.

2) 『교장총록』에 보이는 밀교경전 인식

초조대장경이 완성된 이후에도 요와 송으로부터 지속적인 경전 유입이 이루어졌다. 이를 주도한 것은 대각국사 의천이었다. 의천은 문종 27년1073에 19세의 나이로 교장의 수집을 발원하였다. 고려에 경론은 갖추어져 있지만 소초疏鈔가 결여되어 있기 때문이었다.30) 의천은 다양한 경로를 통해 중국 및 일본의 주석서를 수집하여, 선종 7년1090 8월에 『교장총록』을 완성하였다.31) 의천이 『교장총록』을 편찬할 당시 고려에는 이미 다른 종류의 교장 목록이 있었다. 여기에 의천이 새로 입수한 장소를 더하여 완성시킨 것이다.32)

---

30) 義天, 「代世子集教藏發願疏(年十九作)」, 『大覺國師文集』 卷14(『韓國佛教全書』 4, 553a05~09), "顧滋桑木之區 素仰竺乾之化 雖經論而具矣 然疏鈔以闕如 欲以于古于今大遼大宋 凡有百家之科教 集爲一藏以流通"

31) 김영미, 2002, 「11세기 후반~12세기 초 고려·요 외교관계와 불경 교류」, 『역사와 현실』 43, 59~60쪽.

32) 의천은 송에 가서 淨源에게 고려에서 유통되는 教乘 목록을 보여주며 장소를 구하였고, 有誠에게 1권의 장소 목록을 보여주기도 하였다. 그리고 『교장총록』을 편찬하면서 '目錄'에는 다른 의견이 있으니 교감을 기다린다는 서술을 하고 있어, 다른 목록을 참고하였다는 점을 알 수 있다. 의천 이전부터 고려에서 유통되던 장소 목록에 자신이

『교장총록』은 총 3권으로, 경·률·론을 각 1권씩 배당하여 그 장소를 정리하였다. 기존의 목록류가 대·소승을 구분한 다음 삼장을 분류하고 있는 반면,『교장총록』은 '삼장-대소승'의 분류 순서를 취하고 있다. 이는 불교경전을 대승과 소승으로 이분법적으로 이해하기 보다는 겸학兼學의 관점에서 단계적으로 고려하였기 때문으로 추정된다.33)『교장총록』의 상권에는 경부經部의 장소 561부 2,703권, 중권에는 율부律部의 장소 142부 467권, 하권에는 논부論部의 장소 307부 1,687권이 수록되어 있다.34)

『교장총록』에는『비로신변경毘盧神變經』,『관정경灌頂經』,『청관음경請觀音經』,『소재경消災經』,『팔대보살만다라경八大菩薩曼茶羅經』 등 5부의 밀교경전이 경부에 포함되어 있고,35) 율부와 논부에는 없다.36)

『교장총록』에 기재된 경전명은 원래 제목을 그대로 따른 것이 아니다. 그 당시 불교계에서 통용되던 일반적인 범칭이거나 의천 자신이 수정을 가한 명칭이다. 이 경전명들은 각각 그 다음에 배열된 장소명의 앞머리에

수집한 장소를 합쳐 새롭게 편성하였다는 의미에서 제목에 '新編'을 붙였다(정병삼, 2011,「고려대장경의 사상사적 의의」, 84쪽).

33) 임혜경, 2012,「義天의 ≪新編諸宗教藏總錄≫ 편찬과 그 의의」,『韓國史論』58, 서울대 국사학과, 48쪽.

34) 金聖洙, 1982,「新編諸宗教藏總錄의 分類體系에 關한 硏究」, 연세대 도서관학과 석사학위논문, 26쪽.

35) 전종석은 이들 다섯 경전 외에도,『般若理趣分經』,『金光明經』,『仁王經』,『藥師經』,『本生心地觀經』,『大寶積經』,『天請問經』을 밀교경전으로 포함시키고 있다(全宗釋, 1991,「高麗時代의 密教經典 傳來 및 雕造考」, 573~576쪽). 이들 경전은 밀교적 요소가 섞여 있기도 하고 일각에서는 밀교경전으로 분류하는 견해가 있기도 하지만, 엄밀한 의미의 밀교경전으로 보기는 힘들다. 또한 이 책의 밀교경전 분류 기준인 대정신수대장경 밀교부에 포함되지 않기 때문에 고찰 대상에서 제외하였다.

36) 논부의『釋摩訶衍論』을 밀교경전으로 보는 입장도 있다(全宗釋, 1991,「高麗時代의 密教經典 傳來 및 雕造考」, 576쪽). 그러나 의천은『교장총록』을 편찬할 때,『석마하연론』을 밀교경전으로 보지 않았다.『교장총록』제3권은 논에 대한 장소 목록이다. 제3권의 제일 앞에는『大乘起信論』이 위치해 있고, 그 첫 번째 장소로『석마하연론』이 제시되어 있다. 그런데『대승기신론』은『圓宗文類』권1 諸文發題類에서 '화엄경' 관련 장소들과 함께 언급되어 있으므로, 의천은『대승기신론』을 화엄종의 입장에서 인식하고 있었음을 알 수 있다(김영미, 2011,「11세기 후반 遼·高麗 불교계와 元曉」,『元曉學硏究』16, 26~29쪽).

[표 4-2] 『교장총록』에 수록된 밀교경전과 장소

	경전명	장소명	저자	현존 여부
①	『비로신변경』 K.0427 / T.0848	의석(義釋, 14권)	일행(一行) 술(述)	X.0438
		과(科, 5권)	각원(覺苑) 술	현존 ×
		대과(大科, 1권)		
		연밀초(演密鈔, 10권)		X.0439
		태장교(胎藏教, 3권)	문일(文一) 상정 (詳定)	현존 ×
②	『관정경』 K.0174 / T.1331	소(疏, 1권)	신담(神曇) 술	현존 ×
③	『청관음경』 K.0353 / T.1043	소(1권)	천태(天台) 설(說)	T.1800
		석소복삼용(釋消伏三用, 3권)	지례(智禮) 술	T.1937 (2권에 수록)
		참의(懺儀, 1권)	준식(遵式) 술	T.1949
④	『소재경』 K.1171 / T.0964	소(1권)	복객(福客) 술	현존 ×
		초(鈔, 2권)		
		과(1건)		
		소(1권)	영감(靈鑑) 술	현존 ×
		기(記, 2권)		
		과(1권)		
⑤	『팔대보살만다라경』 K.1304 / T.1167	소(2권)	사효(思孝) 술	현존 ×
		과(1권)		
		숭성포(崇聖抄, 3권)	지실(志實) 술	현존 ×

서 대표 서명, 또는 대표 표목標目의 역할을 한다.[37) 이하 『교장총록』에 수록된 밀교경전과 그 장소들을 고찰해 보자.

『비로신변경』은 『대비로자나성불신변가지경大毘盧遮那成佛神變加持經』, 즉 『대일경大日經』이다. 체계화된 중기밀교의 근본 경전 가운데 하나가 『교장총록』에 편입되어 있다는 점이 눈길을 끈다. 또 『교장총록』의 경부는 ①『화엄경華嚴經』, ②『열반경涅槃經』, ③『대일경』, ④『법화경法華經』 순으로 배치

---

37) 鄭弼謨, 1990, 『高麗佛典目錄研究』, 170쪽.

되어 있다. 의천이 경전을 배치한 순서의 근거에 대해서는 정확히 알 수 없으나,[38] 그가 『대일경』을 『화엄경』, 『법화경』과 같은 반열로 인식하고 있었음이 드러난다. 의천은 화엄종 승려 난원^{爛圓} 아래에 출가하여 화엄사상을 수학하였고, 고려 천태종을 창건한 인물이다. 화엄종의 소의경전인 『화엄경』, 천태종의 소의경전인 『법화경』처럼 『대일경』이 불교사상의 체^體를 설하는 경전으로 받아들였음을 알 수 있다.

의천이 『비로신변경』, 즉 『대일경』을 높이 평가한 이유는 그가 요 불교계의 『대일경』 인식을 수용하였기 때문으로 보인다.[39] 요대 불교는 화엄사상과 융합된 밀교로 대표된다. 의천은 『교장총록』에서 『대일경』의 장소 가운데 하나로 각원의 『대일경의석연밀초^{大日經義釋演密鈔}』(이하 『연밀초』로 줄여 씀) 10권을 들고 있다. 총비대사^{總秘大師} 각원은 밀교의 홍통^{弘通}을 위해 요에 온 인도 승려 마니^{摩尼, Mani}의 제자이다. 요의 흥종^{재위 1031~1054}과 도종^{재위 1055~1101} 연간에 활동하며 대장경 조판 사업에 참여하기도 하였다. 또한 연경^{燕京}의 원복사^{圓福寺}에서 황제의 명에 의해 일행의 『대일경의석^{大日經義釋}』을 강의하고, 태강^{太康} 3년¹⁰⁷⁷에 칙명에 의해 『연밀초』를 찬술하였다.[40]

---

38) 『교장총록』의 경전 배치 순서에 대해서는 다양한 의견이 제시되었다. 김성수는 의천이 「刊定成唯識論單科序」에 입각해, 화엄으로 대변되는 圓融의 門 → 起信으로 대변되는 終頓의 旨 → 唯識으로 대변되는 始敎의 宗 → 俱舍로 대변되는 小乘의 說의 순서로 경전을 배치하고 있다고 보았다(金聖洙, 1997, 「「新編諸宗敎藏總錄」의 著錄에 관한 硏究」, 『圖書館學論集』 26, 9~11쪽). 한편 최애리는 교관겸수를 중심으로 一乘 → 一心 → 空 → 如來藏 → 淨土 → 功德·修行(밀교)의 흐름으로 파악하고 있다(崔愛梨, 2006, 「『新編諸宗敎藏總錄』의 편성체계 연구」, 동국대 불교학과 석사학위논문, 53쪽). 김성수는 『대일경』을 원융의 문에 배당시키고 있으며, 최애리는 『대일경』이 화엄을 계승하였기 때문에 세 번째로 위치한 것 같다고 추정하여, 이 경전을 일승에 두고 있음을 알 수 있다. 『교장총록』의 경전 배치 순서에 대해서는 아직까지 정설이 없다. 그러나 양자는 모두 일정한 타당성을 가지며, 『교장총록』의 분류 기준을 구체적으로 설명하고자 했다는 의미를 가진다(임혜경, 2012, 「義天의 ≪新編諸宗敎藏總錄≫ 편찬과 그 의의」, 49쪽).
39) 『대일경』을 『비로신변경』으로 약칭하는 것도 요 불교계의 영향으로 보인다. 당시 요에서는 이 경전을 습관적으로 '신변'이라 줄여서 표현한 반면, 신라와 고려에서는 그러한 약칭 사례가 잘 보이지 않는다. 이에 대한 자세한 설명은 김수연, 2021, 「고려-거란 밀교 교류의 양상과 특징」, 『이화사학연구』 62, 84~85쪽 참조.

그런데 각원은 화엄의 오교판五敎判을 그대로 따르고 있으며, 『연밀초』
에서는 무진법계無盡法界를 밝히기 위해 일체심一切心과 일심一心의 상즉相卽 관
계를 여덟 구句로 설명하였다. 또 진언행眞言行이란 초발심初發心 시에 곧바로
자심自心의 실상實相을 관觀해 본불생本不生을 요지了知하는 돈오頓悟의 법문으
로, 이 문에 드는 것은 마치 선재동지善財童子가 누각문樓閣門에 드는 것과 같
다고 설하는 등41) 여러 곳에서 화엄사상을 차용해 밀교의 교설을 설명하
고 있다. 각원은 불교는 크게 현교顯敎와 밀교로 대별되는데, 『화엄경』이
현교에서 원교圓敎인 것과 마찬가지로 『대일경』은 밀교 속의 원교라고 보
고, 이 두 경전의 차이는 현원顯圓과 밀원密圓의 차이에 불과하다고 하였
다.42) 의천은 이와 같은 각원의 『대일경』 인식의 영향을 받아 이 경전을
밀교의 원교로 파악하고 『화엄경』, 『법화경』 등 주요 경전들과 같은 반열
에 올려놓은 것이다.

　두 번째로 보이는 『관정경』은 동진 백시리밀다라帛尸梨密多羅 번역의 『불설
관정칠만이천신왕호비구주경佛說灌頂七萬二千神王護比丘呪經』이다. 신담의 소가 있
었지만 현재 전하지 않으며, 그가 어느 나라 승려인지도 확인되지 않는다.
『관정경』의 소는 『교장총록』 내에서 『약사경藥師經』 다음에 배치되어 있
다. 또 『관정경』이 12개 소경小經의 집합 경전임에도 그 소가 1권이라는 점
에서 미루어 보아, 신담의 소는 『관정경』의 제12권이자 『약사경』의 이역
본異譯本인 『관정발제과죄생사득도경灌頂拔除過罪生死得度經』에 대한 소일 가능성
이 있다.

　『청관음경』은 동진의 축난제竺難提가 번역한 『청관세음보살소복독해다
라니주경請觀世音菩薩消伏毒害陀羅尼呪經』을 가리킨다. 전염병을 없앨 방법을 구하

---

40)　栂尾祥雲, 1933, 『秘密佛敎史』, 136쪽.
41)　鎌田茂雄, 1960, 「華嚴思想史よりみた遼代密敎の特質」, 『印度學佛敎學硏究』 8-2(16),
　　　241~242쪽.
42)　栂尾祥雲, 1933, 『秘密佛敎史』, 136~137쪽.

는 이들에게 관세음보살이 여러 업장과 번뇌를 소멸시키는 다라니를 설해 주는 내용이다.『교장총록』에 수록된 이 경전의 장소 세 편 가운데 두 편이 현재 남아 있다. 천태 설로 되어 있는 소는 천태지의天台智顗, 538~597가 설하고 그의 제자인 관정灌頂이 기記한『청관음경소』이다. 또 준식이 술한 참의는『청관세음보살소복독해다라니삼매의請觀世音菩薩消伏毒害陀羅尼三昧儀』이다. 지의는『청관음경소』에서 경전의 제목을 오중현의五重玄義로 간략하게 풀이하고 관세음보살에 대하여 공空·가假·중中의 삼제三諦로 설명한 후, 관음참법 수행을 설하고 있다. 그러나 관음참법이 확연히 정리되어 있지는 않아, 이를 의례용의 행법行法으로 정리한 것이 자운준식慈雲遵式, 964~1032의『청관음경삼매의請觀音經三昧儀』이다.[43] 이는 후에 관음참법의 표본으로 유행하게 되었다.

『석소복삼용』은 송 천태종 산가파山家派의 사명지례四明知禮, 960~1028가 쓴『석청관음소소복삼용釋請觀音疏消伏三用』이다.『청관음경소』의 삼용三用에 대한 해설 구절을 둘러싸고[44] 산외파山外派인 고산지원孤山智圓, 976~1022과 논쟁을 하는 과정에서 쓴 글이다. 지의는『청관음경소』에서 다라니의 덕용德用에 사독事毒·행독行毒·이독理毒의 3종 독을 소복消伏하는 데 있다고 하였다. 그 가운데 이독을 설명하는 구절에 대한 해석의 차이가 소위 산가·산외 논쟁과 관련된다.[45] 지원은『청관음경소천의초請觀音經疏闡義鈔』를 저술하여, 이

---

43) 李永子, 2004,「天台教團의 觀音行法 儀禮」,『天台學研究』6, 130~132쪽 참조.
44) 智顗 說·灌頂 記,『請觀音經疏』(『大正藏』39, 968a10~16), "觀世音三字 是標能應之聖主 法有二義 一用二體 消伏毒害明其力用 陀羅尼明其正體體有二義 此間名爲能持能遮 持於 三義 遮於二邊 用卽爲三 一事二行三理 事者虎狼刀劍等也 行者五住煩惱 理者法界無閡 無染而染卽理性之毒也 故言從人法以標名焉"
45) 산가·산외 논쟁은 지의의『金光明經玄義』의 廣本·略本 2본에 대한 진위논쟁이 발단이 되었다. 산가파는『금광명경현의』에 觀心을 해석한 글이 있는 광본을 진본으로 보는 반면, 산외파는 이 부분이 없는 약본을 진본으로 본다. 이들 양 파의 논쟁은 다양한 측면에서 이루어졌지만, 결국 性具說과 心具說의 차이로 귀결된다. 산가파가 여래 안에 惡이 존재한다는 성구설 즉 性惡說의 입장에 있는 반면, 산외파는 唯心論的 입장에

독은 성악性惡이 아니며, 만약 이독이 성악이라면 『청관음경』에서 설하는 다라니라 하더라도 성악인 이독을 소복할 수 없게 된다고 주장하였다. 이독은 능소能所의 구별이 없고 이성理性 자체에는 소복해야 할 독이 없지만, 무명無明에 물들었을 때 이성 전체가 이독이 된다는 것이다. 이에 대하여 지례는 『석소복삼용』을 찬술하여, 이독은 성독이며 이성 자체에 독이 있다고 하며 반대 의견을 펼쳤다.46) 『석소복삼용』은 이와 같은 논쟁을 담은 장소이다.47)

『소재경』은 당대 역자 미상의 『불설대위덕금륜불정치성광여래소제일체재난다라니경佛說大威德金輪佛頂熾盛光如來消除一切災難陀羅尼經』(이하 『소제재난경』으로 줄여 씀), 혹은 불공 역의 『불설치성광대위덕소재길상다라니경』(이하 『소재길상경』으로 줄여 씀)이다. 고려시대의 비정기적 밀교의례 가운데 최다 개설 횟수를 자랑하는 소재도량消災道場의 소의경전이다. 복객의 소, 초, 과 및 영감의 소, 기, 초 등 총 여섯 종의 장소가 수록되어 있으나, 한 편도 전하지 않는다. 『소제재난경』과 『소재길상경』은 동본이역同本異譯으로, 『소제재난경』 뒤에 구요진언九曜眞言이 첨부되어 있는 것 외에는 같은 내용이다. 여래가 정거천淨居天에서 모든 천재지변을 물리칠 수 있는 치성광다라니熾盛光陀羅尼를 설하는 것이 주요 내용이다. 현재 제목만 전하여 내용은 알 수 없지만, 의천도 「소재경직석상정기消災經直釋詳定記」를 찬술하였다.48) 또한 『교장

서 있다(安藤俊雄, 1968, 『天台學 -根本思想とその展開』, 京都: 平樂寺書店, 332~337쪽 참조).

46) 安藤俊雄, 1968, 『天台學』, 345~346쪽.

47) 『청관음경』의 장소로 지원의 『천의초』가 편입되어 있지 않은 것이 의문이다. 지례의 『석소복삼용』은 『천의초』에 대한 반박문이기 때문이다. 의천이 『석소복삼용』을 입수해 읽었다면 『천의초』의 존재를 알았을 것이다. 그럼에도 『교장총록』에 『천의초』가 없는 것은 의천이 교류한 송 천태종 승려들이 산가파였기 때문이 아닌가 한다(의천이 교류한 송 천태 승려들에 대해서는 박용진, 2011, 『義天 -그의 생애와 사상』, 혜안, 230~238쪽 참조). 산가파 승려들이 산외파의 저술을 경시하였다는 의미는 아니다. 『석소복삼용』에 『천의초』의 주요 내용이 언급되어 있기 때문에 산가파 천태 승려들이 『천의초』를 가지고 있을 필요가 없었을 가능성이 있다.

총록』에는 수록되지 않았으나 자운준식이 『소재길상경』의 의례지침서인 『치성광도량염송의熾盛光道場念誦儀』를 찬술하기도 한 것으로 보아, 천태종 측에서 주목하였던 경전이었던 것 같다. 『소재경』의 장소는 다라니경전류 가운데에서는 종류가 가장 많다.

『팔대보살만다라경』은 불공이 번역한 경전으로, 여래를 중심으로 금강수金剛手 · 관자재 · 제개장除蓋障 · 허공장虛空藏 · 자씨慈氏 · 보현 · 문수 · 지장보살 등 여덟 보살을 배치하는 만다라 건립법과 그 공덕을 설하고 있다. 이 경전에 대해서는 요 승려인 사효가 소와 과를, 지실이 초를 찬술하였지만 마찬가지로 전하지 않는다.

[표 4-3] 『팔대보살만다라경』의 보살 배치(위쪽이 북쪽)

자씨	허공장	보현
관자재	여래	금강수
지장	제개장	문수

이 경전은 현존하는 14폭의 「아미타팔대보살도」와 1폭의 「약사팔대보살도」의 소의경전所依經典으로, 이들의 제작 시기는 13~14세기이다.[49] 『팔대보살만다라경』에서는 중심의 여래로 특정한 존격을 지목하지 않는데, 그것이 회화로 드러날 때에는 아미타불을 중심으로 한 도상으로 나타났다. 이는 고려 후기 정토왕생신앙과 밀교의 접합이라는 신앙 경향이 반영된 결과일 것이다.[50] 의천이 『교장총록』에 수록한 장소의 내용은 알 수 없지만, 그 존재는 고려시대 『팔대보살만다라경』의 경설이 알려지고 조형화될 수 있는 바탕이 되었다.[51] 소의경전과 그 주석서가 존재하였기 때

---

48) 義天, 「消災經直釋詳定記」, 『大覺國師文集』 卷1
49) 梁希娗, 2006, 「韓國 八大菩薩 圖像 硏究」, 서울대 고고미술사학과 석사학위논문, 60쪽.
50) 고려후기 정토왕생신앙과 밀교의 결합에 대해서는 이 책의 제6장. 3절. 3) 다라니신앙과 정토신앙의 결합 참조.

문에 수행이나 극락왕생을 다각도로 돕는 팔대보살의 존재가[52] 불화로 드러나게 되었다고 볼 수 있다.

이상과 같이 『교장총록』의 밀교경전 종류와 수록 위치 등을 살펴보면, 『대일경』과 기타 밀교경전들을 분리하여 인식하고 있었음을 알 수 있다. 『대일경』은 『교장총록』 상권 경부의 46개 경전 가운데 세 번째로 위치하고 있다. 『관정경』은 36번째, 『청관음경』은 44번째, 『소재경』은 45번째, 『팔대보살만다라경』은 46번째 등 후반부에 위치하고 있는 점과 대비된다. 앞서 언급한 바와 같이, 의천은 불교사상 속에서 『대일경』을 『화엄경』이나 『법화경』 등과 동일한 층위로 인식하였다. 『대일경』을 불교사상의 요체를 설하는 경전으로 받아들였음을 알 수 있다. 반면, 『관정경』 이하 네 경전에 대하여는 방편의 교설로 파악하였다고 볼 수 있다. 특히 『청관음경』, 『소재경』, 『팔대보살만다라경』은 다라니경류로 분리하여 파악하였다고 생각된다.

이는 고려 불교계의 밀교에 대한 입장을 대변한다고 보인다. 『교장총록』은 의천의 개인 편찬이지만, 그는 당시 시행되었던 여러 불교 정책과 긴밀한 관계에 있었다. 또한 『교장총록』이 교장도감을 중심으로 간행되었다는 점에서 『교장총록』이 고려의 공식적 입장을 대변한다고 보아도 좋을 것이기 때문이다. 『교장총록』을 통해 보면, 적어도 의천이 활동하던 고려 전기의 불교계에서는 체계화된 밀교경전에 입각한 밀교사상과 다라니경류를 분리하여 파악하고 있었다. 체계화된 밀교는 현교의 입장에서 통섭하였다. 그리고 그러한 인식에 요 밀교의 영향이 적지 않았을 것으로 보인다. 의천은 일찍부터 총지사總持寺와 왕래가 있었다. 23세인 문종 32년[1078]에는 왕명을 받들어 총지사에 향행香行을 하였고, 그 이전에도 총지사를 방

---

51) 梁希姫, 2006, 「韓國 八大菩薩 圖像 研究」, 86쪽.
52) 양희정, 2008, 「고려시대 아미타팔대보살도 도상 연구」, 96쪽.

문한 적이 있었다.[53] 그리고 치병을 위해 총지사에 갔다가 그곳에서 입적하였다. 이렇게 총지사를 방문하는 과정에서 총지종 승려들과 교류를 하였을 것이며, 총지종 승려들에게 요 불교계의 사상 경향이나 『대일경』이해의 도움을 받았을 가능성이 있다.

3) 『밀교대장』의 조성

대장경에 입장되거나 『교장총록』에 수록된 밀교경전들과 별도로 주목을 해야 할 것이 밀교 다라니를 모아 편찬한 『밀교대장』이다. 『밀교대장』은 이제현李齊賢의 「금서밀교대장서金書密敎大藏序」와 권근權近의 「덕안전기德安殿記」, 『조선왕조실록』 등을 통해 존재가 알려져 있었다. 2010년대에 『밀교대장』 권9와 권61이 발견됨으로써 기록상으로만 알려졌던 존재가 세상에 드러나게 되었다.

『밀교대장』에 관한 기록들을 정리해 보면 다음과 같다.

> A-1. 옛 사람도 그것[다라니]이 이와 같음을 알아서 모으고 편찬하여 90권을 이루고 『밀교대장』이라는 이름으로 발간하여 세상에 돌아다니는데, 이 90권이 수천만 권의 근본이 된다. … 구본舊本을 여러 경과 비교하여 고치기도 하고 삭제하기도 하며 이를 바로잡았다. 또 미처 수록하지 못하였던 것을 더 구하여 40권을 얻었다. 구본과 합쳐 130권이 되니, 글씨를 잘 쓰는 이에게 부탁하여 부별로 나누어 베끼게 하였다.[54]
>
> A-2. 건문建文 3년태종 1, 1401 여름에 태상왕께서 옛 잠저潛邸의 동쪽에 자리를 잡고

---

53) 義天, 「悤持寺憶舊」, 『大覺國師文集』 卷18

54) 李齊賢, 「金書密敎大藏序」, 『益齋亂藁』 卷5, 序, "昔之人 知其若此 裒而纂之 成九十卷 名之曰密敎大藏 刊行于世 則玆九十卷者 數千萬卷之根柢也 我主上殿下萬機之暇 留神乎釋典 其於密敎 信之尤切 發內帑之珍 泥金以書之 奉翊大夫判內 府寺事上護軍臣羅英秀 實幹其事 於是以舊本 校于諸經 或乙或竄 而是正之 又增求其所未收 得四十卷 與舊合一百三十卷 令工書者 分部而寫之"

다른 새 집[殿]을 지으라고 명하셨다. … 정전正殿에는 석가모니께서 출산出山하는 모습을 그려 걸고, 또 북쪽 처마에 선반을 만들어 그 중앙에『밀교대장경』한 부를 모셨다. 동쪽에 새로 새긴『대자능엄경大字楞嚴經』의 판본을 안치하였으며, 서쪽에는 새로 새긴『수륙의문水陸儀文』의 판본을 안장하였다.55)

위의 인용문 A-1는 충숙왕 15년1328에 금니로 조성된『밀교대장』의 서문이다. 여기에서 주목할 것은 90권의『밀교대장』이 이미 존재하고 있었다는 점이다. 구본 90권의『밀교대장』이 언제 조성되었는지 정확히 알 수 없다. 그러나 실제 유물로 발견된『밀교대장』권61이 원종 즉위년1259~6년1265에 조성되었음을 감안하면,56) 늦어도 원종 연간 이전에는 구본 90권이 조성되어 있었음을 알 수 있다. 인용문 A-2는 태조 이성계가 태상왕으로 물러난 뒤 덕안전을 짓고 건물 사방에 경전과 불화를 안치하였다는 내용을 전하고 있다. 그 가운데 북쪽에는『밀교대장경』한 부를 안치하였는데, 특별히 시렁[庋]을 놓아 안치하였다는 표현을 보면 전질의 권수가 많았음을 알 수 있다. 이때 안치된『밀교대장』도 90권이나 130권이었을 것이다.

이제현이 서문을 쓴『밀교대장』은 구본 90권에 새로 수집한 40권을 추가하여 130권으로 조성되었다. 이때 추가로 편입하였다는 40권의 다라니경은 티베트불교와 연결되는 후기밀교 계통의 것일 가능성이 높다.57) 또한 이제현의 서문에 의하면, 이때의 편찬 작업 시 구본 90권에 대한 교감 작업이 함께 이루어졌다고 한다. 다라니는 원 발음이 중요시되기 때문에

---

55) 權近,「德安殿記」,『陽村集』卷13, "建文三年夏 太上王命相地于潛龍舊邸之東 別構新殿 秋 功告訖 乃命臣近若曰 高麗太祖 統一三韓 以其私第 爲廣明奉先二寺 圖利國也 予以否德 代有國家 仰惟前代時若 將以此殿舍 爲精藍 永作世世福國之所 思以上福先世 下利群生 宗社永固 垂統無疆 故於正殿 揭釋迦出山之影 又於北楣 爲庋其上中 安密敎大藏一部 東置新雕大字楞嚴板本 西藏新雕水陸儀文板本"
56) 박광헌, 2014,「高麗本『密敎大藏』卷61에 관한 書誌的 硏究」, 456~460쪽 참조.
57) 邊東明, 2004,「忠肅王의 密敎大藏 金字寫經」,『歷史學報』184, 53쪽.

경전 번역 시에 한문으로 의역하지 않고 음사音寫를 하는 부분이다. 발음이 정확하지 않으면 다라니의 효험이 없다는 인식 때문에 같은 다라니를 원 발음에 가깝게 수정하는 일도 적지 않다.58) 『밀교대장』은 다라니를 모은 것인 만큼, 다라니의 정확한 발음을 음사하기 위해 130권을 편찬하며 구본 90권에 대한 교감 작업이 이루어진 것이다.

충숙왕대에 조성된 『밀교대장』 130권은 금니 사경이다. 그러나 구본 90권은 목판 혹은 목판인쇄물로 전해졌을 것이다. 현존 유물인 『밀교대장』 권9와 권61이 목판인쇄물이며, 『조선왕조실록』을 통해서도 그 사실을 확인할 수 있다.59) 『조선왕조실록』에 의하면 일본은 조선 건국 초인 태조 3년부터 여러 차례에 걸쳐 대장경을 요청하여 받아 갔다. 그러다 세종 5년 말, 6년 초에는 대장경판 자체를 요구하기에 이르렀는데, 이에 세종은 대장경판 대신 『밀교대장』 목판과 주화엄경注華嚴經 목판, 대장경 한 부 등을 하사하였다.

B-1. 유후사留後司에 전지하기를, "금사사金沙寺의 진언대장경眞言大藏經과 영통사靈通寺의 『화엄경』 등의 목판과 운암사雲巖寺의 금자 삼본 화엄경金字三本華嚴經 한 부, 금자 단본 화엄경金字單本華嚴經 한 부 등을 수참水站의 배로 운송하도록 하라."라고 하였다.60)

B-2. 일본 국왕의 사신 규주圭籌·범령梵齡과 도선주都船主 구준久俊 등 135명이 대궐에 나아가서 토산물을 바쳤다. … 전하께서 말씀하셨다. "(일본) 국왕이 요구하는 대장경판은 우리나라에 오직 한 벌 밖에 없으므로 요청에 응하기 어렵고,

---

58) 대표적인 예가 指空의 『육경합부』이다. 인도 출신의 지공이 고려를 방문하자 達正 등이 범어의 원 발음으로 다라니의 교감을 부탁하여 빠진 부분과 잘못된 부분을 교정하여 써주었다고 한다.

59) 조선시대의 밀교대장에 관한 내용은 邊東明, 2004, 「忠肅王의 密敎大藏 金字寫經」, 48~51쪽 ; 남권희, 2014, 「高麗時代 『密敎大藏』 卷9의 書誌的 硏究」, 28~31쪽 ; 박광헌, 2014, 「高麗本 『密敎大藏』 卷61에 관한 書誌的 硏究」, 440~442쪽 등을 참조하였다.

60) 『世宗實錄』 卷22, 世宗 5年 10月 25日(壬申)

다만 밀교대장 경판과 주화엄경판과 한자 대장경 모두를 보내려고 한다."[61]

B-3. 규주 등이 지신사知申事에게 글을 올리기를, "규주 등이 지난 연말에 모두 명을 받들어 전정殿庭에서 배례하게 되었습니다. 삼가 온 뜻을 아뢰었더니, 전하께서 말씀하시기를, '대장경판은 다만 한 벌뿐이니 내려 줄 수 없고, 다시 금자로 쓴 『화엄경』 80권과 범자 밀교경판, 장경 1부와 주화엄경판을 내려줄 것이다. 이 네 가지는 모두 천하에 둘도 없는 법보法寶이다.'라고 하시었습니다."라고 하였다.[62]

위의 인용문 B를 통해 세종이 일본에 하사한 『밀교대장』이 어떤 것이었는지를 확인할 수 있다. 동일한 대상이 '진언대장경' = '밀교대장경' = '범자 밀교경'이라 표현되기 때문이다. 즉, 당시 조선은 『밀교대장』 목판을 보유하고 있었으며, 그것은 범자로 진언 다라니를 새긴 것이었다. 이때 일본으로 건너간 『밀교대장』 경판은 구본 90권의 경판이었을 것으로 추정된다. 충숙왕대에 티베트불교의 다라니를 모아 40권을 추가하였지만, 그 추가분은 경판으로 조성되지 않았거나 조성되었더라도 조선 초의 『밀교대장』에는 포함이 되지 않았던 것으로 보인다. 조선 초의 『밀교대장』의 범자로 쓰였다고 하는데, 추가 40권은 티베트 문자로 쓰였을 가능성이 크기 때문이다.

현재 『밀교대장』 전질이 남아 있지는 않지만, 권9와 권61을 통해 『밀교대장』의 구체적 내용과 형식을 알 수 있다. 이들에 관한 연구결과에 의하면 『밀교대장』은 고려 재조대장경의 함차에 따라 다라니만을 별도로 추려낸 책이다. 다라니 명칭을 한자로 적고 범자 다라니를 적은 후 그 옆에 한자로 발음을 부기하였으며, 대장경 입장 순서가 다라니 수록 순서의 제일 기준이었다.

---

61) 『世宗實錄』 卷22, 世宗 5年 12月 25日(壬申)
62) 『世宗實錄』 卷23, 世宗 6年 1月 1日(戊寅)

그러나 수록 다라니의 순서가 대장경과 완벽하게 일치하지는 않는다. 권61의 경우 K.1268-K.1266-K.1271-K.1269-K.1270의 순으로 수록되어 있다. K.1264인『예적금강금백변법경穢跡金剛禁百變法經』과 K.1267인『보편지장반야바라밀다심경普遍智藏般若波羅蜜多心經』의 경우『밀교대장』에 수록될 만한 다라니가 없으며, K.1265인『예적금강설신통대만다라니법술영요문穢跡金剛說神通大滿陀羅尼法術靈要門』은 아직 발견되지 않은『밀교대장』권60에 수록되어 있을 가능성이 있다. 또한『밀교대장』은 재조대장경의 함차를 차용하여 순서를 정하였지만 재조대장경에는 없는 실담자를 포함하고 있는 점, 한자 진언의 표기법이 다른 점 등을 볼 때 내용상으로는 재조대장경이 아닌 다른 저본이 있었을 것으로 판단된다고 한다.[63)]

---

63)   박광헌, 2014,「高麗本『密敎大藏』卷61에 관한 書誌的 硏究」, 448~449쪽 및 456쪽.

2.

단본 밀교경전의
간행

한역 불경의 전래는 삼국시기부터 이루어졌다. 통일신라 시기가 되면, 중국에서 번역된 한역 경전이 매우 신속하게 유입되고 있었다. 『무구정광대다라니경無垢淨光大陀羅尼經』의 경우 측천무후則天武后 장안長安 4년704에 미타산彌陀山이 번역한 이후, 706년에 조성된 신라 황복사皇福寺 삼층석탑 사리함명에서 그 경전명이 보인다.[64] 또한 중국에서 밀교를 수학한 입당구법승들이 귀국하면서 밀교경전을 전래해 왔기 때문에, 8~9세기에 주로 번역되었던 밀교경전들이 상당수 신라시대에 유입되었을 것으로 추정된다. 실제로 834년에 해운海雲이 쓴 『양부부법기』에는 밀교경전 수만 권이 신라에 유입되었다고 서술되어 있다.[65] 이렇게 유입된 불교경전들은 단본으로 간행이 되어 유통되거나, 불탑 혹은 불복장佛腹藏에 납입이 되었다. 본 절에서는 고려시대에 간행, 혹은 개판開版된 단본 밀교경전을 살펴보고자 한다.

---

64)   金英美, 1994, 『新羅佛敎思想史硏究』, 166쪽.

65)   海雲 記, 『兩部大法相承師資付法記』 卷上(『大正藏』 51, 785b19~21), "我大興善寺三藏和尙[=不空]親禮五天 重諮勝法 敎流天下 大法盛傳 所以新羅諸國經逾數萬"

연구의 대상은 유물로서 현존하는 단본 밀교경전이다. 유물은 없지만 문헌 등에 밀교경전의 이름이 언급된 경우도 있기는 하다. 그러나 다양한 이본 가운데 어떠한 역본인지 확인할 수 없기 때문에 내용을 확인할 수 있고 간행 혹은 개판 시기를 확정할 수 있는 현존본만을 대상으로 하겠다. 고려시대의 판을 후쇄(後刷)한 경우는 포함시키겠다. 고려시대에 그 경전에 대한 신앙이 요구되었으므로 판각·인쇄하였을 것이기 때문이다. 한편, 다라니만을 낱장에 표현한 경우는 연구 대상에서 제외시키고자 한다.

현존하는 고려시대의 단본 밀교경전을 정리하면 총 38건[66]의 사례가 보인다.[67] 이하, 고려전기, 무신 집권기, 원 간섭기로 나누어 각 경전의 내용과 중요한 판본을 차례대로 살피고 이들 경전 유통의 특징을 고찰하겠다.

1) 고려 전기의 단본 밀교경전

고려 전기에는 『일체여래심전신사리보협인다라니경一切如來心全身舍利寶篋印陀羅尼經』(이하 『보협인다라니경』으로 줄여 씀), 『불설해백생원결다라니경佛說解百生寃結陀羅尼經』, 『불정심다라니경』, 『불설장수멸죄호제동자다라니경佛說長壽滅罪護諸童子陀羅尼經』(이하 『장수멸죄경』으로 줄여 씀), 『범서총지집梵書摠持集』

---

66) 새로운 유물의 발견·보고 상황 및 밀교경전의 개념·범위 차이에 따라 건수가 변할 수 있다.

67) 현존하는 유물의 조사는 千惠鳳, 1990, 『韓國典籍印刷史』, 汎友社 ; 南權熙, 1999, 「高麗時代 陀羅尼와 曼茶羅類에 대한 書誌的 分析」 ; 남권희, 2001, 「≪佛說長壽滅罪護諸童子陀羅尼經≫의 版本 硏究」 ; 南權熙, 2002, 『高麗時代 記錄文化 硏究』 ; 남권희, 2005, 「韓國 記錄文化에 나타난 眞言의 流通」 ; 禹秦雄, 2010, 『韓國 密敎經典의 版畵本에 관한 연구』 ; 남권희, 2019, 「高麗時代 金泥 梵字陀羅尼塔圖의 서지적 연구」, 『書誌學硏究』 80 ; 옥나영, 2020, 「「五大眞言」 千手陀羅尼 신앙의 배경과 42手 圖像」 등을 참조하였다.
한편, 문화재 지정번호가 문화재 가치를 서열화한다는 인식을 해소하기 위하여 2021년 11월부터 문화재 지정번호 제도가 폐지되었다. 그러나 이 책에서는 동일한 경전 명칭을 반복적으로 사용하기 때문에 각각의 유물을 구분하기 위하여 기존의 문화재 지정번호를 그대로 사용하겠다.

등 다섯 종류의 밀교경전이 간행되었다. 앞의 네 경전이 한 차례씩, 『범서총
지집』이 세 차례 간행되어 총 7건의 유물이 현존한다.

[표 4-4] 고려 전기 간행 단본 밀교경전

	연대		경전명	비고
①	1007	목종10	보협인다라니경	총지사 홍철 개판
②	1045	정종11	불설해백생원결 다라니경	김지성 개판 정순 간행
③	1071	문종25	장수멸죄경	묵서 / 신해7월
④	1081	문종35	불정심다라니경	묵서
⑤	1150	의종4	범서총지집 A	평양 광제포 개판, 사원 중교(重校) 안동 보광사 소장 / 보물1571호
⑥	1156	의종10	범서총지집 A	만전(萬轉)·법수사(法水寺) 자화(資華) 발원 해인사 비로자나불 복장유물
⑦	1166	의종20	범서총지집 A	지합주사사 이세합 간행 해인사 비로자나불 복장유물

(1) 『보협인다라니경』

1007년에 조성되었으며, 현재 알려져 있는 가장 이른 고려시대 밀교경
전이다. 총지사 주지인 광제대사廣濟大師 홍철弘哲이 통화通和 25년목종 10, 1007에
조성했다는 간기가 있다. 목판 권자본卷子本으로, 크기는 폭 7.8cm, 길이가
240cm, 각 행의 글자 수는 9~10자이다. 간기 다음에 변상도가 삽입되어
있고 그 다음으로 경전 제목이 위치해 있으며, 뒤를 이어 보협인다라니의
공덕을 설한 본문이 새겨져 있다.

이 경전은 대력大曆 7년772에 불공이 번역한 것으로, 이 다라니를 탑에 봉
안하고 공양하면 일체 여래가 이를 보호할 것이라는 공덕을 설한다.[68] 이

---

68) 고려 초에 세워진 오대산 月精寺의 팔각구층석탑에 납입된 舍利莊嚴具와 함께 『보
협인다라니경』이 출토되었는데, 이는 납탑공양의 실제 사례이다(千惠鳳, 1990, 『韓國
典籍印刷史』, 42쪽).

경전에 대한 신앙은 오월의 전홍숙^{錢弘俶, 재위 948~978}이 현덕^{顯德} 3년⁹⁵⁶에 『보협인다라니경』을 봉안한 8만 4천기의 보협인탑^{寶篋印塔}을 주조한 사례가 대표적이다. 아쇼카왕의 조탑^{造塔} 사적을 본받은 것이었다. 나말여초에 오월과는 해상을 통해 대장경 및 불교 경전을 중심으로 한 불교 교류가 있었기 때문에 고려 초의 『보협인다라니경』 간행은 오월의 영향을 받은 것으로 보인다.[69] 관련 유물로는 동국대박물관 소장 국보 제209호 보협인석탑이 있다. 이 탑은 상륜부가 유실되었지만 전홍숙이 만든 보협인탑과 동일한 형태를 보인다.[70] 이를 통해서도 『보협인다라니경』 간행이 오월의 영향임을 다시 한 번 확인할 수 있다.

(2) 『불설해백생원결다라니경』

해원결진언^{解冤結眞言}과 그 공덕을 설하는 내용의 경전이다. 이 다라니를 설한 보광보살^{普光菩薩}의 명호^{名號}와 다라니 108편을 7일 동안 외우면, 죄고^{罪苦}와 원수^{冤讐}가 소멸된다고 설하고 있다. 이 경전은 현재 한 편만 전하고 있다. 을유^{乙酉}에 입내시위위경^{入內侍衛尉卿} 김지성^{金之成}이 임금의 장수와 나라의 안녕을 기원하며 개판하였고, 경인^{庚寅}에 학생^{學生} 정순^{鄭珣}이 돌아가신 부모님을 위해 인출^{印出}하였다는 기록이 있다.[71] 이때 을유는 정종^{靖宗} 11년¹⁰⁴⁵이나 숙종 10년¹¹⁰⁵ 가운데 하나일 것으로 보이는데, 전자일 가능성이 더 높다.[72] 정종 11년 개판일 경우 인출한 경인은 문종 4년¹⁰⁵⁰이다. 이

---

69) 千惠鳳, 1990, 『韓國典籍印刷史』, 44~45쪽 ; 南權熙, 2002, 『高麗時代 記錄文化 硏究』, 3~7쪽 ; 이승혜, 2021, 「10~11세기 中國과 韓國의 佛塔 내 봉안 『寶篋印經』 재고」, 11~16쪽 참조.

70) 보협인탑에 대해서는 安眞鎬, 2001, 「寶篋印塔에 관한 硏究」, 동국대 미술사학과 석사학위논문 참조.

71) "入內侍衛尉卿 金[之成] 聖壽天長 國泰民安 勳] 借人書寫 開板印施者」 時乙酉歲七月望日謹誌 ‖ 庚寅四月日」 學生 鄭珣 先亡父」 母 離苦佛利愿」 印出施与無窮者"(南權熙, 2002, 『高麗時代 記錄文化 硏究』, 17쪽)

72) 이 경전은 重熙 11년(1042, 靖宗 8)에 간행하여 배포한 『금강경』과 함께 전해진 것이기 때문에 유사한 시기의 것으로 보인다고 한다(南權熙, 2002, 『高麗時代 記錄文化 硏

경전은 고려대장경에 포함되어 있지는 않으나 『돈황보장^{敦煌寶藏}』에 사경 몇 편이 수록되어 전한다.73)

(3) 『장수멸죄경』

계빈국^{罽賓國} 승려 불타파리^{佛陀波利}가 번역한 경전이라고 알려져 있으나 사실 여부는 미상이며, 위의경^{僞疑經}으로 분류되기도 한다.74) 문수보살이 여래에게 중생의 악업을 없애는 방법을 묻자, 여래는 보광정견여래^{普光正見} ^{如來}와 전도^{顚倒}라는 여인의 이야기를 설한다. 전도가 임신한 태아를 낙태한 죄로 아비지옥^{阿鼻地獄}에 떨어지게 되자 보광정견여래가 이 경전과 십이인 연, 육바라밀 등을 설하였다. 이에 전도는 수명이 길어지고 지옥에 떨어질 죄를 면하게 되었다. 또 30명의 자식 중 29명을 한 돌이 되기 전에 잃고 막 내도 병에 걸린 여인을 위해 바사닉왕^{波斯匿王}이 이 경전을 구하는 이야기를 소개한다. 그리고 아기를 잉태했을 때, 낳을 때, 아이가 병들었을 때 이 경 전을 수지 독송하면 무거운 병과 전생의 업장이 모두 소멸될 것이라는 공 덕을 설한다. 마지막으로 석가모니 입멸 후 벌어지는 14가지 폐단을 이야 기하며, 그 결과로 받을 단명하는 업보를 이 경전을 수지^{受持}·독경·사경 함으로써 막을 수 있다고 설하고 있다. 본문 끝에서 여래는 이 경을 『장수 멸죄십이인연불성경^{長壽滅罪十二因緣佛性經}』이라고 표현하고 있는데, 이 경에서 말하고자 하는 장수와 멸죄, 십이인연 및 불성의 문제를 축약하는 표현이 라고 하겠다.

고려시대 『장수멸죄경』의 가장 이른 시기 유물은 11세기 판본의 『금강

究』, 8쪽 및 19쪽 참조).

73) 南權熙, 2002, 『高麗時代 記錄文化 硏究』, 16~19쪽.

74) 남희숙, 2002, 「조선후기 王室의 佛敎信仰과 佛書刊行 -『佛說長壽滅罪護諸童子陀羅尼 經』의 간행을 중심으로」, 『國史館論叢』 99, 50쪽. 이 경전에는 북두칠성이 수명을 관 장하는 등 중국 전통의 영향을 받은 대목이 많이 등장하는데, 이것이 위경임을 추측케 하는 근거가 된다고 한다.

반야바라밀경金剛般若波羅密經』(이하『금강경』으로 줄여 씀)과 함께 전해져 오는 묵서본[표 4-4-③]이다. 역시 함께 전해져 오는『불설도액경佛說度厄經』의 말미에는 신유辛酉라는 간지가 보이는데, 이는 문종 35년[1081] 신유년으로 추정된다. 이 판본은 '신해辛亥 7월'이라는 필사기筆寫記가 있어[75] 문종 35년과 가까운 문종 25년 신해년의 유물이 아닌가 생각한다.[76]

(4)『불정심다라니경』

『불정심다라니경』은 3권의 소경이 하나의 경전을 구성하는 체제의 경전이다. 제1권은『불정심관세음보살대다라니경』으로 다라니와 그 공덕을 설하는 부분이다. 제2권은『불정심관세음보살료병최산방佛頂心觀世音菩薩療病催産方』으로 다라니의 구체적 활용 방법을 소개한다. 난산이거나 병에 걸렸을 경우 다라니를 외우고 비자인秘字印을 태워 향수香水에 섞어 마시는 등의 처방을 소개하고 있다. 마지막 제3권은『불정심관세음보살구난신험경佛頂心觀世音菩薩救難神驗經』으로 네 종류의 영험담을 소개하고 있다. 그리고 권말에 일자정륜왕다라니一字頂輪王陀羅尼와 자재왕치온독다라니自在王治溫毒陀羅尼 및 세 개의 부적이 실려 있다.[77] 세 개의 부적은 권2에 나오는 비자인으로 추정된다.

조선 성종 16년[1485]에 간행된『불정심다라니경』의 발문跋文에 의하면 이 경전은 당대唐代의 역경이라고 한다.[78] 이 다라니경은 송에서도 크게 유행하였던 듯, 홍매洪邁, 1123~1202가 수집한 설화집인『이견지夷堅志』의「제의가

---

75) 南權熙, 2002,『高麗時代 記錄文化 硏究』, 349쪽.
76) 남권희는 자료를 소개하면서 이 경전의 書寫 시기를 명확히 밝히지는 않았다. 그러나 11세기 중엽의 유물이고 '신해'라는 간지가 쓰여 있다고 하였으므로, 문종 25년 (1071)에 서사된 것으로 생각하였다.
77) 『불정심다라니경』의 권말 부적은 [그림 4-8] 참조.
78) 『佛頂心陀羅尼經』(보물 제1108호, 호림박물관 소장, 국가문화유산포털 기록유산 원문 이미지, 2022.3.6. 검색), "命工人効唐本 詳密而圖之 楷正而寫之 鏤而刊之"

구모齊宜哥教母」에서는 난산을 극복할 최고의 방책 가운데 하나로 제시되고 있다.79) 숭녕崇寧 원년1102에 절첩본折帖本 형식으로 조성된 것과80) 절강성박물관浙江省博物館 소장 건도乾道 8년1172본『불정심다라니경』이 송대 유물로 현존한다. 방산석경에도 두 종류의『불정심다라니경』의 석각石刻이 편입되어 있다.81)

고려본『불정심다라니경』중 가장 이른 시기의 유물은 [표 4-4-③]의『장수멸죄경』과 마찬가지로, 11세기 판본의『금강경』과 함께 전해져 오는 묵서본이다.『불정심다라니경』에는 필사기가 없지만『불설도액경』과 동일하게 문종 35년1081 신유년의 것으로 추정한다.82)

(5)『범서총지집』

범자 다라니 모음집으로, 제일 앞에 "『대비로자나성불경』등 일대 성스러운 가르침과 여러 경전들 가운데 설해진 일체 비밀 다라니[大毘盧遮那成佛經等一代聖教諸經中所說一切秘密陀羅尼]"라는 문구가 쓰여 있다. 다라니의 제목을 한자로 표기한 다음 범자로 다라니를 적은 형식으로 구성되어 있다. 수록된 다라니들은『대일경』과『금강정경』및 기타 다양한 경전에서 발췌한 것들이다.83) 고려시대에는 여러 종류의『범서총지집』

---

79) 江蘇 江陰에 사는 齊三의 처 歐氏는 출산을 할 때마다 어려움을 겪었다. 그녀의 여섯 살 난 아들 宜哥는 어머니를 위해 노인에게 자문을 구하였고, 道家의『九天生神章』과 釋教의『불정심다라니』가 최상이라는 대답을 들었다. 의가가 이 경들을 구해 매일 아침 열 번씩 외우기를 2년 동안 하였다. 紹熙 원년(1190)에 그 어머니가 다시 임신을 하였는데, 열 달 뒤에 어려움 없이 출산할 수 있었다고 한다(洪邁 撰,『夷堅志』卷2 ; 2006,『夷堅志』1, 北京: 中華書局, 13쪽).
80) 張樹棟 等, 2004,『中華印刷通史』, 台北: 財團法人印刷傳播興才文教基金會, 207쪽.
81) 中國佛教協會, 2000,『房山石經: 遼金石經』29, 北京: 華夏出版社, No.1078・No.1080.
82) 南權熙, 2002,『高麗時代 記錄文化 研究』, 349쪽.
83)『범서총지집』에 수록된 다라니의 종류는 종석(전동혁), 1995,「밀교의 수용과 그것의 한국적 전개(2)」, 57~60쪽 ; 남권희, 2005,「韓國 記錄文化에 나타난 眞言의 流通」, 98~105쪽 ; 서병패, 2009,「安東 普光寺 木造觀音菩薩坐像 腹藏典籍 研究」,『안동 보광사 목조관음보살좌상』, 81~82쪽 참조.

이 간행되었는데, 이들을 특징별로 분류하면 아래의 표와 같다.

[표 4-5] 고려시대 간행 『범서총지집』의 종류

구분	대표 유물 사례			특징
A군	1150	의종4	안동 보광사 관음보살좌상 복장	· 제1·2장에 10개의 원상(圓相) 다라니 있음 · 삼종실지진언으로 시작 · 『대일경』「백자생품」관련 원상 다라니 있음
	1156	의종10	합천 해인사 대적광전 비로자나불좌상 복장	
	1166	의종20	합천 해인사 법보전 비로자나불좌상 복장	
B군	1218	고종5	민영규 구장(舊藏) 현재 연세대 도서관 소장	· 서문 있음
C군	1228	고종15	화성 봉림사 아미타불좌상 복장	· 원상 다라니 없음 · 삼신진언으로 시작 · 『대일경』「백자생품」관련 다라니 없음
	13세기 말		온양민속박물관 소장 1302년 아미타불 복장유물	

　여러 판본의 『범서총지집』 가운데 수록 다라니의 종류를 확인할 수 있는 것은 A, B, C군이다. A군과 B·C군은 앞부분에 수록된 다라니의 종류가 다르다. A군은 처음에 소실지진언蘇悉地眞言, 입실지진언入悉地眞言, 출실지진언出悉地眞言으로 시작되는 반면, B·C군은 이 대신 법신진언法身眞言, 보신진언報身眞言, 화신진언化身眞言이 실려 있다. 또 A군은 삼전법륜진언三轉法輪眞言, 백자생법계자륜진언百字生法界字輪眞言, 백자성취법계자륜진언百字成就法界字輪眞言을 포함하지만, B·C군에는 이 세 진언이 없다. 이 차이의 의미에 대해서는 후술하겠다.

　고려 전기에 간행된 『범서총지집』은 모두 A군에 속한다. 그 가운데 가장 연대가 빠른 것은 안동 보광사 목조 관세음보살좌상의 복장유물로[표 4-4-⑤], 갑오세甲午歲에 선사禪師 사원思遠이 평양 광제포廣濟鋪에서 개판한 것이다.[84] 이때의 갑오세는 의종 4년1150으로 생각된다.[85] 합천 해인사海印寺

---

84)　"時庚午歲六月卜日 海東長安」廣濟鋪 開板印施 無窮奉祝」聖壽万年 兼冀法界有識」含靈

에 모셔진 두 구의 비로자나불 복장 속에서도 『범서총지집』이 발견되었다. 대적광전^{大寂光殿}의 비로자나불 복장에서는 정풍^{正豊} 원년[1156]의 간기를 가진 판본이 발견되었으며,[86] 법보전^{法寶殿}의 비로자나불 복장에서 나온 『범서 총지집』에는 병술^{丙戌}년에 이세합^{李世陜}[87]의 시주로 간행하였다는 간기가 있다.[88] 이들 세 『범서총지집』은 같은 판하본^{板下本}으로 서로 다른 각수^{刻手} 에 의해 판각된 것으로 보이며, 공덕을 쌓을 목적으로 제작되었다고 생각 된다.[89]

고려 전기에 간행된 5종의 밀교경전 가운데 『불설해백생원결다라니경』 을 제외한 4종은 이후에도 간행된 사례가 발견이 된다. 고려 전기 간행 밀 교경전 가운데 가장 주목이 되는 것은 『범서총지집』으로 의종대에 간행 된 세 종류의 유물이 보이는데, 밀교종파의 활동이 인종대를 기점으로 두 드러지기 시작하는 것과 관련이 있는 것 같다.

共證菩提者」禪師 思遠 重校"(禹秦雄, 2010, 『韓國 密敎經典의 版畵本에 관한 연구』, 20쪽)

85) 서병패, 2009, 「安東 普光寺 木造觀音菩薩坐像 腹藏典籍 研究」, 83쪽에서는 예종 6년 (1111)에 건립된 金山寺 慧德王師碑 陰記에 등장하는 重大師 思遠과 동일 인물로 보고 갑오세가 1150년이라고 하였다. 그러나 혜덕왕사비 음기의 사원은 혜덕왕사 소현의 '受敎業繼者' 가운데 한 명으로 교종 승려였을 것이기 때문에 『범서총지집』을 重校한 '禪師' 思遠과는 동일 인물이 아닐 것으로 판단된다. 하지만 의종 10년(1156) 간행이 확실한 해인사 비로자나불 복장전적인 『범서총지집』과 동일한 판본인 것으로 미루어, 갑오세가 1150년이라는 추정은 타당하다고 생각한다.

86) "玆者 奉爲 聖壽無疆 國泰民安 先亡師」僧 父母 及法界有情 速證菩提之願」與大師萬轉 同 發信義 命工雕造 梵字」陀羅尼板 印施無窮者」時正豊[隆]元年七月日 法水寺 重大師 資幸 記"(남권희, 2005, 「韓國 記錄文化에 나타난 眞言의 流通」, 72쪽)
연호인 정풍의 '豊'은 '隆'의 代字이다. 고려 태조의 아버지의 이름을 피휘한 것으로, 金 帝亮의 연호이다. 1156~1160년에 해당한다(해인사성보박물관, 2008, 『誓願 -海印寺 비로자나불 복장유물 특별전』, 65쪽).

87) 시주자 성명 판독은 남권희, 2005, 「韓國 記錄文化에 나타난 眞言의 流通」, 75쪽을 따 른다.

88) "特爲」主上壽增延 國土」大平 法界有識含靈 共證菩」提 三塗苦倫 離苦得樂」之願 命工彫 刻 梵字陀羅」尼一副 印施無窮者」歲在丙戌七月日 記」知陝州事使 文林郎 試殿中內給事 李世[陜]"(남권희, 2005, 「韓國 記錄文化에 나타난 眞言의 流通」, 84쪽)

89) 서병패, 2009, 「安東 普光寺 木造觀音菩薩坐像 腹藏典籍 研究」, 84쪽.

2) 무신 집권기의 단본 밀교경전

무신 집권기에 간행된 밀교경전으로는 『불정심다라니경』 2건, 『소재길 상경』 1건, 『범서총지집』 3건, 『불설범석사천왕다라니경佛說梵釋四天王陀羅尼經』 1건, 『장수멸죄경』 1건 등 모두 여덟 건의 유물이 현존한다.

[표 4-6] 무신 집권기 간행 단본 밀교경전

	연대		경전명	비고
①	13세기 전반 (1206~1219)		불정심다라니경	최충헌 3부자의 복수무강 기원 국립중앙박물관 소장 / 보물691호
②	1216	고종3	소재길상경	김숙룡 개판 최충헌의 수복무강 기원
③	1218	고종5	범서총지집 B	금산사 개판, 혜근대사 발원 민영규 구장, 연세대 도서관 소장
④	13세기 전반 (1219~1249)		불정심다라니경	청하상국 최이의 복수무강 기원 시랑 이핑·삼중대사 문광 간행으로 추정 화성 용주사 소장 / 보물1095-8호
⑤	1227	고종14	범서총지집	청하상국의 복수무강 기원 정해8월
⑥	1228	고종15	범서총지집 C	혜귀 서(書) 시랑 이핑·삼중대사 문광 발원 화성 용주사 소장 / 보물1095-7호
⑦	1236	고종23	불설범석사천왕다라니경	목판 해인사 개판 / 각수 대승 합천 해인사 소장 / 보물734-6호
⑧	1241	고종28	장수멸죄경	동북면병마부사 겸 상서이부시랑 이모 발원 최이의 수복무강 기원

(1) 『불정심다라니경』

현재 남아 있는 여러 종류의 『불정심다라니경』 가운데 주목되는 것으로는 세 판본을 들 수 있다. 무신 집권기의 유물이 두 건, 원 간섭기의 유물이 한 건이다. 무신 집권기의 유물 가운데 첫 번째는 국립중앙박물관 소장 보물 제691호 『불정심다라니경』이다[표 4-6-①]. 이 판본은 세로 5.3cm, 가로 3.5cm, 두께 0.5cm의 금동경갑金銅經匣 속에 다라니경을 병풍처럼 접어 넣어 휴대하고 다닐 수 있도록 한 것이다. 권말에 "특별히 진강후 최(충헌), 🔲남🔲🔲시장군 (최)우, 전중내급사 (최)향을 위하여 어려움이 없고 수복이 무강하기를 바란다[特爲晉康侯崔 兼🔲男🔲🔲侍將軍瑀 殿中內給事珦 无[90]難福壽無彊之願]"라는 발문이 있다. 최충헌과 최우崔瑀=최이, 최향崔珦 삼부자를 위하여 조성하였다는 내용이다. 최향은 최충헌의 막내아들이자 최이의 동복아우이다. 진강후晉康侯는 최충헌이 희종 2년[1206]에 받은 작호이다. 그는 고종 6년[1219]에 사망하였으므로 이 판본의 판각 시기는 희종 2년에서 고종 6년 사이로 추정된다.[91]

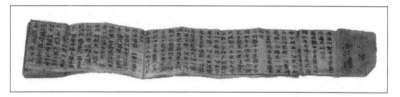

[그림 4-1] 『불정심다라니경』(13세기 전반, 국립중앙박물관 소장)

두 번째는 수원 용주사龍珠寺 소장 보물 제1095-8호 『불정심다라니경』이다[표 4-6-④]. 이 판본은 화성 봉림사鳳林寺 목조 아미타불좌상의 복장에서 수습된 것이다. 이 판본의 말미에도 두 행의 발문이 있는데, 대부분의 글자는 알아볼 수 없다. 그러나 청하상국淸河相國과 복수福壽라는 글자가 확실히 보여 청하상국, 즉 최이의 수복을 비는 내용이었음 추측할 수 있다.[92] 13세기 전기, 고종 6년[1219]에서 최이가 사망하는 고종 36년[1249] 사이

---

90) 南權熙, 2002, 『高麗時代 記錄文化 硏究』, 38쪽에서는 '尤'로 판독하였으나, 문맥상 '无'가 되어야 한다.

91) 南權熙, 2002, 『高麗時代 記錄文化 硏究』, 38쪽.

92) 南權熙, 2002, 『高麗時代 記錄文化 硏究』, 39쪽.

에 판각되었다. 원래는 네 장이 완본인 구성이었으나, 현재는 제2장이 일실되고 세 장만 전하고 있다. 상권의 2/3 지점에서 중권의 3/4 지점 정도까지가 일실된 제2장에 해당한다.

(2) 『소재길상경』

고종 3년[1216]에 간행된 이 경전은 최이의 수복무강을 위해 김숙룡金叔龍이 개판한 것이다.[93] 김숙룡은 고종 9년에 의주義州 군졸이었던 한순韓恂과 다지多智가 반란을 일으켰을 때, 후군병마사後軍兵馬使로 그들을 토벌한 인물이다.[94] 그 후 고종 14년에 추밀원좌승선 공부상서 지이부사樞密院左承宣 工部尙書 知吏部事를 거쳐, 15년에는 추밀원지주사樞密院知奏事가 되었다.[95] 동왕 21년 최이를 진양후晉陽侯로 책봉할 때에는 부사副使로 임명되어 정사 최종준崔宗峻과 함께 교서를 전달하기도 하였다.[96] 최이 정권 하에서 승진을 거듭한 것으로 보아 최이와 가까웠던 인물로 생각된다.

(3) 『범서총지집』

무신 집권기의 판본으로는 고종 5년[1218]의 민영규 구장본[표 4-6-③, B군]과 고종 14년[1227]의 개인 소장본[표 4-6-⑤, 미상],[97] 고종 15년[1228]의 봉림사 복장본[표 4-6-⑥, C군]의 세 종류가 있다.[98]

민영규 구장본은 혜근대사惠謹大師가 발원하여 금산사金山寺에서 개판을

---

93) 南權熙, 2002, 『高麗時代 記錄文化 硏究』, 39쪽.

94) 『高麗史』卷130, 列傳 第43, 韓恂・多智

95) 『高麗史』卷22, 世家 第22, 高宗 14年 12月 辛未 및 15年 12月 戊辰

96) 李奎報,「晉陽侯封冊敎書」,『東國李相國集』卷33, 敎書, "今遣使金紫光祿大夫守大尉中書侍郞平章事工部尙書崔宗峻 副使銀靑光祿大夫知樞密院事兵部尙書上將軍金叔龍等 持節備禮 冊爾爲晉陽侯"

97) 고종 14년본 개인 소장 자료는 南權熙, 2017,「고려시대 간행의 수진본 小字 총지진언집 연구」,『書誌學硏究』71, 338~339쪽에서 유물 정보를 확인하였다.

98) 『범서총지집』은 판본에 따른 성격 차이가 보이기 때문에 이 책에서 자주 언급될 자료이다. 간행 연도가 혼란을 줄 수 있기 때문에 의종 10년과 20년 해인사 비로자나불좌

하였고, 개태사開泰寺의 인혁대사仁赫大師가 각판한 것이다.99) 발문이 있어 개판 연대를 확실히 알 수 있을 뿐 아니라, 서문이 있어 고려시대의 다라니에 대한 인식이 어떠하였는지를 확인할 수 있다.100) 서문의 찬자가 누구인지는 알 수 없으나, 일행의『대일경소』·『대일경의석』, 불공 역의『금강정유가최승비밀성불수구즉득신변기지성취다라니의궤令剛頂瑜伽最勝緋密成佛隨求卽得神變加持成就陀羅尼儀軌』등 당의 밀교 경론뿐 아니라 각원의『연밀초』, 도진의『성불심요집』등 거란의 밀교 저술까지 자유자재로 인용하고 있다. 나아가 지엄智儼의『화엄오십요문답華嚴五十要問答』과 선무외삼장의 행장까지 폭넓게 인용하며, 다라니의 뛰어남과 범자 다라니의 중요성 및 그 공덕 등을 피력하고 있다.101) 이 판본은 현재까지 알려진『범서총지집』가운데

상 복장 발견본은 '해인사 복장본'으로, 고종 5년 연대 도서관 소장본은 '민영규 구장본'으로, 고종 15년 봉림사 아미타불좌상 복장 발견본은 '봉림사 복장본'으로 부르겠다.

99) "奉佛弟子 高麗國 金山寺 大師」僧 惠謹 發誠心 奉祝我」皇齡永固 國土恒安 隣兵」永息 百穀咸登 法界生」亡 離苦得樂之願發爰」請巧手彫板 梵字大藏一部」安于金山寺 印施無窮者」時貞祐六年七月日 誌」刻手 開泰寺 大師 仁赫"(연세대학교 중앙도서관 편, 2007,『(민영규 선생 기증) 귀중고서 특별전』, 47쪽)

100) "大毗盧遮那成佛經疏云 陀羅尼者 摠」持 摠持者 猶如攬結衆髮 載之在首 演」密鈔云 攬結衆髮者 總攝諸敎也 載之」在首者 表出衆乘之上也 般若理趣經」云 如來說有五藏 一經藏如牛乳 二律」藏如酪 三論藏如生酥 四般若藏如熟」酥 五陀羅尼藏如醍醐 經律論中宷爲」第一 能令解脫生死 速證涅槃安樂法」身 陀羅尼者 善無畏三藏記云 菩提速」疾之輪 解脫吉祥之海 三世諸佛生於」此門 成佛心要云 眞言 字字皆是圓圓」果海離相法界 是知實爲敎海之源也 故」智儼法師 自問華嚴經中 從陀羅尼」顯一切法 云何 自答悉曇章 是也 澄觀」法師 以四十二字眞言 作事事無导之」觀行也 大悲心經 ▨呪是禪定藏 百千三」昧常現前 是知▨ ▨禪宗之本也 故契」符禪師 人間寂上乘 直敎持誦眞言▨」十四祖龍樹菩薩 弘揚菩提神呪延壽」禪師 常誦二十五道眞言 普願一切法」界衆生所求▨▨ 大日疏云 若無頓」悟之機 不入其手 隨求經云 成佛近人」方聽是眞言 成佛遠人 世世不聽是眞」言 題目是▨ 暫得見聞隨眞者 皆是圓頓之器 誹謗不信者 皆是▨小之▨ 故」演密鈔云 毘盧遮那非[佛?]親演之金剛」蓮 花手同稟焉 非普爲一切故 故稱秘藏」也 若有讀誦修習書寫藏佩安於住處」供養禮拜所得功德 如密敎諸經中所」說 非凡夫之思議 唯佛所知 心要云 凡」諸經中所說 書寫陀羅尼利樂 有情者」皆用西天梵字 非是隨方文字也 梵字」者能令滅惡生善草[?]凡成聖令[?]之四部」大衆 雖有信解之心 而未能心念口誦」▨令此輩項佩腰持眞言陀羅尼 共結▨持圓頓之緣 因集諸經所說 上自」毘盧遮那 下及三天八部 眞言共九百」▨道 皆是法佛爲一大事 因緣開示普」▨法門 諸善知識不可思議微妙章句」若有見聞對觸頂戴執持 速得成就世」出世間殊勝功德"(연세대학교 중앙도서관 편, 2007,『귀중고서 특별전』, 46~48쪽)

101) 민영규 구장본『범서총지집』서문의 자세한 내용과 인용서에 관해서는 이 책의 제6장.

가장 많은 다라니가 수록되어 있다. 해인사본과 비교해 보면 앞부분은 거의 같으나, 뒷부분에 120여 칙의 다라니가 더 추가되어 있다. 이는 당시 고려에서 필요로 했던 다라니를 더 추가해 넣었기 때문으로 추정된다.[102)

봉림사 복장본은 '서書'자가 없이 『범총지집梵摠持集』이라는 제목으로,[103) 5장의 낱장 유물이다. 화성 봉림사 목조 아미타불좌상 복장 유물로 현재 화성 용주사龍珠寺에 소장되어 있다. 『범서총지집』C군은 별도의 저본을 바탕으로 조성된 것으로 보이며, 그 저본이 A·B군의 『범서총지집』인지는 알 수 없다. 저본이 있을 것으로 추정하는 이유는 수록된 다라니 명칭 가운데 축약된 것들이 있기 때문이다. 예컨대 고종 15년 봉림사 복장본 『범총지집』의 제3면 하단에는 보수주寶手呪가 두 차례 나오는데, A·B군의 『범서총지집』과 비교해 보면, 전자는 보수보살진언寶手菩薩眞言이고 후자는 보인수보살진언寶印手菩薩眞言이다. '보수보살진언'과 '보인수보살진언'이라는 다라니 명칭을 별도로 수록한, 즉 축약되지 않은 다라니명이 수록된 저본의 존재를 상정하지 않고는 설명하기 어려운 부분이다. 또한 이 유물은 전체가 다 갖추어져 있지 않다. 제3·4장이 빠진 채 제1장~12장의 유물이 현존한다.

이 『범총지집』은 그 자체에 간기나 발원문이 없기 때문에 언제 인출된 것인지 알 수 없다. 그러나 함께 발견된 『소자금강반야바라밀경小字金剛般若波羅密經』(보물 제1095-6호)과 함께 간행된 것으로 보고 있다. 『소자금강반야바라밀경』에는 수선사修禪社 제2세 무의자 혜심無衣子 慧諶의 발문跋文이 있는데, 그 발문에서는 『금강경』, 『법화경』「보문품普門品」, 『화엄경』「행원품行願品」, 범서대장신주梵書大藏神呪를 조성하였다고 한다.[104) 이 발문에 나오는 범

---

102) 민영규 구장본에 대한 자세한 내용은 김수연, 2016, 「민영규본 『범서총지집(梵書摠持集)』의 구조와 특징」 참조.

103) 이하 『범서총지집』을 전체적으로 일컬을 때에는 『범서총지집』으로, 봉림사 복장본만을 단독으로 언급할 때에는 『범총지집』으로 칭하도록 하겠다.

104) "如來爲一大事因緣故 出現於世間 示悟入佛之知見 佛」 知見者 豈有他哉 卽衆生心是 徹俗

서대장신주가 곧 함께 발견된 『범총지집』이라고 본다.[105] 혜심은 출가하기 전에 항상 경전을 외우고 다라니를 지송하였다고 하는데,[106] 이러한 그의 신앙 경향이 『범서총지집』 간행에 영향을 주었을 가능성도 있다. 범자는 혜귀惠歸가 썼으며, 시랑侍郎 이굉李紘과 삼중대사三重大師 문광文光의 시주로 간행하였고, 각수는 석광釋光이다. 이 가운데 이굉은 혜심 비문의 재가 신자 명단에 판소부감사判小府監事 이굉李紘으로 실려 있는 인물이며,[107] 범자를 쓴 혜귀와 문광이 누구인지는 알 수 없다. 민영규 구장본 간행에 참여한 유가종 사찰인 금산사의 혜근, 화엄종 사찰인 개태사의 인혁, 봉림사 복장본을 조성한 선종의 혜심 등 다양한 종파의 승려들이 『범서총지집』의 간행에 관여하고 있는 점이 주목된다.

고종 14년 개인 소장본은 앞부분이 파손되어 제목을 정확히 알 수 없으나, 나열된 진언의 종류 등으로 보아 『범서총지집』으로 추정된다고 한다. 전체 수록 진언 수는 파손된 부분을 제외하고 306칙으로 확인된다. 왕의 장수와 청하상국의 복수무강福壽無疆을 기원하는 발원문이 있으며,[108] 간기사항은 정해팔월일丁亥八月日로 새겨져 있다. 이로 미루어, 최이의 집권 시기 중의 정해년, 즉 1227년 간행임을 확인할 수 있다.[109]

此心 便是本來成佛」 何假▨勞積功累行爲哉 若不爾者 且於經敎中 求其宗」 要 受已能讀 讀已能誦 誦已能持 因言得義 得義亡言 因」 義了心 了心忘義 斯亦成佛之階漸也已 沙門普觀 雖未」 能直悟本心 而亦善知階漸 於敎乘中 擇取智悲行願 現」 密要門 乃請道人悅可隷書 金剛般若 法華普門品 華嚴」 行願品 又請三重惠歸 梵書大藏神呪 逘與侍郎 李紘 三」 重大師 文光 同心結類 雕板十施 ▨欲奉福於」 國家 施恩於▨極 遠衆求跋 嘉眞誠願之至 方對客次 信」 筆卽書 戊子四月上旬 祖月庵 無衣子 跋」 同類大師 釋光 彫刻」

105) '국가문화유산포털 www.heritage.go.kr' 화성 봉림사 목조아미타불좌상 복장전적 일괄 문화재정보 참조(2022.3.6. 검색).

106) 李奎報, 「月南寺址眞覺國師碑」(『韓國金石全文』 中世下, 1016쪽), "常念經持呪 久乃得力 喜毁斥淫巫妖祠 或往往救人病有效"

107) 李奎報, 「月南寺址眞覺國師碑」(『韓國金石全文』 中世下)

108) "伏爲」 聖壽天長 儲齡地」 久 淸河相國 福壽」 無疆 兼發四弘願」 募工彫板 印施無」 窮者"(南權熙, 2017, 「고려시대 간행의 수진본 小字 총지진언집 연구」, 339쪽)

109) 南權熙, 2017, 「고려시대 간행의 수진본 小字 총지진언집 연구」, 338~339쪽.

(4) 『불설범석사천왕다라니경』

이 경전은 『불설다라니경佛說陀羅尼經』, 『사천왕주경四天王呪經』 등에서 여러 여래·보살·신들의 명호만 뽑아서 만든 일종의 축약 경전이다. 약사여래 와 좌우 협시인 일광日光·월광보살月光菩薩 및 사천왕과 여러 신격에게 질병, 기근, 병란 등이 소멸되기를 기원하는 내용이다. 제일 마지막에 이러한 기원을 이룰 수 있는 다라니가 설해져 있다.[110]

병신丙申세에 판각된 1판 2장의 목판으로, 해인사의 서사간전西寺刊殿에 보관되어 있다. 다른 판과의 양식적 유사성과 외형적 특징 및 연호를 사용하지 않고 간지만으로 표기한 방식, 이 판을 새긴 각수刻手 대승大升의 활동 시기 등으로 미루어 보아 고종 23년1236에 해인사에서 판각된 것이 확실시 된다.[111] 목판의 마지막 부분에는 외적의 격퇴와 나라의 평화를 기원하는 발원문이 새겨져 있다.[112]

(5) 『장수멸죄경』

무신 집권기 『장수멸죄경』의 사례는 현재 한 건[표 4-6-⑦]이 존재한 다. 고종 28년1241에 동북면병마부사 겸상서이부시랑東北面兵馬副使 兼尙書吏部侍郎 이모李某가 최이의 수복무강을 빌기 위해 간행한 것이다.[113]

무신 집권기에 간행된 밀교경전의 특이점은 발원문에 최충헌, 최이, 최 향의 수복무강을 비는 내용이 포함되어 있다는 점이다. 이는 최씨집권기

---

110) 南權熙, 2002, 『高麗時代 記錄文化 硏究』, 52쪽.
111) 林基榮, 2009, 『海印寺 寺刊板殿 所藏 木板 硏究』, 경북대 문헌정보학과 박사학위논문, 41~42쪽 ; 禹秦雄, 2010, 『韓國 密敎經典의 版畵本에 관한 연구』, 22쪽 ; 임기영, 2014, 「고려시대 밀교 문헌의 간행 및 특징」, 『書誌學硏究』58, 418쪽.
112) "伏爲」 聖壽無疆 隣兵永息 時和」 勢稔 國泰民安之願」 丙申六月日誌」 刻手 大升」 海印 寺 彫造"
113) 千惠鳳, 1990, 『韓國典籍印刷史』, 190쪽.

라는 정치적 상황이 반영된 결과일 것이다. 또『범서총지집』A군과 제목은 같지만 내용이 다른『범서총지집』B·C군이 등장하는 것이 특징이며, 민영규 구장본『범서총지집』은 서문이 있어 눈여겨보아야 할 자료이다. 이들『범서총지집』간행에는 선종, 화엄종, 법상종 등 다양한 불교종파가 관여한 깃으로 보이는데, 무신 집권기에 밀교 다라니신앙에 대한 관심 고조 및 확산과 궤를 같이 하는 것으로 추정된다.

3) 원 간섭기 이후의 단본 밀교경전

원 간섭기 이후에는『장수멸죄경』,『대비심다라니경大悲心陀羅尼經』,『불정심다라니경』,『오대진언五大眞言』,『성불수구대다라니成佛隨求大陀羅尼』, 대불정다라니大佛頂陀羅尼=일체여래대불정백산개총지一切如來大佛頂白傘蓋摠持 등 여섯 종류의 다라니를 수록한『육경합부六經合部』,114)『불설천존각온황신주경佛說天尊却溫黃神呪經』등 23건이 현재 남아 있다. 14세기 말 대흥사大興寺에서『범서총지집』이 각인刻印되었다고 하나[표 4-7-⑲]115) 더 이상의 자세한 정보가 없기 때문에 이 사례를 제외하고 나머지 단본 밀교경전들을 살펴보겠다.

---

114) 이 경전을 지칭하는 명칭은 다양하다. 여섯 종류의 다라니를 모아 놓았다는 의미에서『六種佛書』라고도 하며(許興植, 1997,『高麗로 옮긴 印度의 등불 -指空禪賢』, 一潮閣 ; 한성자, 2001,「다라니를 통해 본 지공화상의 밀교적 색채」; 김수연, 2012,『高麗時代 密敎史 硏究』, 이화여대 사학과 박사학위논문), 표제를 그대로 따라『일체여래대불정백산개총지』라고 부르치도 하고(南權熙, 2002,『高麗時代 記錄文化 硏究』), 여섯 경전이 묶여 있는 형태라는 의미를 살려『육경부』라는 명칭을 사용하기도 한다(동국대학교 불교학술원, 2017,『원각사의 불교문헌』). 이 책에서는 여섯 종류의 다라니가 하나로 합철되어 있다는 형태적 특징을 살려『육경합부』라는 명칭을 사용하고자 한다.
115) 이 자료의 유물 정보는 千惠鳳, 1990,『韓國典籍印刷史』, 83쪽에 근거한다.

[표 4-7] 원 간섭기 이후 간행 단본 밀교경전

	연대		경전명	비고
①	1278	충렬4	장수멸죄경	목판 신하사 개판 / 정현·경산부 부사 전 중내급사 전노 발원 합천 해인사 소장 / 보물206-21호
②	1286	충렬12	장수멸죄경	묵서 사경 김연(金延)·주만(朱万) 시주
③	1293	충렬19	대비심다라니경	일연문도인 선린이 인홍사 간행 서울대 도서관 소장
④	13세기 후반		범서총지집 C	1302년 아미타불 복장자료 중 하나
⑤	1301	충렬27	불정심다라니경	권운(權惲) 서(書) 백종흠(白宗欽) 소장
⑥	1306	충렬32	불정심다라니경[佛頂心呪經]	고창군부인(高敞郡夫人) 오씨 시주로 판각 국립중앙박물관 소장
⑦	1335	충숙4	불정심다라니경	목판 어매현 거주 남아 발원 합천 해인사 소장 / 보물734-10호
⑧	1342	충혜복3	장수멸죄경	순정군부인(順政郡夫人) 안씨 발원 경주 기림사 소장 / 보물959-2-19호
⑨	1346	충목2	오대진언	문수사 금동 관세음보살좌상 복장
⑩	1352	공민1	장수멸죄경	중랑장(中郎將) 남궁백(南宮伯) 시주
⑪	1364	공민13	장수멸죄경	백지묵서
⑫	1365	공민14	육경합부[正本一切如來大佛頂白傘蓋摠持]	천마산 보성사 개판 / 우두산 번각
⑬	1370년대 초중반		장수멸죄경	백지금니 사경 김유, 최공철 등 발원 경주 기림사 소장 / 보물959-1-7호
⑭	1375	우왕1	육경합부[正本一切如來大佛頂白傘蓋摠持]	천마산 보성사 개판 / 지리산 무위암 중간 경주 기림사 소장 / 보물959-2-22호
⑮	1375	우왕1	성불수구대다라니	합천 해인사 원당암 목조 아미타삼존 상 복장
⑯	1376	우왕2	장수멸죄경	

	연대		경전명	비고
⑰	1378	우왕4	장수멸죄경	법홍·김신계 시주 국립중앙박물관 소장 / 보물701호
⑱	고려후기		장수멸죄경	전중랑장(前中郞將) 이해(李諧) 시주 경주 기림사 소장 / 보물959-2-20호
⑲	14세기		범서총지집	해남 대흥사 각인
⑳	고려말		장수멸죄경	금정산 중봉앙
㉑	고려 말		불설천존각온황신주경(大)	목판 합천 해인사 소장 / 보물734-8호
㉒	고려 말		불설천존각온황신주경(小)	목판 합천 해인사 소장 / 보물734-9호
㉓	고려 말		육경합부[大佛]頂陀羅尼]	한중연 소장 / 보물1129호

(1) 『장수멸죄경』

현재 원 간섭기 이후의 『장수멸죄경』은 총 10종이 남아 있다. 이 가운데 주목할 만한 판본으로는 우선, 합천 해인사의 서사간전에 보관되어 있는 보물 제206-21호본을 꼽을 수 있다[표 4-7-①]. 10판 19장의 목판으로, 충렬왕 4년[1278]에 경산부 부사 전중내급사京山府 副使 殿中內給事 전노田盧와 신하사新荷寺의 동량승棟梁僧 정현正玄이 발원하여 각판한 것이다.[116] 정현이 어떤 인물인지 구체적으로 알 수 있는 자료는 없지만, 전문적으로 불사를 주도하던 승려였던 것 같다. 이 목판으로 조선시대에 인출한 『장수멸죄경』이 서울대 규장각에 보관되어 있다(규15541).[117]

『장수멸죄경』의 사경도 존재한다. 충렬왕 12년[1286]에 조성된 [표 4-4-②]는 묵서 사경이며, [표 4-7-⑬]은 백지금니白紙金泥 사경이다. 후자는 김

---

116) "伏爲」 皇帝億載統臨 宮主國王各」 保万年 儲宮宗室 慶膺千歲」 次願妻梁氏及諸兒産 延年益」 壽 災萌不兆 福海爾深 先亡父」 母 六親眷屬 離苦得樂 法界有」 情 俱霑利樂之願 與新荷寺 興」 香 正玄 同誓 刻板印施 無窮者」 至元十五年五月日 誌」 棟梁道人 正玄」 京山府副使 殿中內給事 田盧」

117) 남희숙, 2000, 「朝鮮時代 陀羅尼經·眞言集의 간행과 그 역사적 의의 -서울大 奎章閣 所藏本의 분석을 중심으로」, 『회당학보』 5, 98~99쪽.

유金庾와 최공철崔公哲, 오중화吳仲華 등이 발원하여 조성한 것이다.[118] 김유는 홍건적을 격파하고 도성을 수복한 공으로 공민왕 12년[1363]에 이등공신二等功臣에 오르고, 홍왕사興王寺의 난을 평정한 공으로 일등공신이 되었다. 원나라에서 공민왕을 폐위시키고 덕홍군德興君을 추대하려는 움직임이 있었을 때에는 이를 따르지 않고 절개를 지켜, 귀국 후에 추성익조공신推誠翊祚功臣 호를 받았다. 이후 공민왕의 신임을 받아 여러 차례 명에 사신으로 다녀오고 여러 반란을 진압한 인물이다. 말년에 이인임李仁任에게 미움을 받아 가산을 몰수당하고 유배지로 가던 중 우왕 12년[1386]에 사망하였다.[119] 최공철은 여러 차례 왜구를 격파하는 공을 세웠으며 1388년의 요동정벌 때 조민수曹敏修 휘하에서 종군하여 위화도회군 후에 공신이 되었다. 공양왕 2년[1390]에 발생한 윤이尹彝·이초李初의 옥사에 연루되어 옥사한 인물이다.[120] 오중화는 공민왕 20년[1271] 신돈辛旽이 실각할 때, 신돈의 당류黨類로서 장류杖流당한 인물이다. 그 후 복권되어 창왕대에 판밀직사사判密直司事였으나 부정을 저질렀다 하여 파직당하고,[121] 재차 복권되어 조선 초에는 검교참찬문하부사檢校叅贊門下府事로 사망하였다.[122] 이 사경은 당대의 고위 관리와 그 부인들이 시재施財한 만큼 금니로 조성되었다. 1370년대 초중반에 조성된 것으로 추정되며,[123] 경주 기림사祇林寺에 소장되어 있다.

---

118) "大功德主▨▨…▨▨」忠勤翊贊功臣 ▨▨▨城君 鄭▨」推忠翊祚功臣 匡靖大夫 前知門下事 上護軍 金庾」月城郡夫人 金氏」輸忠輔理功臣 重大匡 瑞城君 崔公哲」原州郡夫人 李氏 通州」▨▨安國」奉翊大夫 前典工判書 吳仲華」▨▨▨▨人 權氏"

119) 『高麗史』卷114, 列傳 第27, 金庾

120) 『高麗史節要』卷43, 恭讓王 2年 5月

121) 『高麗史』卷.137, 列傳 第50, 昌王 元年 10月

122) 『太祖實錄』卷10, 太祖 5年 10月 17日(辛丑)

123) 김유는 1369년에 知門下府事가 되었으며, 오중화는 1396년에 사망한 인물이다. 김유는 공민왕대 후반기에 知門下事를 역임하다 우왕 즉위 후에 判開府使가 되고 金海君으로 봉해진다(『高麗史』卷114, 列傳 第27, 金庾). 본 사경의 발문에는 김유의 김해군君封이 반영이 되어 있지 않기 때문에, 조성 연도는 우왕 원년인 1375년경을 넘지 않는 시기로 보아야 하지 않을까 생각한다.

보물 제959-1-7호로 소조 비로자나불 좌상의 복장 유물군 가운데 하나이다.

보물 제701호『장수멸죄경』도 주목할 만한 유물이다[표 4-7-⑰]. 자연自延이 관여하고 법홍法弘과 김신계金臣桂의 시주로 중간重刻되었다. 조성 연대는 무오戊午라고만 나와 있는데,[124] 우왕 4년1378으로 추정된다. 법홍과 김신계가 어떤 인물인지에 대한 정보는 없다. 그러나 기림사 소조 비로자나불 좌상의 복장에서 나온『부모은중경父母恩重經』도 같은 해에 이들의 시주로 조성된 유물이어서 눈길을 끈다.[125]『부모은중경』은 부모가 자식을 낳아 기르는 은혜와 그 은혜를 갚는 방법 등을 설한 경전이다. 고려시대의 판본은 없지만,『장수멸죄경』과『부모은중경』을 합각한 조선 전기 유물이 남아 있다. 자연과 법홍, 김신계가 같은 해 함께 조성한 경전이 이 두 경전인 것으로 미루어, 늦어도 고려 후기부터 양자를 유사한 성격의 경전으로 묶어서 보는 시각이 있었던 듯하다.

(2)『대비심다라니경』

고려시대에 간행된『대비심다라니경』은 두 가지 형태로 구분된다.『대비심다라니경』만을 단독으로 간행하는 경우와 다른 다라니와 묶어 간행하는 경우이다. 후자의 경우 후술할 지공指空 역의『육경합부』속에 섞여 간행되었다.『대비심다라니경』의 단독 간행은 [표 4-7-③]의 사례 외에는 찾아볼 수 없다. 권말에 간기가 있어, 충렬왕 19년1293에 인흥사仁興寺에서 개판되었음을 알 수 있다.[126] 경전 앞머리에 대비심다라니계청大悲心陀羅尼啓請이 있고, 뒤이어 신묘장구다라니神妙章句陀羅尼가 쓰여 있다. 다라니 다음

---

124) "主上殿下 壽万歲」 諸官宗室 各保千秋 國泰民安」雨」 順風調 禾稼登稔 天下大平 法界有」 情 俱登覺岸者」戊午 五月日 重刻」 勸善 比丘 自延」 同願 比丘 覺寬」 同願 比丘 解禪」 施主 比丘 法弘」 金臣桂"

125) "戊午 五月日 開板 化主 自延」 施主 比丘 法弘」 金臣桂"

126) "至元三十年 癸巳 正月日 仁興寺 開板"

에는 가범달마伽梵達摩 역의 『대비심다라니경』에서 설하는 다라니 염송의 공덕을 발췌해 서술하고 있다. 인흥사에서는 비슷한 시기에 『법화경보문품』과 『인천보감人天寶鑑』도 간행되었다. 전자는 충렬왕 원년1275에, 후자는 동왕 16년에 간행되었는데 간행처에 대한 언급은 없으나 양자 모두 선린禪麟이 관여한 것이었다. 선린은 일연비一然碑의 음기에 명시된 '인흥사仁興社 선린禪麟'과 동일 인물이다. 『법화경보문품』의 경우 관세음보살육자대명진언觀世音菩薩六字大明眞言이 함께 수록되어 있다. 13세기 후반에 인흥사가 현실 구원과 실천의 성격을 띤 관음신앙을 표방하고 이와 관련된 다라니신앙을 강조하였음을 확인할 수 있다.127)

(3) 『불정심다라니경』

『불정심다라니경』의 유물은 고려 전 시기에 걸쳐 나타난다. 그 가운데 주목할 만한 유물은 세 가지로, 그중 두 건은 무신 집권기에 간행된 것이다. 세 번째는 보물 제734-10호 합천 해인사 소장 『불정심다라니경』이다 [표 4-7-⑦]. 이 유물은 1장 단면의 목판으로 남아 있다. 충숙왕 4년1335 을해乙亥에 판각된 것으로 추정된다. 발원자는 어매현御梅縣=禦侮縣128)에 거주하는 남아男兒로 새겨져 있다.129) 이름을 밝히지 않고 거주지와 남아라고만 표현하고 있는 것으로 보아, 지배층이 아니라 일반 민이 발원하였음을 알 수 있다. 이 판본은 『불정심다라니경』 세 권 모두를 판각한 것이 아니라, 제1권에 실려 있는 다라니와 다라니의 핵심 공덕만을 독립시킨 것이다. 권말의 부적은 다른 판본과 동일하게 삽입되어 있으나, 일자정륜왕다

---

127) 蔡尙植, 1996, 『高麗後期佛敎史硏究』, 170~175쪽.
128) 御梅縣은 尙州牧의 禦侮縣으로 추정된다. 지금의 상주, 김천 일대이다(林基榮, 2009, 『海印寺 寺刊板殿 所藏 木板 硏究』, 81쪽).
129) "御梅縣居住 男兒 乙亥" 特爲 今生則腹[病][除]▨ 後世則速證菩提之願」 佛頂心陀羅尼 ▨▨…▨▨」 ▨▨…▨▨」 ▨▨…▨▨"

라니와 자재왕치온독다라니는 누락되어 있다.

(4) 『오대진언』

서산 문수사文殊寺 금동 여래좌상 복장에서 발견된 낱장 유물이다[표 4-7-
⑨].130) 월부수鉞斧手·옥환수玉環手·배연화수白蓮華手·청연화수靑蓮華手·보경수
寶鏡手진언의 5종 관음수주觀音手呪 및 수인도手印圖가 실려 있다. 오대五大라는
판심제板心題와 함께 오五라는 면수가 판각되어 있어, 『오대진언』 중 한 면
에 해당하는 것임을 알 수 있다. 기림사 소조 비로자나불 복장 전적 중
1484년 원통암圓通庵에서 간행된 『오대진언합부五大眞言合部』와 판식板式만 다
를 뿐 범자와 본문의 배치, 수인도 동일하다. 고려 말의 『오대진언』이 조
선 초 원통암에서 간행된 판본의 모본이었을 가능성도 있다.131)

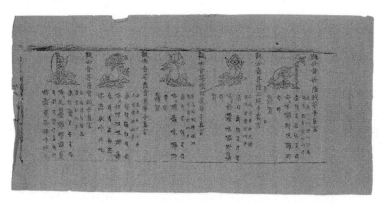

[그림 4-2] 『오대진언』(1346년, 수덕사 소장)

사진: 수덕사근역성보관 제공

---

130) 남권희의 연구를 보면 개인 소장의 고려본 『오대진언』에 대한 언급이 있다(남권희,
2013, 「장서각 소장 불교 典籍文化財의 書誌 연구」, 30쪽 ; 남권희, 2014, 「高麗時代『密
敎大藏』 卷9의 書誌的 硏究」, 23쪽). 그러나 이 자료에 대한 간략한 소개에 그치고 있어
자세한 서지 정보를 알 수 없기 때문에, 이 책에서는 존재 사실만을 언급하고 연구의
대상에는 포함시키지 않았다.
131) 문상련(정각)·김연미, 2021, 「관음(觀音) 42수주(手呪) 및 『오대진언』의 성립과 전개」,
『불교미술사학』 31, 199~200쪽.

(5) 『성불수구대다라니』

해인사 원당암顧堂庵의 목조 아미타삼존상 복장에서 발견된 전적이다[표 4-7-⑮]. 7.2×4.8cm의 수진본 절첩 형태의 목판본이다. 불회상佛會相이라는 제목으로 변상도를 시작으로, 성불수구대다라니, 대비심다라니, 불정존승다라니佛頂尊勝陀羅尼 등 50여 종의 다라니와 18종의 부인符印이 연이어 수록되어 있다. 여러 다라니를 모은 모음집으로 제일 앞에 위치한 성불수구대다라니를 제목으로 부르고 있다.[132] 마지막 부분에 홍무 을묘乙卯, 1375년 겨울에 박면朴免 등이 간행한다는 간기가 있어,[133] 조성 연대를 확인할 수 있다.

[그림 4-3] 『성불수구대다라니』(1375년, 해인사 소장)

사진: 해인사성보박물관 제공

파지옥진언破地獄眞言이나 관음40수주觀音四十手呪 등 고려 후기에 나타나기 시작하는 진언류들이 관찰되어, 당시의 다라니신앙의 양상을 살펴볼 수 있는 자료이다.

---

[132] 『성불수구대다라니』라는 경전명은 해인사성보박물관, 2017, 『願堂 -해인사 원당암 아미타불 복장유물 특별전』의 명칭을 가져온 것이다. 이 외에도 『諸陀羅尼』라는 명칭으로 부르는 경우도 있다(남권희, 2017, 「고려시대 간행의 수진본 小字 총지진언집 연구」).

[133] "甲寅 伊始于今乃成功德之[處] 所當卽行過神呪影佛種猶萌」況持而信玄應愈明」太后難老」主上遐齡祥疑 四埜慶洽」朝廷秉彝之暇 咸悟無生廣資」恩 有令出火阮 洪武乙卯冬 施主 耔郎將 朴免 述"(남권희, 2017, 「고려시대 간행의 수진본 小字 총지진언집 연구」, 349쪽)

(6) 『육경합부』

　『육경합부』는 백산개진언大白傘蓋眞言, 여의주如意呪, 존승주尊勝呪, 대비주大悲呪, 범어심경梵語心經, 시식진언施食眞言 등 6종 다라니의 합본合本이다. 제일 앞에 위치하는 백산개총지를 대표 제목으로 부르기도 한다. 범어심경을 제외한 각 나라니 앞에는 한문으로 쓰여진 계청이 있다. 그 다음에, 백산개총지는 '서천사조선사西天嗣祖禪師 지공 중교重校', 나머지 다섯 다라니는 '서천사조선사 지공 역譯'이라고 하여 역자를 밝히고 있다.

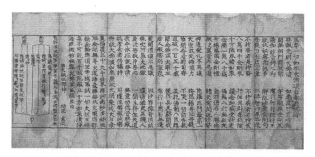

[그림 4-4] 『육경합부』(1375년, 기림사 소장)

　『육경합부』 가운데 인출 연대를 확실히 알 수 있는 것으로는 두 종류가 있다. 지정至正 25년공민왕 14, 1365본[표 4-7-⑫]과 홍무洪武 8년우왕 원년, 1375본[표 4-7-⑭]이다. 두 종류 모두 천력天曆 3년충숙왕 17, 1330에 천마산天摩山 보성사寶城寺에서 개판된 판본을 중간重刊한 것이다. 지정 25년본은 전충수全忠秀의 시재로 우두산牛頭山에서 조판되었고,[134] 홍무 8년본은 지리산 무위암無爲菴에서 중간되었다.[135] 후자는 중간기 다음에 환산皖山, 동산東山, 몽산蒙山

---

134) "祝」皇帝億載」主上千齡 天下昇平 法輪相轉 助緣檀越 各增」蒲祿 法界有情 同成正覺 爾 時 天曆三年 孟」春月日 東韓 廣明禪寺 比丘 圓菴 空之謹題」天曆三年 庚午 正月上旬 天摩山 寶城寺 開板」幹辦露菴亂山達牧書」同願 比丘 達全刁」同願 比丘 惠一」功德主 前中顯大夫 書雲正 全忠秀」至正二十五年 乙巳 三月日 牛頭山 開板"(禹秦雄, 2010,『韓 國 密敎經典의 版畵本에 관한 연구』, 26쪽)
135) "祝」皇帝億載」主上千齡 天下昇平 法輪相轉 助緣檀越 各增」蒲祿 法界有情 同成正覺

등 송·원대 임제종臨濟宗 양기파楊岐派에 속한 고승들의 어록이 첨부되어 있
다. 고려의 선종계에서 지공과 몽산덕이蒙山德異, 1231~1308와의 접합이 일찍부
터 이루어졌음을 보여주는 자료로도 주목된다.[136]

『육경합부』 권말에는 지공의 제자인 달목達牧이 쓴 후지後誌가 있어 그
성립 과정을 알 수 있다.[137] 지공은 중천축국 왕의 삼남으로, 태정제泰定帝
때 원에 들어왔다. 금강산에 가고자 황제에게 요청하여 어향御香을 받들고
태정 3년충숙왕 13, 1326 3월에 개경에 도착하였다. 그리고 단월들의 요청으로
천화사天和寺에서 하안거를 지냈다. 지공의 행적을 전하는 「불조전심서천
종파지요서佛祖傳心西天宗派旨要序」에 의하면, 천화사에서 하안거를 시작한 것
은 고려에 들어온 다음해의 일이다.[138] 이때 달정達正·선숙禪淑·달목 등이
범어의 원 발음으로 다라니의 교감을 부탁하자 빠진 부분과 잘못된 부분
을 교정하여 써주었다고 한다.

지공은 고려의 지배층을 중심으로 한 재가신도들에게 생불生佛로 숭앙
을 받았던 인물이다.[139] 지공에 대한 숭앙 분위기는 그의 역경이나 저술

爾 時 天曆三年 孟」 春月日 東韓 廣明禪寺 比丘 圓菴 空之謹題」 天曆三年 庚午 正月上旬
天摩山 寶城寺 開板」 幹辨露菴亂山達牧書」 同願 比丘 行眞刁」 洪武八年 乙卯 五月日 智
異山 無爲菴 重刊」 幹化 比丘 賢護」 同願 祖玄 守義 達心」 同願 行禪 達山」 同願 佛行 正
照 戒訥刁」 校正 比丘 克超」(許興植, 1997, 『高麗로 옮긴 印度의 등불』, 351쪽)

136) 許興植, 1997, 『高麗로 옮긴 印度의 등불』, 93쪽.
137) "藏經中秘密神呪眞言章句 雖有錯謬 若非西」 竺聖賢 冥契佛意者 誰敢攷之 而又添滅改
正」 一言乎 竊惟」 聖師 指空和尙 以悲願力 降神釋種 爲中天國」 王第三子 八歲出家 學窮
三藏 年至二十 便往」 南竺普明尊者處 得法傳衣 東化支那 遂達于」 帝都 親對日角 敷揚正
法 仍請往觀金剛山 因受」 御香東行 越泰定三年 三月日 到于王京 受檀」 越之請 結夏於天
和寺 一日門人達正禪淑達」 牧等 持大宋時三藏智吉祥等 詳校補闕 大白」 傘蓋眞言一部
呈師願聞中印土梵語正訓師」 因覽畢曰 此本亦有闕失 於是 添輔漏略 精加」 詳定 以中印
土梵字 手書大白傘蓋眞言 幷繕」 寫 如意呪 大悲呪 尊勝呪 梵語心經 施食眞言」 以梵訓傳
之 達牧等 稽首諷傳 僉曰 嗚呼 我輩」 生此東陲 時當末法 雖欲聞西竺祖師正宗 泊」 梵音眞
言正訓 烏可得也 今遇聖師 可謂浮」 木盲龜之大幸也 遂以諷傳正本 用墨畫挾科」 便於誦
習 錄鋟梓流通 廣施無窮庶結勝緣用」(許興植, 1997, 『高麗로 옮긴 印度의 등불』, 351쪽)
138) 許興植, 1997, 『高麗로 옮긴 印度의 등불』, 92~93쪽.
139) 지공에 대한 고려 재가신자층의 숭앙은 姜好鮮, 2011, 『高麗末 懶翁慧勤 硏究』, 서울대
국사학과 박사학위논문, 55~76쪽 참조.

을 존숭하는 것으로 이어졌다. 지공의『문수사리최상승무생계경文殊舍利最上
乘無生戒經』은 고려 사회에 큰 영향을 주었다. 이 경의 교설을 듣고 크게 감화
받은 계림부 사록鷄林府司祿 이광순李光順은 성황제城隍祭를 지낼 때 육류를 사
용하지 못하게 하고 돼지도 기르지 못하게 엄금하였다.[140] 또한 민지閔漬
는『선요록禪要錄』서문에서 그의 감화를 받아 고려인들은 "술과 고기를 즐
기던 이들이 이를 끊었고, 무격巫覡을 따르던 이들이 이를 멀리하였다."라고
교화의 성과를 강조하였다.[141] 지공이『육경합부』를 써준 것이 1327년이
고 현존 판본의 개판년도가 1330년임을 생각한다면, 수서手書한 후 얼마
지나지 않아 판각 작업에 들어간 것으로 보인다. 고려 말 지공의 영향력으
로 인해 신속한 판각과 여러 차례에 걸친 중각重刻이 이루어졌을 것이다.

(7)『불설천존각온황신주경』

두 종류의 현존본[표 4-7-㉑·㉒]이 존재한다. 양자 모두 1판 2장의 목
판이며, 합천 해인사의 서사간전에 보관되어 있다. 보물 제734-8호는 세
로 20.6cm, 가로 63.6cm, 두께 2.9cm이고, 보물 제734-9호는 세로 14.6cm,
가로 63.3cm, 두께 2.4cm이다. 크기가 약간 차이가 나지만 내용은 동일하
다. 간기가 없지만 판의 양식 및 글자를 새긴 형태로 보아 고려 말의 판으
로 여겨진다.[142]

석가세존이 왕사성王舍城 죽림정사竹林精舍에서 설법할 때, 유야리국維耶離國
에서 돌림병의 일종인 온황이 맹위를 떨쳐 사망자가 무수히 나왔다. 이에
아난이 구제를 요청하자, 부처님께서 병마는 7귀신이 내습하여 발병하게
된 것임을 말하고 그 일곱 귀신의 명호를 불러 퇴치하였다는 내용과 세존
이 준 주문을 담고 있다.

---

140)『高麗史』卷35, 世家 第35, 忠肅王 15年 7月 庚寅
141) 許興植, 1997,『高麗로 옮긴 印度의 등불』, 99쪽.
142) 林基榮, 2009,『海印寺 寺刊板殿 所藏 木板 研究』, 78쪽.

4) 고려시대 유통 단본 밀교경전의 특징

고려시대에는 총 12종의 밀교경전이 단본으로 간행되어 유통되거나 불복장 속에 납입되었다. [표 4-8]은 경전별로 간행되었던 시기들을 정리한 것이다.[143]

[표 4-8] 고려시대 간행 단본 밀교경전

	경전명	간행 연도
①	보협인다라니경	목종10^{1007}
②	불설해백생원결다라니경	정종11^{1045}
③	장수멸죄경	문종25^{1071} 고종28^{1241} 충렬4^{1278} ‖ 충렬12^{1286} 충혜복3^{1342} 공민1^{1352} ‖ 공민13^{1364} ‖ 1370년대 초중반 우왕2^{1376} ‖ 우왕4^{1378} 고려 후기 고려 말 辛亥(?)
④	불정심다라니경	문종35^{1081} 13세기 전반$^{1206~1219}$ 13세기 전반$^{1219~1249}$ 충렬32^{1306}

---

143) 필자는 고려시대에 간행된 『범서총지집』의 종류를 앞선 논문에서 몇 차례 소개한 바 있다(김수연, 2012, 『高麗時代 密敎史 硏究』 ; 2015, 「고려시대 간행 『梵書摠持集』을 통해 본 고려 밀교의 특징」 ; 2016, 「민영규본 『범서총지집(梵書摠持集)』의 구조와 특징」). 아래의 표는 이 논문들을 간행한 뒤에 학계에 소개된 판본들을 추가하여 재조정한 것이다.
현재 상황에서 필자가 파악할 수 있는 고려시대 간행 밀교경전의 판본을 총정리한 것이지만, 필자의 능력과 정보 부족으로 누락된 밀교경전들이 있을 것이다. 이에 대한 독자 여러분의 양해를 구하며 『범서총지집』을 비롯한 고려시대 간행 밀교경전들에 대한 새로운 정보과 후속 연구에 관심을 기울여 주시기를 바란다.

	경전명	간행 연도
⑤	범서총지집	의종4[1150][A] ‖ 의종10[1156][A] ‖ 의종20[1166][A] 고종5[1218][B] ‖ 고종14[1227] ‖ 고종15[1228][C] 13세기 후반[C] 14세기
⑥	소재길상경	고종3[1216]
⑦	불설범석사천왕다라니경	고종23[1236]
⑧	대비심다라니경	충렬19[1293]
⑨	오대진언	충목2[1346]
⑩	육경합부	공민14[1365] 우왕1[1375] 고려 말
⑪	성불수구대다라니	우왕1[1375]
⑫	불설천존각온황신주경	고려 말

이 표를 보면, 고려 전 시기에 걸쳐『장수멸죄경』의 유물이 총 12건으로 가장 많았다. 또『불정심다라니경』과『범서총지집』도 고려 전 시기에 걸쳐 간행된 사례이다. 이들 두 경전은 시대적·사상적 변화에 맞추어 판본에 변화가 보였다. 한편, 각 시기별로 그 당시에만 보이는 경전도 있다. 특정 시기에만 나타나는 밀교경전이 당대의 사상이나 신앙과 관련이 있을 수도 있다. 그러나 고려시대 밀교경전의 유물 사례 자체가 많지 않은 상황에서 일차적으로는 유물이 현존하느냐의 여부와 관련된다고 보아야 할 것이다.

이상의 고려시대 유통 단본 밀교경전의 특징을 고찰하면 다음과 같다.

(1) 현세구복 신앙의 강세

첫째, 경전의 간행과 유통 경향 속에서 현세구복 신앙의 강세가 드러나 보인다. 12종의 단본 밀교경전 가운데,『범서총지집』,『오대진언』,『성불수구다라니』,『육경합부』등 다라니 모음을 제외한 단본 밀교경전에서 현세구복을 직접적으로 설하고 있다.『범서총지집』을 위시한 다라니 모음집도 현세구복과 극락왕생, 파지옥, 성불 등 다양한 기원 내용을 담은 다라니가 모여 있으므로 현세구복과 전혀 무관하지는 않다. 또한 민영규 구장본『범서총지집』의 서문에서는 다라니를 염송하면 선정禪定에 들 수 있다는 내용을 이야기해, 다라니를 수행의 방편으로서 제시하고 있다. 그러나 이 서문에서는 다라니를 패용하면 여러 밀교경전에서 설하는 공덕을 받을 수 있다고도 이야기하고 있기 때문에,『범서총지집』이 현세구복 신앙과 전혀 무관하다고 할 수는 없다. 요컨대 고려시대에 간행된 모든 단본 밀교경전에서 현세구복을 언급하고 있는 것이다.

이러한 현세구복 신앙에서 가장 현저하게 드러나는 존격은 관세음보살이다. 단본 밀교경전 가운데 관음신앙과 관련되는 경전은『불정심다라니경』과『대비심다라니경』,『육경합부』이다. 우선『불정심다라니경』은 경전명에서부터 관세음보살을 드러내고 있으며, 제1권에서 관세음보살이 석가모니불에게 다라니를 설해주도록 주청하는 장면에서부터 시작된다. 또 제3권에는 전염병이 유행하는 나라에 관세음보살이 화현하여 경전을 퍼뜨려 전염병을 물리쳤다는 영험담이 소개되어 있다. 특히 보물 제691호본『불정심다라니경』의 경우에는 경전 말미에「관세음보살보문품觀世音菩薩普門品」이 첨부되어 있다.「관세음보살보문품」은『법화경』제25품으로, 무진의보살無盡意菩薩의 질문에 여래가 답하는 형식으로 되어 있다. 현세구복적 관음신앙의 근본경전이라 일컬어진다.[144] 보물 제691호 본에 첨부되어 있는「관세음보살보문품」은 이 품의 핵심적인 내용을 설하는 게송 부분만을 적고 있다. 현세구복적 관음신앙의 대표적인 두 경전을 접합하여 공덕의 상호보완을 기대한 것 같다.「관세음보살보문품」에서는 대수大水,

---

144) 鄭炳三, 1982,「統一新羅 觀音信仰」, 12쪽.

대화^{大火}, 나찰^{羅刹}, 도장^{刀杖}, 악귀^{惡鬼}, 가쇄^{枷鎖}, 원적^{怨賊} 등의 칠난^{七難}과 탐貪·
진^嗔·치^癡의 삼독^{三毒}, 구자^{求子} 등을 설하나, 질병 치유나 전염병 기양에 관
한 내용은 나오지 않는다. 그러나 『불정심다라니경』의 대표 공덕은 질병
치유이다. 따라서 같은 현세구복적 관음신앙 경전이면서, 공덕의 측면에
서 상호보완적인 두 경전을 합부한 것이 아닌가 생각한다.

『대비심다라니경』의 경우 단본으로는 충렬왕 19년¹²⁹³에 인흥사에서
간행된 판본이 있으며, 그 다라니가 고려 말 지공이 번역한 『육경합부』 안
에 포함되기도 하였다. 여러 종류의 변화관음 가운데 유독 천수관음이 경
전으로서 드러나고 있는 것이다. 고려시대에 『대비심다라니경』은 극락왕
생의 기원과[145] 환란과 원적의 침입, 전염병 등을 소멸시켜주는 공덕이
기대되었다. 이규보의 「최상국 양단병 화관음점안소^{崔相國攘丹兵畵觀音點眼疏}」가
후자를 잘 보여준다. 이 글은 고종 초년 거란유종의 침입을 기양하기 위해
천수관음을 그리고 점안^{點眼}을 하는 소문^{疏文}이다. 즉, 외적의 침입을 기양
하기 위해 천수관음을 신앙했던 것이다. 그리고 그 근거로 환란이 일어나
거나, 적이 침범하거나, 전염병이 유행하거나, 마귀가 설쳐 어지럽히는 일이
있으면 대비상^{大悲像} 곧 천수관음상을 조성해 장엄·공양하라는 『대비심다라
니경』의 구절을 인용하고 있다.[146] 여기에서 고려시대에 외적의 침입뿐 아
니라 전염병의 유행 등에도 이 경전이 활용되었음을 짐작할 수 있다.[147]

---

145) 『천수경』과 극락왕생의 관계를 보여주는 사례로는 다음과 같은 것들이 있다. 李坦之는
단정히 앉아 천수진언을 외우며 임종하였고, 金有臣의 처 이씨는 결혼 후 『小彌陀經』,
『화엄경』 「보현품」과 함께 『천수다라니』를 읽었다. 고려 후기에는 廉悌臣이 아버지
의 극락왕생을 기원하여 개설한 眞言法席에서 천수주를 염송한 경우가 있다. 『육경합
부』에도 천수주가 들어 있는데, 지옥에 떨어질 죄장을 없애준다는 尊勝呪와 함께 있는
것으로 보아 이 역시 극락왕생과 무관하지 않은 것으로 생각된다. 다만 정토왕생을 위
해서는 『천수경』을 독송하거나 천수주를 외워야 하기 때문에 정토왕생 신앙과 관련
된 내용이 밀교경전의 간행과 유통 경향에는 잘 드러나지 않은 것으로 생각된다.

146) 李奎報, 「崔相國攘丹兵畵觀音點眼疎」, 『東國李相國集』 卷41, 釋道疏, "謹案大悲陁羅尼
神呪經云 若患難之方起 有怨敵之來侵 疾疫流行 鬼魔耗亂 當造大悲之像 悉傾至敬之心 幢
蓋莊嚴 香花供養 則擧彼敵而自伏 致諸難之頓消"

한편 고려시대 간행 단본 밀교경전의 현세구복적 성격은 고려시대에 개설되었던 국가적 밀교의례의 신앙 경향과 조금 다른 측면이 보인다. 고려시대의 국가적 밀교의례는 즉위의례로서의 관정도량灌頂道場을 제외한 모든 의례가 재난을 기양하기 위한 목적이었던 반면, 단본 밀교경전들은 구복의 측면이 함께 보이는 것이다. 관음신앙과 관련된 『불정심다라니경』, 『대비심다라니경』 외에 멸죄와 아이의 장수를 기원하는 『장수멸죄경』과 조탑 공덕을 설하는 『보협인다라니경』도 구복을 기원하는 사례이다.

국가적 밀교의례가 재난 기양에 초점을 맞추는 것은 의례의 개설이 국가 체제 유지를 위한 것이었기 때문이다. 따라서 국가의 안위를 위협하는 재난을 소멸하는 것이 가장 우선시된다. 그러나 단본 밀교경전의 간행으로 드러나는 개인적 다라니신앙은 재난의 소멸과 구복을 동시에 기원한다. 재난 기양과 구복은 서로 분리될 수 없는 것이기는 하지만, 현실을 살아가는 인간에게는 재난이 없는 것 이상으로 더 윤택하고 풍요로운 삶을 추구하고자 하는 바람이 있기 때문이라고 해석할 수 있다.

(2) 간행 주체에 따른 내용 변화

고려시대 간행 단본 밀교경전의 두 번째 특징은 같은 경전이더라도 간행 주체에 따라 내용의 변형이 이루어진다는 점이다. 『범서총지집』의 사례가 그것이다. 앞서 고려시대 『범서총지집』을 A~C군으로 분류하였다. A군은 『대일경』의 교의가 녹아들어 있기 때문에 밀교 교학에 밝은 집단에서 간행하였을 것으로 추정된다. 그러나 그 외에는 어떠한 배경 하에서 조성되었는지 직접적으로 확인하기 어렵다. B군은 서문의 내용으로 미루

---

147) 경전 간행의 사례는 아니지만, 고려시대에 불화로 39종이나 조성되었던 水月觀音도 현세구복 신앙과 관계가 있다. 「수월관음도」는 관음 옆에 놓여 있는 정병과 버드나무 가지를 통해 전염병 치유 능력을 보여주는 것이라고 한다(김영미, 2010, 「고려시대 불교와 전염병 치유문화」, 『전염병의 문화사』, 177~181쪽 참조).

어 보아 선종과의 관련 속에서 간행되었을 것으로 보이며, C군도 봉림사 복장본『범총지집』간행에 무의자 혜심이 관여한 것으로 보이기 때문에 선종 계열에서 활용하던 것이 아닌가 한다. 민영규 구장본『범서총지집』서문을 통해 보면 고려시대에는 다라니를 관상觀想하는 것이 어려우면 염송하는 깃민으로도 삼매에 들 수 있다는 인식이 있었다. 또한 이 서문에서는 계부선사契符禪師・용수보살龍樹菩薩・연수선사延壽禪師 등이 진언을 지송하였다고 밝히고 있다. 다라니를 선정장禪定藏으로 인식하고 있었기 때문에 선종에서『범서총지집』을 간행한 것으로 생각된다.

그런데 B군과 C군은 A군에 수록된 다라니 가운데 실지진언과『대일경』「백자생품」을 도상화한 부분을 삭제하고 있어 눈길을 끈다. 아래의 [표 4-9]는 각 군을 대표하는 해인사 복장본(A군)과 민영규 구장본(B군), 봉림사 복장본(C군)의 앞부분을 비교한 것이다.

[표 4-9]『범서총지집』앞부분의 다라니 비교

	A군 해인사 복장본		B군 민영규 구장본		C군 봉림사 복장본
①	蘇悉地眞言	ㄱ	法身眞言	a	法身眞言
②	入悉地眞言	ㄴ	報身眞言	b	報身眞言
③	出悉地眞言	ㄷ	化身眞言	c	化身眞言
④	發菩提心輪眞言	ㄹ	發菩提心輪眞言	d	發菩提心呪
⑤	修菩提行輪眞言	ㅁ	修菩提行輪眞言	e	菩提行呪
⑥	成菩提果輪眞言	ㅂ	成菩提果輪眞言	f	菩提果呪
⑦	證涅槃果輪眞言	ㅅ	證涅槃果輪眞言	g	涅槃呪
⑧	三轉法輪眞言	ㅇ	塗香眞言	h	塗香呪
⑨	百字生法界字輪眞言	ㅈ	淨三業眞言	i	淨三業呪
⑩	百字成就法界字輪眞言	ㅊ	三平等眞言	j	三平等呪
⑪	金剛塗香眞言	ㅋ	蓮花種智眞言	k	種智呪
⑫	淨三業眞言	ㅌ	金剛薩埵眞言	l	薩埵呪

이를 보면 ④-ㄹ-d, ⑤-ㅁ-e, ⑥-ㅂ-f, ⑦-ㅅ-g, ⑪-ㅇ-h, ⑫-ㅈ-i가 서로 대응하고 있다. 봉림사 복장본은 다라니의 명칭만을 간략하게 축약시켰을 뿐, 민영규 구장본과 다라니 문구와 순서가 동일하다. 지면 관계상 각 12종씩밖에 제시하지 않았지만, 이후에도 몇 군데를 제외하면 중반부까지는 다라니의 종류와 순서가 거의 동일하다. 그런데 책의 제일 앞부분에서 확연하게 차이가 나고 있다. 즉, 해인사 복장본이 소실지·입실지·출실지의 삼종실지진언으로 시작하고 있는 반면, 민영규 구장본과 봉림사 복장본에서는 법신·보신·화신의 삼신진언으로 시작하고 있다. 또 해인사 복장본에 있는 삼전법륜진언, 백자생법계자륜진언, 백자성취법계자륜진언이 민영규 구장본과 봉림사 복장본에서는 보이지 않는다. 그 이유는 무엇일까. 우선 [그림 4-5]에서 보이듯이, 민영규 구장본과 봉림사 복장본에서 삭제되거나 교체된 다라니가 원상으로 표현되어 있기 때문일 가능성이 있다. 특히 봉림사 복장본은 작은 글자로 빽빽이 인쇄되어 있어, 원상을 넣을 공간적 여유가 없었을 수도 있다. 그러나 발보리심륜진언發菩

오른쪽부터
蘇悉地眞言
入悉地眞言
出悉地眞言
發菩提心輪眞言
修菩提行輪眞言
成菩提果輪眞言

오른쪽부터
證涅槃果輪眞言
三轉法輪眞言
百字生法界字輪眞言
百字成就法界字輪眞言

[그림 4-5] 『범서총지집』 A군(1166년, 해인사 소장)

사진: 해인사성보박물관 제공

提心輪眞言, 수보리행륜진언修菩提行輪眞言, 성보리과륜진언成菩提果輪眞言, 중열반과
륜진언證涅槃果輪眞言의 경우, 삭제하지 않고 원상을 해체해 다라니만 적고 있
어 원상 자체가 문제인 것 같지는 않다. 그 이유는 민영규 구장본과 봉림
사 복장본이 선종과의 관련 속에서 간행되어, 밀교의 교학적 요소를 최소
화시켰기 때문일 것이다.[148]

　민영규 구장본과 봉림사 복장본이 삼신진언으로 이름을 바꾼 삼종실지
진언은 선무외 역경으로 전하는 파지옥계破地獄系 경전에 실려 있는 진언들
이다.[149] 소실지·입실지·출실지는 각각 상품실지上品悉地·중품실지中品悉地·
하품실지下品悉地에 대응된다.[150] 실지란 성취成就라는 의미로, 밀교 행자가
도달하는 묘과妙果의 경지를 가리킨다. 삼품실지는 이러한 실지를 셋으로
나눈 것인데 상품실지는 대일여래의 밀엄국토密嚴國土에 왕생하며, 중품실
지는 시방정토十方淨土에 왕생하고, 하품실지는 제천諸天과 수라修羅의 궁전에
왕생한다고 한다.[151] 즉, 삼품실지진언은 밀교의 수행을 전제로 하여 얻
어지는 실지인 것이다. 따라서 선종이 관여하여 간행하는 『범서총지집』
에서는 이 내용을 그대로 수록할 수 없었을 것이다.

　그런데 『삼종실지의궤』에서는 이들 삼품실지의 진언을 소개하고, 이를
근간으로 삼신·삼실지·인체의 각 부분을 자연스럽게 접목시키고 있

---

148) 민영규 구장본과 해인사 복장본의 사상적 차이에서 오는 수록 다라니의 차이 비교
　　는 김수연, 2016, 「민영규본 『범서총지집(梵書摠持集)』의 구조와 특징」, 156~163쪽
　　참조.
149) 파지옥계 경전이란 선무외 역의 『三種悉地破地獄轉業障出三界祕密陀羅尼法』, 『佛頂尊
　　勝心破地獄轉業障出三界祕密三身佛果三種悉地眞言儀軌』(『삼종실지의궤』로 줄여 씀),
　　『佛頂尊勝心破地獄轉業障出三界祕密陀羅尼』를 통칭하는 용어이다.
150) 善無畏 譯, 『佛頂尊勝心破地獄轉業障出三界祕密陀羅尼』(『大正藏』 18, 0915b12~21), "阿
　　羅波遮那(此是下品悉地眞言)是名出悉地 … 阿微羅[合*牛]佉(此是中品悉地眞言)大日經
　　悉地品 名降伏四魔解脫六趣滿足一切智智金剛字句也 是名入悉地 … 阿鍐藍唅欠(是上品
　　悉地眞言也 以前五三印眞言 順一遍逆一遍 次順旋轉四遍 次逆旋轉四遍 此即利益一切衆
　　生皆以悉地義也)是名祕密悉地 亦名成就悉地 亦名蘇悉地"
151) 佛光大辭典編修委員會 編, 1989, 『佛光大辭典』, 三品悉地.

다.152) 여기에서 각 삼품실지에 배당하는 삼실지와 인체의 부분은 밀교 사상이 깊이 개입된 부분이다. 그러나 삼신은 소위 현교의 교설에서도 자주 등장하기 때문에 선종 측에서 사용하기에도 무리가 없었을 것이다. 따라서 동일한 다라니를 수록하면서 명칭이 생소한 삼품실지진언을 삼신진언으로 대체하는 변용을 가한 것으로 생각된다.

한편, 민영규 구장본과 봉림사 복장본에서 탈락시킨 세 가지 진언[표 4-9-⑧·⑨·⑩]은 『대일경』의 교학을 도상화한 것이다. 『대일경』 「백자 생품」의 내용을 근간으로 그것을 응용하여 실지 성취를 위한 진언종자도 眞言種子圖를 만든 매우 독창적인 부분이다.153) 『대일경』의 교학과 직접적으로 관련된 부분이기 때문에 선종 승려들에게는 매우 낯설었을 것이다. 더구나 민영규 구장본 『범서총지집』의 서문에 의하면 선사들이 다라니를 염송하는 것은 삼매에 들기 위함이다. 원상으로 그려진 진언종자도는 염송을 하기에는 부적절했을 것이다. 따라서 이 세 종류의 원상 진언을 뺀 것으로 추정된다.

(3) 효율성을 고려한 제작 형태

고려시대에 유통된 단본 밀교경전의 세 번째 특징은 다라니경을 신앙하기 용이한 형태로 제작한 유물들이 보인다는 점이다. 이는 다시 두 가지 형태로 나뉜다. 첫 번째 형태는 다라니경을 소지하고 다닐 수 있도록 작은 절첩본으로 제작하는 것이다. 13세기에 제작된 보물 제691호 『불정심다라니경』이 대표적인데, 이 경우 다라니를 넣어 다닐 수 있는 경갑까지 부

---

152) 서윤길, 2006, 『한국밀교사상사』, 145쪽. 이를 정리하면 아래와 같다.

三品悉地	三悉地	三身	人體
上品悉地	蘇悉地	法身	심장~정수리
中品悉地	入悉地	報身	배꼽~심장
下品悉地	出悉地	化身	발~허리

153) 허일범, 2008, 『한국의 진언문화』, 해인행, 230~231쪽.

속되어 있다. 이처럼 다라니경을 휴대하는 이유로는 두 가지를 꼽을 수 있다. 우선 밀교경전을 지니고 있으면 그것이 호부護符와 같은 작용을 해 각종 재난에서 몸을 지킬 수 있다는 인식이 있었기 때문이다.『불정심다라니경』제3권에는 이 경전을 품에 넣고 다님으로써 몸을 지킨 영험담이 두 종류 등장한다. 어떤 여인이 숙세宿世에 어떤 이의 목숨을 빼앗아 원망을 샀다. 목숨을 빼앗긴 자는 악귀가 되어 여인을 해코지하려고 하였으나, 그 여인이 항상『불정심다라니경』을 수지하였기 때문에 뜻을 이루지 못하였다고 한다. 또 어떤 관인官人은 임지에 부임하기 위해 사찰에서 돈을 빌렸는데 주지승이 사미 한 명을 붙여 임지까지 따라가 돈을 받아오게 하였다. 관인은 돈을 갚기 싫어 임지에 가는 도중에 그 사미를 죽이고자 물에 빠뜨렸다. 2~3일 후 임지 관아에 도착해보니 그 사미가 이미 와 있어 놀라며 까닭을 묻자, 사미는 본인이 품속에『불정심다라니경』을 지니고 있어서 살 수 있었다고 하였다. 이렇듯 경전을 수지하여 몸을 지킨 영험 사례를 본받아 휴대용 경전이 조성되었다.

[그림 4-6] 『불정심다라니경』을 넣었던 경갑(13세기 전반, 국립중앙박물관 소장)

그리고 당시 고려에는 다라니를 휴대하면 다라니를 염송하지 않아도 밀교의 여러 경전에서 설하는 공덕을 받을 수 있다는 인식이 있었다.

A. 만약 (다라니를) 독송, 수습修習, 서사, 패용佩用하거나 집에 안치하여 공양, 예배
하면 밀교의 여러 경전에서 설하는 공덕을 얻을 수 있으니, 범부는 알 수 없고 부
처님만이 아는 바이다. … 비록 신해信解하고자 하는 마음이 있지만 마음과 입으
로 염송할 수 없다면, [1자 결락] 진언다라니를 목과 허리에 패용하여 지니게 하
면 모두 원돈圓頓한 연緣을 맺고 [1자 결락] 가지게 한다. … 만약 보고 듣고, 대하
여 만지고, 정수리에 이고, 소지하면 재빨리 세간·출세간의 뛰어난 공덕을 성취
할 수 있을 것이다.154)

위의 인용문 A는 민영규 구장본『범서총지집』서문의 내용 일부를 발
췌한 것이다. 이에 의하면, 다라니를 패용하면 밀교의 여러 경전에서 설하
는 공덕을 얻을 수 있다고 한다. 또한 다라니가 범자로 쓰여 있기 때문에
글자를 알지 못해 염송이 불가능한 경우에도 이를 패용하고 지니면 원돈
한 연을 맺을 수 있다고 하며 차선책을 제시하고 있다. 나아가 다라니를
소지함으로써 세간·출세간의 수승한 공덕을 성취할 수 있다고 이야기하
고 있다. 이상과 같이 다라니를 염송하는 것 뿐 아니라 간편하게 패용하는
것만으로도 몸을 지키거나 공덕을 얻을 수 있다는 인식은 다라니신앙이
확산될 수 있는 중요한 요인으로 작용했을 것이다.

두 번째 형태는 다라니경의 필요한 부분만을 간행한 축약본 다라니경
을 제작하는 것이다. 해인사 서사간전의 보물 제734-10호『불정심다라니
경』목판이 대표적인 예이다. 이 판본은 세 권 전체를 각인한 것이 아니라
중요한 부분만을 1판 1장에 새긴 축약본이다. 여기에 새겨진 내용은 간략
한 다라니 공덕 소개와 한자로 된 다라니 문구, 그리고 부적이다. 이들은
모두 제2권에서 병을 치유하는 처방으로 활용된다.155)

---

154) "若有讀誦修習書寫藏佩 安於住處供養禮拜所得功德 如密教諸經中所說 … 雖有信解之心
而未能心念口誦 ▨令此輩項佩腰持眞言陀羅尼 共結▨持圓頓之緣 … 若有見聞對觸頂戴執
持 速得成就世出世間殊勝功德"(연세대학교 중앙도서관 편, 2007,『귀중고서 특별전』,
47쪽)
155) 2권에 실려 있는 처방을 정리하면 다음과 같다.

경전의 제2권에는 비자인, 즉 부적을 사용하는 처방이 등장한다. 난산일 때, 뱃속에서 태아가 죽었는데 모체母體 밖으로 나오지 않아 산모의 목숨이 위험할 때, 병에 걸려 오랫동안 누워 있으면서 약도 안 들을 때에156) 다라니와 비자인을 주사朱砂로 써서 향수와 함께 복용하라고 설해져 있다.157) 치료에 직접 활용되는 다라니와 비자인만 독립시켜 판각한 것이

상황	해결 방법
난산	불정심다라니와 비자인을 주사로 써서 향수와 함께 삼키기
뱃속에서 죽은 아이가 나오지 않아 산모의 목숨이 위험한 경우	頂輪王秘字印을 주사로 써서 향수와 함께 삼키기
병에 걸려 몇 해 동안 누워 있는데 약도 듣지 않는 경우	불정심다라니와 비자인을 주사로 써서 佛前을 향해 茅香水와 함께 삼키기
가슴앓이를 해 말을 하지 못하는 경우	불정심다라니와 秘字를 주사로 써서 靑木香과 좋은 茱萸로 끓인 물에 섞어 삼키기
죽어서 극락왕생하고 49일간 中陰에 있지 않고자 할 경우	임종 시 서쪽에 있는 흙과 불정심다라니를 섞어 태우고, 그 재를 망자의 심장 위에 놓고 옷으로 덮음
날마다 至心으로 다라니를 공양하면 돈, 옷, 음식을 얻을 것	
善知識을 만나 이 다라니경 상중하 3권을 쓰도록 권유하면 12藏의 大尊經을 만들고 磨黃金으로 불상을 만든 것과 같은 공덕을 얻음	
다른 사람이 부적을 써서 귀신을 부려 죽이려고 하더라도, 다라니를 공양하면 귀신들의 해를 받지 않을 것	

156) 가슴앓이를 해서 말을 하지 못하는 경우에는 불정심다라니와 秘字를 붉은 먹으로 써서 복용하라고 되어 있다. 여기에 등장하는 '비자'가 어떤 것인지는 불분명하다. 조선 성종 16년(1485) 간행『불정심다라니경』(보물 1108호)에는 이 증상에 대해 불정심다라니와 '秘字印'을 활용하라고 설하고 있어, '印'이 누락되었을 가능성도 있다.

157) 주사는 경련과 발작을 진정시키는 데 사용되는 광물이다. 주사로 부적과 다라니를 써서 복용하는 것은 주사의 살균력으로 질병을 예방하고자 하는 것이다(『한국민족문화대백과사전』, 朱砂). 주사로 부적을 쓰면 붉은색이 나오는데, 붉은색은 辟邪를 상징하는 색으로 선사시대부터 액을 쫓는 주술에 사용되었다고 한다(李元求, 1991,「韓國 符籍信仰의 一考察」,『동양종교학』1, 48쪽). 또 향수와 함께 복용하는 이유는 향수 자체가 藥理上 효과가 있기도 하고, 복용하는 사람에게 神聖한 느낌을 들게 하기 위해서이다(韓定燮, 1976,「佛敎 符籍信仰 小考 -특히 密敎符를 중심하여」,『韓國佛敎學』2, 115쪽). 주사로 다라니와 부적을 써서 향수와 복용하는 방식은 심리적 치료와 약리적 치료를 병행하는 것이라고 할 수 있다.

다. 더구나 이 판은 상당히 많이 사용된 듯, 목판의 발원문 부분이 마멸되어 제일 마지막 세 줄은 글자를 거의 알아볼 수 없다. 이 판본에 대한 선호도가 높았음을 알 수 있다. 고려사회에서 다라니와 부적을 활용한 치병에 주목하고 있었음을 의미한다. 보물 제734-10호 본은 최소 비용을 들여 최대 효과를 노린 판본이라 평가할 수 있다.

[그림 4-7] 『불정심다라니경』 권말 수록 다라니와 부적

출처: 中國佛敎協會, 2000, 『房山石經』 29, 北京: 華夏出版社

축약본 다라니경에서 더 나아가, 불정심다라니와 권말의 부적이 독립되어 다른 경전의 권말에 수록되기도 하였다. 화성 봉림사 목조 아미타불좌상의 복장 유물인 보물 제1095-1호 『금강경』의 권말에는 범자로 쓰인 다라니와 부적이 실려 있다. 불정심다라니를 필두로 소재진언, 보루각진언寶樓閣眞言, 준제다라니准提陀羅尼 등 다양한 범자 진언에 이어, 여의인如意印, 생정토인生淨土印, 염제귀부厭第鬼符, 퇴열부退熱符, 퇴온부退溫符 등과 함께 구산난부救産難符라는 이름으로 『불정심다라니경』의 권말 부적이 실려 있다. 이

판본은 충선왕 3년[1311]에 각원覺圓이 비구 달현達玄, 영흥永興 및 신도 이기李琦, 전대동田大同 등과 함께 발원하여 판각하였고, 충숙왕 복위 8년[1339]에 진성군晉城君 강금강姜金剛이 시주하여 인출한 것이다. 호신이나 독송을 위하여 소매에 넣고 다니던 수진본袖珍本이다.[158] 이미 14세기 전반부터 불정심다라니와 권말 부적이 독립하여 활용되고 있었음을 알 수 있다. 고려시대인들은 『불정심다라니경』을 통해 치병이라는 현세구복적 이익을 얻고자 하였으며, 시간이 흐르면서 현세구복적인 측면을 더 효율적으로 활용할 수 있는 방향으로 다라니를 간행해 나갔던 것이다.

---

158) '국가문화유산포털' 화성 봉림사 목조아미타불좌상 복장전적 일괄 −1. 『수진본금강반야바라밀경』 해제 참조(2022.3.6. 검색). 보물 제775호 『금강경』도 동일판을 인출한 것이다.

제 5 장

국가적 밀교의례의 개설

1.

　불교는 고려의 정신적 이념으로서, 정치와 일상생활, 사상과 문화 등 모
든 영역에 영향을 미친 주도종교主導宗敎였다.[1] 그에 상응하여 고려시대에
는 수많은 국가적 불교의례를 개설하였다.[2] 고려시대에 개설된 불교의례
는 총 83종이며 시행된 총 회수는 1,038회에 이른다. 이것은 다만 『고려
사』에 나타난 기록만을 계산한 것이기 때문에 실제 시행 회수는 그것을
훨씬 상회할 것이다.[3] 이는 고려사회에서 불교의례가 얼마나 중요한 위
치를 차지하고 있었는지를 보여준다.[4]

---

[1]　윤이흠, 2002, 「고려 종교사상의 특성과 흐름」, 『고려시대의 종교문화 -그 역사적 상
　　황과 복합성』, 서울대학교출판부, 23~24쪽.
[2]　의례란 성스러운 대상과의 관계에서 외면으로 표출된 종교행위이며, 조직적이고 정
　　형화된 행동으로 나타난 종교적 실천체계라고 정의할 수 있다. 여기에서 행동은 종교
　　적 경험을 근저로 하기에 비합리적인 것일 수도 있지만, 일정한 세계관을 전제로 하는
　　사회적 관행으로서 개인 및 사회의 균형을 유지하는 기능이 있는 상징체계라고 한다
　　(안지원, 2011, 『고려의 불교의례와 문화』, 3쪽). 의례에는 다양한 기능들이 있는데,
　　이에 대해서는 안지원, 『고려의 불교의례와 문화』, 3~4쪽 및 캐서린 벨 저, 류성민 역,
　　2007, 『의례의 이해』, 한신대학교 출판부, 61~116쪽 참조.
[3]　서윤길, 2006, 『한국밀교사상사』, 508~509쪽.
[4]　고려시대 불교의례의 전모를 밝히고 고려사회 내에서의 역할과 의미를 궁구한 연구

본 장에서는 고려시대 불교의례 가운데 밀교의례를 검토해 보고자 한다. 이를 위해서는 밀교의례의 범위 규정이 필요하다. 앞에서 살펴보았듯이, 『선문보장록禪門寶藏錄』에서는 유가瑜伽·관정灌頂·오부五部·호마護摩·삼밀三密·만나라曼拏羅=曼茶羅를 밀교를 특징짓는 요소로 보고 있다. 이 가운데 의례와 직접적으로 관련되는 요소는 호마와 만다라, 특히 외호마이다. 외호마는 단壇을 설치하고 공양을 태워 제존諸尊의 가지加持를 받아 세간의 이익을 얻는 것을 말한다. 이 의례는 일반적으로 택지擇地를 한 후에 단을 만들고 화로를 설치해, 입으로 진언을 염송하고 공양물을 화로에 던져 넣으면서 밀교행자의 삼밀을 청정히 하여 식재息災·증익增益·항복降伏 등 법을 행하는 방식으로 진행된다.5) 즉, 밀교의례로 규정되기 위해서는 단과 화로, 진언, 밀교행자가 필수 요소로 꼽히는 것이다. 의례 개설과 관련된 역사

들은 적지 않다. 안계현은 불교의례가 고려인들의 현실적 욕구를 드러낸다는 측면에서 사회적 중요성을 보인다고 하며 34종의 불교의례를 개괄하였고(安啓賢, 1975, 「佛敎行事의 盛行」), 홍윤식은 그 위에 불교의례의 유형을 분류하고 역사적 전개를 고찰하였다(洪潤植, 1988, 「≪高麗史≫ 世家篇 佛敎記事의 歷史的 意味」; 홍윤식, 1994, 「불교행사의 성행」). 김형우의 연구는 고려시대 전체 불교의례를 대상으로 종합적·개별적 접근을 동시에 하며 역사적 의미와 역할을 고찰하였다는 점에서 의미가 크다(金炯佑, 1992, 『高麗時代 國家的 佛敎行事에 대한 硏究』).

안지원은 연등회·팔관회·제석도량을 대상으로 연구를 진행하여, 불교의례를 시대적 상황 속에서 해석하고 의례의 변화를 추구하며 고려 불교의례로서의 고유성을 부각시키고자 하였다(안지원, 2011, 『고려의 불교의례와 문화』). 한편, 김종명은 소재도량·인왕(백고좌)회·연등회·팔관회를 중심으로 고려 불교의례의 사상적 배경과 역사적 의미를 고찰하였다. 이 의례들은 왕권 강화나 국민적 공감대 형성에 기여한 것이 아니라 왕실 위주의 불사였으며 왕이 곧 고려를 의미하는 것이 아니라고 주장하며 불교의례 연구에 새로운 시각을 제시하였다(김종명, 2001, 『한국 중세의 불교의례』).

고려 불교의례와 밀교의 연관성에 대해서는 정태혁이 불교의례를 밀교의 4종 호마법을 기준으로 분류하고 그 가운데 소재도량을 집중적으로 살폈으며(鄭泰爀, 1997, 「高麗朝 各種道場의 密敎的 性格」), 서윤길은 밀교적 시각에서 고려시대 불교의례의 호국적 측면에 주목하여 사상적 배경과 의미를 논구하였다(徐閏吉, 1977, 「高麗의 護國法會와 道場」; 서윤길, 2006, 『한국밀교사상사』). 이들 외의 선행 연구들에서도 불교의례에 미친 밀교의 영향에 대해서 언급하고 있다. 이 책에서는 밀교의례의 기본적인 사항을 설명할 때, 이상의 선학들의 연구를 적극적으로 활용하였다.

5) 佛光大辭典編修委員會 編, 1989, 『佛光大辭典』, 外護摩.

기록에서 작단作壇이나 화로 설치 여부는 가늠하기 어렵다. 또 특별한 경우가 아니면 의례의 진행자도 드러나지 않는다. 따라서 이 책에서는 의례 절차에서 진언을 염송하였는가를 기준으로 밀교의례를 판단하도록 하겠다. 그리고 진언의 염송은 소의경전에 작법作法을 위한 다라니가 수록되어 있는가의 여부를 기준으로 삼겠다.

이상에 준하여 본장에서 고찰할 밀교의례는 모두 17종으로,6) ① 소재도량消災道場,7) ② 불정도량佛頂道場, ③ 공덕천도량功德天道場, ④ 마리지천도량摩利支天道場, ⑤ 문두루도량文豆婁道場, ⑥ 무능승도량無能勝道場, ⑦ 기양의례로서의 관정도량灌頂道場, ⑧ 즉위의례로서의 관정도량,8) ⑨ 능엄도량楞嚴道場, ⑩ 보성도량寶星道場, ⑪ 공작명왕도량孔雀明王道場, ⑫ 아타파구신도량阿吒波拘神道場, ⑬ 불정심도량佛頂心道場, ⑭ 염만덕가위노왕신주도량閻滿德加威怒王神呪道場, ⑮ 대불정오성도량大佛頂五星道場, ⑯ 대일왕도량大日王道場,9) ⑰ 진언법석眞言法席10)

---

6)　기존 불교의례 연구에서는 관련된 존격이나 경전에서 밀교적 성격이 보이는 경우, 이를 밀교의례로 분류하였다. 그런데 '밀교적'이라는 개념의 모호성 때문에 밀교의례의 범위가 연구자별로 다양하였고, 범종파적 성격의 존격을 주존으로 하는 의례까지 밀교의례로 포함시키는 문제가 발생하였다. 이 책에서는 앞서 제시한 기준에 입각하여, 기존 연구에서 밀교의례로 보기도 하였던 仁王道場, 四天王道場, (天)帝釋道場, 金光明經道場, 龍神道場 등을 대상에서 제외시켰다.
　　이들 불교의례와 관련된 존격이나 경전에서 밀교적 성격이 어느 정도 보이기도 한다. 이에 김형우는 이들 의례를 '밀교신앙행사'에 포함시키기도 하였다(金炯佑, 1992, 『高麗時代 國家的 佛教行事에 대한 硏究』, 34쪽). 그러나 밀교만이 이 신앙들을 전유한 것이 아니기 때문에 이 책에서 규정하는 밀교의례에는 포함시킬 수 없다고 생각한다.
7)　'消災'는 재앙을 없애준다는 일반 명사이다. 이에 소재도량은 재앙을 물리치기 위한 의례를 통칭하는 일반명사가 아닌가 하는 의문이 생긴다. 그러나 『고려사』에서는 주로 "設消災道場"이라는 문장으로 소재도량 개설 사실을 기록하고 있다. 『고려사』에서 의례 목적을 기록할 때에는 "以禳天變", "以禳狄兵" 등으로 표현하고 있기 때문에 소재도량의 '소재'는 재앙을 없앤다는 일반명사가 아니라 고유명사로 사용되었음을 알 수 있다.
8)　즉위의례로서의 관정도량의 연원은 唐 肅宗이 不空에게 받은 轉輪王位七寶灌頂으로, 밀교의 傳法 의식인 灌頂에 왕의 권위를 덧씌운 것이기 때문에 앞서 제시한 밀교의례의 기준과는 별도로 밀교의례에 포함시켜야 한다.
9)　대일왕도량과 대불정오성도량은 白勝賢이 주장하여 개설된 의례이다. 그런데 『고려사』에 의하면, 백승현은 풍수를 잘 하였고, 佛書와 陰陽, 圖讖 등을 자유자재로 열거하

등이다.

본 장에서는 우선 위의 17종 밀교의례의 개설 양상과 사상적 배경을 살펴보고 고려시대 밀교의례의 특징이 무엇인지를 고찰해 보겠다. 고려시대 밀교의례에 기대되었던 역할과 불교의례 속에서 밀교의례가 가지는 의미가 무엇이었는지를 전체적인 틀에서 살펴보기 위함이다.

그 가운데 소재도량, 불정도량, 관정도량은 이들 의례만의 독자적인 특징들이 있어 고려사회를 이해하는 데 도움을 줄 수 있으므로, 개별적으로 분석하고자 한다. 우선 소재도량은 성변星變 기양을 위한 의례이다. 성변이란 일월성신日月星辰의 비정상적인 운행이다. 불교에서는 국가의 안위를 위협하는 재난 가운데 하나로 꼽고 있어, 이를 통해 고려시대 불교의 천문재이관을 짚어볼 수 있다. 동양 천문재이관의 골격을 이루는 유교 천문관과 관련이 있지만, 이를 불교 특히 밀교의례를 통해 기양했다는 점에서 당시 유·불의 활용 방식을 보여준다. 또 고려시대에 가장 많이 개설된 비정기적 불교의례이기도 하다.

불정도량은 『불정존승다라니경佛頂尊勝陀羅尼經』을 소의경전으로 개설되었던 의례이다. 『불정존승다라니경』은 지옥에 떨어질 죄장罪障을 없애준다는 내용을 핵심으로 하고 있는데, 이는 국가적인 의례의 소의경전으로 적합하지 않아 보인다. 그러나 불정도량은 당唐에서부터 '나라를 위해[爲國]'

며 궤변에 능하였다고 한다. 따라서 대일왕도량과 대불정오성도량이 순수하게 불교의례였는지 의문이 든다. 하지만 의례의 명칭에서 미루어 보면, 이 도량에서 모시는 주존은 大日如來, 白傘蓋佛頂 등 밀교 존격이다. 실제 의례의 行法이나 성격, 소의경전을 알 수는 없지만 대일여래와 백산개불정의 진언이 존재하기 때문에 이 책에서 규정하는 밀교의례로 개설되었을 가능성이 있다. 따라서 이들 두 의례를 밀교의례의 고찰 범위 안에 포함시켰다.

10) 진언법석에서 어떠한 진언을 외웠는지, 그 소의경전이 무엇인지 등은 알 수 없다. 또한 이 의례는 고유명사가 아니라 진언을 외우며 진행되는 의례를 통칭하는 일반명사로 보인다. 그러나 진언을 염송하는 의례임이 확실하므로, 국가적 밀교의례의 고찰 대상에 포함시켰다.

개설되었던 전통 있는 국가의례이며, 개인적인 공덕을 설하는 경전을 바탕으로 어떻게 국가적 밀교의례를 개설하였는지 살펴볼 수 있는 예이다. 이는 의궤서인 『불정존승다라니염송의궤법佛頂尊勝陀羅尼念誦儀軌法』을 적극적으로 활용하여 공덕을 해석하였기에 가능했는데, 의궤를 사용했다는 점에서 주목된다. 또한 소의경전을 통해 의례 절차를 복원할 수 있는 사례로 밀교의례의 구체상을 살펴볼 수 있다.

관정도량은 인도, 중국의 경우 밀교의 전법傳法 의식으로 알려져 있지만, 고려에서는 전란을 방지하는 밀교 기양의례와 전법의식을 겸한 즉위의례라는 두 가지 성격으로 개설되었다. 동일한 의례명을 상이한 두 가지 성격의 의례가 공유하고 있는 독특한 사례이다. 특히 즉위의례로서의 관정도량은 밀교 전법의식으로서의 성격도 가지고 있기 때문에 관정을 통한 전법이 고려사회에서 행해진 실제 사례로 주목된다. 또 왕의 신성성을 어떻게 수식하고 있는지를 살펴볼 수도 있다. 이상의 세 의례는 밀교사상을 의례에 접목시키고 활용하는 고려 사회의 태도를 파악하는 데 도움이 될 것이다.

1) 밀교의례의 개설 양상과 사상적 배경

고려시대에 개설된 불교의례 가운데 밀교의례로 꼽을 수 있는 것은 총 17종이다. 공작명왕도량 등과 같이 개설 횟수가 1회에 그친 경우도 있는 반면, 소재도량과 같이 100회를 상회하는 밀교의례도 존재한다.

고려시대의 밀교의례는 문종대에 시작되어, 원 간섭기에 들어서면 소재도량과 공덕천도량 등 몇몇을 제외하면 사라지게 된다. 문종 이전 시기에도 밀교의례가 개설되었을 가능성이 있지만, 현종대 거란의 침입으로 태조~목종대의 역사가 소실되었다는 자료의 문제 때문에 기록이 남아 있지 않은 것 같다. 특히 『삼국유사』에 의하면 태조는 '해적海賊'이라 표현되는

[표 5-1] 『고려사』 수록 밀교의례의 개설 양상

재위	총	A	B	C	D	E	F	G	H	I	J	K	L	M	N	O	P	Q
태조	26	5																
혜종	2	0																
定宗	4	1																
광종	26	1																
경종	6	0																
성종	16	1																
목종	12	3																
현종	22	7																
덕종	3	4																
靖宗	12	17																
문종	36	69	6			1		1											
순종	1	1																
선종	11	29	2	1							1							
헌종	1	2																
숙종	10	60	3	3		1		1	1		1							
예종	17	89	9	5				2					1					
인종	24	77	8	8		1			1			1						
의종	24	90	7	1		1												
명종	27	95	12	7		3				1								
신종	7	17	3	1			1											
희종	7	17	1	1		2												
강종	2	9	1						1									
고종	46	183	42	6	9	1	5	2							1	1			
원종	15	73	24	3	2			1									1	1	
충렬	34	80	17					1											
충선	5	11	1					1											
충숙	25	12	1																
충혜	6	2																
충정	4	16																
충목	3	3	1																
공민	23	46	7		1														1
우	14	13	4																
신	1	0																
공양	4	5																
합계			149	36	13	9	7	6	4	2	2	2	1	1	1	1	1	1	1

* A 소재도량 / B 불정도량 / C 공덕천도량 / D 마리지천도량 / E 무능승도량 / F 문두루도량 / G 관정도량(기양) / H 관정도량(즉위) / I 능엄도량 / J 보성도량 / K 공작명왕도량 / L 아타파구신도량 / M 불정심도량 / N 염만덕가위노왕신주도량 / O 대불정오성도량 / P 대일왕도량 / Q 진언법석
* 총: 그 왕대에 개설된 불교의례의 총회수

후백제 수군을 물리치기 위해 문두루도량을 개설하였다.[11] 이로 미루어

고려 건국 초에 신라시대에 행해졌던 밀교의례가 시행되었을 가능성이

있다. 한편 현종대는 성종대에 폐지되었던 불교의례들이 부활하던 시기였다. 불교경전에 대한 중앙집권적 해석과 선택, 합리화가 행해지면서 불교의례가 본격적으로 개설되기 시작하였다.[12] 문종대는 현종대의 이러한 흐름을 잇고 있다. 문종대에는 여러 가지 제도가 정비되면서 국가 제도의 기틀을 마련하였는데, 그 과정에서 불교의례의 폭을 밀교의례에까지 확장시킨 것으로 보인다.

밀교의례는 인종 연간까지 그때의 상황에 맞는 새로운 의례가 추가되면서 꾸준히 개설되었다. 그 후 의종 연간에서 몽골의 침입 전까지는 인종 연간까지 정비된 밀교의례를 상황에 맞추어 개설하는 경향을 보인다. 그러다가 몽골과의 전쟁이 시작되면서 승전을 위하여 군사적 목적의 밀교의례들이 다시 새롭게 개설되고 있다. 원 간섭기에는 불교의례 전반에 대한 원의 통제가 가해졌는데,[13] 밀교의례 역시 이와 궤를 같이 하였다. 외적 기양과 전승을 위해 개설되곤 하였던 밀교의례는 금지 대상이 되었다.

이렇듯 밀교의례는 시대적 상황에 따라 부침을 겪었다. 이들 밀교의례가 고려시대 불교의례 속에서 어떠한 기능을 하였으며 어떠한 특징을 가졌는지 고찰하기 위해서는 각 밀교의례에 대해 개관할 필요가 있다. 이하 각 밀교의례의 사상적 배경과 개설 목적을 간략히 소개하겠다.[14]

공덕천도량은 공덕천을 본존으로 모시고 복덕福德을 비는 의례이다. 『금광명경金光明經』의 「공덕천품功德天品」이 근거로 알려져 왔다.[15] 전염병 치유

---

11) 『三國遺事』卷5, 神呪 第6, 明朗神印, "及我太祖創業之時 亦有海賊来擾 乃請安惠朗融之裔 廣學大縁等二大德 作法禳鎮"
12) 金炯佑, 1992,『高麗時代 國家的 佛教行事에 대한 研究』, 46쪽.
13) 원 간섭기에는 轉藏經, 寫經 등 功德行事와 원 황제를 위한 祝壽齋가 주로 개설되었다 (金炯佑, 1992,『高麗時代 國家的 佛教行事에 대한 研究』, 67쪽).
14) 문두루도량, 소재도량, 불정도량, 기양의례로서의 관정도량, 즉위의례로서의 관정도량은 별도로 다루어지기 때문에 본 절에서는 개설 양상과 사상적 배경을 별도로 고찰은 하지 않겠다. 문두루도량의 개설 양상과 사상적 배경은 이 책의 제3장. 2절. 1) 문두루도량 개설을, 소재도량·불정도량·2종의 관정도량은 이 책의 제4장. 2·3·4절 참조.

를 목적으로 하는 공덕천도량은 『다라니집경陀羅尼集經』 권10의 공덕천법을 근거로 하였다고도 한다.16) 그런데 『다라니집경』의 공덕천법은 『금광명경』의 내용을 바탕으로 여러 가지 수인과 진언, 작법, 공덕천을 그리는 법 등을 추가적으로 소개하고 있는 것으로, 양자는 완전히 다른 것으로 볼 수는 없다.17) 『고려사』에는 총 13회의 공덕천도량 개설 사례가 기록되어 있다.18) 공덕천도량은 기우,19) 전염병 기양, 외적 기양의 목적으로 개설되었다. 외적 기양을 위해 개설되었다는 직접적인 서술은 없지만, 고종 40년1253의 사례를 보면 이를 알 수 있다. 고종 40년은 한창 대몽항쟁 중으로, 2월에 동진군東眞軍이 등주登州를 포위하였다는 급보가 온 다음에 공덕천도량이 개설되었다. 또 동계와 서계의 요해처에 돌 3개를 묻어 병화兵禍를 막고자 하고 있다.20) 이러한 전후 관계로 보아 고종 40년에 개설된 공덕천도량도 외적 기양을 목적으로 하였다고 보인다.

마리지천도량은 마리지천을 본존으로 하는 밀교의례이다. 고려시대에는 총 아홉 차례 개설되었으며, 개설 장소는 모두 묘통사妙通寺였다. 전염병 기양,21) 외적 기양,22) 내란 진압, 기우 등이 그 목적이었다. 전염병 기양과 외적 기양의 경우 사료에 직접 개설 목적이 언급되어 있으며, 기우와

---

15) 홍윤식, 1994, 「불교행사의 성행」, 179쪽 ; 金炯佑, 1992, 『高麗時代 國家的 佛敎行事에 대한 硏究』, 141쪽.

16) 김영미, 2010, 「고려시대 불교와 전염병 치유문화」, 『전염병의 문화사』, 162쪽.

17) 조승미, 2014, 「『금광명경』의 여신들과 한국불교에서의 그 신앙문화」, 『불교학연구』 39, 318쪽.

18) 『東文選』에는 郭預(1232~1286)가 찬한 「內殿行功德天道場疏」가 있다(『東文選』 卷 110, 疏). 개설 장소와 곽예의 활동 시기를 고려할 때, 이 소는 원종 원년 5월에 개설된 공덕천도량의 소로 생각된다.

19) 『高麗史』 卷23, 世家 第23, 高宗 37年 5月 丁丑

20) 『高麗史』 卷24, 世家 第24, 高宗3

21) 『高麗史』 卷17, 世家 第17, 毅宗 6年 6月, "癸未 幸妙通寺 設摩利支天道場 是日 還壽昌宮 醮七十二星 於明仁殿 又醮天皇大帝 太一 及十六神 以禳疾疫"

22) 『高麗史』 卷22, 世家 第22, 高宗 4年 5月, "丁酉 幸妙通寺 設摩利支天道場 以禳丹兵 遣內侍賫詔 往慰軍中 各賜衣一領 銀瓶二口"

내란 진압은 앞뒤 정황을 보아 추정한 것이다. 문종 20년[1066]과 숙종 6년[1101]에 개설된 마리지천도량은 비를 빌기 위한 것으로,[23] 마리지천도량을 전후로 기우의례를 개설한 기록들이 있는 것으로 보아 이를 알 수 있다.[24] 내란 진압을 위한 마리지천도량 개설로는 명종 6년[1176] 4월과 7년 3월의 사례가 있다.

명종 6년 4월은 조위총趙位寵의 난과 망이亡伊·망소이亡所伊의 난이 한창이던 시점이다. 조위총의 난은 같은 해 6월에 진압되지만, 망이·망소이의 난은 동왕 7년 7월까지 지속되었다. 명종 6년과 7년의 마리지천도량 개설 기사 전후로는 반란 진압을 위한 제석도량帝釋道場, 불정도량 등의 개설 기사가 실려 있다.[25] 따라서 이때의 마리지천도량도 내란 진압을 위한 것이었다고 보아야 한다.

[그림 5-1] 마리지천(1375년, 『성불수구대다라니』 불회상, 해인사 소장)

사진: 해인사성보박물관 제공

23) 『高麗史』卷8, 世家 第8, 文宗 20年 9月, "庚辰 幸妙通寺 設摩利支天道場"; 卷11, 世家 第11, 肅宗 6年 4月, "戊戌 幸妙通寺 設摩利支天道場"

24) 『高麗史』卷8, 世家 第8, 文宗 20年 4月, "癸巳 再雩"; 5月, "禱雨 于川上"; 7月, "甲寅 詔曰 孟秋之月 成熟之時 餘陽用事 旱氣猶深"
  『高麗史』卷11, 世家 第11, 肅宗 6年 4月, "以旱 禱雨 于天地 宗廟 山川"; "甲辰 醮太一 祈雨 幸外帝釋院"; "己酉 禱雨 于天地 宗廟"; "丙辰 大雩 設仁王道場 于文德殿 祈雨"

25) 『高麗史』卷19, 世家 第19, 明宗2

마리지천도량의 소의경전은 『마리지천경摩利支天經』이다. 『마리지천경』
에는 여러 종류가 있는데, 『다라니집경』 권10의 마리지천경과 천식재天息災
가 번역한 『불설대마리지보살경佛說大摩里支菩薩經』이 소의경전으로 활용되었
을 것으로 보인다. 『다라니집경』의 마리지천경은 전염병 기양에 관해 자
세히 언급하고 있다.[26] 그러나 여기에서는 외적이나 내란을 종식시키는
것에 대해서는 구체적으로 언급하지 않고 있다. 반면 『불설대마리지보살
경』은 전염병에 관한 언급이 없는 대신, 권6에서 원병冤兵이 침입했을 때
이를 막는 수법을 자세히 설하고 있다.[27] 고려시대 마리지천도량의 개설
목적으로 미루어 보아, 양자 모두가 소의경전으로 사용되었을 것이다.

무능승도량은 『불설무능승번왕여래장엄다라니경佛說無能勝幡王如來莊嚴陀羅尼經』
을 소의경전으로, 고려시대에 전승戰勝을 기원하기 위해 총 일곱 차례 개설
되었던 의례이다. 무능승도량의 소의경전으로는 이 외에 무능승명왕無能勝
明王을 주존으로 하는 『무능승대명다라니경無能勝大明陀羅尼經』, 『불설무능승대
명왕다라니경佛說無能勝大明王陀羅尼經』 등도 생각해볼 수 있다.[28] 그러나 이 경
전들은 전승과 함께 재산 증식이나 여성이 남성에게 사랑 받는 법, 임신하
는 방법 등의 내용도 함께 설해져 있다. 고려시대 의 도량 개설 목적을 고
려하면, 전쟁에서의 승리만을 설하는 『무능승번왕여래장엄다라니경』이
소의경전으로 더 적절하다고 생각된다.

무능승도량의 고려시대 개설 사례는 모두 전쟁에서의 승리를 위한 것
이었다. 인종 8년1130에 묘청妙淸의 말에 따라 처음 개설되었고, 신종 6년
1203에는 압병무능승도량壓兵無能勝道場이라는 명칭으로 개설되었다. 그 후 고
종 4년1217 거란유종의 침입 때 세 차례, 고종 14년 동진東眞의 침입 때 두

---

26) 김영미, 2010, 「고려시대 불교와 전염병 치유문화」, 『전염병의 문화사』, 156쪽.
27) 天息災 譯, 『佛說大摩里支菩薩經』 卷6(『大正藏』 21, 280b02~22)
28) 安啓賢, 1975, 「佛敎行事의 盛行」, 138쪽 ; 金炯佑, 1992, 『高麗時代 國家的 佛敎行事에
     대한 硏究』, 144~145쪽.

차례 개설되었다. 소의경전은 제석천이 아수라와의 전투에서 패배를 하자 부처님이 무능승번장엄다라니無能勝幡莊嚴陀羅尼의 염송법과 공덕을 일러주어 승리를 하였다는 내용을 담고 있어, 이를 바탕으로 전승 기원 의례로 개설된 것으로 보인다.

능엄도량은『수능엄경首楞嚴經』을 소의경전으로 하는 의례이다.『고려사』에 두 차례의 개설 기록이 실려 있다.『수능엄경』은 음탕한 여자의 환술에 걸린 아난阿難을 구제한 부처님이 그를 대상으로 수행의 방법 등을 설법한 내용을 담고 있다.29) 밀교의 측면에서 이 경전이 주목되는 이유는 권7에 실려 있는 백산개다라니白傘蓋陀羅尼 때문이다. 대불정주大佛頂呪라고도 하며, 경전에서 다라니의 공덕과 염송 절차를 설하고 있다. 이 다라니를 수지·독송하면 모든 독과 나쁜 주문의 해를 입지 않으며, 온갖 죄장과 재해가 사라지고, 나쁜 별의 재앙을 물리칠 수 있다고 한다. 이 의례는 선종 6년1089에 처음 개설되었으며,30) 명종 10년1180에는 대불정독경大佛頂讀經이라는 명칭으로 개설되었다. 명종 10년의 개설 이유는 서북방에 붉은 기체가 나타났기 때문이다. 즉, 천변을 기양하기 위한 것이었는데, 나쁜 별의 재앙을 물리쳐 준다는 대불정주의 공덕31)에 의지하고자 개설한 것이었다.

보성도량은『고려사』에 두 차례의 개설 기록이 보인다. 첫 번째는 숙종 6년1101 4월에 소나무의 충해가 전쟁의 징조로 해석되어, 관정도량, 문두루도량과 함께 개설되었다. 대표적인 외적 기양 의례인 문두루도량과 함께 개설되었다는 점에서, 보성도량 역시 전쟁의 징조를 해소하기 위해 개설된 것으로 보인다. 두 번째는 인종 21년1143에 왕비가 병에 걸려 그 쾌유

29) 정승석 편저, 1998,『고려대장경 해제』, 고려대장경연구소, 257쪽.
30) 『高麗史』卷10, 世家 第10, 宣宗 6年, "三月 庚寅 設楞嚴道場 于乾德殿 七日"
31) 般刺蜜帝 譯,『大佛頂如來密因修證了義諸菩薩萬行首楞嚴經』卷7(『大正藏』19, 137c14~19), "阿難是娑婆界 有八萬四千災變惡星 二十八大惡星而爲上首 復有八大惡星以爲其主 作種種 形出現世時 能生衆生種種災異 有此呪地悉皆銷滅 十二由旬成結界地 諸惡災祥永不能入"

를 빌기 위해 개설되었다.32) 한편 『양촌집』에도 보성도량의 소가 실려 있다. 『고려사』에는 그때의 보성도량 개설에 관한 언급은 없지만 고려 말까지 이 의례가 개설되었음을 알 수 있다. 이때의 개설 목적은 시절에 맞지 않게 비가 내리고 천둥과 번개가 치는 것을 기양하기 위한 것이었다.33) 보성도량은 『보성다라니경寶星陀羅尼經』을 소의경전으로 보성다라니寶星陀羅尼를 외는 의례이다. 보성다라니에는 외적을 물리치고 병을 치유하며 일기를 순하게 하는 공덕이 있어,34) 이를 근거로 보성도량이 개설되었다.

아타파구신도량은 인종 8년1130 8월에 묘청의 말에 따라 개설되었다. 『고려사』에는 인종대의 개설 기록밖에 없지만, 『동국이상국집』에 「아타파구위대장군도량문阿吒波拘威大將軍道場文」이 실려 있는 것으로 보아 인종 이후에도 개설되었음을 알 수 있다. 개설 목적은 성변을 기양하기 위한 것이었다.35) 인종 8년 8월의 경우 같은 달에 흰 무지개가 나타나고 붉은 기운이 나타나는 등 천변이 있었다. 두 징조 모두 신하가 임금을 배신하고 반역을 일으킬 징조로 풀이되었으므로,36) 천변으로 상징되는 반역을 기양하기 위해 개설하였을 것이다. 아타파구신도량의 소의경전은 『보성다라니경』

---

32) 『高麗史』 卷17, 世家 第17, 仁宗 21年 戊子

33) 權近, 「非時雨下雷電 祈禳寶星道場疏」, 『陽村集』 卷27, 疏語類

34) 波羅頗蜜多羅 譯, 『寶星陀羅尼經』 卷9(『大正藏』 13, 576b22~c04), "是故我等令一切國界所有鬥諍謀計言訟 飢儉疾病他方怨賊 非時風雨極寒極熱災旱惡時 惡夢惡相䴏澁無膩苦辛惡味 惡人惡物諸不善分悉當消滅 倍復安隱豐熟喜樂 無病和合悉當成就 時風時雨寒熱以時 晝夜位分半月一月 時節年歲悉令正行 諸宿星曜日月之次不令失度 泉池陂河皆令滿足 隨有衆生所依住處 瀑水漂溺我皆遮斷不令覆沒 我等於彼國邑聚落利衆生故 所有枝葉華果根莖諸穀藥味 悉當肥膩色相鮮澤美味滋多 財穀藥味衣服莊嚴諸資具等 令諸衆生悉當具足無所減少"

35) 李奎報, 「弘慶院行阿吒波拘威大將軍道場文」, 『東國李相國集』 卷39, 佛道疏, "況歲行正壓於城都 而金木相剋 抑時令不孚於法曆 而陰陽屢愆"

36) 『高麗史』 卷53, 志 第7, 五行1, 水, 仁宗 8年, "八月乙未 初更 赤氣如火影 發自坎方 覆入北斗魁中 起滅無常 至三更乃滅 日者奏 天地瑞祥誌云 赤氣如火影見者 臣叛其君 伏望修德消變"; 『高麗史』 卷54, 志 第8, 五行2, 金, 仁宗, "八年 八月丙申 白虹起自西方 向北行滅 日者奏 開元占云 白虹露奸臣謀君 宜反身修德 以荅天譴"

권10의 「아타박구품阿吒薄俱品」으로 추정된다. 아타파구신이 온갖 어려움에서 구제해준다는 내용으로, 그 가운데에는 일월성수의 재괴災怪를 없애준다는 구절도 있기 때문이다.37)

불정심도량은 『불정심다라니경』을 소의경전으로 한다.38) 고종 42년1255에 전염병을 기양하기 위해 개설된 것이다. 이 의례의 소의경전은 고려대장경에 입장되어 있지 않다. 그러나 의례의 명칭과 경전에서 설하는 내용 등을 고려해 보면, 불정심도량의 소의경전으로 『불정심다라니경』이외에는 생각하기 어렵다. 이 사례를 통해, 고려대장경에 입장되지 않았더라도 당시 유통되던 경전들이 소의경전으로 활용되었음을 알 수 있다.

| 공작명왕상 (고려시대, 동제 수월관음보살문 경상 뒷면, 국립중앙박물관 소장) | 일제강점기에 촬영된 석조 공작명왕상 (왼쪽, 평북 용천군 읍동면 성동동 촬영, 국립중앙박물관 소장 유리건판) |

[그림 5-2] 공작명왕

---

37) 波羅頗蜜多羅 譯, 『寶星陀羅尼經』 卷10(『大正藏』 13, 580c27~581a01), "一切日月星宿災怪 毒氣等之所加害 厭蠱擾亂, 及身中風病黃病陰病瘧病 若日日發 或二日三日四日發 癩病癬疥 欬嗽丁瘡 腹痛支節等病之所擾亂 皆得除滅"

38) 『다라니집경』 권1에서 佛頂心三昧陀羅尼呪의 염송 절차를 설하며, 이를 통해 모든 천마와 外道의 呪法을 풀어 없애고 모든 怨敵을 항복시킬 수 있다고 한다. 다라니의 명칭에서, 이것이 불정심도량일 가능성도 있다. 그러나 경전에서는 이를 '佛頂三昧曼荼羅法' 또는 '佛頂三昧陀羅尼道場'이라 표현하고 있기 때문에 이에 근거해 도량이 개설되었다면 경전의 도량 명칭에 따라 佛頂三昧道場이라 칭했을 것이다.

공작명왕도량은 공작명왕을 주존으로 개설되는 의례이다. 『공작경孔雀經』
또는 그 다라니를 외우며 온역瘟疫 등의 병과 공포로부터 벗어나게 하고 아
울러 수명의 장수를 비는 의식이다. 예종 5년1110 4월에 한 차례 개설되었
는데, 전염병 기양이 그 목적이었다.39) 염만덕가위노왕신주도량은 오대
명왕五大明王 가운데 하나인 염만덕가위노왕, 즉 대위덕명왕大威德明王을 모시
고 병란兵亂을 진압시키며 재액을 없애어 복을 비는 의식이다. 고종 22년
1235에 일관의 건의에 의해 한 차례 개설되었다.40) 대불정오성도량과 대일
왕도량은 모두 원종 5년1264에 원에 대한 친조親朝를 피하고자 개설되었
다.41) 대불정오성도량은 백산개불정 관련 의례로 추정되고, 대일왕도량
은 대일여래를 주존으로 개설된 의례이다. 진언법석은 큰 뱀이 침전에 나

[그림 5-3] 대위덕명왕(고려시대, 영국사 출토 금강령 부분, 한성백제박물관 소장)

사진: 한성백제박물관 제공

---

39) 김영미, 2010, 「고려시대 불교와 전염병 치유문화」, 『전염병의 문화사』, 153쪽.
40) 『高麗史』 卷23, 世家 第23, 高宗 22年 11月, "丁亥 日官奏 闕北別構一屋 設閻滿德加威怒
     王神呪道場 以禳兵禍"
41) 『高麗史』 卷26, 世家 第26, 元宗 5年 5月 癸卯, 6月 辛亥 및 壬子 ; 『高麗史』 卷126, 列傳
     第36, 白勝賢

타난 것을 기양하기 위하여 개설되었다.[42] 이때 어떤 진언을 외웠는지는
알 수 없으며, 불길한 징조를 없애기 위한 액막이 의식으로 보인다.

이상으로 고려시대 밀교의례를 개관하였다. 고려시대 밀교의례는 다양
한 목적으로 다양한 존격을 모시며 의례를 진행하였다. 다음으로 이들 밀
교의례의 특징을 살펴보겠다.

2) 고려시대 밀교의례의 특징

종교에서 의례가 갖는 기능은 의례를 통해 신앙의 확신을 심화시키는
동시에 그 의례가 갖는 집단적 구속력에 의해 연대감을 생성하는 것이
다.[43] 이를 국가적 의례에 적용시켜보았을 때, 고려시대의 국가적 불교의
례는 고려인으로서의 연대감을 형성하는 역할을 하였다.[44] 고려시대의
국가적 불교의례는 크게 구복의례와 기양의례로 나눌 수 있다. 이중 기양
의례는 일상적 세계 질서를 무너뜨리고 개인적 또는 집단적 삶을 위협하
거나 예상되는 목표의 성취를 위협하는 상황이 닥쳤을 때 설행된다.[45] 즉,
기양의례를 개설함으로써, 고려사회를 위협하는 재난을 타개하고 그 위협
으로 인해 발생할 연대감의 약화를 방지해 나라를 굳건히 유지하고자 하였
다고 볼 수 있다. 여기에서 고려시대 국가적 밀교의례가 가졌던 정치·사회

---

42) 『高麗史』卷53, 志 第7, 五行1, 水, "恭愍王 十六年 六月 戊申 大蛇 見于寢殿御床 丁巳 設眞
言法席 于宮內 以禳之"
43) 洪潤植, 1976, 『韓國佛敎儀禮の硏究』, 43쪽.
44) 종교학자 뒤르켐에 의하면, 하나의 사회가 도덕적 일체감을 중심으로 통합되면 그 통
합된 사회는 반드시 상징화되어 종교로 나타난다고 한다. 즉, 종교는 상징화된 사회
자체이며 종교제의에 참여하는 것은 그 사회 자체의 종교적 힘을 경험하는 것이다. 그
리고 이렇게 사회가 상징화되어 형성된 종교는 다시 그 사회 내의 여러 요소들을 통합
시키는 데 공헌을 한다고 한다(김종서, 2005, 『종교사회학』, 서울대학교출판부,
180~181쪽).
45) 이욱, 2009, 『조선시대 재난과 국가의례』, 창비, 25쪽.

적 의미를 찾을 수 있을 것이다.

고려시대에 국가적 밀교의례는 즉위의례로서의 관정도량을 제외하면 모두 기양의례로서만 개설되었다.[46] 고려시대에는 복을 빌거나 추선追善을 위한 불교의례도 개설되었지만, 밀교의례가 이러한 목적을 수행할 수 있음에도 구복이나 추선을 위한 국가적 밀교의례는 개설되지 않았다. 특히 불정도량의 경우, 소의경전상으로는 추선의례로 개설되는 것이 더 타당함에도 불구하고 국가의례로 개설될 때에는 기양의례의 역할만 보인다.[47] 그 이유는 밀교의례가 밀교 다라니신앙의 한 형태이기 때문이다.[48]

고려시대에는 다라니가 현실의 재난에서 구제해 준다는 인식이 대중적으로 널리 퍼져 있었다. 물론 복을 가져온다거나 천상에서 다시 태어나게 해준다는 다라니의 공덕도 있지만, 현실의 삶에서는 초복招福보다 제재除災의 역할이 더 중요시되고 강조되었을 것이다. 이 때문에 제재를 설하는 많은 다라니경전이 간행되었다. 고려 후기의 사례이기는 하지만 제재의 직접 수단인 다라니 문구와 호부護符만을 별도로 간행하는 축약본 다라니경이 등장하기도 하였고, 호신용으로 다라니를 지니고 다니기도 하였다.[49] 밀교신앙이 현실적 재난을 타개해 준다는 사회적 합의가 있었고 조정에서도 이를 수용하였던 것이다. 국가·사회적 재난을 타개해 안심安心을 얻

---

46) 즉위의례로서의 관정도량은 왕의 권위 상승과 연결되기 때문에 기양의례와 구복의례의 어느 쪽에도 속하지 않는 특수한 것으로 보아야 한다.

47) 국가의례가 아닌 경우에는 추선을 목적으로 개설되기도 하였다. 幻庵混脩가 공민왕의 추선을 위해 개설한 사례를 꼽을 수 있다(權近,「有明朝鮮國普覺國師碑銘 幷序」,『陽村集』卷37, 碑銘類, "丙寅 大妃安氏 爲導玄陵 請莅佛頂會 于輔國寺").

48) 고려시대 밀교의례는 밀교 존격을 모시고 다라니를 외우는 방식으로 진행된다. 따라서 밀교의례를 다라니신앙의 한 형태로 분류할 수 있다. 그러나 밀교의례는 고려시대의 일반적인 다라니신앙과 전개양상이 다르다. 이는 밀교의례가 公的 영역에서 행해진 불사이기 때문이다. 밀교 다라니신앙을 바탕으로 하고 있지만 현실적 불사로 드러날 때에는 국가 행사라는 측면이 부각된다. 그 결과 다라니신앙의 한 형태이면서도 같은 범주에서 논하면 안 되기 때문에 이 책에서는 밀교의례를 다라니신앙과 별도로 분리해 논하였다.

49) 이에 대해서는 이 책의 제4장. 2절. 4) 고려시대 유통 단본 밀교경전의 특징 참조.

기 위한 것이므로, 일반적으로 인정되는 재난 타개 방식의 경향성을 따랐다고 보인다. 요컨대, 고려시대에는 재난 타개의 방향으로 밀교신앙이 전개되었기 때문에 밀교의례들이 기양의례로서 불교의례 속에 편입되어 있었다는 의미이다.

그렇다면 이들 밀교의례를 통해 기양하고자 했던 구체적인 내용은 무엇이었을까. 그리고 그것은 다른 불교의례들의 개설 목적과 어떠한 관계를 가질까. 고려시대 불교의례 속에서 밀교의례의 역할이 무엇이었는지가 궁금해진다. 이를 분석하기 위해, 고려시대에 25회 이상 개설된 불교기양의례(인왕도량, 신중도량, 금광명경도량, 나한재)와 밀교의례의 개설 목적을 비교해 보았다. 고려시대 역사서와 문집류에 보이는 이들 의례의 개설 목적을 정리하면 [표 5-2]와 같다.

이 표를 보면, 17종 밀교의례의 개설 목적은 성변·기상재해·전란·전염병의 기양으로 정리된다. 이는 밀교의례가 아닌 25회 이상 개설된 다른 불교의례를 통해서도 동일하게 기대되던 목적들이다. 밀교의례가 유일한 선택지가 아니라 그를 대신할 의례들이 존재하는 것이다. 그렇다면 왜 동일한 기능을 가진 의례들을 중복해서 개설한 것일까.

그 일차적 원인은 고려 사람들의 재난관災難觀에서 찾아야 한다. 고려시대의 재난관은 『인왕경仁王經』과 삼재三災에 대한 인식을 통해 확인할 수 있다. 『인왕경』에서는 일곱 가지의 국가적 재난七難을 이야기하고 있는데,[50] 그것은 성변, 자연재해, 외적의 침입으로 압축된다. 삼재는 불교의

---

[50] 鳩摩羅什 譯, 『佛說仁王般若波羅蜜經』 卷下(『大正藏』 8, 832c01~22), "云何爲難 日月失度 時節返逆 或赤日出黑日出 二三四五日出 或日蝕無光 或日輪一重二三四五重輪現 當變怪時讀說此經 爲一難也 二十八宿失度 金星彗星輪星鬼星火星水星風星刀星南斗北斗五鎭大星一切國主三公百官星如是諸星各各變現 亦讀說此經 爲二難也 大火燒國萬姓燒盡 或鬼火龍火天火山神火人火樹木火賊火如是變怪 亦讀說此經 爲三難也 大水漂沒百姓 時節返逆 冬雨夏雪 冬時雷電霹靂 六月雨冰霜雹雨赤水黑水靑水 雨土山石山 雨沙礫石 江河逆流浮山流石 如是變時亦讀說此經 爲四難也 大風吹殺萬姓 國土山河樹木一時滅沒 非時大風黑風赤風靑風天風地風火風 如是變時亦讀此經 爲五難也 天地國土亢陽炎火洞燃百草亢

[표 5-2] 고려시대 불교 기양의례의 개설 이유

의례명		개설 이유					
		성변	자연재해	전란		전염병	기타
				외적	내란		
불교의례 (25회 이상)	인왕도량	○	○	○	○		
	신중도량			○			
	금광명경도량	○	○	○			기복
	나한재		○		○		
밀교의례	소재도량	○	○				
	불정도량		○	○	○		
	공덕천도량		○	○		○	
	마리지천도량		○	○	○	○	
	무능승도량			○			
	문두루도량			○			
	관정도량 (기양)			○	○		
	관정도량 (즉위)						즉위의식
	능엄도량	○					
	보성도량		○		○		질병 치유
	공작명왕도량					○	
	아타파구신도량	○					
	불정심도량					○	
	염만덕가위노왕신주도량				○		
	대불정오성도량						원 친조 회피
	대일왕도량						원 친조 회피
	진언법석						뱀 기양

세계관에서 세계가 붕괴되어 가는 과정 중에 나타나는 재앙으로, 화재火災·
수재水災·풍재風災의 대삼재와 기근재饑饉災·역병재疫病災·도병재刀兵災의 소삼
재가 있다.[51) 삼재설에서는 재앙을 화·수·풍에 기인하는 자연재해와 기

旱五穀不登 土地赫然萬姓滅盡 如是變時亦讀此經 爲六難也 四方賊來侵國內外賊起 火賊
水賊風賊鬼賊 百姓荒亂刀兵劫起 如是恠時亦讀此經 爲七難也"
七難 가운데 ① 해와 달의 이상 현상, ② 28宿를 비롯한 성신의 이상 운행은 성변에, ③
大火, ④ 大水, ⑤ 大風, ⑥ 旱魃은 자연재해에 해당하며, ⑦은 외적의 침입이다.

근, 전염병, 전쟁으로 꼽고 있음을 알 수 있다.

『인왕경』은 인왕仁王의 힘으로 국가를 수호하고자 하는 인왕도량의 소의경전이다. 인왕도량은 고려시대에 3년마다 정기적으로 개설되었을 뿐 아니라, 재이災異를 기양하기 위해서 비정기적으로 개설되기도 하였다. 『인왕경』은 고려시대 국가의 안위를 유지히기 위한 사상적 축 가운데 하나였다. 그런데 『인왕경』의 주석서들에서 「호국품護國品」을 풀이하며 칠난과 삼재를 연결시켜 설명하고 있어 눈길을 끈다. 신라의 원측圓測은 『인왕경소仁王經疏』에서 "화난火難·수난水難·풍난風難과 같은 일체 재난에도 이 경을 강독해야 한다"는 경전 문구에 대해, 삼재를 벗어나는 것을 밝힌 부분[明三災離]이라고 설명하고 있다.[52] 또 당의 양분良賁은 『인왕반야바라밀다경소仁王般若波羅蜜多經疏』에서 "일체 국토가 어지러워지려고 할 때 여러 재난이 있고 적이 내침해 파괴를 한다"는 경전 구절에 대해, 재는 삼재라고 하며 『정리론正理論』을 인용해 도병·질역·기근의 재난이라고 하였다.[53] 삼재가 『인왕경』의 재난과 결부되는 것으로 받아들여졌음을 알 수 있다.[54] 원측과 양분의 소는 『교장총록』에 수록되어 있기 때문에 고려시대에 칠난과 삼재를 연결시키는 재난관이 있었다고 볼 수 있다.

이상으로 미루어, 7난과 삼재의 재앙을 종합한 성변, 자연재해, 전염병, 전쟁이 고려시대의 '공인된 재난'이라고 볼 수 있을 것이다. 따라서 고려시대의 기양의례는 모두 이 네 가지 재난에 속하는 것이었고, 그것을 없애는 것이 불교의례의 기능이었다. 밀교의례도 사상적 기반을 밀교에 둔 불교의례의 일환이었기 때문에 이러한 재난관을 공유한 위에서 개설되었을

---

51) 佛光大辭典編修委員會 編, 1989, 『佛光大辭典』, 三災.
52) 圓測 撰, 『仁王經疏』 卷下(『韓國佛敎全書』 1, 93a05~21)
53) 良賁 述, 『仁王護國般若波羅蜜多經疏』 卷下(『大正藏』 33, 0488a29~b13)
54) 원측과 양분의 소만을 설명했지만, 智顗의 『仁王般若經疏』, 吉藏의 『仁王般若經疏』도 「호국품」을 해석하는 가운데 칠난과 삼재를 연결시키고 있다. 지의와 길장의 소도 『교장총록』에 수록되어 있다.

것이다.

고려시대 국가적 불교의례는 왕실의 주도 하에 개설되었지만, 대체로 왕실 내의 의례가 아닌 국가적 어려움을 불력佛力으로 타개하고자 하는 불교의례였다.[55] 불교의례는 국가불교의 실천행위인 것이다. 천재지변이나 외적의 침입, 전염병 등 조정의 안위를 뒤흔들 수 있는 사안을 해결하기 위한 정치적 행위로 보아야 한다. 이에 고려시대 불교의례는 종교적 성격의 정치행사라고까지 표현된다.[56]

나라의 근간을 뒤흔들 만한 중대한 사건이 발생하였을 때 그 위험을 제거한다는 한 가지 목적을 이루기 위해 총력을 집중하며, 효과를 높이기 위해 사상적 배경은 다르지만 같은 공덕을 이야기하는 별개의 의례들을 중복 개설하고 있는 것이다. 고려 불교계는 사제집단으로서 나라의 안위를 위협하는 여러 재앙으로부터 영적으로 국가를 수호하였다. 그것이 현실적 실천 행위로 드러나는 것이 불교의례라 할 수 있다.[57]

중복 개설의 범위는 불교의례 안에만 국한되지 않았다. 고려시대 의례 개설 목적 중 가장 많은 비중을 차지하는 기우의 경우를 살펴보자. 기우는 농업이 경제 기반이었던 고려시대에 매우 중요한 문제였다. 기우를 위해서 불교의례뿐 아니라 도교, 유교, 무속에까지 기대어 비를 비는 모습을 찾아볼 수 있다.[58] 국가적 어려움을 해결하기 위해 동원할 수 있는 모든

---

55) 洪潤植, 1976, 『韓國佛敎儀禮の硏究』, 166~167쪽.
56) 金炯佑, 1992, 『高麗時代 國家的 佛敎行事에 대한 硏究』, 160쪽.
57) 종교가 영적 측면에서 나라를 수호한다는 인식은 서양 중세에서도 발견된다. 747년경에 교황 자카리아스는 카롤링거 왕조를 세운 페핀 3세에게 다음과 같은 강론을 하였다. "제후, 속인과 전사들에게는 적의 계략에 빠지지 않고 나라를 수호해야 할 임무가 돌아갑니다. 주교와 사제, 신의 종들에게는 유익한 조언과 기도로써 처신하는 일이 돌아갑니다. 그리하여 신의 가호로 우리가 기도하고 저들이 싸움으로써 나라가 무사할 것입니다." 싸우는 자[기사]와 기도하는 자[사제]가 신으로부터 도유받은 신성한 군주와 나라를 내외적으로 수호한다는 것이다(조르주 뒤비 저, 성백용 역, 1997, 『세 위계: 봉건제의 상상 세계』, 문학과지성사, 148~156쪽 참조).
58) 예종 2년 3월 불정도량 개설을 전후한 기우 기사를 정리하면 다음과 같다. 다음의 표

형식의 의례를 개설한 것이다. 그리고 이들 의례는 서로 모순되는 것이 아니라, 각각의 사상적·교의적 기반 위에서 효과를 극대화시키기 위해 중복 개설되었다. 이는 밀교의례가 기능적인 측면에서 다른 불교의례들과 차별화되지 않음을 의미한다. 고려시대 밀교의례는 다른 불교의례나 유교·도교 의례와 미찬가지로 통치 기제의 하나로서 받아들여졌던 것이다.

그렇다면 기능적인 측면에서 다른 의례들과 차별화되지 않음에도 다수의 밀교의례들이 개설되었던 이유는 무엇일까. 즉, 밀교의례만의 특징과 그것이 위정자들의 마음을 끌었던 이유가 궁금하다. 그 이유는 첫 번째, 밀교의례에서 다라니 염송이 이루어졌기 때문이다. 고려시대의 다라니

는 비를 빌었다는 내용이 명기된 경우만을 정리한 것이다.

예종1 (1106)	6월	무자, 法雲寺에 行幸해 기우	불교
		기축, 曇眞이 禪法 강의하며 기우	불교
	7월	경인, 般若道場을 개설해 기우	불교
		신묘, 기우제	
		정유, 神廟에서 기우	무속
		기해, 太祖의 위패를 모시고 관료들을 거느리고 하늘에 제사하며 기우	유교
		병오, 太一神에게 기도	도교
예종2 (1107)	3월	경자, 불정도량 개설	불교
		을묘, 태일신에게 기도	도교
	4월	무진, 朴淵 폭포에서 기우	유교
		갑신, 神祠에서 기우	무속
	5월	병술, 하늘의 변괴를 방지하기 위해 金剛經道場 개설	불교
		을미, 종묘사직과 모든 산천제단에 기우	유교
		경자, 종묘사직과 모든 산천제단에 기우하고 백관은 興國寺에서 기우	유교 불교
		임인, 법운사에서 기우	불교
		을사, 태일신 기우	도교
		을묘, 乾德殿에서 기우	
	7월	무자, 종묘사직과 모든 산천제단에 제사, 風雨가 순조롭기를 기도	유교

위의 표를 통해, 사찰에 行幸하고 도량을 개설하는 불교식 의례, 태일신에게 기도하는 도교식 의례, 종묘사직에 기도하는 유교식 의례, 신사에 기도하는 무속식 의례가 모두 사용되고 있음을 확인할 수 있다.

인식을 살펴보자.

> A. 이른바 다라니라는 것은 중국에서 번역할 수 없는 것이다. 중국에서만 그러한 것이 아니라 인도 사람도 그것을 알아듣고 이해하지 못한다. 그러므로 오직 부처끼리만 그것을 알 수 있다고 한다. 대개 그 뜻이 심오하고 말이 신비한데, 신비하기 때문에 알아들을 수 없고 심오하기 때문에 이해할 수 없는 것이다. 이해할 수 없으니 사람들이 도탑게 공경하고, 알아들을 수 없으니 사람들이 지극히 존숭한다. 존숭이 지극하고 공경이 도타우면 사람에게 감응하는 것이 반드시 깊을 것이니 영험하고 기이한 행적이 많은 것도 당연하다.[59]

위의 인용문 A는 고려 후기에 이제현李齊賢이 쓴 「금서밀교대장서金書密敎大藏序」의 한 구절이다. 이 글에 의하면 다라니란 사람이 이해할 수 없는 말인데, 그렇기 때문에 사람들이 공경하고 존숭하며 그 마음에 감응하여 영험하고 기이한 행적이 많이 나타난다고 한다. 즉, 다라니를 받들면 그에 감응하여 영험이 많다는 것이다. 밀교의례는 다라니 염송이 주를 이루기 때문에 그에 감응하여 재난의 기양이라는 영험을 기대하였던 것이다. 나아가 사람이 해득할 수 없고 부처와 부처 사이에서만 알 수 있는 다라니를 염송함으로써, 바람이 직접 여래에게 전달될 수 있으며 여래의 위신력威信力으로 국가적 재난을 타개할 수 있다고 생각하였을 것이다.

고려시대에 밀교의례가 개설되었던 두 번째 이유는 의례가 가시적이기 때문이었다. 밀교의례에서는 의례 집전자가 절차에 따라 재계齋戒를 하고 의례를 진행하였다. 또 경전에 설해진대로 단을 만들고 도량을 준비하는 등 절차가 엄격하였다. 이는 의례에 대한 신뢰감을 가지게 만들었을 것이다. 의례가 시작되면, 갖가지 공양물로 꾸며진 의례 개설처와 다라니라는 낯선 언어가 신비감을 고조시켰다.

---

59)　李齊賢, 「金書密敎大藏序」, 『益齋亂稿』 卷5, 序

신비로운 밀교식 의례 절차는 의례에 장엄함을 더하고 전시 효과를 극대화시켜, 참여자들에게 불보살의 위신력으로 재난을 기양할 수 있을 것이라는 기대감을 심어주었을 것이다. 요컨대 밀교의례의 다라니가 영험을 보장하였고 신비로운 의례 절차가 장엄한 분위기를 만들기에 효과적이었기 때문에, 고려시대에는 수많은 밀교의례가 개설된 것으로 생각된다.

2.

소
재
도
량
과

천
문
재
이
의　기
양

　　소재도량은 80종이 넘는 고려시대 불교의례 가운데 가장 많이 개설된 비정기적 불교의례이다. 개설 빈도가 높을 뿐만 아니라 고려시대인들의 천문재이관을 보여주는 것으로서 중요한 의미를 갖는다. 소재도량의 개설 목적은 기본적으로 성변으로 인한 재해를 방지하는 데 있기 때문이다.

　　고려시대 불교의례에서 소재도량이 지니는 중요성 때문에 이에 관한 기존의 연구 성과도 다양하다.[60] 이들 연구에서는 소의경전과 사상적 배경, 유교·도교 천문관과의 관계 등이 다양하게 언급되었다. 그런데 소재도량의 소의경전은 성변 기양을 주요 공덕으로 설함에도, 지상에서 일어나는 자연재해를 기양하기 위해서도 소재도량이 개설되었다. 소의경전에 언급되지 않은 개설 목적이 보이는 것인데, 선행 연구에서는 이에 대한 설명이 명확하지 않다. 그러나 이 부분은 소재도량의 현실적 적용이라는 측

---

60)　鄭泰爀, 1997,「高麗朝 各種道場의 密教的 性格」; 홍윤식, 1994,「불교행사의 성행」; 金炯佑, 1992,『高麗時代 國家的 佛教行事에 대한 研究』; 진민경, 1997,「高麗武人執權期 消災道場의 設置와 그 性格」, 부산대 사학과 석사학위논문 ; 김종명, 2001,『한국 중세의 불교의례』; 정진희, 2013,「고려 熾盛光如來 신앙 고찰」,『정신문화연구』36-3 등.

면에서 주목해야 할 지점이라고 생각한다.

본 절에서는 이러한 문제의식 하에, 선학들의 연구를 바탕으로 고려시대 전반에 걸쳐 소재도량이 가지는 의미와 그를 통해 고려시대 천문재이관을 고찰해보고자 한다.

1) 사상적 배경

(1) 소재도량의 소의경전

고려시대 소재도량의 소의경전으로 일반적으로 거론되는 것은『소재길상경』과『소제재난경』이다.[61]『소재길상경』은 당 불공의 역경으로, 성변을 물리치기 위한 치성광대위덕다라니제재난법熾盛光大威德陀羅尼除災難法과 의례방법을 설한 경전이다.『소제재난경』은 당대에 번역되었으나 역자는 미상으로,『소재길상경』과 동일한 내용을 담고 있다. 다만 다라니의 표현방식이 조금 다르며,[62] 뒷부분에 구요진언九曜眞言이 첨부되어 있다는 차이

---

[61] 鄭泰爀, 1997,「高麗朝 各種道場의 密敎的 性格」, 311쪽 ; 진민경, 1997,「高麗武人執權期 消災道場의 設置와 그 性格」, 6~11쪽.
한편 홍윤식은 소의경전으로『소제재난경』과『消災一切閃電障難隨求如意陀羅尼經』을 들고 있어 약간의 의견 차이를 보인다(홍윤식, 1994,「불교행사의 성행」, 179쪽).『소재일체섬전장난수구여의다라니경』은 천둥과 번개에 의한 재난을 막을 수 있다는 공덕을 설하는 경전이다. 김형우는 홍윤식이 지목한 2가지 소의경전과 더불어「熾盛光消災經』,『消除一切障寶』계 다라니경 등이 소의경전이라고 밝히며 그 폭을 넓히고 있다(金炯佑, 1992,『高麗時代 國家的 佛敎行事에 대한 硏究』, 139쪽).
불공 역의『소재길상경』이 고려대장경에 입장되어 있지 않기 때문에 이 경을 소재도량의 소의경전에서 제외시키는 견해도 있다(김종명, 2001,『한국 중세의 불교의례』, 82~83쪽). 그러나 고려 후기에 불공 역『소재길상경』을 단본으로 간행한 사례가 있는 것으로 미루어 보아 이 경전은 고려사회에서 유통되고 있었다. 따라서 고려대장경에 수록되어 있지 않다는 이유로 불공 역의『소재길상경』을 소재도량의 소의경전에서 제외시킬 수 없다고 생각한다.

[62] 鄭泰爀, 1997,「高麗朝 各種道場의 密敎的 性格」, 314~316쪽에 의하면,『소재길상경』에서 '그러한 자여'라고 표현되는 'tātyatha'가『소제재난경』에서는 '그'라는 의미의 3인칭 대명사 'sā'로 표현되어 있다고 한다. 그 외의 부분은 동일하다.

가 있다.[63]

한편, 소재도량의 소의경전과 관련해『소재길상경』을 바탕으로 치성광도량의 의례 절차를 서술한 송 천태종 승려 자운준식慈雲遵式의『치성광도량염송의熾盛光道場念誦儀』도 눈길을 끈다. 즉,『치성광도량염송의』가 소재도량의 소의경전일 가능성이 있는 것이다. 그런데 이 저술은 의천의『교장총록』에 수록되어 있지 않으므로, 적어도『교장총록』이 편찬되던 시기까지는 고려에 알려지지 않은 것 같다.[64] 후에『치성광도량염송의』가 소재도량의 의례 절차에 영향을 미쳤을 가능성도 있다. 그러나 문종 즉위년 소재도량이 최초로 개설될 당시에는 이 경전을 소의경전으로 삼지는 않았을 것으로 생각된다.[65]

---

63) 이들 두 경전이 소재도량의 소의경전임은 고려시대 저술의 소재도량 관련 글들을 통해 확인할 수 있다. 이들 글들은 모두 8만이라는 숫자에서 공통성을 보인다. 이것이 단순히 많다는 의미로 상징적인 숫자일 수도 있다. 그러나 소재도량과 관련된 글들에서 공통적으로 8만이라는 수를 언급하고 있는 점으로 미루어 보아 당시 소재도량과 8만을 연결시켜 사유하고 있었다고 보인다.
不空 譯,『佛說熾盛光大威德消災吉祥陀羅尼經』(『大正藏』卷19, 338a08~10), "受持讀誦此陀羅尼者 能成就八萬種吉祥事 能除滅八萬種不吉祥事"
失譯,『佛說大威德金輪佛頂熾盛光如來消除一切災難陀羅尼經』(『大正藏』권19, 338c02~04), "此陀羅尼一切如來同共宣說 能成就八萬種大吉祥事 復能滅除八萬種大不吉祥事"
崔滋,「禳星變消災道場疏敎」,『東文選』卷14, 七言律詩, "乾坤日月與星辰 同是毗盧一法身 散作光明猶謂化 指言妖異豈爲眞 人因幻見羅疑網 佛擧神章掃妄塵 一讀可消災八萬 況今五日禮王輪"
卞季良,「洛山寺行消災法席疏」,『東文選』卷113, 疏, "慈悲法身 實爲三十妙相 吉祥神呪 能消八萬種災"
64) 제목만 전하여 내용은 알 수 없지만, 의천이『消災經直釋詳定記』를 저술한 것으로 보아(義天,『大覺國師文集』卷1), 그는『소재경』에 관해 관심을 가지고 있었다고 생각된다. 또한 의천은『교장총록』에서『소재경』의 장소 목록을 소개하였다. 그리고 다른 경전에 대한 준식의 저술을 다수 수록하고 있다. 따라서 준식의 장소가『교장총록』에 수록되지 않았다는 것은 의천이 존재를 몰랐거나 확보하지 못했음을 의미한다.
65) 한편, 정진희는 정통적인 불교법식에 따라 소재도량이 행해진 것은 자운준식의『치성광도량염송의』가 유입된 이후이며, 이 때문에 최초의 의례 개설이 1046년이라고 보고 있다(정진희, 2013,「고려 熾盛光如來 신앙 고찰」, 328~330쪽).

(2) 고려시대의 치성광신앙과 소재도량

소재도량은 치성광여래熾盛光如來에 대한 신앙이 바탕을 이룬다. 일월성수를 총괄하는 치성광여래의 다라니를 외움으로써 성변을 물리치기 위한 의례이기 때문이다. 치성광신앙은 8세기 후반~9세기 초에 형성된 중국불교의 새로운 북극성신앙으로, 구요신앙九曜信仰에 연원을 두고 있다.66) 그런데 치성광여래를 중심으로 하는 성수신앙은 성점학星占學을 그 바탕에 두고 있다. 성점학에 맞추어 천체의 운행을 살피고, 천체의 이상 운행인 성변과 그것으로 예견되는 재난을 방지하고자 소재도량을 개설하기 때문이다. 따라서 여기에서는 고려시대 소재도량의 사상적 배경으로 고려시대의 성점학과 치성광신앙을 고찰하겠다.

고려시대 불교의 천문사상의 깊이나 내용을 전해주는 자료는 많지 않지만, 일찍부터 체계적인 천문사상이 정립되어 있었던 것으로 보인다. 통일신라시기에 경흥憬興, 원효元曉, 승장勝莊 등이 『금광명경』의 주석서를 저술하고, 그 속에서 천문관을 피력하였다. 이들 주석서가 전하지 않아 구체적인 내용은 알 수 없지만, 일본 원홍사 승려 간교願曉, ?~874가 『금광명최승왕경현추金光明最勝王經玄樞』에서 이들 주석서를 인용하고 있어 단편을 확인할 수 있다. 그에 의하면 경흥은 『누탄경樓炭經』, 『보살처태경菩薩處胎經』, 『대집

---

66) 정진희, 2013, 「고려 熾盛光如來 신앙 고찰」, 316쪽.
   九曜란 아홉 개의 천체를 가리킨다. 일월과 오성은 고대 중국에서 천문 변화를 주로 관장한다 하여 七政이라 부르기도 하였다. 칠정에 羅睺와 計都를 더한 것이 구요, 구요에 紫氣와 月孛를 더한 것이 십일요이다. 라후, 계도, 자기, 월패라는 가상의 네 천체를 四餘라고 하는데, 이는 중국 천문에는 없던 것으로 불교를 통해 인도 천문학이 도입되면서 유래되었다. 달의 白道와 해의 黃道가 만나는 두 교차점 중 백도상의 降交點을 라후, 昇交點을 계도라 불렀다. 인도의 옛 달력에서는 이 천구상의 교차점도 일정한 주기와 궤도를 지닌 것으로 인식하여 행성으로 분류한 것이다. 이 두 지점에서 일식과 월식이 주로 일어나기 때문에, 라후와 계도는 蝕 현상을 설명하는 가상의 천체로 인식되었다. 자기와 월패는 정확한 개념이 잘 알려져 있지 않다. 대략 황도에서 가장 멀리 떨어진 백도상의 두 지점 중 각각 황도 북쪽의 것과 남쪽의 것을 지칭하는 가상 천체로 해석된다.

경大集經』,『입세경立世經』,『지도론智道論』등 불교의 우주관이나 지리관을 논한 경서들뿐 아니라,『한서漢書』「천문지天文志」까지 인용하고 있다. 원효도 『장아함경』,『누탄경』등을 인용하였고, 그밖에 중국적 사신四神과 28수를 결합시켜 성신에 대해 설명하고 있다. 통일신라시대 승려들에게서 유교와 불교의 천문사상이 동시에 보이고 있는 것이다.[67]

고려시대에는 성종 연간에 요遼와 성점학에 관한 교류가 있었던 흔적이 포착된다. 요 한림학사翰林學士 야율순耶律純이 통화統和 2년에 편찬한『성명총괄星命總括』의 자서自序에 그 내용이 실려 있다. 그는 고려와 국경 문제를 논의하기 위해 고려에 사신으로 왔다가 고려의 국사國師가 성전지학星躔之學에 정통하다는 말을 듣고 만나고자 하였다. 그러나 뜻을 이루지 못하고 고려 왕에게 청하여 비로소 만나게 되어 수차례 왕복하며 성명지학星命之學에 대해 논하다가, 드디어 스승으로 따르게 되었다고 한다.

『성명총괄』은 야율순이 고려의 국사에게 배운 성점학의 내용을 다룬 것이다. 이 책은 원·명明·청淸의 성점학 학자들에게 매우 유명한 필독서 중 하나로 후대에 미친 영향이 지대하였다.[68] 야율순에게 성점학을 전수한 고려의 국사가 누구인지는 알 수 없다. 그러나 요에까지 명성이 알려져 있었고 야율순이 스승으로 받든 것을 보면, 고려 내에서도 제자들을 두고 성점학을 교수하였을 가능성이 크다. 고려에 뿌리 깊은 불교 천문학의 전통이 있었음을 짐작할 수 있다.

한편 소재도량은 성점학뿐 아니라, 불교의 천문성수신앙이 함께 결부

---

67) 김일권, 2008,『우리 역사의 하늘과 별자리』, 고즈윈, 60~79쪽 참조.
董仲舒는『春秋繁露』에서 제왕은 하늘의 단서를 실마리로 삼아 올바른 정치 교화를 펼쳐야 한다고 하며, 그 하늘의 단서란 天災地異 현상임을 부연설명하였다. 역사서에 천문현상을 기록하는 것은 인간에게 내려지는 하늘의 단서를 올바로 알기 위한 것이므로(김일권, 2007,『동양 천문사상, 하늘의 역사』, 예문서원, 70쪽), 경흥이 인용한『한서』「천문지」는 유교적 天人感應說에 근거하고 있다.
68) 김일권, 2008,『우리 역사의 하늘과 별자리』, 280~281쪽.『星命總括』은『四庫全書』에 수록되어 있으며, 야율순의 自序는『全遼文』에서도 확인할 수 있다.

되어 의례화된 것이다. 『소제재난경』은 성변을 물리치기 위한 대위덕금
륜불정치성광여래소제일체재난다라니법^{大威德金輪佛頂熾盛光如來消除一切災難陀羅尼法}
이 경전 내용의 중심이다. 금륜불정은 치성광여래의 별칭으로, 소재도량
은 치성광신앙의 한 형태이다. 치성광여래는 태장계 만다라 석가원^{釋迦院}
에 속해 있으며,⁶⁹⁾ 만다라 구조에서 독립되어 단독으로도 많이 신앙된다.
이 경우 주로 오성과 함께 신앙되었다.

　한국의 치성광여래 신앙은 태봉^{泰封}에서부터 찾아볼 수 있다. 『삼국사기』
와 『고려사』에는 정명^{貞明} 4년⁹¹⁸에 발삽사^{勃颯寺} 치성광여래 앞의 진성^{鎭星},
즉 목성이 태봉이 멸망하고 고려가 건국될 것이라는 참문^{讖文}이 쓰인 거울
을 왕창근^{王昌謹}에게 팔았다는 내용이 전한다.⁷⁰⁾ 여기에서 치성광여래가
진성과 함께 있었다고 하므로, 태봉에서도 오성을 거느린 치성광여래가
신앙되었음을 알 수 있다.⁷¹⁾ 이는 일월성신의 주재자로서의 치성광여래
에 관한 신앙이 늦어도 태봉 때부터 있었음을 보여준다. 또한 진성이 참문
을 전해주었다는 내용에서 오성으로 길흉화복을 점치는 점성술과의 관련
도 짐작해볼 수 있다.

　고려시대에 들어서도 치성광신앙의 흔적을 찾아볼 수 있다. 태조 왕건
의 아버지인 작제건^{作帝建}은 당에 갈 때 치성광여래로 변한 늙은 여우를 활
로 쏘아 서해 용왕을 구한 적이 있다.⁷²⁾ 또한 대각국사 의천의 가사에는

---

69) 태장계 만다라의 석가원은 교주인 대일여래의 마음을 받아서 현실에서 설법하는 석
　　가여래의 뛰어난 활동을 표현한 부분이다(이범교, 2008, 『밀교와 한국의 문화유적』,
　　318쪽).
70) 『高麗史』 卷1, 世家 第1, 太祖 ; 『三國史記』 卷50, 列傳 第10, 弓裔
71) 사찰명이 勃颯寺인 것도 주목해야 한다. '발삽'은 오성 가운데 木星, 즉 Br̥haspati를 음
　　역한 것으로 생각된다. 목성은 동방을 상징하며, 궁예가 국호를 大東方國이라는 의미
　　를 지닌 摩震이라 지었음을 생각해 보면, 발삽사는 태봉에서 특별한 의미를 지닌 사찰
　　이었을 가능성이 크다(최성은, 2002, 「나말려초 중부지역 석불조각에 대한 고찰 – 궁
　　예 태봉(901~918)지역 미술에 대한 시고」, 『역사와 현실』 44, 38~39쪽).
72) 『高麗史』 卷1, 世家 第1, 高麗世系
　　작제건 설화의 배경 시대는 통일신라 시기이지만, 설화의 제작 시기는 고려시대인 것

치성광여래와 협시보살이 수놓아져 있었으며, 홍왕사興王寺에는 치성광여 래도熾盛光如來圖가 그려져 있었을 가능성이 있다고 한다.[73] 왕실과 중앙 불교계에 치성광신앙이 퍼져 있었음을 확인할 수 있는 대목이다.

고려시대에 치성광신앙은 소재도량을 통해 더욱 성행하게 되었고, 불교 성수신앙을 대표하는 존격으로 받아들여졌다. 고려 후기에는 치성광 여래가 여러 성수의 우두머리로서 그들을 이끄는 모습을 그린 고려불화가 제작되기도 하였다.

고려 14세기 초엽 추정작인 「치성광여래왕림도」(보스턴박물관 소장) 는 주존인 치성광여래를 제천수요諸天宿曜가 에워싼 그림이다. 양 협시인 일광日光·월광月光菩薩과 십일요十一曜, 십이궁十二宮, 이십팔수二十八宿, 북두구진北斗九辰, 남두육성南斗六星, 삼태육성三台六星 등이 포진하고 있다. 이들 제천성수는 동양의 주요 천체를 모두 망라하는 것으로, 도교의 천문사상과 혼합된 형태로 전개되었다.[74] 즉, 고려시대의 치성광신앙 자체가 도교와 불교가 혼재되어 나타나는 것이다.

치성광여래를 중심으로 구조화된 불교의 천문관이 치성광소재다라니를 외우며 성변을 기양하는 소재도량의 사상적 배경이 되었다. 이상과 같은 고려시대 천문사상은 밀교의례이면서 유교·도교의 천문관이 복합적으로 녹아 있는 소재도량의 독특한 성격으로 이어진다.

으로 보인다.

[73] 정진희, 2013, 「고려 熾盛光如來 신앙 고찰」, 319쪽 및 337~338쪽.

[74] 불교에서는 주로 9요를, 도교에서는 주로 11요를 신앙하였다. 「치성광여래왕림도」에 는 9요가 아니라 11요를 표현하고 있기 때문에 치성광신앙과 도교와의 관련성이 언급된다. 그 외에도, 28수의 발목에 神獸를 덧붙여 그린 것, 북두칠성을 北斗九辰으로 표현한 것, 도교 존격인 天皇大帝가 함께 그려진 점 등도 이 그림이 도교의 영향을 받은 증거로 꼽힌다(김일권, 2008, 『우리 역사의 하늘과 별자리』, 210~225쪽).

2) 개설 양상

『고려사』에 의하면, 고려시대 소재도량은 문종 원년[1047]에 처음 시작되어 신우 원년[1375]을 마지막으로 약 330년 동안 149회, 평균 2년에 한 번 개설되었다. 소재도량이라는 명칭 외에 소재법석(消災法席,[75]) 성변소재도량(星變消災道場,[76]) 불정소재도량(佛頂消災道場[77])이라 칭해지기도 하였다.[78]

그런데 고려시대 소재도량을 연구할 때 주의해야 할 일은 소재도량이라고 이름 붙인 의례가 모두 불교의례는 아니라는 점이다. 십일요소재도량(十一曜消災道場)이 그 예이다.[79] 명칭으로 보면 소재도량의 일종으로 보이지만, 이규보의 「성변기양 십일요소재도량문(星變祈禳十一曜消災道場文)」과 「구요당 행 천변기양 십일요소재도량 겸설초례문(九曜堂行天變祈禳十一曜消災道場兼設醮禮文)」을 통해 의례의 내용을 살펴보면 십일요소재도량은 도교의례이다.[80] 십일

---

75) 『高麗史』卷37, 世家 第37, 忠穆王 4年, "六月 己巳 以雨災 設消災法席 于內殿"

76) 『高麗史』卷21, 世家 第21, 康宗 元年, "八月丁亥 設星變消災道場 于內殿"; 卷40, 世家 第40, 恭愍王 11年 8月, "甲子 設星變消災道場 于內殿"

77) 『高麗史』卷48, 志 第2, 天文2, 明宗 18年, "九月辛酉 鎭星犯歲 太史奏 恐有內亂 請於光嵒攝持兩寺 設佛頂消災道場 又於明仁殿 講仁王經 以禳之"
필자는 기존 연구에서 佛頂消災道場을 불정도량의 일종으로 분류한 바 있다(김수연, 2009, 「고려시대 佛頂道場 연구」). 그러나 鎭星이 歲星을 범하는 성변이 내란의 징조로 해석되어 의례가 개설되었으며, 치성광여래의 다른 이름이 금륜불정이기 때문에 불정소재도량은 치성광여래를 모신 소재도량의 일종으로 보아야할 것이다.

78) 김형우는 천변을 기양하기 위해 개설된 '道場', '星變祈禳道場', '星變祈禳法席'도 소재도량으로 분류하였다. 소재도량이 가장 대표적인 성변 기양의례이기는 하지만 모든 성변 기양의례를 소재도량으로 볼 수는 없다. 실제로 성변 기양을 위해 인왕도량이나 금광명경법석이 개설된 경우도 있기 때문이다. 따라서 이 책에서는 성변 기양을 위해 개설되었으나 의례명에 '소재'를 포함하지 않는 의례는 소재도량에서 제외하였다.

79) 십일요소재도량 때문에 소재도량이 도교적 성격을 가진 불교의례라고 설명되어져 왔다. 십일요소재도량이 십일요 사상을 포함하는 도교적 요소를 지니고 있으나, 부처님을 위주로 하고 高流의 승려를 청하여 불교 관계 경전을 독송하였다는 것이다(陳旻敬, 1998, 「高麗武人執權期 消災道場의 設置와 그 性格」, 68쪽). 그러나 도량문의 내용을 보았을 때, 십일요소재도량 개설 시 불교 승려나 경전이 연관되었을 것 같지는 않다.

80) 李奎報, 「星變祈禳十一曜消災道場文」, 『東國李相國集』卷39, 醮疏, "斯攌虔㤼 特嚴法事 集黃冠之道侶 諷紫筵之靈文"; 李奎報, 「九曜堂行天變祈禳十一曜消災道場兼設醮禮文」, 『東國李相國集』卷39, 醮疏, "祇投仙館 想觀靈光 招素券之先生 諷吟祕簡 備玄壇之法醮

요소재도량은 '도량'이라는 불교의례의 형식을 의례 제목으로 내걸고 있으며 성변을 기양하기 위한 것이라는 점에서 밀교의례인 소재도량과 명칭의 유사성을 보인다.

그러나 고려시대에 도량이라고 해서 모두 불교의례였던 것은 아니었다. 도교의례도 도량이라는 명칭을 사용하였으며,[81] 불교의례의 명칭으로 많이 사용되는 '재齋' 역시 원래는 도교의례를 지칭하는 것이었다.[82] 따라서 의례의 명칭만으로 불교의례인지 도교의례인지를 확정할 수는 없으며,[83] 의례의 내용을 살펴야 한다.

도교의례인 십일요소재도량은 『원시천존설십일요대소재신주경元始天尊說十一曜大消災神呪經』(이하 『십일요소재경』으로 줄여 씀)에 의거한 것이다.[84]

羞薦菲儀"
이 도량문들은 모두 醮疏에 편입되어 있을 뿐만 아니라, 黃冠을 쓰는 것은 도사의 복식이며 紫笈과 素券은 모두 도교 경전을 지칭하는 말이다.

[81] 도교의례를 도량이라 부른 다른 예들도 찾을 수 있다. 靈寶道場, 北帝神兵護國道場, 延生經道場이 그 예이다. 영보도량은 소의경전이 『金籙靈寶道場儀範』일 것으로 추정되는 도교의례이다(梁銀容, 1994,「도교사상」,『한국사』16 -고려 전기의 종교와 사상, 국사편찬위원회, 287~289쪽 참조).
북제신병호국도량을 불교의례로 보기도 하나(서윤길, 2006,『한국밀교사상사』, 450쪽 ; 金炯佑, 1992,『高麗時代 國家的 佛敎行事에 대한 硏究』, 147쪽), 이 의례의 도량문이 『陽村集』의 卷29 靑詞類에 들어 있어 도교의례임을 알 수 있다.
연생경도량의 개설 사례는 한 차례뿐인데(『高麗史』卷21, 世家 第21, 康宗 元年 1月)『延壽妙門陀羅尼經』을 소의로 한 불교의례로 보기도 한다. 그러나 의례 명칭을 생각했을 때, 도교 경전인 『太上玄靈北斗本命延生眞經』을 소의로 하는 도교의례로 보는 것이 더 타당하다. 『연생경』은 조선시대 昭格殿 관리 선발 때 시험 과목에 들어 있던 경전이며, 北斗醮에서 사용되었다(김일권, 2008,『우리 역사의 하늘과 별자리』, 260~261쪽 및 398쪽).
[82] 齋와 醮는 도교의 의례를 대표하는 말로 함께 통용되나, 원래 六朝時代에 생길 때에는 다른 의식이었다. 초란 消災度厄의 법으로, 인간이 하늘로부터 받은 수명을 다할 수 있기 위해 모든 殃禍와 厄禍를 제거해 주도록 지고신인 天에게 직접적으로 탄원하는 내용이 핵심을 이룬다. 재는 간접적인 방법을 택하여 여러 신들에게 탄원문을 올림으로써 천에게 상주해 주기를 청하는 형식이다(金勝惠, 1987,「≪東文選≫ 醮禮靑詞에 대한 宗敎學的 考察」,『道敎와 韓國思想』, 汎洋社出版部, 109쪽).
[83] 김일권은 '초'도 도교적 의례만을 가리키지 않고, 도교든 불교든 성수에 대한 의례는 초라 불렀다고 한다(김일권, 2008,『우리 역사의 하늘과 별자리』, 181쪽).
[84] 서윤길, 2006,『한국밀교사상사』, 401쪽.

이 경전은 도교경전이지만 불교의 영향을 강하게 받아 성립되었다. 우선 경전에서 '윤회'나 '욕계중생' 등 불교 용어가 자주 등장한다. 또한 경전의 전개 방식이 불교의 다라니경류와 동일하다.[85]

『십일요소재경』은 '여시아문如是我聞'이라는 구절은 없으나, 설주가 원시천존이고 회중會衆이 도교 존격인 것을 제외하면 불교경전과 거의 유사한 구조를 보인다. 설주가 계신 곳을 밝히고 그 주위를 여러 존격이 둘러싸고 있으며, 그 가운데 청라진인青羅辰人이 앞으로 나와 중생을 위해 법문을 설해줄 것을 청한다. 설주가 신주와 그 공덕을 설하고, 때로는 실례를 소개하면 주위의 회중이 이를 경탄하고 다라니 소지자를 수호할 것을 맹세하는 방식으로 경전의 내용이 전개된다.[86] 따라서 십일요소재도량은 소의 경전이 불교의 영향을 강하게 받았으며 의례의 목적 또한 소재도량과 동일하지만, 그와는 다른 도교의례라고 할 수 있다.

이러한 사실에 유의하면서, 불교의례로서의 성격을 지닌 소재도량의 개설 양상을 정리하면 다음의 표와 같다.[87]

---

85) 일반적으로 경전을 서술하는 체제는 석가모니의 유언에 따라 六成就를 갖추어야 한다. 따라서 대부분의 경전은 '如是我聞'이라는 구절로 시작해, 설법한 시기, 주체, 장소 및 설법 대상이 차례로 기술된다. 이러한 여섯 가지 조건을 갖추어야 비로소 진짜 경전으로 인정받는다. 중국에서 등장한 위경일지라도 진짜 경전임을 증명하고자 으레 육성취를 앞에 갖추고 있다(南東信, 1993, 「羅末麗初 華嚴宗團의 대응과 『(華嚴)神衆經』의 성립」, 160쪽).

86) 『元始天尊說十一曜大消災神呪經』(『道藏』 第4函, 洞眞部, 本文類, 臺北: 藝文印書館)

87) 權近이 지은 「有明朝鮮國普覺國師碑銘幷序」(『陽村集』 卷37, 碑銘類)에 의하면, 혼수가 국사로 있을 때 壽昌宮에서 消災席을 개설하였다고 한다. 혼수가 소재석을 주최하는 같은 해에 禁中에서 소재도량을 개설하였다는 기사가 있으나(『高麗史』 卷136, 列傳 第49, 禑王 12年 8月, "丙午 以熒惑入南斗, 設消災道場于禁中"), 동일한 의례인지는 알 수 없다.

[표 5-3] 『고려사』 수록 소재도량의 개설 양상

임금	재위 기간	횟수	임금	재위 기간		횟수	
문종	37	6	고종	20	46	23	42
선종	11	2		26		19	
숙종	10	3	원종	11	15	14	24
예종	17	9		4		10	
인종	24	8	충렬왕	34		17	
의종	24	7	충선왕	6		1	
명종	27	12	충숙왕	25		1	
신종	7	3	충목왕	4		1	
희종	7	1	공민왕	23		7	
강종	2	1	우왕	14		4	

※ 고종과 원종은 강화도 천도 시기를 구분하였다.

소재도량이 문종대에 처음 개설된 이유로는 크게 두 가지를 생각해볼
수 있다. 첫 번째는 고려의 불교 점성학의 발전이다. 앞서 언급한 바와 같
이, 고려는 이미 성종대에 요에서 점성학을 배워갈 정도로 점성학이 발전
되어 있었다. 특히, 불교 승려인 국사가 점성학으로 이름이 높았기 때문에
점성학을 통해 점쳐지는 천문재이의 기양 방식을 불교적으로 취했을 가
능성이 크다.

두 번째는 문종의 개인적 관심을 꼽을 수 있다. 문종은 점성학에 관심이
깊었던 인물로 보인다. 즉위년 본인의 생일에 대내大內에서 본명本命에 초례
를 지냈으며, 매번 이 날에는 친히 초례를 지냈다고 한다.[88] 본명이란 본
명성수本命星宿를 가리킨다. 본명성이란 북두칠성 가운데 그 사람의 생년에
해당하는 별을, 본명수란 27수 중 그 사람의 생년에 해당하는 별을 가리
킨다.[89] 고려시대 문집류에 남아 있는 초례문과 청사를 살펴보면[90] 본명

---

88) 『高麗史』卷7, 世家 第7, 文宗 卽位年 6月, "己未日 醮本命 于大內 每遇是日 必親醮"

89) 金勝東 편저, 1996, 『道敎思想辭典』, 釜山大學校出版部, 本命星. 28宿에서 牛宿를 제외
    한 것이 27宿이다.

에 초례를 지내는 목적은 양재구복과 장수 등임을 알 수 있다. 『고려사』에 의하면 본명성수에 대한 초제를 처음 시행한 이는 정종靖宗이다.[91] 그의 아우이자 그 다음 왕인 문종 역시 본명성수에 초제를 지내고 있어, 이때 즈음에 본명성수에 대한 신앙이 왕실에서 주목받기 시작한 것이 아닌가 생각된다.

소재도량은 고려 전 시기에 걸쳐 꾸준히 개설되었다. 예종~인종 연간에도 2~3년에 한 번씩 소재도량이 개설되어, 적지 않은 개설 횟수를 보인다. 이는 이 시기에 국가적 불교의례가 정형화되어 갔기 때문이다. 천재지변과 성변이 왕의 권위를 위협하고 물리적 타격을 주기는 했지만, 동시에 치세 동안에 천재지변이 발생하지 않은 왕이 없을 정도로 빈번한 재난이기도 하였다. 따라서 이러한 재난에 대한 정형화된 해결 방안으로서 소재도량이 빈번하게 활용되었을 것이다.

한편, 원 간섭기에 소재도량이 적은 횟수나마 계속 개설되었던 점이 눈길을 끈다. 원 간섭기에는 고려에서 개설하는 불교의례에 대한 통제가 가해지던 시기였기 때문이다. 그러나 소재도량은 천재지변을 기양하기 위

---

90) 金克己,「王本命靑詞」, 『東文選』 卷115, 靑詞 ; 李奎報,「本命醮禮三獻文」, 『東國李相國集』 卷39, 醮疏 ; 李奎報,「本命醮禮文」, 『東國李相國集』 卷40, 釋道疏祭祝 ; 李穀,「小王本命醮靑詞」, 『稼亭集』 卷10, 靑詞 ; 權近,「本命醮禮靑詞」, 『陽村集』 卷29, 靑詞類

91) 『高麗史』 卷63, 志 第17, 禮5, 靖宗,"十二年 六月 己未 親醮本命星宿 于內殿";『高麗史節要』 卷4, 靖宗容惠大王, 12年 6月, "己未 醮本命 于大內 每遇是日 必親醮";安鼎福, 『東史綱目』 第7上, 靖宗容惠王, "始設節日道場(王雅喜佛事 卽位之初 醮本命于大內 …)." 성수에 대한 초례와 관련해 주목되는 것이 태조대에 설치된 九曜堂의 존재이다. 김철웅에 의하면, 설치 당시에는 명칭 그대로 구요를 숭배한 곳이었으나 이후 구요에 자기와 월패를 추가해 십일요가 모셔지면서 성수신앙이 고려 초보다 확대되어 갔다고 한다(김철웅, 2007, 『한국중세의 吉禮와 雜祀』, 景仁文化社, 69쪽). 靖宗代에 성수에 대한 초례가 나타나기 시작하는 것으로 보아, 구요당이 십일요신앙으로 확대되어 가는 시점 역시 이때 즈음이었을 것으로 추정된다. 정진희 역시 중국에서 10세기 후반~11세기 초가 되면 구요에서 십일요로 신앙 대상이 바뀌기 때문에, 고려에서 구요당을 창건하였을 당시에는 구요가 조성되었고 11세기 이후 11요가 조성되었을 가능성을 배제할 수 없다고 밝히고 있다(정진희, 2013,「고려 熾盛光如來 신앙 고찰」, 326쪽).

한 의례이기 때문에 원의 통제 하에서도 명맥을 유지했던 것으로 생각된다. 또한 고려 말, 공민왕과 우왕대에 의례 개설 횟수가 눈에 띄게 늘어난다. 이에 대해서는 천재지변으로 대변되는 고려 말 왕들의 실정失政을 부각시키고자 했던 『고려사』 편찬자들의 의도가 개입된 결과일 가능성도 있다.

개별 왕대별로 살펴보면 개설 횟수는 고종 때가 가장 많고 원종이 그 다음이지만, 의례의 비중을 살펴보면 원종대가 가장 높았다. 이는 당시가 대몽항쟁기라는 시대상과 관련이 있을 것이다. 이때는 몽골과의 전쟁과 강화조약 체결이 반복되던 시기였다. 이에 대부분의 정책이나 의례가 전쟁에서의 승리나 강화조약의 원만한 체결과 관련되었을 것이기 때문에, 성변을 관찰하여 전쟁의 징조나 전황의 악화가 예견되면 다른 어떤 시기보다 민감하게 반응하였을 것이다. 더구나 전쟁기였기에 기상재해가 닥치면 더욱 곤란한 상황이었다. 소재도량은 기상재해의 기양을 위해서도 개설되곤 하였기 때문에 고종, 원종 연간에 소재도량이 활발히 개설되었던 것으로 생각된다.

한편 원종 연간이 고종 연간보다 개설 빈도가 높은 이유는 고종 연간의 기록 문제와 관련이 있다. 소재도량의 개설 양상을 보면, 고종 24년1237~29년1242에는 한 차례도 개설되지 않았다. 이는 실제로 개설되지 않은 것이 아니라 전쟁 기간 동안 자료의 일실 등으로 기록이 남지 않았기 때문일 것이다.[92] 『고려사』 「천문지天文志」와 「오행지五行志」를 살펴보면, 고종 24~28년에 한 건의 기록도 없음을 확인할 수 있다. 천체의 운행과 기상재해가 멈추었을 리는 없으므로, 이 사이에는 기록이 누락되었다고 보아야 한다. 약 5년 기간의 도량 개설 기록이 없기 때문에 고종대의 소재도량 개설 빈도가 원종대보다 적은 것으로 나타나지만, 실제로는 원종대와 비슷

---

[92] 몽골의 3차, 4차 침략 기간을 포함하는 고종 20~36년의 기간에는 사료의 일실 문제 때문에 기사가 매우 영세하다고 한다(尹龍爀, 1990, 「고려 대몽항쟁기의 불교의례」, 『歷史敎育論集』 13·14, 451쪽).

했을 것으로 추정된다.

소재도량의 개설 장소는 건덕전^{乾德殿}, 회경전^{會慶殿}, 선경전^{宣慶殿}, 내전^{內殿} 등 궁궐 내 전각이 대부분이지만, 외제석원^{外帝釋院}이나 일월사^{日月寺}, 왕륜사^{王輪寺}, 고봉사^{高峯寺}, 극락사^{極樂寺}, 봉선사^{奉先寺}, 광암사^{光岩寺}, 총지사^{摠持寺} 등의 사찰에서 개설된 사례도 보인다. 특별히 더 공력을 기울어야 한다거나 강력한 성변의 징조가 나타났을 때에는 외부 사찰에서 개설한 것 같다. 명종 9년¹¹⁷⁹ 9월에는 달이 태미원^{太微垣} 동번^{東藩} 상상성^{上相星}을 범하고 안개가 항상 끼어, 이를 기양하기 위해 광암사, 대관전, 내전의 세 곳에서 소재도량을 개설하였다. 성변과 지변이 함께 일어났기 때문에 이를 기양하고자 특별히 외부 사찰에서도 소재도량을 개설하였다고 보인다.

광암사는 조선시대에도 성변기양도량을 개설하고 있는 점으로 미루어,[93] 성변 소재에 특별히 효과가 있던 사찰로 인식되었던 것 같다. 명종 16년 9월에는 진성^{鎭星}이 세성^{歲星}을 범^犯함으로써[94] 내란의 징조가 예견된다고 하여 광암사와 총지사에서 불정소재도량을 개설하였다. 즉위 초부터 많은 내란 사건이 발생하였던 명종대이므로 특별한 공을 들여 내란을 막고자하였을 것이다. 이에 광암사와 함께 총지종의 본찰인 총지사에서도 의례를 개설하고 있다. 소재도량의 주존인 치성광여래가 원래 밀교존격이기 때문에 밀교종파 총지종에게 의례 개설을 의뢰하여 효과를 높이고자 하였던 것으로 생각된다.

---

93) 『太祖實錄』卷10, 太祖5年11月10日(甲子), "遣商議門下府事 都興 于光巖寺 設星變消災 法席"; 卷11, 太祖6年4月25日(丁未), "遣判三司事 李居仁 于檜巖寺 三司右僕射 柳珣 于 光巖寺 設星變祈禳消災法席 檢校叁贊門下府事 崔融 于昭格殿 設火星獨醮"

94) '犯'은 어떤 천체의 구역에 들어가는 것을 가리키는 용어로, 그 천체에 접근한다는 의미이다.

3) 유교적 재이관과 밀교적 대응책

(1) 천문재이의 유교적 해석

소재도량의 가장 기본적인 개설 목적은 성변을 기양하기 위한 것이었다. 명확한 사례를 제시하면 아래와 같다.

> A-1. (명종 9년[1179] 9월) 경진일에 달이 태미원으로 들어가서 우집법성右執法星에 접근하였다. 신사일에 또 태미원의 동번 상상성에 접근하였으므로, 태사太史가 광암사, 대관전, 내전 등 3개소에 소재도량을 개설하고 이를 기양하도록 청하였다.[95]
>
> A-2. (고종 41년[1254] 8월 초하루 신미일에 태백성이 낮에 나타났다. 왕이 친히 소재도량을 개설하였다.[96]

인용문 A-1은 달이 우집법성과 동번의 상상성에 접근하였기 때문에 개설되었다. 『위서魏書』「천상지天象志」에 의하면 달이 우집성을 범하는 것은 대신에게 우환이 생길 징조라고 한다.[97] 동번의 상상성을 범하는 것과 연결하면, 그 우환은 구체적으로 대신이 귀양을 갈 징조로 볼 수 있다.[98] 대신이 귀양을 가게 된다는 것은 혼란상이 야기될 것임을 의미한다.

당시는 무신 집권기였다. '대신', 곧 최고집정의 자리를 둘러싸고 이고李高, 이의방李義方, 정중부鄭仲夫 등이 그 자리에 올랐다가 밀려나는 혼전이 이어졌다. 특히 달이 우집법성과 동번 상상성을 범하기 열흘쯤 전에는 경대승慶大升이 정중부를 주살하는 사건이 발생하였다.[99] 달이 우집법성에 접근

---

95) 『高麗史』卷48, 志 第2, 天文2
96) 『高麗史』卷24, 世家 第24, 高宗3
97) 『魏書』卷105-2, 志 第2, 天象1-2, 月變, "太延元年(435) 五月壬子 月犯右執法 占曰執法有憂 … [高祖延興四年(474)] 九月乙卯 月犯右執法 占曰大臣有憂"
98) 『魏書』卷105-3, 志 第3, 天象1-3, 星變 上, "太延元年(435) 五月 月犯右執法 九月 火犯太微上將 又犯左執法 十月丙午 月犯右執法 二年二月 月犯東蕃上相 三月 月及太白俱犯右執法及上相 三年八月 火犯左執法及上將 五年二月 木逆行犯執法 皆大臣謫也"

하는 일은 드물지 않지만 당시의 상황 때문에 광암사, 대관전, 내전 등 세 개 장소에서 비교적 크게 소재도량이 개설된 것으로 보인다.

A-2에서는 태백성이 낮에 나타났기 때문에 소재도량이 개설되었다. 태백성이 낮에 나타나는 것은 하늘이 왕에게 경고하는 의미로 받아들여졌다.[100] 『위서』「천상지」에 의히면 구체적으로 기강이 어지러워져 왕이 바뀐다거나[101] 대병大兵이 일어나 강한 나라가 약해진다는[102] 등으로 풀이되며, 『구당서舊唐書』에서는 측천무후의 등장과 연결시키기도 하였다.[103] 즉, 나라가 전복되고 왕이 바뀔 만한 흉조로 해석되었던 것이다. 여기에서 천체의 운행을 변괴로 보는 데에 유교적 해석 방식이 작용하고 있다는 점이 눈길을 끈다.

한편 성변뿐 아니라 자연재해가 발생했을 때에도 소재도량을 개설하였다.

B-1. (명종) 9년 9월에 항상 안개가 꼈다. 태사가 광암사와 대관전과 내전의 3개소에서 소재 도량을 열고 액막이 할 것을 청하였다.[104]

B-2. 만백성을 위해 정교政敎를 고쳤으나 들끓는 의견들이 이 한 몸에 모였는데, 그 때문에 백성들이 원망하여 하늘이 견책을 내리기에 이르렀습니다. 천둥으로 성냄을 나타내시었으니, 마침내 정령政令을 시행하는데 화합하게 되었습니다. 우르릉 쾅쾅하는 것은 진괘震卦의 경고와 같아서 두렵고 두려우며, 번쩍번쩍하는 것은 시인詩人의 꾸짖음과 같아서 좋지도 편안하지도 않습니다.[105]

---

99) 『高麗史』卷20, 世家 第20, 明宗 9年 9月, "辛未 將軍慶大升 誅鄭仲夫 宋有仁"

100) 『高麗史』卷120, 列傳 第33, 尹紹宗附尹會宗, "今春夏之交 太白屢晝見 今又晝見經天者月餘 天之所以戒殿下者至矣"

101) 『魏書』卷105-3, 志 第3, 天象1-3, 星變 上, "始光二年(425)五月 太白晝見經天 占曰 時謂亂紀 革人更王"

102) 『魏書』卷105-3, 志 第3, 天象1-3, 星變 上, "神麚二年(429)五月 太白晝見 占曰 大兵且興 強國有弱者"

103) 『舊唐書』卷69, 列傳 第19, 劉蘭, "貞觀初 太白頻晝見 太史占曰 女主昌 又有謠言 當有女武王者 太宗惡之"

104) 『高麗史』卷55, 志 第9, 五行3, 土

B-3. (충목왕 4년¹³⁴⁸) 6월 기사일에 홍수 재해로 인하여 내전에 소재법석을 베풀었다.106)

B-4. (공민왕 4년¹³⁵⁵ 7월) 정해일에 강안전康安殿에 소재도량을 차리고 지진의 재앙이 없을 것을 기도하였다.107)

B-5. (공민왕 11년) 9월 계해일에 무지개가 동쪽에서 올라와 낮게 왕궁에 걸치었고 두 끝은 청주淸州 내성을 지나지 않았다. 이날 왕은 청주에서 소재도량을 개설하고 재를 올렸다.108)

B-6. (신우 원년¹³⁷⁵) 5월 신우가 병이 났으므로 서연청書筵廳에서 소재도량을 개설하였다.109)

B-7. (신우 원년) 10월 기사일에 벼락이 치고 비가 내리면서 큰 바람이 불었으므로 외원사外院寺에 소재도량을 행하였다.110)

이들 사례는 모두 왕의 치국을 실질적으로 위협하거나 권위를 추락시킬 수 있는 요소들이었다. 안개,111) 천둥,112) 홍수, 지진, 무지개, 벼락 등

---

105) 李詹, 「消災法席疏 非時雷動」, 『東文選』 권111, 疏
106) 『高麗史』 권37, 世家 第37, 忠穆王
107) 『高麗史』 권38, 世家 第38, 恭愍王1
108) 『高麗史』 卷53, 志 第7, 五行1, 水
109) 『高麗史』 卷133, 列傳 第46, 辛祐1
110) 『高麗史』 卷54, 志 第8, 五行2, 木
111) 劉歆의 「思心傳」에 의하면, 안개가 끼는 것은 군왕이 신하들의 간언과 아첨을 구별하지 못하고 정사를 어지럽히는 일을 하늘이 견책하는 것이라고 한다(김일권, 2011, 『『고려사』의 자연과학과 오행지 역주』, 한국학중앙연구원 출판부, 484쪽).
한편, 『개원점경』에도 안개에 대해 다음과 같은 언급이 있다.
『開元占經』 卷92, "雲霧不散者 國亂人災"; 同書 卷101, "霧 元命苞曰 陰陽亂爲霧 … 董仲舒曰 太平之世 霧不塞望 東方朔曰 凡霧氣 不順四時 逆相交錯 微風小雨 爲陰陽氣亂之象 從寅至辰巳上 周而複始 爲逆者不成 積日不解 晝夜昏暗 天下欲分離 京房易候曰 甲乙有霧 疾疫 丙丁有霧 旱 戊己有霧 鄰國有城拔 無軍 有土功事 庚辛有霧 兵 壬癸有霧 爲水 冬霧及 其門 日懸而霧 馬馳人起 不雨霧曰兵所走"
112) 『開元占經』 卷92, "凡泰和之世 雷雨必作於巳午陰生之後 至夜而止者 吉 若作於子丑寅卯 至丙而晴者 爲亂 爲兵 亡民失國"; 同書 卷102, "春三月 甲子 己壬 戊寅 辛卯 戊午 有雷霹靂石 其下有兵 春夏甲子 丙寅 戊子 有雷殺人 有將軍在外大戰 期不出三十日 夏三月 雷電不聞 多疾病 害五穀 夏三月甲子 己壬 戊寅 辛卯 疾風雷 其在城壞軍 在外大戰 戊子雷 雲露變 土易民 以其雷入月深淺 日當一月 或當一歲 不出其月 必有亡國 死王 庚子雷 必有惡令 期不出三十日 或日有令 庚午日雷 不出其月 兵起 甲子雷 亦兵矢 春己壬 丁壬 夏甲午 壬戊"

은 모두 오행의 이상으로 인해 발생하는 재해들로 「오행지」에 기재되는 사항들이다.[113] 인용문 B-6은 왕의 질병으로, 천재지변은 아니다. 그러나 군주의 질병도 악성惡星으로 인한 성변 때문으로 보는 인식이 있었기 때문에[114] 이를 기양하기 위해 소재도량이 개설된 것 같다. 소의경전에서 기양 대상으로 삼는 성변보다 폭넓은 재앙을 소재도량으로 기양하고자 하고 있다. 더구나 『고려사』는 「천문지」와 「오행지」가 별도로 있어, 성변과

己亥 丁未 冬甲寅 又曰 春戊寅 夏戊申 冬戊子 不雨而雷 雷之所建有所將流血 戊子雷 雨三日止 其下大戰 不雨而雷 外兵必歸 不雨而雷 兵起必阻 王者動事不時 正月大雷 動事不明 但雷而不電 當雷不雷 太陽弱 此君弱臣強 臣奪君政 故春分之後 雷不發聲 君當揚威武 退強臣 正治道 當發聲矣 人神德隆 雷鳴盛春 秋分不雷 春分不雷 秋分不雷 春分雷 春過一日 秋亦過一日 春雷不發 秋雷不藏 君死國亡 冬雷上朔 皆爲所當之鄕 骸骨盈野 夜雷亦然 冬雷者 陽氣之盛應之 各以雷之日 知何方陽 東方各以其辰爲方 冬三月 有大雷聞千裏者 人君絕令 霹靂者 以兵去 溫者 以弱去矣 天冬雷 地必震 教令撓 則冬雷 民饑 冬雷不蟄 茲謂自藏 萬物化不成"

『天地瑞祥志』卷1의 「明目錄」에 의하면, 권11에도 천둥에 대한 내용이 실려 있다고 한다. 그러나 현재 이 책의 권11은 남아 있지 않기 때문에 그 내용을 알 수는 없다. 劉向에 의하면, 우레는 군주이고 구름은 신하로 비견되며, 우레와 벼락이 치는 것은 군주가 聽之不聽하기 때문이라고 한다(김일권, 2011, 『『고려사』의 자연과학과 오행지 역주』, 219쪽).

[113] 『고려사』 「오행지」에 기록된 오행의 불순에 의한 재앙은 다음과 같다.

水	홍수, 물의 변색, 추위, 怪聲, 무지개, 용·뱀·물고기·말·돼지와 관련된 변괴, 기이한 일, 천둥번개, 서리, 눈, 우박, 검은색 재앙과 상서, 地鏡
火	화재, 이상고온, 겨울가뭄, 곡식이 비처럼 내리는 일, 새·양과 관련된 변괴, 꽃·풀이 요상함, 붉은색 재앙과 상서
木	나무의 변괴, 큰비, 닭·쥐와 관련된 변괴, 푸른색 재앙과 상서, 쇠의 기운이 나무 기운을 해치는 일
金	쇠와 돌이 변괴, 가뭄, 황충, 유언비어, 개 및 털 있는 짐승의 변괴, 흰색 재앙과 상서
土	기근, 전염병, 폭풍, 안개, 낮이 어두움, 흙비, 지진, 화산 폭발과 산사태, 두꺼비·벌떼·멸충나방·소와 관련된 변괴, 누런 안개, 땅의 함몰, 모래흙, 곡식

[114] 하늘의 변괴로 왕의 질병을 예견하는 사례는 『고려사』에서 찾아볼 수 없다. 그러나 왕비의 질병과 죽음을 예견하는 사례가 있으므로, 왕의 질병에 소재도량을 개설한 이유도 이와 같았을 것이다.
『高麗史』卷48, 志 第2, 天文2, 明宗 12年, "九月辛卯 流星出軒轅入張 大如梨 尾長五尺許 占曰 女主有害 有使來 癸卯年 太后崩 甲辰年 大金使來"; 神宗 2年, "四月乙酉 與鎭星相犯 鄭通元云 六月下旬 當有女主喪 至六月癸未 壽安公主卒 果驗"

자연재해를 분리하여 파악했음을 알 수 있다. 그렇다면 소재도량으로 성변과 자연재해를 모두 기양할 수 있다고 생각했던 사상적 배경은 무엇일까.

그 이유는 고려시대 천문재이관이 유교적 천인감응사상天人感應思想에 기반하고 있기 때문이다.[115] 성변과 자연재해는 일반적으로 군주의 부덕不德의 소치로, 정상적인 통치가 구현되지 못할 때 나타나는 하늘의 꾸짖음으로 해석되었다. 그리고 그것은 모두 오행의 운행 이상으로 발생하는 문제들이었다. 『고려사』「오행지」의 서문을 살펴보자.

> C. 하늘에는 오운五運이 있고 땅에는 오재五材가 있으니, 그 쓰임에 다함이 없다. 인간은 태어나서 오성五性을 갖추고 오사五事로 드러나니, 이를 닦으면 길하고 닦지 않으면 흉하다. 길한 것은 휴징休徵이 응한 바이고, 흉한 것은 구징咎徵이 응한 바이다. 이것이 기자箕子가 홍범구주洪範九疇를 추연推演하여 하늘과 인간 사이를 힘써 밝히려 하였던 이유이다. 그 후 공자孔子가 춘추春秋를 지음에 재이를 반드시 기록하였으니, 천인감응天人感應하는 이치를 어찌 쉽게 말하겠는가. 이제 다만 사관史官이 기록한 당시의 재이와 상서로움에 근거하여 「오행지」를 짓는다.[116]

위의 인용문 C에 의하면, 「오행지」를 짓는 이유는 하늘의 뜻을 표현하는 재이와 상서로움을 기록하기 위함이었다. 하늘은 인간사에 감응하여 여러 징조를 내보이는데, 하늘에서는 오운, 즉 오성의 운행을 통해 드러내고, 땅에서는 오재로 드러낸다고 한다. 이는 오성 및 일월성신의 성변과 오행의 이상으로 인해 땅에서 발생한 자연재해를 하나의 범주로 묶어서 파악하는 인식 방법이다.

고려시대 소재도량은 성변을 기양하기 위한 것이었지만, 성변의 발생 원인은 천인감응사상에 따라 이해하였다. 즉, 성변의 원인은 군주의 부덕

---

115) 고려시대의 유교적 天人感應思想에 대해서는 李熙德, 2000, 『高麗時代 天文思想과 五行說 硏究』, 一潮閣 참조.
116) 『高麗史』 卷53, 志 第7, 五行1, 序文

이며, 이 때문에 오행이 문란해져 별이 도수度數를 잃는다는 것이다. 성변을 막는다는 것은 문란해진 오행을 바로잡는 것이기 때문에 오행의 문란으로 발생한 기타 자연재해 역시 소재도량을 통해 해결할 수 있다고 본 것이다.

(2) 소재도량의 필요성

고려시대에는 유교적 천문재이관을 도입하여 성변을 규정하였다. 그리고 천인합일사상의 관점에서, 소재도량의 소의경전에 언급되지 않은 기상재해까지도 소재도량으로 기양할 수 있다고 보았다. 그렇다면 왜 밀교의례를 개설하면서 천문재이를 해석하는 데에는 유교를 활용한 것일까.

이를 이해하기 위해서는 우선 불교의 천문재이사상이 어떠했는지를 살펴볼 필요가 있다. 불교에도 불교 나름의 천문사상이 존재하고 있었다. 불교의 천문사상은 후한 환제桓帝, 재위 147~167 시기에 중앙아시아 안식국安息國 태자였던 안세고安世高가 서역의 천문성수의 내용을 담은 『사두간경舍頭諫經』을 번역하면서 처음 유입되었다. 안세고의 『사두간경』은 현재 전하지 않으며, 오吳의 축률염竺律炎과 지겸支謙이 함께 번역한 『마등가경摩登伽經』이 그 동본이역同本異譯으로 알려져 있다.[117]

『마등가경』 등은 28수의 모양과 별의 숫자, 그 진언, 달과 28수의 위치에 따라 그때 태어난 자의 운명 등 천문관과 점성술에 대해 이야기하고 있다. 그리고 점성술 내용의 대부분은 본명, 즉 태어난 날에 해당하는 별로 운명을 점치는 내용이 주를 이룬다. 당대唐代에 천문학에 조예가 깊었던 일행一行의 경우, 성점학보다는 천문역법에 주로 관심을 가지고 있었던 듯하다. 현재 일행의 번역본 혹은 찬술로 전해지는 천문 관련 불경과 의궤가 있는데,[118] 여기에서도 성변의 발생을 전제로 그것을 기양하는 호마법이

---

117) 김일권, 2008, 『우리 역사의 하늘과 별자리』, 162쪽.

나 본명으로 길흉을 점치거나 택일을 하는 법, 혹은 일월성신의 형상에 대한 설명 등이 주를 이룬다.

불공의 대표적 천문 관련 경전인 『문수사리보살급제선소설길흉시일선악수요경文殊師利菩薩及諸仙所說吉凶時日善惡宿曜經』도 태어난 날과 성신을 연결시켜 개인적 길흉화복을 점치는 내용이다. 이렇듯 중국의 대표적인 천문 관련 불경이나 천문에 능했던 승려들은 일월성신의 운행에 따라 국가의 길흉화복을 점치기보다는 천문역법이나 본명에 더 관심을 두고 있었다.

앞서 제시한 [표 5-2]에서 보이듯이 고려시대 불교의례 가운데 인왕도량과 금광명경도량, 대불정독경, 아타파구신도량도 성변 기양을 위해 개설되었던 만큼, 『인왕경』, 『금광명경』, 『수능엄경』, 『보성다라니경』도 불교의 천문재이관과 관련이 있는 경전이다.

이들 경전에서는 성변이 발생했을 때 경전의 공덕이 이를 없애준다는 내용을 설하고 있다. 그렇지만 어떤 성변이 어떤 재앙을 가져올 것이라는 구체적인 성변 해석은 없고, 그 기양 방법으로 경전의 독송이나 다라니 염송을 설하는 내용이 중심을 이룬다. 또한 『인왕경』 등에서는 여러 가지 재난을 열거하면서 그중 하나로 성변을 이야기하고 있다.

이와 달리 소재도량의 소의경전인 『소재길상경』 등은 성변에 대해서만 따로, 그리고 다른 경전들보다는 구체적으로 이야기하고 있다.

> D. 만약 국왕과 대신들이 거하는 곳과 여러 국계國界에, 혹 오성이 침범하고 라후, 혜성, 요성妖星이 사람들이 속하는 본명의 궁宮과 수宿 및 성위星位를 비추거나, 혹은 제좌帝座를 비추어 나라와 가정과 분야처分野處를 침범할 때, 혹은 물러나고 혹

---

118) 長部和雄, 1982, 『唐宋密教史論考』, 152~157쪽에 의하면, 『曼殊室利焰曼德迦萬愛祕術如意法』, 『宿曜儀軌』, 『七曜星辰別行法』, 『北斗七星護摩法』, 『梵天火羅九曜』는 일행의 역경 또는 찬술로 알려져 있지만, 도교적 내용이 섞여 있는 것으로 보아 후대인의 찬술로 보인다고 한다. 일행이 천문역법에 정통했기 때문에 일행을 저자로 내세웠다고 한다.

은 나아가면서 여러 장애와 어려움을 만들면, … 만약 태백성과 화성이 남두南斗에 들어가서, 나라와 가정과 분야처에서 장애와 어려움이 발생하면, … 만약 국왕과 대신과 여러 권속과 일체 서민이 오성과 라후, 계도, 혜성, 요상하고 괴이한 악성에게 제좌와 분야처가 속한 궁과 수를 침범당해 재난이 다투어 일어나거나, 혹은 진성鎮星이 침범하고 혹은 나아가고 혹은 물러나면서 숙세의 원가冤家가 서로 모함하고 해하고자 하거나 여러 나쁜 일과 구설수와 저주들이 재난이 되면, …119)

오성, 라후, 계도, 혜성, 요성, 악성 등이 하늘의 특정 영역을 침범하여 재난이 발생하면 다라니를 외워 이를 기양할 수 있다는 내용이다. 태백과 화성이 남두에 들어간다거나 악성이 제좌 및 분야처에 들어간다고 하는 예를 들고 있기는 하지만, 일월성신의 변화로 인해 어떠한 재변이 발생하는지에 대한 구체적인 설명이 부족하다.

즉,『소재길상경』역시 성변이 상징하는 현실적 문제가 무엇인지는 제시하고 있지는 않은 것이다. 그런데 동양 천문학에서 성변은 하늘이 인간 사회의 선악과 과오를 견책하는 징험徵驗으로 간주되었고, 특히 백성을 다스리는 군주의 정치적 행위에 대해 하늘이 반응을 보이는 것으로 믿었다.120) 따라서 하늘의 뜻을 이해하기 위해서는 성변이 상징하는 재이를

---

119) 不空 譯,『佛說熾盛光大威德消災吉祥陀羅尼經』(『大正藏』 19, 337c17~21, 337c24~26, 338a10~14)
『소재길상경』에는 중국의 천문관이 혼재되어 있는 모습이 보여 눈길을 끈다. 중국 고유의 천문관인 三垣과 分野說의 흔적을 찾아볼 수 있기 때문이다. 帝座는 三垣 가운데 天市垣에 있는 황제를 가리키는 별이다. 중국 천문학에서는 제좌 근처에 달이 다가오면 임금에게 걱정거리가 생기고, 오성이 다가오면 신하가 역모를 꾀하며, 객성이 들어와 색깔이 붉게 변하면 병란이 일어나고, 머무르면 대신이 난리를 일으킨다고 여겨졌다(안상현, 2000,『우리가 정말 알아야 할 우리 별자리』, 현암사, 165쪽). 분야설은 하늘을 구획지어 지상의 지역과 대응시키는 것이다. 하늘의 어떤 지역에서 성변이 일어나면 지상의 대응되는 지역과 나라에서 변괴가 발생한다고 한다. 이와 같은 중국의 천문관은『춘추』나『사기』등에서 정리된 것이다(중국의 분야설에 대해서는 이문규, 2000,『고대 중국인이 바라본 하늘의 세계』, 문학과지성사, 59~74쪽 참조).『소재길상경』등은 불교경전을 표방하고 있지만, 그 속에는 유교 천문관이 내재되어 있다.

구체적으로 해석해야 했으며, 그를 위해서는 『사기』「천관서」, 『위서』「천상지」 등의 내용에 의지하지 않을 수 없었다.

이처럼 고려의 위정자들이 성변을 유교적 입장에서 해석하면서도 성변에 대한 대응책으로 유교적 방식 외에 소재도량을 개설한 이유는 무엇이었을까. 우선 성변과 기상이변을 기양하기 위한 유교적 방식이 어떠한 것인지 살펴보자.

E-1. (인종 8년¹¹³⁰ 7월) 신해일에 폭풍이 불어 나무를 뽑고 우레와 번개가 치면서 오정리正里 인가의 소나무에 벼락을 쳤다. 태사가 보고하기를, "입하立夏에서 입추立秋가 지난 후에도 기후가 불순하여 바람과 비가 갑자기 닥쳐오며 혹은 우박까지 내렸습니다. 이것 또한 수재, 한재와 병란의 재해 못지않으니 장래가 걱정입니다. 재齋와 제祭로는 이 재변을 제거할 수 없으니 전하께서 자기를 반성하시며 덕을 닦아 위로 하늘의 견책에 답하시기를 바랍니다."라고 하니, 왕이 그 의견대로 하였다.121)

E-2. (인종 8년1130) 8월 을미일 초경初更, 20시경에 불그림자와 같은 붉은 기체가 북방에서 일어나 북두의 괴魁 안으로 들어가 불규칙하게 일어났다 꺼졌다 하다가 삼경三更, 24시경에 이르러서야 없어졌다. 일자日者가 보고하기를 "『천지서상지天地瑞祥誌』에 이르기를, '붉은 기체가 불그림자와 같이 나타나는 것은 신하가 그 임금을 배반할 징조이다.'라 하였습니다. 덕을 닦아 변괴를 물리치소서."라고 하였다.122)

E-3. 옛글에 이르기를 "천재天災에 응답하는 데는 실지[實]로써 하는 것이지 형식[文]으로 하는 것이 아니다."라고 하였습니다. 이른바 실지란 덕을 말하는 것이고, 형식이란 오늘날 도량을 개설하고 재를 올리는 등이 그것입니다. 임금이 덕을 닦아 하늘에 응답하면 복을 기약하지 않아도 복이 저절로 이르고, 만약 덕을 닦지 않고 헛되이 형식만 일삼으면 무익할 뿐 아니라 하늘을 모독할

---

120) 김일권, 2008, 『우리 역사의 하늘과 별자리』, 52~53쪽.
121) 『高麗史』卷55, 志 第9, 五行3, 土
122) 『高麗史』卷53, 志 第7, 五行1, 火

따름입니다.123)

위의 인용문 E-1은 인종 8년에 기상재해가 닥치자 태사가 인종에게 자기반성과 수덕修德을 권하는 내용이다. 인용문 E-2는 인종대에 발생한 변괴에 대한 일자의 보고와 해석 내용으로, 그것을 물리치기 위해서 역시 수덕을 권하고 있다.

인용문 E-3은 국자사업國子司業 임완林完이 올린 상소문의 내용 가운데 일부분이다. 송 출신의 임완도 왕이 덕을 닦음으로써 하늘에 응답해야 한다고 말하고 있다. 스스로를 돌아보고 덕을 닦는 것은 유교적 천문재이관에서 성변이나 자연재해를 물리치기 위해 제시되던 방법이었다. 유교적 천문재이관을 형성하는 천인감응사상에서는 성변이나 자연재해를 군주의 부덕의 소치로 보기 때문이다. 따라서 군주의 자기반성과 수덕은 가장 기본적이면서도 궁극적인 해결 방법이었다.

이에 반해 이를 기양하기 위한 의례 개설은 부차적인 방법으로 받아들여졌던 듯하다. 인용문 E-1에서 태사가 재나 제 등의 기양행사로는 이 재변을 제거할 수 없기 때문에 자기반성과 수덕을 권하고 있는 데에서 이를 짐작할 수 있다. 나아가 임완은 수덕이 배제된 기양의례 개설은 헛되이 형식만을 좇는 것으로, 아무 이익이 없을 뿐 아니라 하늘을 모독하는 행위라고까지 이야기하고 있다.

유교적 천문재이관에 입각한다면, 군주의 자기반성과 수덕이 재이를 해결할 궁극의 방법임은 의심할 여지가 없다. 그러나 이는 시간이 걸리고 과정이 눈에 보이지 않는다는 문제점이 있다. 따라서 군주가 덕을 닦는 것보다 빠르고 가시적이며 구체적 효과를 위해 밀교의례인 소재도량을 개설한 것으로 생각된다. 의례는 특정 시간에 특정 장소에서 특정한 형식에

---

123) 『高麗史節要』卷10, 仁宗 12年 5月

맞추어 진행된다.

　그것이 효과적인가 아닌가를 불문하고, 재이를 없애기 위한 가시적 행위가 드러나는 것이다. 따라서 고려시대에는 유교적 천문재이관을 바탕으로 성변을 가늠하였고 궁극적 기양 방법으로 군주의 수덕을 꼽았지만, 더 쉽고 가시적인 밀교의례인 소재도량이 대표적인 성변 기양 방법으로 자리잡게 된 것이 아닌가 한다.

　이상에서 살펴본 바와 같이, 불교경전에서는 성변이 상징하는 것을 구체적으로 설명하지 않기 때문에 이 부족한 부분을 보충하기 위해서는 유교의 성변 해석 방법이 도입되어야 했다. 이 때문에 불교 승려들도 천문을 연구할 때에 역사서의 「천문지」를 함께 보았다. 앞서 언급한 경흥이 『한서』「천문지」를 인용한 예가 그것이다. 그러나 그것을 기양하기 위한 군주의 수덕이라는 유교적 방식은 가시적이고 직접적이지 못했기 때문에 밀교의례로 성변을 기양하는 방식을 취했다고 생각된다.

3.

불정도량과
의궤의 활용

불정도량은 존승불정尊勝佛頂과 관련된 의례이다. 불정이란 부처의 정수리를 신격화한 것으로 교리화된 밀교 존격 가운데 가장 발전된 형태이며,[124] 부처의 가장 윗부분에 위치하면서 동시에 지혜를 상징한다. 불정존佛頂尊은 이러한 불정을 신격화한 존재로 동아시아에서 널리 신앙되었다.

5불정·8불정 등 그룹을 형성해 신앙되기도 하였으며, 그와 별개로 존승불정이나 백산개불정白傘蓋佛頂 등과 같이 특정 다라니와 그 신앙이 연결되어 유행하기도 하였다.[125] 불정존 중 가장 널리 신앙되었던 것은 존승불정이다. 모든 불정 중 최승最勝이기 때문에 존승불정이라고 하며, 또 일체의 업장業障을 없애주기 때문에 사제捨除 혹은 제장除障이라고도 한다.[126] 존승불정에 대한 신앙은 우리나라의 밀교 역사에서도 그 자취를 무시할 수 없다.[127] 본 절에서는 존승불정신앙이 국가의례로서 드러난 불정도량에 대해 고찰해 보겠다.

---

124) 佐和隆硏 編, 1970, 『密教辭典』, 京都: 法藏館, 佛頂.
124) 佐和隆硏 編, 1970, 『密教辭典』, 京都: 法藏館, 佛頂.
125) 賴富本宏, 1999, 「中國密教の思想的特質」, 『中國密教』, 128쪽.
126) 望月信亨, 1954, 『佛敎大辭典』, 京都: 世界聖典刊行協會, 尊勝佛頂.
127) 金永德, 1999, 「佛頂尊勝陀羅尼經에 관한 연구」, 『韓國佛敎學』 25, 298쪽.

고려 사회와 밀교

1) 사상적 배경

(1) 불정도량의 소의경전

불정도량은 『불정존승다라니경^{佛頂尊勝陀羅尼經}』을 외면서 복을 비는 의례로 인식되어 왔다.[128] 우선 불정도량이 『불정존승다라니경』에 근거한 의례라는 것을 명확히 밝혀보자.

도량의 명칭이 불정이니만큼 불정존과 무관하지 않을 것이며, 여러 불정존 가운데 어떤 특정한 존격인가가 문제가 된다. 불정존은 5불정 내지 8불정과 같이 일군의 집단을 형성하여 신앙되고 있었다는 특징이 있다. 또 그와는 별개로 존승불정, 백산개불정, 금륜불정 등과 같이 특정 다라니와 그 신앙이 연결되어 유행했다는 사실은 앞서 언급하였다. 이들 불정존 가운데 가장 널리 신앙되었던 것이 존승불정과 백산개불정이었다.

존승불정은 683년 불타파리^{佛陀波利}에 의해 『불정존승다라니경』이 번역된 이래, 다라니경으로서는 그 예를 찾아보기 힘들 정도로 수차례에 걸쳐 번역본이 등장하였다. 9종의 이역과 7종의 주석서는 모두 존승불정이라는 하나의 존격을 대상으로 성립되었다.[129] 반면, 백산개불정은 진언이 『수능엄경^{首楞嚴經}』 속에 포함되어 있다. 그런데 『수능엄경』을 소의경전으로 하는 의례는 선종 6년¹⁰⁸⁹ 3월에 능엄도량이라는 명칭으로 따로 개설되고 있다.[130]

한편 존승불정의 경우는 고종대에 편찬된 재조대장경 속에만 8편의 경전과 의궤가 포함되어 있어 평균 2~3편에 불과한 다른 불정계 존격에 비해 현격히 많은 수가 수록되어 있다. 이는 『불정존승다라니경』 자체의 이역이 많은 이유도 있겠으나, 다른 한편으로는 존승불정신앙의 융성함을

---

128) 홍윤식, 1994, 「불교행사의 성행」, 181쪽.
129) 대정신수대장경에는 9종의 이역과 7종의 의궤·주석서가 전하며, 고려대장경에는 7종의 이역과 1종의 의궤가 入藏되어 있다.
130) 『高麗史』 卷10, 世家 第10, 宣宗 6年 3月 庚寅

보여주는 증거라고도 말할 수 있다.

불정도량이『불정존승다라니경』에 근거한 의례라는 것은 '불정'이라는 명칭이 들어간 다른 세 번의 의례를 통해서도 알 수 있다. 우선 명종 10년 1180의 대불정독경을 살펴보면, 이는 명칭 그대로『대불정경』을 읽는 행사였다.『대불정경』은『수능엄경』을 가리키므로, 선종 6년에 개설된 능엄도량과 같은 의례로 볼 수 있다. 한편 고종 42년1255에 개설된 불정심도량은『불정심다라니경』을 근거로 개설된 도량이다. 또 원종 5년1264 5월에 강화도의 마리산摩利山에서 개설된 대불정오성도량은 백산개불정을 주존으로 개설된 의례로 보인다. 존승불정은 가장 왕성한 신앙사례를 남기며 불정존 중 대표적인 존격이라는 점, 그럼에도 불구하고 존승불정과 관련된 의례가 보이지 않는다는 점 등으로 미루어보아 불정도량이라고만 언급된 도량은『불정존승다라니경』에 의거해 개설된 불교의례라고 할 수 있다.

그런데『불정존승다라니경』자체의 내용을 살펴보면, 지옥에 떨어질 업장을 제거해주고 수명을 늘려주며 병을 고치는 외의 효험은 설해져 있지 않다. 즉, 국가의례로 개설되기에는『불정존승다라니경』자체의 공덕은 지극히 개인적인 측면에 국한되어 있는 것이다. 여기서 눈길을 끄는 것이 이 다라니경에 대한 의궤이다. 현재 찾아볼 수 있는『불정존승다라니경』의 의궤로는 선무외善無畏 역의『존승불정수유가법궤의尊勝佛頂修瑜伽法軌儀』와 불공 역의『불정존승다라니염송의궤법』의 두 종류가 있다.131)

불정도량은 이 가운데 불공의『불정존승다라니염송의궤법』을 소의경전으로 개설되었을 가능성이 크다. 후술하겠지만, 불공이 이 의궤를 바탕

---

131) 선무외의『尊勝佛頂修瑜伽法軌義』는 고려대장경에 수록되어 있지 않지만, 고려대장경 수록 여부가 불교의례의 소의경전 가능 여부와 일치하지는 않는다. 한편 8세기 중반 무렵에『존승불정수유가법궤의』에만 보이는 도상이 나타나기 때문에, 이때 이미 신라에 전래되었다는 주장도 있다(朴亨國, 1999,「韓國の密敎美術」,『中國密敎』, 227~231쪽).

으로 국가적 의례를 개설한 것으로 보이기 때문이다. 불공의 손제자孫弟子인 신라 밀교승 혜일惠日을 통해『불정존승다라니경』과 그 의궤의 호국적 응용 가능성이 신라에 소개되었을 것으로 추정된다.

(2) 존승불정신앙의 수용과 계승

신라 승려 가운데 존승불정신앙과 관련된 최초의 기록을 보이는 것은 혜통惠通이다.『삼국유사』「혜통항룡」조에 의하면, 그는 당에서 불법을 배운 후 귀국하여 신라에서 활동하였는데, '존승각간尊勝角干'이라 불렸다고 한다. 존승은 존승불정을 가리키는 것이며, 각간은 신라의 벼슬명이다. 그가 존승불정신앙을 중심으로 삼았거나『불정존승다라니경』에 능통했기 때문에 이러한 별칭이 붙여졌을 것으로 추정된다.132)

그런데「혜통항룡」조의 기사가 혜통 당사자와 다라니경의 관련성을 직접적으로 드러내지는 못한다. 이 다라니경은 당에서 683년에 처음 번역된 반면, 혜통은 인덕麟德 2년665에 신라에 귀국했기 때문에 그가 당에서『불정존승다라니경』을 직접 접했을 가능성은 거의 없다. 따라서 '존승각간'은 후대에 붙여진 별명으로 보는 것이 타당하다.

신라에 언제『불정존승다라니경』이 전래되었는지는 명확하지 않다.133) 그런데 당에서는 8세기 전반부터 불정존승다라니를 새긴 석당石幢이 건립되었다. 또한 이 다라니경의 염송도 널리 행해졌다. 불공은 대력大曆 5년770에 나라를 위해[爲國] 27명의 승려를 뽑아 불정존승다라니를 염

---

132) 呂聖九, 1992,「惠通의 生涯와 思想」, 39쪽.

133) 692년(효소왕 1)에 귀국한 道證이『불정존승다라니경』을 신라에 가지고 돌아왔을 가능성도 있다. 그의 스승인 圓測이 佛陀波利의 역경 사업에 참가했기 때문이다[圓照 集,『貞元新定釋敎目錄』卷12, 佛陀波利(『大正藏』55, 865a19~865b18)]. 그러나 원측은 이 경전의 역경에 참여했을 뿐 이 경전과 관련된 신앙이 보이지 않으며, 그 자신은 귀국하지 못한 채 당에서 입적하였다. 이 때문에 도증이 이 경전을 가지고 귀국했을 가능성에 대해서 필자는 회의적인 입장이다.

송하였다. 또 대력 11년에는 천하의 승려들에게 불정존승다라니를 염송하도록 하는 칙령이 내려졌다. 이와 같은 사실은 8세기 후반에 당의 국가 차원에서 이 다라니경의 염송이 이루어졌음을 말해준다.[134) 당시 당과 신라의 불교 교류를 통해 보았을 때,[135) 당의 불정존승다라니신앙은 늦어도 8세기에 신라에도 유입되었을 가능성이 크다.

신라에 전해진 『불정존승다라니경』 및 의궤는 존승불정신앙을 형성하였다. 현재 남아 있는 유물을 통해 이를 확인할 수 있다. 경북 영일군迎日郡의 법광사지法光寺址 삼층석탑 속에서 '불정존승다라니'라는 문구가 묵으로 쓰여진 납석제 사리호舍利壺가 발견되었는데, 이 탑은 흥덕왕 3년828에 창건되어 문성왕 8년846에 옮겨진 것이다.[136) 법광사지 탑이 창건되고 옮겨진 시기로 보아 불정존승다라니명의 사리호는 9세기 전반기에 만들어졌으며, 이는 늦어도 9세기 전반에는 신라에서 『불정존승다라니경』에 의거한 신앙 활동이 전개되고 있었음을 시사한다.

고려시대에 들어서도 존승불정신앙은 지속적으로 나타났다. 이는 신라이래의 신앙적 전통에도 기인하지만, 고려 전기 송·요·발해 불교의 수용과도 관련이 있다. 『팔경실금석보정八瓊室金石補正』에는 송대에 건립된 20기에 이르는 불정존승다라니 석당 목록이 수록되어 있어 존승다라니신앙이 송대에도 퇴색하지 않았음을 알 수 있다.[137) 또한 『전요문全遼文』에도 존승다라니석당기尊勝陀羅尼石幢記 9편이 실려 있어,[138) 당시 존승다라니신앙의 성

---

134) 鎌田茂雄, 1992, 「淸涼山記」攷 −五臺山における佛頂陀羅尼信仰」, 『興敎大師覺鑁硏究 − 興敎大師八百五十年御遠忌記念論集』, 東京: 春秋社, 797~800쪽.

135) 『無垢淨光大陀羅尼經』의 경우 則天武后 장안 4년(704)에 彌陀山이 번역한 이후, 706년 (聖德王 5) 신라 皇福寺 삼층석탑 사리함명에 그 경전명이 등장하고 있다(金英美, 1994, 『新羅佛敎思想史硏究』, 166쪽). 이는 당시 당의 불교가 신라에 빠르게 유입되고 있다는 사실을 보여주는 한 예이다.

136) 黃壽永, 1999, 『黃壽永全集』 4 −金石遺文, 혜안, 190쪽.

137) 鎌田茂雄, 1992, 「淸涼山記」攷, 798~801쪽.

138) 『全遼文』에는 각각 保寧 원년(969), 統和 10년(992), 開泰 2년(1013), 淸寧 8년(1062),

행을 보여주고 있다. 이러한 당과 송, 요의 신앙은 신라 말과 고려 전기에 영향을 미쳤을 것으로 보인다. 고려와 송·요는 대장경과 장소章疏 등의 불서佛書 및 승려의 왕래를 중심으로 왕성한 불교 교류를 하고 있었는데, 그 과정에서 신라로부터 이어져 오던 불정신앙이 확고한 기반을 다졌을 것으로 생각되기 때문이다.

　당과 송, 요뿐 아니라 발해에서도 이 경전이 유통되고 있었다. 정관 3년 861에 발해사신 이거정李居正이 전한 『가구영험불정존승다라니기加句靈驗佛頂尊勝陀羅尼記』가 현재 일본 이시야마사石山寺에 전한다.139) 『가구영험불정존승다라니기』는 『불정존승다라니경』의 이본異本으로, 기존의 다라니 문구가 정확하지 않아 공덕을 받을 수 없자, 다라니 발음을 고치고 문구를 더해 정비한 새로운 존승다라니를 소개하는 내용이다. 이러한 발해의 존승다라니신앙은 발해 유민을 통해 고려로 연결된 것으로 보인다. 고려 전기에 들어온 발해의 유민 중에는 승려도 다수 포함되어 있기 때문이다.140) 발해에서 고려로 들어온 승려들의 이후 행적은 전혀 남아 있지 않으나,141) 적어도 이들을 통해 발해의 불교신앙이 고려의 불교신앙과 융합되었을 가능성은 충분하다고 하겠다.

　　　大康 3년(1077), 大安 8년(1092)에 세워진 존승다라니석당기와 시기를 알 수 없는 존승다라니석당기 2편, 그리고 승려 法鏡이 지은 尊勝陀羅尼幢記并序가 전한다.

139)　宋基豪, 1992, 「渤海佛教의 展開過程과 몇 가지 特徵」, 『伽山李智冠스님華甲紀念 韓國佛教文化思想史』上, 伽山文庫, 712~713쪽 ; 임석규, 2010, 「石山寺 所藏 加句靈驗佛頂尊勝陀羅尼記에 대한 一考察」, 『동북아역사논총』 27 참조.

140)　태조 10년(927) 3월 갑인일에 발해 工部卿 吳興 등 50명과 승려 載雄 등 60명이 귀순하였다(『高麗史』 卷1, 世家 第1, 太祖1). 926년에 耶律阿保機가 발해를 멸망시키고 그 땅에 東丹國을 세워 장자 倍를 국왕으로 삼았는데, 배가 반불교정책을 폈기 때문에 발해승들이 남하해온 것으로 추측된다(韓基汶, 1998, 『高麗寺院의 構造와 機能』, 民族社, 26쪽).

141)　宋基豪, 1992, 「渤海佛教의 展開過程과 몇 가지 特徵」, 718~719쪽 참조.

2) 개설 양상과 의례

(1) 개설 양상

고려시대 존승불정과 관련된 도량은 불정도량이라는 명칭 외에, 명종 3
년[1173] 1월에는 존승법회(尊勝法會)라는 명칭으로도 개설되었다. 존승법회는
존승법을 행하는 법회로, 존승법이란 존승만다라(尊勝漫陀羅)를 본존으로 행
해진 의례이므로 결국 불정도량의 일종이다.

[표 5-4] 『고려사』 수록 불정도량의 개설 양상

임 금	재위년	횟수	개설 시기
선종	11	1	2.3
숙종	10	3	7.3 ‖ 9.3 ‖ 10.8
예종	17	5	2.3 ‖ 4.2 ‖ 4.10 ‖ 9.4 ‖ 15.8
인종	24	8	즉위년.7 ‖ 4.8 ‖ 8.5 ‖ 9.3 ‖ 9.10 ‖ 17.10 ‖ 18.10 ‖ 23.3
의종	24	1	5.4
명종	27	7	2.12 ‖ 3.윤1 ‖ 6.10 ‖ 7.2 ‖ 7.10 ‖ 8.2 ‖ 10.10
신종	7	1	6.11
희종	7	1	5.10
고종	46	6	4.10 ‖ 9.3 ‖ 10.2 ‖ 11.2 ‖ 11.10 ‖ 15.9
원종	15	3	7.10 ‖ 8.10 ‖ 10.11

『고려사』를 통해 보았을 때 불정도량은 선종 2년[1085] 3월에 처음 개설되
었다. 『고려사』에 수록된 고려시대 불교의례를 살펴보면, 태조에서 덕종
연간까지는 연등회와 팔관회의 양대 법회 외에는 거의 열리지 않았다. 이
는 실제로 법회가 열리지 않았기 때문이 아니라 현종대 거란의 침입으로
그 이전의 실록이 불에 타서 기록이 남아 있지 않기 때문으로 보인다.[142]

---

142) 『高麗史』 卷95, 列傳 第8, 黃周亮에 의하면 거란의 침입 시 궁궐이 불타 그가 태조부터
   목종에 이르는 7대 왕조의 사적을 수록한 책을 편찬했다고 한다.
   실제로 고려 전기 금석문을 살펴보면, 태조~덕종 연간에 『고려사』에 수록되지 않은
   불교의례가 여러 차례 개설된 사실을 확인할 수 있다(김수연, 2009, 「고려전기 금석문
   소재 불교의례와 그 특징」, 『역사와 현실』 71, 52~53쪽).

그러나 현종에서 문종 연간에는 인왕도량을 비롯한 다른 도량들이 다수 열린 기록이 남아 있으므로 불정도량에 대해서는 언급이 없는 이유가 사료의 소실 때문이라고 보기는 어렵다. 따라서 불정도량이 선종 2년에 처음 개설되었다는 『고려사』의 기록은 그대로 받아들여도 좋을 듯하다.

선종 2년에 불정도량이 처음 개설된 데에는 앞에서 언급했듯이 송·요 불교의 수용이 미친 영향이 크다고 생각된다. 현종 연간에 송 개보장開寶藏을 바탕으로 고려대장경이 1차로 완성되었고 문종 연간에는 요대장경이 들어왔으며, 의천의 예와 같이 개인적으로 장소를 교류한 경우도 있었다. 이와 같은 송·요 불교의 유입을 통해 당시 그곳에서 성행했던 불정존승다라니신앙이 유입되었던 것이다. 한편, 『고려사』에 의하면 원종 13년[1272] 개경으로 다시 환도한 후에는 불정도량이 개설되지 않았다. 그러나 이곡李穀, 1294~1351의 『가정집稼亭集』에 「불정도량소佛頂道場疏」라는 제목의 글이 실려 있어,[143] 원종대 이후에도 불정도량이 개설되었음을 알 수 있다. 따라서 불정도량이 폐지된 것이 아니라 『고려사』, 『고려사절요』에 실리지 않은 사례들이 있다고 보아야 할 것이다.[144]

불정도량의 개설이 가장 성행했던 시기는 8회 개설된 인종 연간이다. 명종대의 경우는 불정도량의 개설 회수는 7회로 인종대와 유사하다. 그러나 인종 연간에는 즉위년에서 23년까지 재위년 전반에 걸쳐 개설한 데 비해, 명종대의 불정도량 개설은 주로 동왕 10년[1180] 이전에 집중되어 있다.

상대적으로 짧은 시기에 같은 회수를 개설했다는 점에서 명종 연간에

---

[143] 이 글이 언제 지어졌는지는 알 수 없다. 이곡은 자주 원을 왕래하였기 때문에 원에서 썼을 가능성도 있다. 그러나 『元史』에는 불정도량 개설 기록이 전하지 않으며 『가정집』에 「外院道場疏」와 「八關齋疏」가 함께 실려 있기 때문에, 고려의 불정도량에 관한 소일 것으로 추정된다.

[144] 권근의 『陽村集』에는 우왕 11년(1385) 가을에 白傘蓋道場이 개설되어 왕도 행차했다는 내용이 실려 있지만(權近, 「有明朝鮮國普覺國師碑銘幷序」, 『陽村集』卷37, 碑銘類, "乙丑秋 命設五十日白傘盖道場 以禳天地災變 名儒韻釋多詣聽講 會末 王亦駕幸以致禮"), 『고려사』에는 이 기록이 보이지 않는다.

불정도량이 더 비중 높게 개설되었다고 할 수 있다. 그 이유는 명종 10년 이전의, 망이·망소이의 난을 위시한 대규모 반란이 잦았기 때문인 것으로 생각된다. 고종 연간의 경우 역시 불정도량의 개설회수는 6회로 그다지 차이가 나지 않지만, 고종의 재위 기간과 전체 불교의례 개설 횟수가 고려 최대를 기록하고 있어 빈도는 다소 떨어진다. 그렇지만 앞서 언급한 바와 같이, 이는 대몽항쟁기에 많은 사료가 일실되어 고종 연간 중 수년의 기사가 많이 누락된 사실과 관련이 있다.[145] 따라서 고종 15년[1228]을 마지막으로 고종 연간에 불정도량의 개설 기록이 보이지 않는 것은 실제로 이 시기에 개설하지 않았다기보다는 기록의 일실이 원인일 것이다.

불정도량은 6월을 제외한 모든 달에 개설되었다. 그리고 도량 개설이 가장 빈번했던 달은 10월이 12회로 전체의 약 1/3에 달하며, 그중 8회가 무신 집권기 이후에 개설되었다. 이렇게 10월에 불정도량의 개설 횟수가 많은 이유는 북방민족과의 관계에서 찾을 수 있다. 두만강이 얼어붙기 시작하는 10월경에 북방민족의 침입 내지 침입 가능성에 대비해 불정도량의 개설 횟수가 늘어난 것으로 생각되는 것이다. 실제 현종 원년[1010] 제2차 거란 침입은 11월에 있었으며, 동왕 9년[1018]의 제3차 거란 침입은 12월에 있었다. 고종 5년[1218]에 동진東眞과 함께 거란유종契丹遺種을 치기 위해 몽고 군 1만이 고려 땅으로 들어온 때 역시 12월이었다. 이와 같은 대규모의 침입뿐 아니라 변경지역에서 일어날 수 있는 소소한 분쟁과 침입 역시 두만강이 얼어 쉽게 건널 수 있는 겨울에 집중되었을 것이다. 그리고 이러한 침입을 막기 위해, 두만강이 얼기 시작하는 음력 10월경에 불정도량이 많이 개설되는 것으로 보인다.

---

145) 尹龍爀, 1990, 「고려 대몽항쟁기의 불교의례」, 451쪽.

(2) 의례 절차

불정도량의 의례가 『불정존승다라니염송의궤법』에 근거했다면, 불정도량의 의례는 다음과 같았을 것이다. 먼저 의례를 거행할 장소를 정하고 단을 설치하였다. 『불정존승다라니염송의궤법』에서는 염송하는 장소는 땅을 파고 의궤에 따라 구마이[gomati, 소의 분뇨]를 바른다고 했지만,[146] 고려의 경우 궁궐 내의 전각에 목단木壇을 설치하였을 것으로 보인다.[147] 본존인 존승다라니상尊勝陀羅尼像을 그려 동쪽 벽에 두고 지송자持誦者의 얼굴을 그곳으로 향하게 한다. 그 후 위치에 맞게 비로자나불과 여덟 보살을 모시고[148] 향과 음식, 꽃, 나뭇가지 등을 공양한다.

그 다음 본격적인 의례를 진행하게 된다. 다라니의 염송에 들어가기 전에 다라니를 염송하는 사람은 『소실지경』에서 설한대로 목욕을 해야 한다. 그 다음 도량으로 가서 우선 양 무릎을 땅에 대고 비로자나불과 팔대보살에게 예를 올리고 발로참회發露懺悔하며 오대원五大願[149]을 발한다. 삼매야인三昧耶印과 그 진언, 법계생인法界生印과 그 진언, 금강살타법륜인金剛薩埵法輪

---

146) 도량을 개설할 때의 作壇 방법은 크게 土壇과 木壇의 두 종류가 있다. 토단은 기본적으로 땅을 파서 갖가지 공양으로 정화해 그 땅을 淨土로 만든 후 수법을 행한다. 토단의 일종으로 그 형식을 간소화한 것이 水壇인데 물을 뿌려 땅을 정화해 하루만에 단을 만드는 방식으로, 急病이나 兵亂 등의 경우 주로 쓰였다. 인도에서는 토단만 사용되었기 때문에 모든 經軌에는 토단만이 설해져 있으나, 실제적으로는 목단도 많이 만들어졌다(望月信亨, 1954, 『佛敎大辭典』, 護摩壇).

147) 『불정존승다라니염송의궤법』에서는 산간의 한가한 곳이나 깨끗한 방에서 의례를 행한다고 적혀 있다. 고려시대 불정도량은 주로 궁궐에서 개설되었으므로, 깨끗하게 청소된 방에서 행했을 것이다. 또 이규보의 「불정도량소」에 의하면 "좋은 날을 가려 뽑아 佛舍를 청소하고, 네모난 佛壇의 네 모서리를 높이 쌓아 공손하게 의식을 거행합니다"라는 표현이 있어(『東國李相國集』 卷40, 疏), 땅을 파서 단을 설치하는 토단보다는 목조 구조물을 쌓아 올리는 형식의 목단을 설치했을 가능성이 더 커 보인다.

148) 아홉 불보살의 배치는 불공 역의 『팔대보살만다라경』의 팔대보살 배치와 동일하다.

149) 『불정존승다라니염송의궤법』에서 들고 있는 五大願은 다음과 같다. 첫째, 가없는 중생을 제도할 것을 서원한다. 둘째, 가없는 福智를 모을 것을 서원한다. 셋째, 가없는 법문을 배울 것을 서원한다. 넷째, 가없는 여래를 섬길 것을 서원한다. 다섯째, 위없는 보리를 이룰 것을 서원한다.

印과 그 진언, 금강갑주인金剛甲冑印과 그 진언, 부동존인不動尊印과 그 진언, 봉청성중여래구인奉請聖衆如來鉤印과 그 진언을 각각 결하고 외운다.

위의 절차가 끝나면 자리, 알가閼伽, Argha, 부처님에게 바치는 물 또는 공양물, 도향塗香, 화만華鬘, 소향燒香, 음식, 등燈 등 여러 공양을 봉양하는 인을 결하고 그 진언을 암송한다. 그 후 허공장명비虛空藏明妃의 수인을 결하고 진언을 외우며 마음속으로 도량과 월륜月輪을 관한다. 이어 금강바라밀인金剛波羅密印을 결하여 손을 심장, 이마, 목, 정수리에 두고 그 진언을 외우며, 피갑인被甲印을 결하여 심장, 등, 배꼽, 양 무릎, 양 어깨, 정수리 밑, 이마 등에 대고 난 후 그 진언을 외운다. 그리고 마지막으로 박장진언拍掌眞言을 염송한다. 그 다음 스스로 자기의 몸이 본존을 이루었다고 관상한다. 두 손을 합장해서 두 집게손가락의 손톱을 등 돌려 맞대고 두 엄지손가락으로 두 집게손가락의 끝을 누르고 손가락을 튀기는 자세에서 존승다라니를 염송한다. 여러 번 염송하려면 위와 같은 절차를 계속 반복하면 된다.

이상의 의례 절차를 보면, 의례 주관자는 단을 만들고『소실지경』의 방식에 준해 목욕재계를 하는 방법을 아는 밀교 수행자여야 한다. 또 의례 진행 중에 수인을 결하는 신밀身密, 진언을 염송하는 구밀口密, 본존을 관하는 의밀意密이 갖추어져 있다. 이 과정에서 밀교 수행자의 주관과 진언 등 삼밀의 구족具足 등 밀교의례를 특징짓는 요소들을 다시 확인할 수 있다.

3) 의례를 통한 기양 범위의 확장

(1) 개설 목적

고려시대 역사 기록에 전하는 불정도량의 개설 사례는 대부분이 도량 개설 사실만을 전하고 있다. 그러나 몇몇 기사를 통해 개설 목적을 확인할 수 있어, 당대에 이 불교의례를 통해 무엇을 기대하였는지를 알 수 있다.

불정도량이 개설된 구체적 동기를 설명하고 있는 자료 가운데 우선 기
상이변과 관련된 것이 있다.『고려사』를 통해 보았을 때, 기상이변은 주로
가뭄이 들었을 때 비를 빌기 위한 것이었으며 경우에 따라서는 홍수 피해
를 방지하기 위한 이유도 있었다. 아울러 보통 가뭄과 동반되는 전염병을
없애고자 하는 기대도 포함되어 있었던 것으로 보인다. 불정도량이 비를
빌기 위해서 개설되었다는 가장 명확한 사례는 의종 5년[1151]의 기사이다.

> A. (의종 5년[1151] 4월) 을해일에 날이 가문다 하여 명산대천과 모든 신사神祠들에 비
> 를 빌었다. 수문전修文殿에서 불정도량을 베풀어 7일간 계속하였다.[150]

이 해는 가뭄이 심해서, 이 이외에도 같은 해 5월 기유일에 왕이 내전에
서 태일太一에 친히 기도하고 있다.[151] 또한 같은 달 갑오일에는 왕이 비를
비는「도우禱雨」시를 친필로 써서 여러 학사들에게 보였으며, 정유일에는
날이 가물어 부채 사용을 금지하는 등,[152] 이 해에는 가뭄 해소를 위해 국
가적으로 여러 노력을 기울였다. 이러한 상황적 맥락에서 수문전에서 행해
진 불정도량 역시 가뭄이 그치도록 하기 위한 것이었음을 알 수 있다.[153]
다음으로 살펴볼 수 있는 불정도량의 개설 목적은 대외문제, 즉 북방민

---

150) 『高麗史』 卷17, 世家 第17, 毅宗3
151) 문종 10년(1056) 9월 기사를 보면 壽春宮에서 태일에 제사를 지냄으로써 화재를 예방
    하였다고 하고 있으며『高麗史』卷7, 世家 第7, 文宗1), 선종은 4년(1087) 3월에 친히
    태일에 기도하여 일기가 순조롭기를 빌었다고 한다(『高麗史』 卷10, 世家 第10, 宣宗1).
    또한 숙종은 왕 6년(1101) 4월에 태일에 기도하여 비를 빌었다고 하고 있어(『高麗史』
    卷11, 世家 第11, 肅宗1), 고려시대에 태일이 기상이변 특히, 가뭄이 들었을 때 기도하
    는 대상으로 인식되고 있음을 알 수 있다.
152) 『高麗史』 卷17, 世家 第17, 毅宗1
153) 예종 15년(1120) 8월에 불정도량이 개설되는데, 이때는 극심한 가뭄과 그로 인한 전
    염병이 돌던 때였다. 불정도량 개설 기사 바로 앞에는 전염병의 창궐과 이를 막기 위
    한『반야경』독경이 기록되어 있다. 따라서 예종 15년의 불정도량이 전염병을 기양하
    기 위한 것으로 생각할 수도 있다(김영미, 2010,「고려시대 불교와 전염병 치유문화」,
    『전염병의 문화사』, 154쪽). 그러나 이 책에서는 개설 목적이 직접 언급된 경우에 한
    해 개설 목적을 설명할 것이므로, 전염병 기양에 대해서는 가능성만을 제시한다.

족과의 충돌과 관련이 있다. 인종 즉위년1122에 개설된 불정도량에 대해『고려사』는 소나무의 충해 때문인 것으로 기록하고 있는데, 송충이의 피해는 전란이 있을 징조로 이해되었다.

> B-1. (인종 즉위년1122) 7월에 소나무가 충해를 입어, 병술일에 회경전에서 불정도량을 차리고 7일간 기도하였다.154)
>
> B-2. 숙종 6년1101 4월에 수압산首押山 소나무가 충해를 입었다. 신축일에 태사가 보고하기를 "벌레가 소나무를 먹는 것은 전란이 있을 징조이니 관정·문두루·보성 등 도량을 차리고 노군부법老君符法으로 기도하여 재앙을 물리치도록 하여야 하겠습니다."라고 하니 왕이 그 말을 받아들였다.155)

인용문 B-2는 인종 즉위년으로부터 불과 20여 년 전인 숙종 6년의 기사로, 인종 즉위년의 송충이 피해에 대한 인식도 위 기사의 내용과 크게 다르지 않았을 것이다. B-2에서는 단순히 전란이라 표현하고 있을 뿐, 이것이 농민봉기를 포함한 국내의 전란인지 외국과의 문제인지에 대해서는 아무런 언급이 없다. 그러나 인종 즉위년을 전후한 시기의『고려사』기사를 살펴보면 국내에서 발생하는 전란이라 생각할 만한 사건이 없으며 전란이 일어날 '징조'라고 표현하고 있어, 이때의 불정도량은 당시 금金의 성장에 따른 혼란한 국제정세 속에서 전란을 예방하기 위해 개설된 것으로 추정된다.156)

---

154) 『高麗史』卷54, 志 第8, 五行2, 木
155) 『高麗史』卷54, 志 第8, 五行2, 木
156) 12세기 초에 금은 급격히 성장하여, 예종 14년(1119)에는 고려에 스스로 황제를 칭하는 조서를 보냈다. 1120년에 송은 요에게 빼앗겼던 燕運 16州를 되찾기 위해 금에 협공을 제안하였다. 즉, 금은 요의 中京을, 송은 燕京(南京)을 공격하여 취하기로 하고, 송이 연운 16주를 돌려받는 대신 요에 주던 歲幣를 금에게 주기로 협약한 것이다. 그런데 송은 요군에게 연달아 패배하면서 결국 금의 군사력으로 연경을 얻게 되었고, 이 때문에 세폐 외에 代稅錢까지 주게 되었다. 요뿐만 아니라 송도 금과의 관계에서 열세

불정도량은 내란의 진압을 빌기 위해서도 개설되었다. 이에 대한 직접적인 사료는 없지만 명종대에 개설된 사례를 통해 짐작할 수 있다. 명종 연간에는 대규모 반란 사건이 많이 발생하였다. 명종 3년[1173] 8월에는 동북면병마사東北面兵馬使인 김보당金甫當이 의종의 복위를 도모하며 반란을 일으켰다. 김보당의 난은 2개월여 만에 진압이 되었지만, 문신으로서 난에 가담하지 않은 자가 없다고 발언함으로써 대대적인 문신 숙청을 불러왔다.157) 명종 4년[1174] 9월에는 서경에서 서경유수西京留守 조위총이 난을 일으켰다. 조위총의 난은 명종 6년 6월까지 약 2년 동안 지속되었다.

조위총이 사망한 이후에도 서경반란군의 활동은 계속 이어졌다. 명종 8년 11월에 서적西賊의 평정을 태묘에 보고하였으나, 그 다음해 2월에 서경 반란군이 다시 일어나 같은 해 5월이 되어서야 진압되었다. 한편 조위총과 한창 대적하고 있는 와중에, 남쪽에서는 명종 6년 정월에 망이·망소이가 공주 명학소鳴鶴所에서 반란을 일으켰다.

그들은 공주를 함락시키고, 그 여세를 몰아 충청도 지역을 장악해 갔다. 망이·망소이의 난은 명종 7년 7월까지 이어졌다. 이처럼 명종 연간에 개설된 불정도량 가운데 명종 6년 10월, 7년 2월, 같은 해 10월, 8년 2월 등의 사례는 대규모 반란사건이 일어난 시기와 겹친다. 이를 통해 불정도량의 개설 목적 가운데 내란 진압이 있었음을 추측할 수 있다.

(2) 호마법과 국가재난의 기양

불정도량의 소의경전은 『불정존승다라니경』과 그 의궤서인 『불정존승

를 면치 못하고 있었다(박윤미, 2011, 「12세기 전반기의 국제정세와 고려-금 관계 정립」, 『史學硏究』 104, 10~11쪽). 이러한 송·요·금 관계는 인종 즉위년까지 이어졌다. 금은 1125년(인종 3)에 요를 멸망시키기에 이른다.

157) 『高麗史』 卷128, 列傳 第41, 鄭仲夫, "甫當臨死 誣曰 凡其文臣 孰不與謀 於是 一切誅戮 或投江水 旬日閒 文士戮且盡 中外洶洶 莫保朝夕"

다라니염송의궤법』으로, 이 경전에서 설하는 공덕은 지극히 개인적 차원
의 것이다. 그러나 앞서 살펴본 바와 같이 역사 기록에 드러나는 개설 목
적은 기우, 외적 기양, 내란 진압 등 국가적 차원의 문제점들을 해결하기
위한 것이었다. 이러한 개인적 차원의 공덕을 설하는 경전을 바탕으로 어
떻게 국기적 의례를 개설할 수 있었을까. 밀교의례는 아니지만 다음 사례
를 살펴보자.

> C. 경신년(인종18년¹¹⁴⁰)에 서울이 가물자 명을 내려 일월사日月寺로 오게 하여 『묘
> 법연화경妙法蓮華經』을 읽으며 비를 빌게 하였는데, 「약초유품藥草喩品」의 일지일
> 우一地一雨의 비유를 읽게 되자 큰 비가 내렸다.158)

위의 인용문 C는 천태종 승려인 교웅教雄이 『법화경』「약초유품」을 강
경하며 기우를 했다는 내용이다. 「약초유품」은 비를 머금은 구름이 삼천
대천세계三千大天世界의 모든 초목을 덮어 생장케 하듯이 여래의 교설이 모든
중생을 덮어 그들을 요익케 한다는 내용을 담고 있다. 실제 비가 아닌 법
우法雨이지만, 중생교화를 위한 여래의 교설과 중생을 요익케 하고자 하는
자비심에 기대어 비를 기원하였다. 법우가 가뭄이라는 어려운 상황 하에
서 실제의 비로 재해석 되고 있는 것이다.

금광명경도량도159) 경전의 내용을 현세적으로 재해석한 사례이다. 금

---

158) 「妙應大禪師 教雄墓誌銘」(김용선, 2006, 『역주 고려묘지명집성』 상, 한림대 출판부,
111쪽).

159) 『고려사』에는 金光明經道場은 보이지 않고, 金剛明經道場과 金光經道場의 개설 기록
이 전해진다. 『금강명경』은 그 경전명이 대장경에 없으므로, 이들 도량은 금광명경도
량의 誤記로 이해된다. 한편, 金剛經道場, 金剛道場, 金經道場이라는 의례명도 보여, 이
들이 금광명경도량과 같은 것인가 별개의 것인가 하는 문제가 발생한다. 그런데 『고
려사』와 『고려사절요』가 동일한 의례 개설 사실을 전하며, 금강경도량과 금강명경도
량, 금광경도량과 금강명경도량을 혼용해 사용하고 있기 때문에 금강경도량, 금광경
도량, 금강명경도량은 같은 의례로 볼 수 있다(金烔佑, 1992, 『高麗時代 國家的 佛教行
事에 대한 研究』, 137쪽). 이 책에서는 혼란을 막기 위해 이들을 모두 금광명경도량으
로 통일하여 지칭하도록 하겠다.

광명경도량은 『금광명경』 가운데 특히 「사천왕호국품四天王護國品」을 근거로 개설된 불교의례이다. 사천왕 등이 경전이 유포되는 곳을 따라 그 국토와 인민을 수호하겠다는 서원에 의지하여 나라의 안위를 위협하는 재난을 물리치고자 한 것이다.

그런데 『금광명경』에서 설하는 국國은 정치적·민중적 의미로서의 국가라기보다는 중생이 거주하는 국토라는 종교적인 면으로 이해되어야 한다. 『금광명경』에서는 스스로의 수행과 참회를 통해 여래의 법신法身이 현현될 수 있고, 그 법신을 근본으로 하는 사천왕 등 화신化身이 나타날 수 있다고 설하기 때문이다.[160] 그러나 고려시대의 금광명경도량은 정치적 의미의 국가에서 현실적 재난이 발생했을 때 이를 물리치는 의례로서 개설되고 있다. 즉, 경전의 내용을 교의적으로 이해하고 따랐다기보다는 당시의 사회적 문제를 해결하고자 그 공덕을 확장시키고 있는 것이다.

불정도량 역시 이와 같은 재해석의 여지가 있다. 불정도량의 소의경전인 『불정존승다라니경』의 기본 공덕은 장수와 치병, 그리고 지옥에 떨어질 죄를 없애주는 파지옥破地獄이다. 이 중 장수와 치병을 폭넓게 해석한다면 개인이 아닌 국가의 장수와 치병의 기원으로 확장될 수 있다. 국가를 병들게 하는 기상재해나 외침, 내란 등을 치유해 국가의 오랜 태평성세를 기원하고 있는 것이다.

아울러 경전 내용과 관련된 심리적 효과도 기대할 수 있다. 장수와 치병, 파지옥이라는 다라니의 공덕이 전쟁 상황에서는 군사들의 마음을 달래주는 역할도 했을 것으로 보인다. 언제 다치고 죽을지 모르는 전시에 치병과 장수를 보장해 주는 다라니의 공덕은 심리적 안정을 가져다주었을 것이다. 또 살생을 금하는 불교 교리에 반해 사람을 죽일 수밖에 없는 상

---

160) 金相鉉, 1976, 「高麗時代의 護國佛教研究 –金光明經信仰을 中心으로」, 『學術論叢』 1, 단국대 참조.

황에서 지옥에 떨어질 죄장을 없애준다는 다라니의 공덕은 더할 나위 없이 매력적으로 다가왔을 것이다.

그러나 무엇보다도 불정도량은 밀교의례로서 의궤가 존재한다. 불공의 『불정존승다라니염송의궤법』이 그것이다. 그리고 불공은 실제로 이 의궤를 활용해 국가적 차원의 불정존승다라니 염송을 행한 적이 있다. 앞서 언급한 바와 같이, 대력 5년⁷⁷⁰에 불공의 상주에 의해 오대산 참배의 기점이었던 태원부^{太原府}의 대숭복사^{大崇福寺}에서는 27명의 승려를 선정해 나라를 위해 불정존승다라니를 염송하였다.[161] 불공이 『불정존승다라니염송의궤법』을 번역한 것은 당 광덕^{廣德} 2년⁷⁶⁴의 일이므로, 대력 5년의 의례는 『불정존승다라니염송의궤법』에 준했을 것으로 생각된다. 이때의 '나라를 위한다'는 것이 정확하게 무엇을 가리키는지는 알 수 없지만, 의궤를 통해 개인적 공덕을 설하는 다라니를 국가적 차원의 의례에 활용한 예가 8세기부터 보이는 것이다.

이 의궤에서는 4종 호마법^{護摩法}을 설하고 있는데 그 내용이 주목된다. 『불정존승다라니염송의궤법』에서는 제일 마지막에 의례의 목적이 식재법^{息災法}, 증장법^{增長法}, 항복법^{降伏法}, 경애법^{敬愛法} 중 어떤 것인지에 따라 도량 개설시의 의복 색깔, 공양물과 향의 종류, 방위 등을 바꾸도록 설하고 있다. 이 내용 때문에 개인적 공덕을 설하는 『불정존승다라니경』으로 국가적 밀교의례의 개설이 가능했던 것이다. 그 내용을 살펴보자.

> D. 만약 식재법을 하려면 얼굴을 북쪽으로 향하고 단은 둥글게 하여 성스러운 대중의 흰색을 관하라. 도량 가운데에서 공양하는 물건도 모두 흰색이며 몸에는 흰옷

---

161) 鎌田茂雄, 1992, 「淸凉山記」攷, 797~800쪽.
不空, 「太原府大唐興國太崇福寺中高祖神堯皇帝起義處 號令堂請安置普賢菩薩像一鋪 淨土院灌頂道場處 請簡擇二七僧奉爲國長誦佛頂尊勝陀羅尼」, 圓照 集, 『代宗朝贈司空大辨正廣智三藏和上表制集』 卷2(『大正藏』 52, 837c23~838a12)

고려 사회와 밀교

을 입고, 얼굴을 북쪽으로 향해 앉고 침수향沈水香을 사루라. 만약 증장법을 하려면 얼굴을 동쪽으로 향하여 앉고 본존과 공양, 아울러 자신의 의복이 모두 황색이어야 하며, 백단향白壇香을 사루라. 만약 항복법을 하려면 얼굴을 남쪽으로 향하여 앉고 본존과 공양, 아울러 의복은 모두 청색이나 혹은 흑색으로 하고 안식향安息香을 사루라. 만약 경애법을 하려면 얼굴을 서쪽으로 향하여 앉고 본존의 적색을 관하라. 아울러 음식과 의복은 모두 적색이어야 하며, 소합향蘇合香을 사루라.162)

위의 인용문 D에서는 식재, 증장, 항복, 경애의 4종 호마법과 방법을 이야기하고 있다. 의례를 개설하는 목적에 따라 네 가지의 다른 방식으로 의례 절차를 진행하여 목적을 성취하고자 하는 것이다. 각각의 호마법이 어떤 것인지는, 마찬가지로 불공이 번역한 『칠구지불모소설준제다라니경七俱胝佛母所說准提陀羅尼經』에 자세히 설명되어 있다.

경전의 내용에 의하면 소재법은 죄를 멸하고 장애를 없앰으로써 재해를 막고 귀신으로 인한 질병이나 옥에 갇히고 체포되는 것, 전염병, 국난國難으로부터 벗어나며, 수재, 한재, 병충해 또는 오성이 본명을 해치는 것을 막기 위한 것이다.163) 증익법은 수명을 연장하고, 관운官運이 성하며 재산이 풍요로워지고, 총명해지기 위한 호마법이다.164)

항복법은 오무간죄五無間罪, 즉 무간지옥에 떨어질 다섯 가지 큰 죄를 범하고, 대승불법을 비방하거나 부처님을 훼손하며, 군주에 반역하고 정법正法을 혼란케 한 자 등을 조복시키는 호마법을 가리킨다.165) 마지막으로 경

---

162) 不空 譯, 『佛頂尊勝陀羅尼念誦儀軌法』(『大正藏』19, 368a13~369a21)

163) 不空 譯, 『七俱胝佛母所說准提陀羅尼經』(『大正藏』20, 184a23~26), "扇底迦法者 求滅罪轉障除災害 鬼魅疾病 囚閉枷鎖疫病國難 水旱不調蟲損苗稼 五星凌逼本命 悉皆除滅煩惱解脫 是名息災法"

164) 不空 譯, 『七俱胝佛母所說准提陀羅尼經』(『大正藏』20, 184b03~09), "布瑟置(二合)迦法者 求延命官榮伏藏富饒聰慧 聞持不忘藥法成就 金剛杵等成就 或作師子象馬類 以眞言加持三相現 隨上中下所求獲果 如悉地廣說 欲求持明仙入阿蘇囉窟 及諸八部鬼神窟求入者皆得 及證地位神通 求二種資糧圓滿 速成無上菩提 名增益法"

애법은 모든 사람이 나를 보았을 때 환희심歡喜心을 일으키고, 천룡, 팔부 등과 귀신을 섭복攝服시키며, 모든 원적들이 마음을 돌리고 여러 불보살이 호념가지護念加持하도록 하는 방법이다.166)

이 4종 호마법 가운데 불정도량과 관련된 것은 소재법과 항복법이다. 이에 대한 설명에 의하면 소재법은 한재와 전염병, 병충해 등을 없애준다고 한다. 고려시대에 불정도량의 개설 목적 가운데 하나는 기우였기 때문에 한재를 없애주는 소재법이 적용되었을 것이다. 더구나 한재나 수재 등의 자연재해는 흉작과 기근을 초래하고 이는 전염병 발생의 원인이 되기도 한다.167) 비를 빌기 위해 소재법에 의거한 불정도량을 개설하면서 전염병의 기양도 함께 기대할 수 있었을 것이다.168)

한편 군주에 반역하거나 정법을 어지럽히는 경우에는 항복법을 사용하면 된다고 한다. 불정도량의 개설 목적 가운데 내란 방지와 외적 기양이 여기에 해당될 것이다. 외적 기양은 군주에 대한 반역은 아니지만, 정법을 어지러뜨리는 경우에 해당될 것이다. 항복법은 여래와 대승법을 훼손하고 비방하며 군주에 반역하는 등 '정正'을 부정하는 것들을 조복시키는 호마법이다. 외침 역시 군주의 통치를 무너뜨리는 요소이기 때문에 항복법을 사용했을 것으로 보인다. 이처럼 불정도량은 4종 호마법을 사용하여

---

165) 不空 譯, 『七俱胝佛母所說准提陀羅尼經』(『大正藏』20, 184b25~27), "阿毘遮嚕迦法者 犯五無間 謗方等大乘 毀滅佛性 背逆君主惑亂正法 於如是之人深起悲愍 應作降伏法"

166) 不空 譯, 『七俱胝佛母所說准提陀羅尼經』(『大正藏』20, 184b15~19), "伐施迦囉拏法者 若欲令一切人見者發歡喜心 攝伏鉤召若男若女天龍八部藥叉女 及攝伏鬼神 有諸怨敵作不饒益事 皆令迴心歡喜 諸佛護念加持 是名攝召敬愛法"

167) 이현숙, 2010,「전염병, 치료, 권력」,『전염병의 문화사』, 74쪽에 의하면 전염병 발생의 주된 원인은 기근과 전쟁이라고 한다.

168) 예종 15년(1120)에는 여름부터 8월까지 비가 오지 않아 오곡이 여물지 않고 전국에 疫癘가 크게 유행하였으며, 그해 8월에 문덕전에서 불정도량이 개설되었다(『高麗史』卷 14, 世家 第14, 睿宗 15年, "八月 自夏不雨 至于是月 五穀不登 疫癘大興 … 甲戌 慮囚 設佛頂道場 於文德殿 七日"). 가뭄과 전염병의 유행을 불정도량을 통해 극복하고자 하였을 것이다.

소의경전인『불정존승다라니경』의 내용과 달리 국가적 재난을 기양하기 위해 개설되었던 것이다.

금광명경도량에서 나라에 대한 해석을 정치적으로 하고『법화경』강설에서 비에 실체를 부여하는 것처럼, 불정도량에서는『불정존승다라니경』에서 설하는 장수와 치병을 국가적 의미로 재해석하였다. 또 의궤에 나오는 4종 호마법을 통해 국가적 재난을 기양하였다. 이러한 해석의 가능성은『불정존승다라니염송의궤법』의 역자인 불공 스스로가 보여주고 있다. 불공의 행적은『불정존승다라니경』이 국가적 불교의례의 소의경전이 될 수 있는 역사적 근거로 작용하였을 것이다.

4.

관정도량의 두 가지 유형 :
전란기양과 즉위의례

　관정이란 산스크리트어 abhiṣecana, 혹은 abhiṣeca의 한역으로, 정수
리에 물을 붓는 것을 의미한다. 원래 인도의 제왕이 즉위할 때, 또는 태자
를 세울 때 사용되던 의식이었다. 관정은 대승불교에서 구지보살九地菩薩이
십지十地 법운지法雲地에 들어갈 때 제불諸佛이 지수智水를 보살의 정수리에 부
음으로써 이를 증명해 주는 것으로 변화 수용되었다.169) 『화엄경』이 이
와 같은 보살의 수직관정受職灌頂을 설하는 대표적인 경전이다.
　그리고 밀교에서는 관정을 밀법을 계승하는 전법의식으로 매우 중요시

---

169)　望月信亨, 1954, 『佛教大辭典』, 灌頂.

여겨졌다.170) 이와 같은 관정이 의례화된 것이 관정도량으로, 밀교에서
는 관정을 행하는 장소, 혹은 그 관정 작법을 행하는 법회를 가리킨다. 그
러나 고려의 경우 밀교의 전법의식과는 성격이 다른 관정도량이 개설되
었다. 본 절에서는 고려의 관정도량이 일반적인 밀교의 관정도량과 어떻
게 다르며 고려에서 어떻게 변화하고 있는지를 고찰하겠다.

1) 개설 양상

관정도량은 『고려사』에서 총 여섯 차례의 개설 사례가 보인다.171) 고
려시대 문집류와 금석문 등에 여러 종류의 불교의례가 등장하고 있음에
도 불구하고, 관정도량은 『고려사』와 『고려사절요』 이외의 자료에서는
관련 사실을 찾아볼 수 없다.

관정도량의 개설 양상과 목적 등을 정리하면 다음의 [표 5-5]와 같다.

관정도량 개설 중 가장 이른 것은 숙종 6년1101 4월에 개설된 사례이다
[표 5-5-①].172) 소나무 충해가 전란의 징조라는 태사의 보고에 의해, 충
해를 없애기 위해 문두루도량, 보성도량과 관정도량을 개설하였다고 한
다. 즉, 관정도량은 전란 방지를 위해 개설된 것으로, 이 사례에 대해서는
다음 절에서 자세히 후술하겠다.

인종대에는 동왕 5년1127에 묘청과 일관 백수한白壽翰 등의 건의에 따라
상안전常安殿에서 관정도량이 개설되었다[표 5-5-②].173) 이때의 도량 개

---

170) 요리토미 모토히로 외, 김무생 역, 1989, 『밀교의 역사와 문화』, 109쪽.
171) 원종 원년에도 관정도량 개설과 유사한 기사가 보인다. 왕이 관정을 하고 菩薩戒를 받
   았다는 내용이다(『高麗史』 卷25, 世家 第25, 元宗 元年 4月, "戊午 王卽位于康安殿 灌頂
   受菩薩戒于慶寧殿"). 이 사례는 관정 의식이 즉위의례의 성격을 보이기는 하지만, 관
   정이 의례의 주가 되는 관정도량으로 보기는 어렵다. 따라서 관정도량의 사례에서는
   제외하였다.
172) 『高麗史』 卷54, 志 第8, 五行2, 木
173) 『高麗史』 卷15, 世家 第15, 仁宗 5年 3月 甲辰

[표 5-5] 『고려사』 수록 관정도량의 개설 양상

	개설 시기		개설 장소	개설 목적	비고
	왕력	서력			
①	숙종6	1101	미상	전란의 징조인 소나무 충해 기양	문두루도량, 보성도량 함께 개설
②	인종5	1127	상안전	[금의 세력 대비]	
③	강종1	1212	선경전	[즉위의례]	
④	원종10	1269	내원당	[내란 방지]	
⑤	충렬즉	1274	본궐	[일본 정벌 승전 기원]	
⑥	충선 (복)즉	1308	강안전	즉위의례	자포 착용, 경령전에 왕 위 계승 보고

* 개설 목적에서 [ ]는 필자의 추정

설 목적은 기술되어 있지 않지만 금과의 문제 해결을 위한 것으로 추정된다. 여진족이 세운 금은 1125년^{인종 3}에는 요를 멸망시키고 고려를 위협하였다.

고려는 인종 4년 4월에 금에 칭신상표稱臣上表하였다. 그런데 인종 5년 당시 고려는 보주保州를 둘러싸고 금과 갈등하고 있었다. 보주는 고려가 요의 강제 짐거로 잃어버렸다가 예종 12년에 이렇게 회복한 고토였는데, 금이 고려가 요의 구제舊制에 따라 금을 대하고 고려 국경 내의 여진인을 돌려보내면 보주에 대한 영유권을 인정하겠다는 발언을 한 것이다. 이에 고려는 보주가 고려 소유임은 이미 금 태조가 인정한 것이라고 하였지만, 금은 사신을 파견해 이를 문제삼았다. 금의 목적은 고려가 금에 대한 충성을 맹세하는 서표誓表를 제출하도록 하는 것이었다.[174] 특히 보주 문제에 대한 금의 강경한 입장을 전하는 조서가 도착한 직후 관정도량을 개설한 것으로

---

174) 朴漢男, 1982, 『高麗의 對金外交政策 研究』, 성균관대 사학과 박사학위논문, 44~48쪽. 보주 문제에 대해서는 朴漢男, 1996, 「고려 인종대 對金政策의 성격 −保州讓與와 投入 戶口推刷 문제를 중심으로」, 『韓國中世史研究』3 ; 박윤미, 2017, 「고려의 保州 수복과 고려·금 간 외교교섭」, 『한국중세사연구』51 ; 김선아, 2018, 「고려의 보주(保州) 확보와 그 의미」, 『軍史』106 등 참조.

보아[175] 고려는 이 문제를 해결하기 위해 관정도량을 개설하였다고 생각된다.[176]

그 후 오랜 기간 관정도량은 개설되지 않다가, 강종 원년[1212]에 다시 한 번 개설된다[표 5-5-③].[177] 강종은 최충헌에 의해 폐위된 명종의 맏아들이자 태자였다. 동시에 최충헌의 장인이기도 하였다. 강종의 딸인 정화택주靜和宅主 왕씨王氏가 최충헌의 부인인 것이다.[178] 최충헌은 이의민을 몰아내고 정권을 잡은 후 명종을 폐위시켰는데, 이때 명종의 태자이자 자신의 장인도 함께 폐위시켜 강화도로 유배보냈다. 그 후 희종이 즉위하나 최충헌 암살 미수사건을 계기로 폐위되고 강종이 즉위하게 된다.[179]

강종 원년의 관정도량은 즉위의례의 일종으로 개설된 것 같다. 개설 시기가 왕의 원년이기 때문이다. 즉위의례로서의 관정도량이 개설된 최초의 사례이다. 희종이 동왕 7년 12월에 폐위되었기 때문에 강종 원년 정월의 관정도량은 즉위 직후에 개설된 것이었다. 또한 얼마 후에 즉위를 기념하여 사면을 베풀고 있어,[180] 관정도량이 왕의 즉위를 공식화하는 의례

---

175) 인종 4년 12월 계유일에 衛尉卿 金子鏐와 刑部郎中 柳德文을 금에 파견해 보주의 영유권을 인정해 달라는 표문을 보냈다. 이들은 인종 5년 3월 계사일에 강경한 입장을 표명한 금 황제의 조서를 가지고 귀국하였다.

176) 김정명은 인종 5년의 관정도량 개설 배경으로 이자겸의 난과 금의 성장을 꼽고 있다. 고려의 국가적 위신을 높이고 민족 주체의식을 확립시키기 위한 사상을 배경으로 한다고 주장한다(金正明, 1977, 「灌頂信仰에 對한 硏究」, 232~233쪽).

177) 『高麗史』 卷21, 世家 第21, 康宗 元年 正月 乙卯

178) 정화택주의 이름은 『고려사』 어디에서도 찾아볼 수 없기 때문에, 강종의 庶女로 추정된다. 정화택주와 최충헌 사이에 태어난 자식들의 나이를 생각해 보면, 그녀는 강종이 태자로 있던 명종 연간에 최충헌과 결혼을 한 것으로 추정된다(김영미, 2008, 「靜和宅主 王氏의 삶과 불교 신앙」, 『梨花史學硏究』 37, 210~214쪽).

179) 희종이 폐위된 직접적인 계기는 최충헌 암살 미수사건이지만 그는 그 이전부터 최충헌을 견제하는 움직임을 보여 왔던 왕이었다(이정신, 2004, 「고려 무신집권기의 국왕, 희종 연구」, 『韓國人物史硏究』 2, 195~208쪽). 따라서 최충헌은 희종 6년(1210) 12월에 강화도에서 유배생활을 하던 王貞을 소환하고, 그 다음해 정월에 漢南公으로 봉하는 등 희종 6년 말엽부터 강종을 희종의 대안으로 염두에 두고 있었던 것 같다.

180) 『高麗史』 卷21, 世家 第21, 康宗 元年 正月 丙寅, "制 登極之初 例覃恩宥 當於二月下旬 擇吉頒赦 西京及諸路州牧 進奉方物 一皆除之"

였음을 추측케 해준다.

최충헌 집권 시기에 재위한 강종이 고대 인도 제왕의 즉위의례를 본 따
관정도량을 개설했다는 사실은 일견 이상해 보일 수도 있다. 당시의 상황
을 감안해 보면, 즉위의례로서 관정도량 개설을 결정한 주체는 강종이 아
니라 최충헌이었을 것이다. 왕이 거의 아무런 권력도 가지지 못하였을 테
지만 형식상으로는 여전히 왕이었고 최충헌도 왕의 존재 자체는 인정하
고 있었다. 더구나 강종은 최충헌의 장인이면서, 명종의 폐위 때 무능하다
는 이유로 최충헌 본인이 함께 폐위시킨 명종의 태자였다.[181] 이에 즉위
의례로서 관정도량을 개설함으로써 강종의 권위 향상에 노력하였던 것으
로 보인다. 다만, 왕의 권위를 세워준다는 의미가 실질적 권력을 부여해
준다는 의미는 아닐 것이다.

관정도량이 즉위의례의 일종으로 개설된 사례는 이후에도 보인다.

> A. (충선왕 복위년1308 8월) 갑인일에 왕이 자포紫袍를 입고 강안전에서 관정도량을
> 개설하였으며 경령전景靈殿에 가서 왕위를 계승한 사연을 보고하였다.[182]

위의 인용문 A는 자포를 입고, 강안전의 관정도량 이후 태조의 진영이
모셔져 있는 경령전에 왕위 계승을 보고하였다는 점에서 즉위의례였다
[표 5-5-⑥]. 관정도량을 개설하기 전날에는 수녕궁壽寧宮에서 백관을 거
느리고 즉위의례의 예행연습을 하기도 하였다.[183] 충선왕 복위년 8월은
아버지인 충렬왕이 승하하여 다시 왕위에 오른 시점이다. 아버지의 견제
없는 진정한 왕위 계승이었기 때문에 즉위의례로서의 관정도량을 개설한
것으로 보인다.

---

181) 『高麗史』 卷129, 列傳 第42, 崔忠獻
182) 『高麗史』 卷33, 世家 第33, 忠宣王1
183) 『高麗史』 卷33, 世家 第33, 忠宣王 復位年 8月, "癸丑 王幸壽寧宮 率百官 隷卽位儀"

이와 같이 즉위의례로서의 관정도량이 개설되는 중에도 그와 별개의 성격을 가진 관정도량이 개설되기도 하였다. 원종 10년1269 12월에 내원당內願堂에서 개설된 관정도량이 그것이다[표 5-5-④].184) 이때의 도량 개설이 즉위의례가 아니라는 점은 개설 장소를 통해서도 알 수 있다. 내원당은 내원內院, 내불당內佛堂과 같이185) 왕실에서 부처님께 공양하고 불도를 수행하기 위하여 마련하였던 불당이다.186) [표 5-5]의 개설 장소에서 보이듯이, 즉위의례로서의 관정도량은 궁궐의 중심 전각인 선경전과 강안전에서 개설되었다. 왕의 권위를 보여주기 위한 것이기 때문에 당연한 일이다. 따라서 내원당에서 개설했다는 자체가 즉위의례가 아니었음을 의미한다.

이해 6월에 임연林衍이 왕의 아우인 안경공安慶公 창淐을 옹립하였다가, 원의 압박으로 11월에 원종이 복위한 사건이 있었다. 임연은 원종 9년에 김준金俊을 죽이고 권력을 장악한 후, 이듬해 재추宰樞와 원종의 폐위를 논하고 원종의 동생인 안경공 창을 옹립하였다. 원에서 고려로 귀국하던 태자[후일의 충렬왕]가 이 사실을 알고 다시 원으로 돌아가니, 황제가 사신을 파견하여 원종과 안경공 창, 임연의 입조를 요구하였다. 그 후 원종이 복위하는 것으로 상황은 일단락되었지만187) 원종은 여전히 불안했던 것 같다. 무신들이 집권하던 기간이 명종 이래 100년이나 지속되었으며 임연이 원의 압력 때문에 자신을 복위시켰지만 여전히 권력을 잡고 있는 상황이었다. 이에 원종은 복위된 지 얼마 지나지 않아 친히 불정도량을 개설하였다.188) 앞서 언급했듯이 불정도량은 기우, 외적 기양, 내란 방지 등의 목적으로 개설된 의례이다. 원종 10년의 불정도량 개설 사례는 임연에 의

---

184) 『高麗史』卷26, 世家 第26, 元宗 10年 12月 己卯
185) 內願堂, 內院, 內佛堂의 관계에 대해서는 안지원, 2011, 『고려의 불교의례와 문화』, 287~288쪽 참조.
186) 『한국민족문화대백과사전』, 內願堂.
187) 『高麗史』卷26, 世家 第26, 元宗 10年 11月 壬戌
188) 『高麗史』卷26, 世家 第26, 元宗 10年 11月 丁卯

해 일어날 수도 있는 내란을 방지하기 위한 것으로 추정된다. 그 후 왕은 참형과 교수형 이외의 죄인을 사하여 자신의 덕치德治를 보이고,[189] 며칠 후 다시 친히 관정도량을 개설하고 있다. 따라서 관정도량도 불정도량과 마찬가지로 내란, 즉 자신이 폐위되는 상황이 다시 일어날 것을 우려해 개설되었을 것이다.

충렬왕 즉위년[1274] 9월에 개설된 관정도량 역시 즉위의례가 아니었을 것으로 보인다[표 5-5-⑤].[190] 즉위년이라는 개설 시기는 즉위의례일 가능성을 암시하지만, 충렬왕은 이미 그 전인 8월 기사일에 즉위의례를 행하였다.[191] 이때 원의 조서를 받고, 황포黃袍를 입고 강안전에서 군신의 하례를 받았다는 점에서 정식 즉위의례임을 알 수 있다. 정식 즉위의례를 행한 지 1달 가까이 지난 후에 다시 즉위의례의 성격을 가진 관정도량을 개설하는 점은 어색하다. 따라서 충렬왕 즉위년의 관정도량은 다른 목적으로 개설되었을 것이었으며, 선례를 보건대 전쟁에서의 승리나 대외관계 문제를 해결하기 위한 것이 아니었나 생각된다.[192]

---

189) 『高麗史』卷26, 世家 第26, 元宗 10年 12月 丙子

190) 『高麗史』卷28, 世家 第28, 忠烈王 卽位年 9月 甲午
    서윤길은 이때의 관정도량도 즉위의식으로 보고 있다. 또한 필자가 관정도량에서 제외시켰던 원종 원년의 "灌頂受菩薩戒" 기사(이 책 제5장의 각주 171번 참조)도 관정도량으로 파악하였다. 그 결과 강종, 원종, 충렬왕, 충선왕 등 고려 후기의 왕들이 관정의 의궤법에 따라 즉위함으로써 세속적인 왕을 넘어 출세간적 법왕이 되어 밀교 전법과 교화의 大阿闍梨가 되었다고 하였다(서윤길, 2006, 『한국밀교사상사』, 312~313쪽).

191) 『高麗史』卷28, 世家 第28, 忠烈王 卽位年 8月 己巳, "以便服皂鞋 幸本闕 更備袍笏 受詔于 康安殿 其詔曰 國王在日 屢言世子可以承替 今命世子 承襲國王勾當 凡在所屬 並聽節制 王 受詔畢 謁景靈殿 還御康安殿 服黃袍卽位 受群臣朝賀"

192) 당시 고려는 원의 일본 정벌에 동원되어, 그해 7월에 金方慶이 別抄를 이끌고 첫 출정을 하였다. 8월에는 원에서 京軍 458명을 더 요구하였다. 당시 일본 정벌은 배와 군사, 군량미를 고려에서 조달하였는데, 고려의 군사력을 약화시켜 완전히 굴복시키고자 했던 의도도 있었다(이정신, 2008, 「원 간섭기 원종·충렬왕의 정치적 행적」, 『韓國人物史硏究』 10, 152쪽). 따라서 고려의 입장에서는 일본 정벌을 단기간에 승리로 끝낼 필요가 있었으며, 충렬왕 즉위년의 관정도량은 대일본 戰勝 기원의 의미가 담겨있을 가능성이 있다.

이상의 개설 양상을 보면, 고려시대 관정도량에 크게 두 가지 유형이 있었음을 알 수 있다. 첫 번째는 전란 방지, 외국의 압박에 대한 대처, 내란 방지, 전승 기원 등 주로 전쟁과 관련된 목적으로 개설된 관정도량[표 5-5-①·②·④·⑤]이다. 그리고 두 번째는 즉위의례의 일종으로서 개설된 관정도량[표 5-5-③·⑥]이다. 이 두 가지 종류의 관정도량은 개설 목적이 상이한 만큼, 그 사상적 배경도 다를 것으로 추정된다. 다음 절에서는 두 가지 관정도량이 어떤 사상적 배경을 가지고 개설되었는지를 살펴보겠다.

2) 연원과 사상적 배경

(1) 기양의례로서의 관정도량

고려시대에 처음 개설된 관정도량은 전쟁과 관련된 것이었다. 이 외에도 세 차례의 관정도량이 유사한 이유로 개설이 되었으므로, 관정도량은 전쟁을 방지하기 위한 밀교 기양의례의 성격을 갖는다. 개설 장소를 확인할 수 없는 사례[표 5-5-①]를 제외하면, 모두 궁궐 내에서 개설되었다.

기양의례로서의 관정도량은 경전명에서 그 명칭이 유래했다고 보아야 한다. 그리고 '관정'을 포함하는 경전 가운데 불교의례와 관련해 가장 눈길을 끄는 것은 『관정경』이다. 『관정경』은 동진의 백시리밀다라帛尸利蜜多羅가 번역한 경전으로, 『대관정신주경大灌頂神呪經』, 혹은 『대관정경大灌頂經』이라고도 한다. 여러 성취법에 대해서 말하고 각 권마다 관정의 의식을 행할 때 외우는 진언에 대해서 설명하여 불교의 주법성취呪法成就를 사상적으로 정당화하려는 의도를 강하게 드러내고 있다.[193] 『관정경』은 총 12권으로 구성되어 있는데, 각 권이 하나의 독립된 경전이다.[194]

---

193) 옥나영, 2007, 「『관정경』과 7세기 신라 밀교」, 251쪽.

『관정경』은 신라 때부터 국토 수호를 위해 사용되었던 경전이다. 문무왕 때 당군의 침입을 막기 위해 개설된 문두루비법이 『관정경』에 근거하고 있기 때문이다.[195] 문두루비법은 『관정경』의 제7권인 『관정복마봉인대신주경灌頂伏魔封印大神呪經』에 『금광명경』의 사천왕신앙이 결합된 밀교의례로 이해되고 있다. 여기에서 『관정경』을 내세우고 있는 관정도량이 문두루도량의 이칭일 가능성이 제기된다. 그러나 관정도량과 문두루도량은 별개의 의례이다.

> B. (숙종) 6년[1101] 4월에 수압산 소나무가 충해를 입었다. 신축일에 태사가 보고하기를 "벌레가 소나무를 먹는 것은 전란이 있을 징조이니 관정·문두루·보성 등 도량을 차리고 노군부법으로 기도하여 재앙을 물리치도록 해야 합니다."라고 말하니 왕이 그 말을 받아들였다. 병인일에 승려들을 수압산에 모아놓고 액막이를 하였으며, 병술일에는 동북 지방의 각 주州·진鎭들에 명령하여 신중도량神衆道場을 열고 송충이에 대한 액막이를 하게 하였다.[196]

위의 인용문 B를 보면, 관정도량과 문두루도량의 명칭이 동시에 등장한다. 이는 관정도량과 문두루도량이 별개의 도량임을 의미한다. 함께 언급된 보성도량은 『보성다라니경』에 근거해 개설되는 의례이다.[197] 이 경전은 주로 마왕 파순波旬 등 악마를 굴복시키고 불법을 보호하는 내용을 담고 있다. 마왕을 제압할 수 있는 다라니를 제시함으로써 재화를 막고 복덕

---

194) 12개의 경전명은 다음과 같다. 제1권 『灌頂七萬二千神王護比丘呪經』, 제2권 『灌頂十二萬神王護比丘尼經』, 제3권 『灌頂三歸五戒帶佩護身呪經』, 제4권 『灌頂百結神王護身呪經』, 제5권 『灌頂呪宮宅神王守鎭左右經』, 제6권 『灌頂塚墓因緣四方神呪經』, 제7권 『灌頂伏魔封印大神呪經』, 제8권 『灌頂摩尼羅亶大神呪經』, 제9권 『灌頂召五方龍王攝疫毒神呪上品經』, 제10권 『灌頂梵天神策經』, 제11권 『灌頂隨願往生十方淨土經』, 제12권 『灌頂拔除過罪生死得度經』. 이 가운데 제12권은 『藥師經』으로 널리 알려져 있다.

195) 『三國遺事』 卷2, 紀異 第2, 文虎王法敏 ; 卷5, 神呪 第6, 明朗神印

196) 『高麗史』 卷54, 志 第8, 五行2, 木

197) 金炯佑, 1992, 『高麗時代 國家的 佛敎行事에 대한 硏究』, 145쪽.

을 가져올 수 있다고 이야기한다. 경전에서 불법을 가로막는 마왕을 국가의 안위를 위협하는 현실적인 적이나 재난으로 해석하여 전쟁을 막기 위한 의례로서 개설되었다고 볼 수 있다.

관정도량과 함께 개설된 것은 아니나, 같은 목적으로 개설된 신중도량도 전쟁과 관련된 의례이다. 신중도량은 불법의 수호신인 신장神將들을 한곳에 모시고 각종 재액을 없애기를 기원하는 의식이다.[198] 즉, 불법을 수호하는 신장들에게 현세 국가의 수호를 기도하는 의례로[199] 대몽항쟁기에 집중적으로 개설되었다는 점에서 그 성격을 짐작할 수 있다. 승전을 기원하는 목적의 신중도량이 송충이에 대한 액막이를 위해 개설되었다는 것은 송충이 자체보다는 그로 인한 전쟁의 징조를 대비하기 위한 것이 주목적이었다고 보인다.

함께 개설된 문두루도량과 보성도량, 신중도량의 개설 목적을 보았을 때, 관정도량도 군사적 재앙을 피하기 위한 것이 주요 목적이었을 것이다. 그렇다면 관정도량의 소의경전은 『관정경』 중 어느 부분일까. 우선, 제7권과 제12권은 제외되어야 한다. 제7권은 문두루도량의 소의경전이고, 제12권은 『약사경』으로서 약사신앙과 관련되기 때문이다. 나머지 10권 중, 전쟁 관련 관정도량의 소의경전으로 주목되는 것은 제4권 『불설관정백결신왕호신주경佛說灌頂百結神王護身呪經』과 제5권 『불설관정주궁택신왕수진좌우경佛說灌頂呪宮宅神王守鎭左右經』이다. 이 두 경전 모두 외적으로부터 국가를 수호하는 공덕이 설해져 있기 때문이다. 그런데 제5권은 의례의 소의경전으로 부적절하다. 의례의 핵심이라고 할 수 있는 장구章句, 즉 주문 부분에

---

198) 홍윤식, 1994, 「불교행사의 성행」, 178쪽.
199) 현재 남아 있는 神衆道場疏에는 전쟁으로 인한 사원 파괴 행위가 공통적으로 기재되어 있다. 佛法을 받들기 위한 공간인 寺院이 공격당하고 있으니 불법을 수호하는 신중들이 자신이 맡은 역할을 다해 적을 물리치기를 호소하는 의미로 볼 수도 있다(안승광, 2010, 「여몽전쟁기 신중도량의 설행」, 동아대 사학과 석사학위논문, 26~27쪽).

누락이 있기 때문이다.[200] 따라서 관정도량의 소의경전은『관정경』의 제
4권『불설관정백결신왕호신주경』으로 보아야 한다.

이 경에서는 무상관정장구無上灌頂章句인 대신왕大神王 100신의 이름을 언급
하고 있다. 경전의 내용에 따라 주법을 펴면 14종의 재액을 피할 수 있다
고 공덕을 설하는데,[201] 제1공덕에 9신, 제2~14공덕에 각 7신, 총 100신
의 명호가 등장하여 주문으로 사용된다. 이 중 제13공덕은 일곱 신왕의
이름을 거명한 후, 이 신왕의 위신력으로 주로 영토를 침범하는 역적을 다
스린다고 이야기한다. 남의 재보財寶를 약탈하고 훔치려는 생각으로 항상
끊임없이 악한 생각을 내고 탐내어 구하므로 왕의 국토를 파괴하고 시골
과 도시를 다시 괴롭히고 해치려 하지만, 결원신結願神의 이름을 지녔으므
로 시방의 적과 도적 등의 무리가 자연히 소멸될 것이라고 한다.[202] 14가
지 공덕 중에는 독충과 맹수로부터의 보호를 설하는 부분도 있다.[203] 인
용문 B의 사례가 독충의 피해는 아니지만, 송충이 피해가 매우 심각했기

---

200) 『불설관정주궁택신왕수진좌우경』은 도량에서 5방의 신왕들의 이름을 부르며 의례
  를 행하면 여러 재앙을 물리쳐 줄 것이라고 한다. 이 경전에서는 동방 칠천 大神의 上
  首 37신, 서방 구천 대신의 상수 28신, 남방 육천 대신의 상수 27신, 북방 구천 대신의
  상수 37신, 중앙 삼만 대신의 상수 12신의 이름 그 자체를 다라나라 하며, 이들 상수가
  되는 신의 이름을 소개하고 있다. 그런데 서방과 중앙의 신의 이름은 경전에서 제시한
  숫자와 맞지만, 동방과 북방의 경우 37신 가운데 21신만 기록되어 있고, 남방은 27신
  가운데 14신만 기록되어 있다. 의도적 축소일 가능성도 있지만, 서방과 중앙은 숫자가
  일치하는 것으로 보아, 동·남·북방에서 누락이 있는 것으로 보아야 할 것이다. 신의 명
  호 자체가 주문으로 사용되기 때문에, 이름의 누락이 보이는 본 경전은 의례의 소의경
  전으로는 불충분하다고 생각한다.
201) 14종의 공덕은 괴로움과 근심, 변괴, 귀신, 악한 蛟龍, 독충, 원수 등을 물리치며, 財富
  를 얻고 형벌을 피하며 순조로운 출산을 도와주고 국토를 침입하는 외적을 물리친다
  는 내용이다.
202) 帛尸利蜜多羅 譯,『灌頂經』卷4(『大正藏』21, 506c22~26), "是七神王當以威神 主治逆賊
  侵陵境土 劫奪人財寶偸竊爲意 恆生惡念不絶 以貪求故壞王國土 村營市里更相嬈害 以某
  帶持結願神名 十方怨賊劫盜等侶 自然消滅不能爲害"
203) 帛尸利蜜多羅 譯,『灌頂經』卷4(『大正藏』21, 506c10~13), "是七神王以威神 主入溪谷
  山野之中 毒蛇蚖蝮諸雜毒虫 象龍熊羆虎狼禽獸 種種恐畏噉人血肉者 以某帶持結願神名
  常隨左右爲某作護 除却諸惡無衆衰惱"

때문에 독충으로 해석해도 무리가 없을 것이다.

경전에서는 14종의 공덕을 설한 후, 의례 방식을 이야기한다.

> C. 만일 남자나 여인이 삿된 귀신에게 잡히면, 마땅히 깨끗이 손을 씻고 양치질을 하고 마음을 바르게 하고 제불과 삼보에게 공경히 예배하라. 모든 명향^{名香}과 교향^{膠香}과 파향^{婆香}과 안식향 등을 사르고, 향즙^{香汁}을 가로 세로 7척이 되는 땅에 바르고 오색 꽃을 뿌리고 시방에 등을 밝히라. 오색실을 각각 일곱 가닥씩 길이 가 7척이 되게 하여 왼쪽으로 꼬아 백 명의 신왕의 이름을 넣고 함께 묶어라. 만 일 (공덕을) 받고자 하는 사람은 마땅히 무릎을 꿇고 손을 모아 온 마음으로 삼 보만을 생각하라. … 스승이 하는 말을 듣고 머리 숙여 모든 귀신왕을 정수^{頂受}하 라. … 이 관정장구인 백 명의 신왕은 단지 실로 묶을 뿐 아니라 그 이름도 불러야 한다. 만일 사람이 위태하고 불행한 많은 재난을 만나 괴로움을 받는다면, 그 주관하는 것에 따라 백 가지 괴이한 일이 소멸될 것이다. 마구니와 삿된 것을 감당하여 길하고 상서롭지 않은 일이 없게 되며, 많은 액난이 지나가고 수명이 연장될 것이다.[204]

경전에 의거하면 관정도량의 절차는 다음과 같다. 소정 규격의 의례 공간에 향을 피우고 향즙을 발라 청정히 하고 신왕의 이름을 적어 오색실을 꼬아 묶는다. 그리고 본인이 원하는 공덕과 관련된 결원신들의 이름을 부르는 것으로 의례가 진행이 된다. 고려시대 기양의례로서의 관정도량은 전쟁 관련 사항을 기도하는 것이었기 때문에 기본적으로는 제13공덕을 관장하는 신왕의 명호를 부르며 의례를 진행했을 것이다. 인용문 B 사례의 경우는 송충이의 피해를 막기 위한 목적이었으므로, 제12공덕을 관장하는 신왕의 명호도 함께 주송되었을 것으로 생각된다.

---

204)　帛尸利蜜多羅 譯, 『灌頂經』 卷4(『大正藏』 21, 507a11~26)

(2) 즉위의례로서의 관정도량

관정은 원래 고대 인도에서 왕의 정수리에 사해의 물을 부음으로써 사해를 다스리는 제왕임을 표명하는 즉위의식이었다. 따라서 고려시대에 행해진 즉위의례로서의 관정도량의 기원을 멀리는 인도의 즉위식에서부터 찾을 수 있을 것이다. 관정의식은 불교 사상 속에 녹이서 중국으로 전래되었다.

고려시대 즉위의례로서의 관정도량 개설의 직접적인 연원은 8세기 당에서 찾을 수 있다. 불공이 당 숙종에게 행한 전륜왕위칠보관정轉輪王位七寶灌頂이다.205) 『화엄경』에 의하면 전륜성왕의 태자는 관정을 통해 전륜성왕으로 거듭난다고 한다. 당 숙종이 받은 관정은 전륜왕과 전륜왕의 상징인 칠보를 내세우고 있어서, 전륜왕위칠보관정은 즉위의식이나 그에 버금가는 의례였을 것으로 보인다.

그런데 불공은 밀교 승려였다. 그리고 밀교에서는 밀교교의에 입각한 전법 및 제존諸尊과의 결연結緣 의식으로서 관정이 행해지고 있었다. 또한 불공은 당 숙종의 관정사灌頂師였다고 일컬어진다.206) 관정사란 관정을 수여하여 밀법密法의 길로 인도하는 스승을 지칭하므로 숙종이 받은 전륜왕위칠보관정도 기본적으로 밀교 전법의식의 성격을 가지고 있었다. 그러나 그 명칭에서도 보이듯이 밀교 전법의식 이상의 의미가 있었다.

> D. 또 그해[건원 1년758] 9월 3일에 이르러 공덕을 진상하고 글을 지어 함께 바쳤다. 그 글에서 말하였다. "호백보생여래상虎魄寶生如來像 1구와 범서梵書『대수구다라니大隨求陀羅尼』 1本(을 바칩니다.) … 폐하께서 보위를 이어받으시기에 불상에 '보생寶生'이라는 명호가 있게 된 것이며, 폐하께서 일으킨 염원마다 이루어지시

---

205) 贊寧 撰, 『宋高僧傳』(『大正藏』 50, 713a01~03), "乾元中帝請入內 建道場護摩法 爲帝受轉輪王位七寶灌頂"

206) 圓照 撰, 『貞元新定釋敎目錄』 卷16(『大正藏』 55, 0890a03~04), "至德二年[757]剋復京洛 和上親承聖旨爲灌頂師"

기에 다라니에 '수구隨求'라는 명호가 있게 된 것입니다. 불상이 빛을 환히 비추는 것은 폐하께서 사방을 밝게 다스리시는 것과 같고, 다라니의 위엄이 마구니와 원수를 굴복시키는 것은 폐하의 위엄이 만국을 항복시키는 것과 같습니다. 삼가 『금강정경金剛頂經』을 고찰해보니, 일체 여래가 정등각等正覺을 이루시고 모두가 보생관정寶生灌頂을 받으셨습니다."207)

위의 인용문 D는 불공이 건원乾元 원년758에 숙종에게 보생여래상과 『대수구다라니』를 진상하면서 바친 글이다. 『대수구다라니』 2권은 불공의 역경으로, 이 다라니를 수지 독송하면 모든 죄와 업장이 다 소멸된다고 한다. 또 몸이 여래의 몸과 같이 금강처럼 견고해져 무엇으로도 해칠 수 없으며 모든 원수와 적들을 물리칠 수 있다고 한다. 불공은 다양한 다라니의 수지 독송 공덕 가운데 다라니의 위엄으로 적들을 굴복시키는 데 주목하고 있다.208) 당시 당은 안사安史의 난이 발발한 후, 수도 장안長安을 반란군에게 빼앗겼다가 탈환한 직후의 상황이었기 때문이다.209) 불공은 다라니

---

207) 圓照 撰, 『貞元新定釋敎目錄』卷15(『大正藏』55, 883a26~b08) ; 不空, 「進虎魄像幷梵書隨求眞言狀一首」, 圓照 集, 『代宗朝贈司空大辨正廣智三藏和上表制集』卷1(『大正藏』52, 829b02~21)

208) 『대수구다라니』에서는 다양한 영험담을 소개하며 다라니의 공덕을 증명하고 있다. 이 가운데 적을 굴복시키는 공덕을 이야기하는 부분에는 筏羅捺斯城의 국왕 梵施의 이야기가 등장한다. 이웃 대국의 왕이 전군을 거느리고 침공을 하자 국왕 범시가 사경한 수구다라니를 상자에 넣고 그것을 상투 속에 넣은 뒤 적진으로 들어갔다. 그러자 상투 속의 다라니가 갑주가 되어 왕을 보호하였으며, 범시는 적군과 싸워 항복시키고 돌아왔다고 한다[不空 譯, 『普遍光明淸淨熾盛如意寶印心無能勝大明王大隨求陀羅尼』卷上(『大正藏』20, 620c09~20)]. 이 사례의 주인공이 국왕인 것도 불공이 『수구다라니』를 진상했던 이유 가운데 하나일 것이다.

209) 현종 天寶 14년(755)에 安祿山의 난이 발발하자, 당시 황제였던 玄宗이 쓰촨[四川]으로 몽진을 하였다. 당시 황태자였던 현종의 제3남 李亨[후일의 숙종]은 어가를 따르지 않고 산시[陝西]에서 현종과 갈라졌다. 군대를 정비하고 朔方節度使의 주둔지인 靈武[현 寧夏回族自治區 靈武市]에 가서 756년에 스스로 황위에 오르고 연호를 至德이라 하였다. 부왕인 현종으로부터는 사후에 승인을 얻었다고 한다. 한편 불공은 반란군이 장안을 점거한 상황에서도 장안을 떠나지 않고 대흥선사에 남아 목숨을 걸고 호국을 위한 수법을 계속하였다(岩崎日出男, 1999, 「中國密敎の祖師たち」, 『中國密敎』, 54쪽). 지덕 3년에 장안을 탈환한 후, 숙종은 건원으로 연호를 바꾸었다.

의 공덕이 숙종에게까지 미치기를 바라고, 동시에 반란의 평정을 기원하며 이 다라니를 진상한 것이라 볼 수 있다.

그렇다면『수구다라니』와 함께 바친 보생여래상은 어떠한 의미가 있는 것일까. 보생여래는 금강계 오불 가운데 하나로, 금강계 만다라에서는 대일여래의 남쪽에 위치한다.[210] 이 여래는 금강계 오불 각각에 배당되는 오지五智 가운데 평등성지平等成智를 상징한다. 위의 인용문 D에 의하면 불공은 숙종의 보위 계승과 보생여래를 연결시켜 거론하고 있다. 보생여래가 보생관정을 통해 일체 여래가 등정각을 얻었음을 증명하는 역할을 하기 때문이라고 한다. 이 부분에서 불공은『금강정경』을 인용하고 있다. 그러나 보생관정에 관한 내용이『금강정경』에 직접적으로 나오지는 않는다. 금강계 37존을 설명하는 불공의 다른 저술에 등장하고 있다.[211] 그 내용에 의하면 보생관정을 통해 증명받는 것은 불과佛果와 삼계법왕三界法王의 위位이다. 불공은 숙종의 보위 계승을 보살에서 여래로의 변화를 증명해주는 보생관정에 빗대어 이야기하고 있는 것이다. 이는 곧 숙종이 전륜성왕이라는 결론에 도달하게 한다.

안사의 난이 한창일 때, 황태자였던 숙종은 현종의 양위 없이 황위에 오른 뒤 후에 추인追認을 받았다. 이러한 숙종의 즉위 과정은 통상적이라고

---

210) 金剛智 譯,『金剛頂瑜伽中略出念誦經』卷1(『大正藏』18, 227b24~c07), "想四面毘盧遮那佛 以諸如來眞實所持之身 及以如上所說一切如來師子之座而坐 其上毘盧遮那 示久成等正覺 一切如來以普賢爲心 復用一切如來虛空所成大摩尼寶 以爲灌頂 復獲得一切如來觀自在法智究竟波羅蜜 又一切如來毘首羯磨 不空離障礙教令 所作已畢所求圓滿 於其東方如上所說象座 想阿閦鞞佛而坐其上 於其南方如上所說馬座 想寶生佛而坐其上 於其西方如上所說孔雀座 想阿彌陀佛而坐其上 於其北方如上所說迦樓羅座 想不空成就佛而坐其上各於座上又想滿月形"

211) 不空 譯,『略述金剛頂瑜伽分別聖位修證法門』(『大正藏』18, 291a12~14), "最初於無上乘發菩提心 由阿閦佛加持故 證得圓滿菩提心 由證菩提 外感空中寶生佛灌頂 受三界法王位" 不空 說,『金剛頂瑜伽略述三十七尊心要』(『大正藏』18, 292a09~14), "次當禮南方福德聚寶生如來 想持摩尼寶缾 想與一切如來灌頂 卽虛空藏菩薩 執摩尼寶珠 成滿一切衆生所求之願 由此福德聚功德 無量無邊赫奕威光 所求預滿 此乃寶生如來寶部所攝也 卽平等性智也"

볼 수 없다. 더구나 반란과 현종의 몽진 등으로 인해 황실의 권위도 실추
된 상황이었다. 즉위 초의 숙종에게 제일 시급한 과제는 반란을 진압하는
동시에 황제로서의 권위를 회복하는 일이었을 것이다. 이에 숙종이 전륜
성왕임을 대내외적으로 공포하기 위해 취한 방법이 관정이었다. 전륜왕
위칠보관정을 받는 것이 숙종 본인의 의도였는지 불공의 의도였는지는
분명하지 않다. 전륜왕위칠보관정을 받음으로써 결과적으로 숙종은 본인
을 불교의 이상적 군주인 전륜성왕에 대입할 수 있었을 것이다. 불공도 당
현종에 이어 숙종의 관정사가 되어 신임을 받을 수 있었을 것이기 때문에
양자의 이해가 합치된 결과라 할 수 있다. 숙종은 관정을 통해 본인의 비
정상적인 즉위 과정을 상쇄시키고 진정한 황제로 거듭나고 싶었던 듯하
다. 불공이라는 인물이 지닌 상징성도 권위 회복에 도움이 되었을 것이다.
불공은 반란군이 장악한 장안에 남아 국가를 위해 수법修法을 행하던 인물
이었기 때문이다. 따라서 밀교에 귀의하는 관정의식에 전륜왕의 권위를
덧씌워 전륜왕위칠보관정이라 명명한 것으로 보인다.

　이상에서 살펴본 당 숙종의 사례는 왕이 권위를 얻고자 한 의례라는 점
에서 고려시대 즉위의례로서의 관정도량과 유사하다. 그런데 당 숙종의
전륜왕위칠보관정은 기본적으로 밀교 전법의식으로서의 관정도량이었
다. 따라서 고려의 관정도량도 즉위의식의 성격을 갖는 동시에 밀교의 전
법의식이었을 가능성이 크다. 강종의 사례는 불확실하지만, 충선왕의 경
우는 밀교 전법의식과 즉위의례의 성격을 함께 갖는 관정도량이었던 것
같다. 충선왕은 티베트불교 신자이기 때문이다.[212] 그는 부왕인 충렬왕
에게 전위를 받은 해1298에 번승番僧에게 수계를 하였다.

---

[212]　李龍範, 1964, 「元代 喇嘛教의 高麗傳來」, 187쪽.
　　　이제현에 의하면, 충선왕은 원의 大都에서 "번승을 불러 경전을 번역하고 수계를 하
　　　는" 생활을 즐겼다고 하였다(李齊賢, 「有元贈敦信明義保節貞亮濟美翊順功臣太師開府
　　　儀同三司尙書右丞相上柱國忠憲王世家」, 『益齋亂稿』 卷9上).

E-1. (충선왕 즉위년1298 5월) 을묘일에 왕과 공주가 번승에게 수계를 하였다.213)

E-2. (충선왕 즉위년) 6월 초하루 병진일에 태상왕과 왕과 공주가 번승에게 수계를 하였다.214)

위의 인용문 E는 충선왕이 계를 받았다는 내용이다.215) 이 기사의 특이한 점은 번승에게 수계를 하였다는 점과 계의 종류가 나오지 않는다는 점이다. 고려시대에 국왕들은 여러 차례에 걸쳐 계를 받았는데, 충선왕의 위의 두 기사를 제외하면 모두 보살계를 받았다.216) 따라서 충선왕이 번승, 즉 티베트 승려에게 받은 계는 보살계가 아님을 알 수 있다. 더불어 당시 티베트 지역에서는 티베트불교, 소위 라마교를 믿고 있었기 때문에 위 기사의 번승은 라마교 승려일 것이다. 라마교는 밀교의 일종으로 수계 시에 삼매야계三昧耶戒를 수계한다. 따라서 충선왕과 계국대장공주薊國大長公主, 태상왕인 충렬왕은 밀교의 삼매야계를 수계하였다고 볼 수 있다. 그렇다면 충선왕 복위년의 관정도량은 즉위의례이자 밀교 전법의식으로 개설되었을 가능성이 크다.

한편 이 의례의 주관자에 대해 언급한 자료는 없다. 그러나 당시 고려에는 전법관정을 통해 사자상승師資相承을 하는 밀교 승려들이 있었다. 또한 앞에서 살펴보았듯이 고려후기에는 왕실 내에 밀교 승려들로 구성된 의례 전문가 집단이 있었다. 밀교의례는 기본적으로 관정을 받은 밀교 아사리阿闍梨가 수법을 행하도록 되어 있기 때문에 이들은 다양한 국가적 밀교 의례를 집행하는 역할을 했을 것이다. 그러므로 이들은 즉위의례이자 밀교 전법의식으로서의 관정도량을 집행할 수 있는 자격이 있다. 이들이 즉

---

213) 『高麗史』卷33, 世家 第33, 忠宣王1

214) 『高麗史』卷33, 世家 第33, 忠宣王1

215) 충선왕은 총 세 차례 계를 받았다. 그 가운데 앞의 두 차례가 인용문 E-1과 E-2이고, 세 번째는 같은 해 6월 乙亥에 菩薩戒를 받았다고 기록되어 있다.

216) 金炯佑, 1992, 『高麗時代 國家的 佛教行事에 대한 研究』, 284~286쪽 참조.

위의례로서의 관정도량을 집전했을 가능성이 있다.

3) 사회적 기능

기양의례로서의 관정도량은『관정경』에 근거한 의례이다.『관정경』은 제7권이 문두루도량의 소의경전이기 때문에 신라 중대 이래로 주목받던 경전이었다.『관정경』은 12권 중 제7권만이 의례와 관련하여 부각되는데, 다른 소경들도 의례의 소의경전으로 활용되었다. 고려의 사례는 아니지만, 일본 승려 엔닌[圓仁], 794~864의『입당구법순례행기入唐求法巡禮行記』에서『관정경』의 제9권이 활용된 사례가 보인다.[217] 이로 미루어 보아 고려에서도『관정경』에 의거해 문두루도량 이외의 밀교의례가 개설되었을 개연성이 있다. 기양의례로서의 관정도량은『관정경』의 제4권이 소의경전으로 활용된 실제 사례이다.

또한 고려 내에서도『관정경』에 관한 관심이 적지 않았던 것으로 보인다. 대각국사 의천의『교장총록』에『관정경』의 주석서로서 신라 승려 신담神曇이 저술한『관정경소灌頂經疏』를 확인할 수 있다. 현전하지 않기 때문에 그 내용은 알 수 없지만, 의천 당시에『관정경』에 대한 이해와 관심이 제고되었을 가능성이 있다. 의천의 동모형同母兄이자 그를 중용했던 숙종 때 기양의례로서의 관정도량이 최초로 등장하는 이유도 이 때문이 아니었을까 한다.

숙종대 관정도량은 충해로 예견되는 전란의 징조를 기양하기 위한 것

---

[217] 圓仁 撰,『入唐求法巡禮行記』卷1, 開成 4年(839) 4月 14日, "戌時 為淂順風 依灌頂經 設五穀供 祠五方龍王 誦經及陁羅尼 風變西南"; 同月 15日, "夜祭五穀供 誦般若灌頂等經 祈神歸佛 乞順風 子時 風轉西南"
엔닌은 바람의 방향을 바꾸기 위해『관정경』의 제9권을 활용하였다(김문경 역주, 2001,『入唐求法巡禮行記』, 중심, 148쪽 ; 足立喜六 譯注・鹽入良道 補注, 1970,『入唐求法巡禮行記』, 東京: 平凡社, 161쪽).

이었다. 인종대에는 금의 세력 성장에 대비하기 위하여, 원종대에는 내란을 막기 위하여 관정도량이 개설되었다. 충렬왕대에는 대일본 전승 기원을 위해 개설된 것으로 보인다. 즉, 기양의례로서의 관정도량은 군사적 승리를 기원하는 사회적 기능을 가지고 있었다. 그런데 고려 후기가 되면 같은 명칭을 사용하되 즉위의례의 기능을 하는 관정도량이 개설되기 시작하였다.

즉위의례로서의 관정도량은 불공이 당 숙종에게 행한 전륜왕위칠보관정의 영향을 받았다. 고려 불교의례에 미치는 불공의 영향은 지대하며, 그 영향을 받은 밀교의례들이 고려 전기부터 개설되었다. 그럼에도 불구하고 즉위의례로서의 관정도량이 13세기 들어서야 처음 개설되는 이유는 무엇일까.

우선 무신 집권기라는 특수한 상황이었기 때문이다. 즉위의례로서의 관정도량이 최초로 개설된 것은 강종대였는데, 이는 최충헌이 의도한 것이었다. 최충헌 본인이 강종을 옹립시킨 인물이었기 때문이다. 최충헌은 강종 이외에도 명종을 폐위시키고 신종을 즉위시켰으며, 희종을 폐위시키고 강종을 즉위시켰다. 최충헌은 왕의 폐립廢立을 마음대로 하였음에도 불구하고 왕실의 권위를 존중한다는 인상을 심기 위해 노력하였다.[218] 특히 강종은 태자 시절에 성격이 암둔하고 유약해 태자의 자격이 없다는 이유로 아버지 명종과 함께 최충헌에 의해 쫓겨났기 때문에, 강종의 옹립에는 정통성과 권위가 필요했을 것이다. 또한 강종은 무신 집권기의 어느 왕보다 권위가 미약했음에도 최충헌과 직접적인 인척 관계에 있었다. 따

---

[218] 그는 특히 본인이 세운 왕의 권위 신장을 위해 노력했다고 한다. 신종의 경우, 태묘에 祔廟하는 과정을 통해 신종의 정통성을 드러내려 하였다. 당시 고려의 태묘제는 7廟9室制였는데, 최충헌은 신종을 부묘하는 과정에서 무신들에 의해 폐위된 의종과 자신이 폐위한 명종의 부묘 문제를 피하며, 왕통을 인종에서 신종으로 잇고자 하였다(金澈雄, 2005, 「고려시대 太廟와 原廟의 운영」, 『國史館論叢』106, 13~15쪽).

라서 최충헌은 강종의 즉위 때 이례적으로 관정도량을 개설함으로써 왕의 권위를 향상시켜 자신의 왕 추대 행위를 정당화하고자 한 것이 아닌가 한다.[219]

고려시대에는 즉위의례로서의 관정도량과 기양의례로서의 관정도량이 공존하였다. 사상적 배경과 설행 목적이 다른 두 종류의 의례가 같은 명칭으로 개설되었다는 것인데, 이러한 현상이 나타나게 된 이유는 무엇일까. 이는 『관정경』을 소의경전으로 하는 관정도량이 시기적으로 먼저 개설되었기 때문이다. 고려시대에 불교의례의 명칭을 짓는 방식 가운데 하나가 소의경전명을 가져오는 것이었다. 숙종대에 밀교 기양의례로서 관정도량이 처음 개설되었을 때에는 『관정경』에 근거하였기 때문에 '관정도량'이라는 명칭이 자연스럽게 붙었을 것이다.[220] 후에 강종이 즉위

---

219) 이와 같은 조처는 강종의 권위 향상 때문에 당시 최고집정인 최충헌 본인의 입지가 축소될 수도 있다는 문제점을 안고 있다. 이를 해결할 방법으로, 『地藏十輪經』「十輪品」에 소개된 관정대왕의 내용을 가져왔을 가능성이 있다. 『지장십륜경』의 「십륜품」은 부처님이 입멸한 후 불법을 펴 나가는 방법을 국왕이 나라를 다스리는 방법에 비유하여 열 가지[十輪]로 설명하는 부분이다. 그 제1륜은 先王이 죽은 뒤, 그 태자가 관정을 통해 新王으로 즉위하는 내용을 다루고 있다. 이에 의하면, 관정의식을 통해 즉위한 신왕은 왕좌가 비어 있을 때 생겼던 온갖 혼란상을 수습하며 나라를 정비해 간다. 그는 즉위 후에 선왕이 존중했던 賢臣을 적극적으로 기용하여 정사를 맡겨서, 나라가 안락해졌다고도 하고 있다. 이는 신왕의 권위를 드러낼 뿐 아니라 선왕 舊臣의 권력 유지도 합리화시켜줄 수 있는 구절이다. 강종의 권위를 살려주는 동시에 최충헌의 권력 유지를 뒷받침해줄 매우 적절한 경전적 근거라 볼 수 있다. 또한 여기에서 관정을 통해 즉위한 신왕은 곧 전륜성왕이므로(玄奘 譯, 『大乘大集地藏十輪經』 권2, 「十輪品」(『大正藏』 권13, 734쪽), "立利帝利灌頂大王轉輪王位 令具七寶統四大洲皆得自在") 불공의 전륜왕위칠보관정과도 맥락이 통한다.
『지장십륜경』이 실제로 이 시기에 널리 읽혀졌는지는 확인할 수 없다. 그러나 신라시대에 신인종에서 이 경전을 중요시했다는 연구가 있어(高翊晋, 1989, 『韓國古代佛敎思想史』, 405~406쪽 ; 김복순, 2011, 「『삼국유사』 '명랑신인'조의 구성과 신인종 성립의 문제」, 209쪽), 이 경전의 신앙 전통이 오래되었음을 알 수 있다. 아울러 對馬島에 전래된 개인 소장의 고려시대 被帽地藏半跏思惟像은 양손에 寶珠를 쥐고 있는데, 이러한 지장보살상의 사상적 배경이 『지장십륜경』이며, 이 상은 11세기에 왕실에서 조성된 것으로 추정된다고 한다(大澤信, 2011, 「高麗時代の被帽地藏菩薩像に關する硏究」, 靑山學院大學 석사학위논문, 46~47쪽). 이상으로 미루어 당시 상류층 사이에 『지장십륜경』이 읽혀졌을 가능성이 있다고 생각한다.

의례로서 관정을 받으려고 했을 때에 명칭의 중복 문제가 발생했을 것이다. 그러나 즉위의례로서의 관정은 당 숙종의 전륜왕위칠보관정에 연원을 두는 것이며 관정 행위에 초점이 맞추어져 있었기 때문에, '관정'이라는 의례명을 포기할 수 없었을 것이다. 그렇다고 기존에 이미 개설된 역사가 있는 기양의례로서의 관정도량의 명칭을 변경할 수도 없었다. 그래서 두 의례가 모두 관정도량이라는 동일한 의례명을 사용하게 된 것이 아닌가 생각한다.

즉위의례로서의 관정도량이 등장하는 것은 고려 후기에 들어서이다. 고려 전기에는 제석도량이 즉위의례의 역할을 하고 있었다. 제석은 우리 고유의 '천'의 관점에서 수용된 후 천신과 동일시되었고, 제왕이 천손이라는 고대 지배 이데올로기와 자연스럽게 결합하였다. 그래서 신라 진평왕 대부터 국왕의 권위를 신성화하는 지배 이데올로기로 기능하고 있었다. 고려시대 전기에 개설된 제석도량은 국왕이 하늘로부터 신력神力을 보증받고 있음을 강조하면서 왕권을 신성화하는 즉위의례의 형태로 추정된다.[221] 그러나 고려 후기에 들어서면서 왕권 신성화를 뒷받침하는 제석신앙은 변화의 양상을 보인다. 제석신앙이 무속으로 확장되어 장수를 기원하는 기복신앙화되면서 왕권 신성화를 위한 제석신앙은 쇠퇴하여 갔던 것이다.[222] 이와 같은 제석신앙의 쇠퇴 과정 속에서, 왕권 신성화를 담당하는 역할이 관정도량으로 옮겨갔을 가능성도 생각해볼 수 있다.

강화도 천도가 이루어지면서 궁궐 내에서 제석신앙을 담당하던 내제석

---

[220] 문두루도량은 『관정경』 권7의 본문에서 의례의 이름이 문두루법이라 밝히고 있다. 이 때문에 동일한 『관정경』을 소의경전으로 하더라도 명칭상의 중복이 일어나지 않는다. 따라서 『관정경』 제4권을 소의경전으로 하면서 경전 내에 별도의 의례명이 등장하지 않는 본 의례가 '관정도량'이라는 명칭을 갖는 것은 자연스러운 일이었을 것이다.

[221] 안지원, 2011, 『고려의 불교의례와 문화』, 268~270쪽.

[222] 고려 후기 제석신앙의 성격 변화는 안지원, 2011, 『고려의 불교의례와 문화』, 286~297쪽 참조.

원內帝釋院에 관한 기록이 사라지고, 대신 내원당이라는 명칭이 등장하기 시작한다. 내원당은 내원, 또는 내불당과 같은 곳인데, 이곳이 기존에 내제석원이 담당했던 왕권 신성화 기능을 부분적으로 계승한 것으로 생각된다. 그런데 원종 10년 12월에는 이 내원당에서 관정도량이 개설되었다. 즉위의례로서의 관정도량은 아니었으나 원종은 임연에 의해 한 차례 폐위를 당한 후 원의 도움으로 왕위를 되찾은 직후였다. 폐위를 당한 것과 같은 사태가 재차 발생하지 않기를 기원하면서 동시에 실추된 왕권 회복도 어느 정도 기대하였을 것이다. 이 때문에 내제석원의 후신이라고 할 수 있는 내원당에서 관정도량이 개설되었을 것으로 추정된다.

고려시대 밀교의 성격

1. 고려 전기 밀교의 양상
2. 무신 집권기의 사회 변동과 밀교
3. 원 간섭기 이후의 고려 밀교

고려 전기
밀교의 양상

    고려시대의 밀교는 신라의 신앙 경향을 계승하였고, 조선시대 밀교 형성의 바탕이 되었다. 그러나 신라시대의 밀교상이 고스란히 고려시대에 재현되지 않았으며, 고려시대 500여 년 동안 동일한 모습을 유지한 것도 아니었다. 신라의 밀교 경향이 고려로 계승되면서 고려 사회에 맞추어 정비되었고, 고려시대의 각 시기별로 종파, 신앙, 교학의 변화가 보인다. 이는 고려 사회의 변화에 따라 밀교에게 요구되는 역할과 기능이 변화하였기 때문이다. 이는 밀교가 끊임없이 사회와 소통하고 있던 흔적이기도 하다.

    시대의 변화를 따라가지 못하고 당대의 요구를 반영하지 못하는 종교는 죽은 종교라고 할 수 있을 것이다. 본장에서는 고려시대의 역사 전개 과정 속에서 밀교가 기존의 문화적 전통을 유지하면서 시대적 요구에 응하여 변모하는 모습을 찾아볼 것이다. 이를 통해 밀교가 일종의 보수성을 견지하면서도 재난에 대한 적극적 대처 방안을 제시함으로써 고려시대 불교신앙의 중요한 한 축을 형성하였음을 고찰하고자 한다.

1) 국가적 밀교의례의 대두와 정착

고려시대 밀교사는 태조 19년⁹³⁶에 현성사現聖寺가 창건되고 신인종神印宗이 성립되는 데에서 시작된다. 명랑의 후예인 광학廣學과 대연大緣이 문두루도량文豆婁道場을 개설해 해적을 물리침으로써 태조의 고려 건국을 도왔기 때문이었다.[1] 태조는 동왕 19년까지 개경에 사원을 창건하고 여러 기능을 분담시켰는데, 이는 후삼국의 통일정책과 병행되었다.[2] 현성사는 진병도량鎭兵道場으로 창건되어 국가 수호의 한 축을 담당하였다. 이후 신인종의 활동은 국가적 밀교의례인 문두루도량의 개설과 왕의 현성사 친행으로 나타났다. 한편, 총지종과 관련된 최초의 자료는 총지사摠持寺에서 목종 10년¹⁰⁰⁷에『보협인다라니경寶篋印陀羅尼經』을 간행한 행적이다. 총지종의 종파 개창에 대해 직접적으로 언급한 자료는 없으나 목종 이전에 종파로 성립되었을 것으로 추정된다. 또한 문종 32년¹⁰⁷⁸ 5월 16일에는 대각국사 의천이 우세승통祐世僧統으로서 왕명을 받들어 총지사에 행향行香하였다는 기록이 있어,[3] 문종대가 되면 왕실의 중요 사찰 가운데 하나로 꼽혔음을 추측할 수 있다. 총지종의 활동은 질병 치유로 대표되었으며, 그 외에도 다라니 염송을 중심으로 전개되는 밀교의례 개설에 관여하였다.

고려시대는 많은 불교의례가 개설되었는데, 그 가운데 17종의 밀교의례가 포함되어 있었다. 국가적 기양의례로서 밀교의례가 등장하기 시작하는 것은 문종대이다. 태조~정종靖宗 연간에 개설된 밀교의례는 자료에

---

[1]   『三國遺事』卷5, 神呪 第6, 明朗神印

[2]   韓基汶, 1989,『高麗寺院의 構造와 機能』, 39~42쪽에 의하면, 고려 태조는 921년에 大興寺, 922년에 廣明寺·日月寺, 924년에 外帝釋院·九曜堂·神衆院·興國寺, 927년에 妙智寺, 929년에 龜山寺, 930년에 安和禪院, 935년에 開國寺, 936년에 廣興寺·內天王寺·現聖寺·彌勒寺·開泰寺를 창건하였다. 개태사를 제외하고는 모두 개경에 창건된 사찰들이다. 이들 사찰에서 八關會, 燃燈會, 帝釋信仰, 無遮大會, 彌勒信仰, 醮星儀式 등을 분담하도록 하였다.

[3]   義天,「戊午五月十六日銜命行香于惣持寺因憶舊年栖止偶成一絶」,『大覺國師文集』卷18, 詩

서 찾아볼 수 없다. 태조~목종 연간의 경우는 고려 초 7대 실록이 일실되어 재편찬되면서, 그 시기 기록이 충분치 못하다는 자료의 문제에 기인한다고 보인다. 고려전기 승려들의 비문을 보면 그 시기 역사서에 언급되지 않은 불교의례 개설 사례들이 나타나기 때문에 밀교의례도 실제로는 개설되었을 가능성이 있다.[4]

고려 전기 각 왕대별 밀교의례의 개설 양상을 정리하면 [표 6-1]과 같다.『고려사』기록에 의하면, 17종의 밀교의례 가운데 소재도량消災道場, 마리지천도량摩利支天道場, 문두루도량이 문종대에 최초로 개설되었다. 소재도량은 성변 기양을 위해, 마리지천도량은 기우를 위해, 그리고 문두루도량은 동해안을 따라 침범해 오던 번병蕃兵의 침입을 막기 위해 개설되었다. 문종대에 밀교의례가 처음 개설되기 시작한 이유는 국가적 불교의례가 본격적으로 개설되기 시작한 현종대의 연장선상에서 생각해야 한다.

성종대에 최승로崔承老가 연등회·팔관회에 불필요하게 인력과 비용이 낭비된다고 건의한 이후,[5] 동왕 6년에 팔관회가 폐지되었다.[6] 성종대에 폐지된 의례들은 목종대에도 개설되지 못하다가 현종대에 가서 다시 부활하였다. 현종대에는 불교경전에 대한 중앙집권적 해석과 선택, 합리화가 행해지면서 불교의례가 본격적으로 개설되기 시작하였다.[7] 즉, 국가

---

[4] 고려 전기 승려비문에서도 밀교의례의 개설 기록은 찾을 수 없다. 그러나 승려비문은 국사나 왕사를 지낸 승려들을 대상으로 제작되었기 때문에 국사나 왕사를 배출하지 못한 밀교의 승려 비문은 남아 있지 않다(김수연, 2009,「고려전기 금석문 소재 불교의례와 그 특징」, 50~51쪽). 따라서 승려비문에 밀교의례가 기록되지 않았다고 해서 실제로 밀교의례가 개설되지 않았다고 보기는 어렵다.

[5] 『高麗史』卷93, 列傳 第6, 崔承老, "我國 春設燃燈 冬開八關 廣徵人衆 勞役甚煩 願加減省 以紓民力 又造種種偶人 工費甚多 一進之後 便加毀破 亦甚無謂也 且偶人非凶禮不用 西朝 使臣 嘗來見之 以爲不祥 掩面而過 願自今 勿許用之"

[6] 『高麗史』卷3, 世家 第3, 成宗 6年, "冬十月 命停兩京八關會"
연등회 폐지에 대한 직접적인 언급은 없지만, 현종 원년 윤2월에 '復燃燈會'라는 기록이 있는 것으로 보아(『高麗史』卷4, 世家 第4, 顯宗) 연등회도 폐지되었음을 알 수 있다.

[7] 金炯佑, 1992,『高麗時代 國家的 佛敎行事에 대한 硏究』, 46쪽.

[표 6-1] 문종~의종 밀교의례의 개설 양상

의례 종류		개설 시기	최초 개설
문종	소재도량 (6회)	즉위년.10 ‖ 2.3 ‖ 11.2 ‖ 11.5 ‖ 11.7 ‖ 27.9	○
	마리지천도량 (1회)	20.9	○
	문두루도량 (1회)	28.7	○
선종	불정도량 (1회)	2.3	○
	소재도량 (2회)	4.6 ‖ 6.1	
	능엄도량 (1회)	6.3	○
숙종	소재도량 (3회)	1.7 ‖ 6.1 ‖ 7.7	
	불정도량 (3회)	7.3 ‖ 9.3 ‖ 10.8	
	마리지천도량 (1회)	6.4	
	문두루도량 (1회)	6.4	
	관정도량 (기양, 1회)	6.4	○
	보성도량 (1회)	6.4	○
예종	소재도량 (9회)	1.9 ‖ 4.7 ‖ 5.5 ‖ 9.5 ‖ 12.2 ‖ 13.윤9 ‖ 15.9 ‖ 16.5 ‖ 17.3	
	불정도량 (5회)	2.3 ‖ 4.2 ‖ 4.10 ‖ 9.4 ‖ 15.8	
	문두루도량 (2회)	3.7 ‖ 4.4	
	공작명왕도량 (1회)	5.4	○
인종	불정도량 (8회)	즉위년.7 ‖ 4.8 ‖ 8.5 ‖ 9.3 ‖ 9.10 ‖ 17.10 ‖ 18.10 ‖ 23.3	
	소재도량 (8회)	1.7 ‖ 4.6 ‖ 4.12 ‖ 16.2 ‖ 16.12 ‖ 17.12 ‖ 21.6 ‖ 23.5	
	관정도량 (기양, 1회)	5.3	
	아타파구신도량 (1회)	8.9	○
	무능승도량 (1회)	8.10	○
	보성도량 (1회)	21.6	
의종	소재도량 (7회)	3.10 ‖ 5.5 ‖ 5.7 ‖ 6.8 ‖ 13.3 ‖ 14.8 ‖ 23.1	
	불정도량 (1회)	5.4	
	마리지천도량 (1회)	6.6	

권력을 뒷받침하는 국가의례로서 불교의례가 주목받기 시작한 것인데, 현종대는 그 초기에 해당되기 때문에 낯선 밀교의례를 적극적으로 개설할 수 없었을 것이다. 실제로 현종대에 개설된 불교의례의 종류는 연등회,

팔관회, 장경도량藏經道場, 인왕도량仁王道場, 축수도량祝壽道場과 반승飯僧이다. 모두 사상과 종파를 초월하는 범종파적 의례로 규정할 수 있다.

문종대는 현종대에 이어 의례의 종류를 확장시켜 나가던 시기였다. 문종대에 최초로 개설된 의례는 반야도량般若道場, 나한재羅漢齋, 천제석도량天帝釋道場, 소재도량, 마리지천도량, 문두루도량 등 여섯 종류에 달한다.[8] 그 가운데 천제석도량, 나한재, 반야도량, 문두루도량 등은 신라시대부터 신앙되었던 존격이나 경전을 의례의 대상으로 삼은 것들이다. 소재도량 역시 주존인 치성광여래熾盛光如來가 태봉 이래로 신앙되었다. 마리지천도량의 주존인 마리지천은 그에 관한 내용이 『다라니집경陀羅尼集經』 권10에 들어 있는데, 이 경전은 석굴암의 존상들을 조각하는 데 활용되었다.[9] 따라서 현재 확인하기는 어렵지만 통일신라기부터 마리지천에 관한 신앙이 있었을 가능성이 있다.

문종대는 제반 국가 제도가 정비되던 시기였다. 전시과田柴科 제도와 녹봉제祿俸制의 완비로 문무귀족의 경제적 토대가 마련되어 문치적 귀족사회의 확립에 큰 진전을 보였으며, 법제를 정비하고 풍속을 단속하였다.[10] 아울러 상서祥瑞와 같은 상징을 동원하고 신불神佛에 의지하여 소재를 도모하면서 행사 주재자로서 왕의 위상을 높이고자 하기도 하였다.[11] 요컨대 문종대는 국가 제도의 기틀을 마련하면서 익숙한 존격과 경전을 중심으

---

[8] 김형우는 輪經會를 포함시켜, 총 7종의 불교의례가 문종대에 새로 개설되었다고 하였다(金炯佑, 1992, 『高麗時代 國家的 佛教行事에 대한 研究』, 47쪽 〈표 3-2〉 참조). 그러나 관련 기사 내용이 지방에서 매년 성대히 행해지는 윤경회의 사치를 금하고 있는 것임을 보아(『高麗史』 卷7, 世家 第7, 文宗 元年 1月, "丁酉 制曰 諸州府郡縣 逐年盛設輪經會 慮外吏憑此聚斂以成勞弊 今後醉飽娛樂之事 並宜禁斷") 윤경회는 이전부터 개설되어 왔던 것으로 보인다.

[9] 석굴암의 梵天과 帝釋天의 도상이 『다라니집경』에 근거한 것이라고 한다(허형욱, 2005, 「석굴암 梵天·帝釋天像 도상의 기원과 성립」, 『美術史學研究』 246·247, 16~26쪽).

[10] 문종대의 제도정비에 대해서는 朴性鳳, 1993, 「시련의 극복과 체제의 정비」, 『한국사』 12 - 고려 왕조의 성립과 발전, 국사편찬위원회 참조.

[11] 안지원, 2011, 『고려의 불교의례와 문화』, 269쪽.

로 의례의 폭을 확장시키던 시기였고, 그 과정에서 밀교의례라는 새로운 시도가 이루어진 것으로 보인다.

밀교의례는 이후에도 새로운 의례가 추가되며 꾸준히 개설되었다. 선종 2년[1085]에 불정도량[佛頂道場]이, 동왕 6년에는 능엄도량[楞嚴道場]이 최초로 개설되었다. 불정도량은 『불정존승다라니경[佛頂尊勝陀羅尼經]』을 소의경전으로 개설되었던 의례이며, 능엄도량은 『수능엄경[首楞嚴經]』을 소의경전으로 개설된 의례이다. 『불정존승다라니경』은 당·송·요뿐 아니라 신라와 발해에서도 왕성하게 신앙된 경전이었고, 『수능엄경』의 대불정다라니도 고려에서 이미 석당[石幢]으로 제작된 사례가 있었다.[12] 그러므로 선종대의 밀교의례는 익숙한 존격과 경전을 중심으로 의례의 폭을 확장시켰던 문종대 밀교의례의 흐름과 연결된다고 할 수 있다.

숙종대에는 기양의례로서의 관정도량[灌頂道場]과 보성도량[寶星道場]이 새롭게 개설되었다. 숙종대는 전 시기에 걸쳐 다양한 불교의례들이 빈번하게 개설된 시기였다. 숙종의 재위 기간 10년 동안 21종 총 74회의 불교의례 개설 사례가 보인다.[13] 다양한 밀교의례의 개설 역시 이와 궤를 같이 하는 것이다. 앞의 [표 6-1]을 보면, 숙종 6년[1101] 4월에 밀교의례 개설이 집중되어 있는 점이 주목된다. 마리지천도량은 기우를 위해, 문두루도량, 관정도량, 보성도량은 송충로 예견되는 전란을 기양하기 위해 개설되었다. 숙종 6년 4월은 가뭄이 극심했던 때였다. 한재뿐 아니라, 3월에 오온신[五瘟]

---

12) Sooyoun Kim, "Esoteric Buddhism and the Cross-cultural Transfiguration of Śūraṃgama-sūtra Faith in Goryeo", *Asian Review of World Histories* Vol. 2-2, 2014, pp.184~186 ; 옥나영, 2018, 「고려시대 대불정다라니(大佛頂陀羅尼) 신앙과 석당(石幢) 조성의 의미」, 『韓國思想史學』 60 참조.

13) 金炯佑, 1992, 『高麗時代 國家的 佛敎行事에 대한 硏究』, 55쪽 〈표 3-3〉 참조.
燃燈會, 八關會, 華嚴道場, 般若道場, 羅漢齋, 藏經道場, 仁王道場, 金光明經道場, 消災道場, 帝釋道場, 摩利支天道場, 文豆婁道場, 佛頂道場, 灌頂道場, 龍王道場, 神衆道場, 寶星道場, 慶讚道場, 諱辰道場, 菩薩戒道場, 飯僧 등 21개 의례의 명칭이 등장하고, 齋나 道場으로만 표현된 의례도 네 차례 나타난다.

^神에게 제사를 지낸 것으로 보아¹⁴⁾ 전염병도 돌았던 듯하다. 이에 시체가 길거리에 줄을 잇자¹⁵⁾ 조정에서는 유·불·도와 무속 의례로 비를 기원하였다. 마리지천도량은 이러한 상황에서 비를 빌기 위해 개설되었다. 한편, 같은 시기에 수압산^{首押山}에서 송충이 피해가 발생하였는데, 이는 전란의 징조로 해석되었다. 가뭄과 전염병으로 힘겨워하던 시기에 전쟁의 징조까지 예견되었던 것으로, 고려 조정에서는 이를 기양하기 위해 관정도량, 문두루도량, 보성도량을 개설하였다.¹⁶⁾ 모두 외적 기양의 공덕이 있는 밀교의 례였다.

숙종대 밀교의례의 경향은 예종대에도 이어졌다. 소재도량, 불정도량, 문두루도량이 계속 개설되었다. 예종 2년¹¹⁰⁷부터 여진정벌이 시작되어 동왕 4년 7월에 9성을 여진에게 돌려주도록 결정하기 전까지 전투가 이어졌기 때문에 문두루도량이 두 차례나 개설되었다. 공작명왕도량^{孔雀明王道場}은 예종 5년¹¹¹⁰ 4월에 처음이자 마지막으로 개설되었다. 개설 이유는 전염병을 기양하기 위한 것이었다.¹⁷⁾ 예종대에는 가뭄이 많고 전염병도 여러 차례 창궐했지만, 그 가운데 가장 극심했던 시기가 예종 5년이었다. 예종 5년의 전염병은 그 전해부터 시작되었다.¹⁸⁾ 예종 4년 4월에 전염병을 없애고자 온신^{瘟神}에게 기원하는 한편 반야도량을 개설한 기록이 있다.¹⁹⁾ 그해 12

---

14) 『高麗史』卷11, 世家 第11, 肅宗 6年 3月 丙戌
15) 『高麗史』卷11, 世家 第11, 肅宗 6年 4月, "甲寅 詔曰 方今農時 天久不雨 恐州郡官吏 不體予意 逗撓德音 所免租稅 使民不被其澤 或寃獄滯囚 久而不決 餓莩曝骸 棄而不葬 又公私收稅甚重 召民怨 傷和氣而致然也 有司其布德惠 禁非法 平訊具獄 掩骼埋胔 亟答天譴"
16) 『高麗史』卷54, 志 第8, 五行2, 木
17) 김영미, 2010, 「고려시대 불교와 전염병 치유문화」, 『전염병의 문화사』, 153쪽.
18) 예종 4년 12월과 5년 4월의 전염병은 창궐한 계절이 다르기 때문에 별개의 전염병일 가능성도 있다고 한다(이현숙, 2010, 「전염병, 치료, 권력」, 『전염병의 문화사』, 35~36쪽). 그러나 예종 4년 4월, 12월 5년 4월로 전염병이 이어졌으므로, 전염병의 종류와 무관하게 피해가 누적되어 고려 사회에 큰 위협으로 작용했을 것이다. 따라서 이 책에서는 이 세 전염병을 연속선상에서 보고자 한다.
19) 『高麗史』卷13, 世家 第13, 睿宗 4年 4月 甲辰
   고려시대 전염병 기양을 위한 반야도량에 대해서는 김영미, 2010, 「고려시대 불교와

월에 또다시 역귀疫鬼를 물리치기 위해 신사神祠에 제를 지내고 있는 것으로 보아,[20] 전염병은 누그러지지 않은 듯하다. 전염병은 그 다음해에도 이어져, 예종 5년 4월에 사천대司天臺에서 시체와 해골이 길에 나뒹구니 해당 기관에 명하여 이를 묻도록 하라고 진언하였다.[21] 전염병이 극심하여 기양효과를 높이기 위해 새롭게 공작명왕도량을 개설한 것으로 추정된다.

인종 8년[1130]에는 아타파구신도량阿吒波拘神道場과 무능승도량無能勝道場이 처음으로 개설되었다. 이 두 도량과 동왕 5년에 개설된 관정도량은 묘청妙淸이 건의해 개설된 것이었다. 인종 5년에 개설된 관정도량은 금과 보주保州를 둘러싸고 갈등하던 상황을 해결하고자 개설된 것이었다.[22] 8년 9월에 개설된 아타파구신도량은 성변을 기양하기 위한 것이었으며, 같은 해 10월의 무능승도량은 금을 공격하고 칭제건원稱帝建元하는 것과 관련이 있다. 인종 6년[1128]에 묘청은 서경 대화궁大華宮으로의 천도를 주장하면서, 대화궁 자리에 옮겨 앉으면 금이 항복하고 26국이 조공을 바칠 것이라고 인종을 설득하였다.[23] 이에 인종은 묘청의 의견을 따라 서경에 궁궐을 짓고 그를 총애하였다. 인종 8년에도 묘청에 대한 총애가 계속되었음을 보면 묘청이 건의해 개설된 무능승도량은 금 문제와 관련이 있다고 보인다.

의종대에는 새로운 의례가 개설되지 않았다. 의종 24년[1170]에 고려전기

전염병 치유문화」, 『전염병의 문화사』, 152쪽 참조.

20) 『高麗史』卷13, 世家 第13, 睿宗 4年 12月 乙酉

21) 『高麗史』卷13, 世家 第13, 睿宗 5年 4月 甲戌

22) 보주는 압록강 방면 지배권을 확보하는 교통의 요충지였다. 이에 거란은 남방진출 기지로 고려는 북방진출의 교두보로 중히 여기던 곳이었는데, 예종 12년(1117) 요·금 교체를 기회로 고려가 이 지역을 확보하고 關防으로서의 역할을 하게 하였다. 그런데 금이 인종 4년(1126)에 금에게 충성을 맹세하는 誓表를 바치고 고려 영토 내의 여진인을 돌려보내면 보주의 영유권을 인정해 주겠다는 발언을 해 왔다. 고려는 인종 7년 11월에 충성을 맹세하는 서표를 보낼 때까지 금의 압박을 받았다(朴漢男, 1982, 『高麗의 對金外交政策 硏究』, 44~48쪽).

23) 『高麗史』卷127, 列傳 第40, 叛逆1, 妙淸, "於是 妙淸等上言 臣等觀西京林原驛地 是陰陽家所謂大華勢 若立宮闕御之 則可幷天下 金國執贄自降 三十六國 皆爲臣妾"

의 응축된 모순이 폭발하며 무신의 난이 발생하기는 하나 그 이전에는 특별히 눈에 띄는 외침이나 내란이 없다. 가뭄이나 전염병은 있었지만 역대의 왕대에도 발생했던 재난이었다. 그리고 이러한 소위 '상시적 재난'[24]에 대해서 정형화된 해소 방안으로 소재도량, 불정도량 등이 개설되었던 것이다.

고려의 밀교신앙은 신라시대의 것을 계승하였다. 신라의 밀교신앙은 다라니 염송과 납탑納塔이 주를 이루었다. 수구다라니隨求陀羅尼와 천수주千手呪를 염송한 사례가 보이고, 준제진언准提眞言과 무구정광다라니無垢淨光陀羅尼 관련 유물이 탑 속에서 발견되었다. 이러한 신앙 경향은 고려로 이어지는데, 고려 전기에는 개인이 『천수경』을 독송하는 사례가 많이 남아 있다. 균여均如, 923~973는 누이인 수명秀明의 청을 받아 보현·관음보살의 법문, 『신중경神衆經』과 함께 『천수경』을 강설하였다고 한다.[25] 또 이탄지李坦之, 1085~1152는 천수진언을 밤새 외우다 단정하게 앉은 채 사망하였고,[26] 김유신金有臣의 처 이씨李氏, 1123~1192는 결혼한 후에 『소미타경小彌陀經』, 『화엄경華嚴經』 「보현품普賢品」, 천수다라니를 읽으며 오후에 금식을 하였다.[27] 황위黃偉의 처 최씨崔氏의 경우, 수계하고 천수진언을 외웠다는 내용을 확인할 수 있다.[28]

---

24) 전근대 사회에서 성변, 가뭄으로 대변되는 천재지변은 심각한 타격을 주는 재난이었다. 동시에 치세 동안에 천재지변이 발생하지 않은 왕이 없을 정도로 빈번한 재난이기도 하였다. 반면 외침은 개개의 사건이 그 당시의 국제 정세와 결부되며 발생한다. 즉, 외침은 천재지변에 비하면 돌발적인 재난이다. 재난에 대한 예측 가능성과 빈도가 다르기 때문에 양자에 대한 인식 및 대처 방안도 달랐을 것이다. 이 책에서는 전자를 '상시적 재난', 후자를 '비상시적 재난'으로 규정하고 구분하여 논의를 전개하고자 한다.

25) 赫連挺 撰, 『大華嚴首坐圓通兩重大師均如傳』(『韓國佛敎全書』 4, 511c16~19), "及師歸觀之日 秀明請聞其業 師講普賢觀音兩知識法門 神衆千手二經文 三寸所宣 一字無失"

26) 「李坦之墓誌銘」(『高麗墓誌銘集成』, 127쪽), "淸心辦供設▨▨七齋炷香禮」 佛玉毫次飯緇 黃訖退晏坐於賓寮誦千手眞言竟」 夕兀然而化"

27) 「金有臣妻李氏墓誌銘」(『高麗墓誌銘集成』, 273쪽), "自」 少歸心佛敎▨▨人長短旣嫁長 讀小彌陀經華嚴普賢品千手」 陁羅▨▨▨▨歲不食午後食"

28) 「黃偉妻崔氏墓誌銘」(『高麗墓誌銘集成』, 210쪽), "▨▨▨▨▨▨▨▨▨▨▨戒頌千手眞▨"

납탑공양용으로 목종 10년[1007]에 총지사에서 『보협인다라니경』이 간행되기도 하였다.[29]

반면 고려만의 새로운 밀교신앙 경향도 나타났다. 우선 많은 종류의 국가적 밀교의례가 새롭게 개설되기 시작하였다. 신라시대의 밀교의례는 문무왕대에 개설된 문두루비법 외에는 찾아볼 수 없지만, 고려전기에는 소재도량, 불정도량, 마리지천도량, 능엄도량, 보성도량, 공작명왕도량, 아타파구신도량 등이 새롭게 나타나 빈번하게 개설되었다. 또 고려시대에는 다라니석당의 건립 사례도 찾아볼 수 있다. 현재 북한 지역에는 범자로 대불정다라니를 새긴 3기의 다라니석당이 원형 그대로 전하고 있다. 이 가운데 평안북도 용천군 성동리 다라니석당은 1027년경에 건립된 것으로 추정된다.[30] 대불정다라니는 『수능엄경』 제7권에 수록되어 있는 다라니이다.[31] 죄장이 소멸하고 악취에 떨어지지 않으며 재변災變을 방지해

황위 처 최씨의 어머니인 金氏는 1068년에 태어나 24세에 결혼을 하였기 때문에 장녀인 최씨는 1092년 이후에 출생하였을 것이다. 또한 김씨의 3남이자 최씨의 남동생인 崔允儀는 1102년에 태어났으므로, 황위의 처 최씨는 1090년대에 출생한 것으로 보인다.

29) 『보협인다라니경』의 간행은 吳越의 영향을 받은 것이다. 오월왕 錢弘俶은 顯德 3년에 8만 4천 기의 寶篋印塔을 주조하고 이 경전을 각 탑 속에 봉안하였다. 이로 미루어 보아 고려의 『보협인다라니경』도 납탑공양용이라고 볼 수 있다. 고려 초에 세워진 오대산 月精寺의 팔각구층석탑 속에서 사리장엄구와 함께 『보협인다라니경』이 발견되었는데, 이는 납탑공양의 실제 사례이다(千惠鳳, 1990, 『韓國典籍印刷史』, 42~45쪽).

30) 현재 묘향산 普賢寺에 있는 '龍川 城東里 다라니석당'은 원래 佛頂寺라는 옛 절터에 있었던 것으로 1027년경에 건립되었다. 현재 황해남도 해주시 해주공원에 있는 '해주 다라니석당'은 용천 성동리 다라니석당보다 시기가 조금 늦은 것으로 보인다. 현재 평안북도 피현군 성동리에 있는 '龍川 城東里 西門 밖 다라니석당'은 해주 다라니석당보다 더 늦은 시기에 조성된 것으로 생각된다. 완전한 형태로 전하는 다라니석당은 이상의 세 개이며, 그밖에도 개성시 선죽교의 다리 부재와 평양시 법수교의 餘材로 사용된 다라니석당의 일부가 남아 있다(李殷希, 1997, 「石幢」, 『北韓文化財解說集』Ⅰ, 國立文化財研究所, 257~258쪽).

31) 현존하는 이들 다라니석당은 탁본의 상태가 좋지 않아 범자 다라니 부분의 내용을 식별하기 어렵다. 그러나 「大佛頂陀羅尼」라는 제액이 있어, 대불정다라니를 새겼음을 추정할 수 있다. '용천 성동리 다라니석당'의 경우, 탁본에서 제액 아래에 한자로 쓰여진 부분의 판독이 가능하다. 그 내용은 "籍首光明大佛頂如來萬行首楞嚴 開無相門圓寂宗"이라고 시작되어(『朝鮮金石總覽』上, 540쪽) 석당의 다라니가 『수능엄경』의 대불

주는 등의 공덕이 있기 때문에 이를 위해 이 다라니를 석당에 새겼을 것이다.

2) 요 불교의 영향과 밀교교학

고려 전기에는 밀교경전의 간행과 유통 및 그에 관한 연구도 꾸준히 이어지고 있었다. 이는 밀교교학에 대한 연구와 밀접한 관련이 있다. 선종대에 의천은『교장총록』을 완성하였다.『교장총록』제1권은 경전의 장소 목록을 수록한 부분인데『화엄경』,『열반경涅槃經』,『비로신변경毘盧神變經』,『법화경法華經』의 순서로 배치가 되어 있다.『비로신변경』, 즉『대일경』을 화엄종의 중심경전인『화엄경』, 천태종의 중심경전인『법화경』과 같은 위상으로 배치하고 있는 것이다. 이는『화엄경』을 현교顯敎의 원교圓敎로,『대일경』을 밀교의 원교로 보는 요 불교계의 영향을 받은 것이었다. 의천의 이러한『대일경』인식에 가장 큰 영향을 미쳤을 저술은 각원覺苑의『연밀초』이다.[32]

당시 고려와 요 사이에는 많은 불교 교류가 있었다. 요에서 조성된 대장경을 수차례에 걸쳐 들여왔을 뿐 아니라, 의천은 개인적으로 요의 사신들을 통해 불경을 입수하였다.「영통사 대각국사비靈通寺大覺國師碑」에 의하면 요에서 온 사신들은 모두 의천을 만나기를 청해 토산물을 선물하고 인사를 하였다고 한다. 의천의 최대 관심사인 요의 장소章疏를 전하고 값을 받기 위한 것이었다.[33] 이에 요의 장소들이 상당히 빠른 속도로 고려에 유입되었을 것으로 보인다.[34] 또 의천은 요 불교계와 사상적으로도 교류하고 있

정주임을 밝혔다. 이 부분은 指空이 번역한『六經合部』에 실린 대불정주의 계청 내용과도 일치하여, 이 다라니석당이 대불정주를 새겼음을 다시 한 번 확인할 수 있다.

[32] 각원의『大日經義釋演密鈔』는 의천의『교장총록』권1에『毘盧神變經』의 章疏로 '演密十卷'이라는 제목으로 들어 있다.

[33] 김영미, 2002,「11세기 후반~12세기 초 고려·요 외교관계와 불경 교류」, 60~65쪽 참조.

[34] 실제로『연밀초』는 요 太康 3년(1077)에 쓰여졌고, 의천의『교장총록』이 1090년에 완

었다.35) 이와 같은 교류의 결과고 의천은 요 불교계의 『대일경』 인식을 받아들였을 것이다. 그리고 『교장총록』을 편찬할 때에 이러한 인식이 반영되었다고 보인다.

그런데 『연밀초』는 각원이 『대일경』에 대한 일행一行의 주석서인 『대일경의석大日經義釋』 20권을 강의하고 그 내용을 정리한 것이다. 『연밀초』의 사상을 이해하기 위해서는 『대일경의석』과 『대일경』을 함께 연구해야 한다.36) 따라서 고려전기에 『대일경』에 대한 연구 전통이 있었고, 그에 대한 이해가 상당히 깊었을 것으로 추정된다.

의종 연간에 간행되는 『범서총지집梵書摠持集』도 고려전기에 『대일경』에 대한 연구 전통이 있었음을 보여주는 자료이다. 이 책은 '대비로자나성불경등일체성교중무상일승제경소설일체다라니大毘盧遮那成佛經等一代聖敎中無上一乘諸經所說一切陀羅尼'라는 문구가 부기되어 있는 데에서 알 수 있듯이 『대비로자나성불경』, 곧 『대일경』을 중심으로 한 다라니 모음집이다. 현재 남아 있는 가장 오래된 유물은 의종 4년1150에 개판된 것이며, 이 외에도 의종 10년과 20년에 간행된 두 판본이 더 있다. 『범서총지집』의 앞부분에는 『대일경』 「백자생품百字生品」과 관련된 진언을 도식화한 형태의 진언종자도眞言種子圖가 실려 있는데, 티베트나 중국에 이러한 형태의 진언종자도는 존재하지 않는다.37) 따라서 12세기 중반 고려의 『대일경』 연구가 경전의 내용을

───────────

성되었다. 『연밀초』는 완성된 지 10여년 만에 고려에 전래된 것이다.

35) 당시 요에서는 다른 나라에서는 유례를 찾아볼 수 없을 정도로 『釋摩訶衍論』을 중요시하고 있었다. 요 황제 道宗까지 『석마하연론』에 대한 御解를 제시했는데, 이를 둘러싸고 논쟁이 벌어졌다. 이때 의천이 「후서」를 쓰고 간행해 요에 보내주었더니 요에서의 논란이 없어지게 되었다고 한다(김영미, 2011, 「高麗와 遼의 불교 교류」, 『고려와 북방문화』, 85쪽).

36) 여기에서 의천과 고려 총지종의 종찰인 총지사와의 관계가 눈길을 끈다. 앞서 문종대 의천의 총지사 행향과 총지사에서의 입적 등을 언급하였는데, 그 기간을 계산해 보면 그는 25년 가까이 총지사와 관계를 맺고 있다. 그런데 총지사를 종찰로 삼는 총지종은 善無畏에서 시작된 태장계 밀교에 법맥을 대고 있었다. 따라서 『대일경』에 대한 연구가 이루어졌을 것이며, 이들이 의천의 『대일경』 이해를 도왔을 가능성이 있다.

종자도로 표현할 수 있을 정도의 수준에 이르렀음을 추측케 해준다. 당시 고려는 밀교의 형식적·주술적 측면을 활용하는 것뿐만 아니라, 체계화된 중기밀교를 연구하는 교학 전통도 있었다는 것이다. 이러한 수학 전통이 특정 밀교종파와 관련이 있는지에 대해서는 단언할 수 없다.[38] 그러나 고려 후기에까지 이러한 전통은 이어지고 있다.

무신 집권기의 자료이기는 하지만, 고종 5년[1218] 본 『범서총지집』의 서문을 통해서도 요 불교계의 영향을 찾아볼 수 있다.[39] 이 판본의 『범서총지집』 서문에 인용된 다양한 밀교경전과 논서들 가운데 요 승려들의 저술이 높은 빈도로 인용되고 있다.[40] 앞서 언급한 각원의 『연밀초』와 도진道殿의 『성불심요집』이 그것이다. 『연밀초』는 총 10권으로 적은 분량이 아니다. 그 속에서 다라니와 관련된 필요 부분들을 적절하게 취사선택하여 서문을 구성하고 있음을 보았을 때, 서문의 찬자는 『연밀초』의 내용을

---

37) 허일범, 2008, 『한국의 진언문화』, 230~231쪽.
38) 신인종은 주로 국가의례 개설 등 왕실과의 관계를 통해 총지종과의 차별화를 꾀하였던 것으로 보이기 때문에, 摠持와 관련된 중기밀교의 수학 전통은 총지종이 더 강했을 가능성이 있다. 또 『범서총지집』에서는 『대일경』을 밀교경전의 대표로 내세우는데, 신라 혜통의 전승이 당의 善無畏에게 가탁하고 있다. 아울러 『범서총지집』은 의종대 유물이 세 건이나 되며, 총지사 주지 회정의 총애와 그로 비롯된 총지종의 부상과 관련이 있을 가능성이 있다. 확언하기는 어렵지만, 『범서총지집』은 총지종과 상당한 관계가 있을 것으로 추정된다.
39) 『범서총지집』의 앞부분에 실려 있는 眞言種子圖는 매우 독특한 것으로, 『범서총지집』 외에 이러한 진언종자도는 존재하지 않는다고 한다(허일범, 2008, 『한국의 진언문화』, 230~234쪽 참조). 이로 미루어, 『범서총지집』은 고려 撰集일 가능성이 높다.
한편 『범서총지집』의 서문은 1218년본에만 실려 있다. 고려시대에 『범서총지집』이 여러 차례 간행되었음에도 서문은 이 판본에만 있다. 이는 서문이 원래 『범서총지집』에 있던 것이 아니라 1218년본을 간행할 때에 국한해 특별히 찬술된 것으로 보아야 할 것이다. 여기에서 이 서문이 『범서총지집』의 것이 아니라 다른 저술에 있던 것을 가져왔을 가능성도 제기된다. 그러나 서문의 내용을 살펴보면, '총지'가 무엇이고 어떤 의미가 있으며, 이것을 왜 '범자'로 써야 하는지에 대해 일목요연하게 논지를 전개하고 있다. 『범서총지집』의 제목에 대한 풀이기 때문에 본 서문이 다른 저술이나 경전의 서문이었을 가능성은 희박하다고 생각한다.
40) 『범서총지집』에서 인용한 경전의 내용과 그 출전은 아래의 표와 같다. 이 가운데 『연밀초』(2·13)와 『성불심요집』(3·5·8·9·14)이 요 승려의 저술이다.

숙지하고 있었다.

[그림 6-1] 『범서총지집』 서문(1218년, 연세대학교 도서관 소장)

사진: 연세대학교 제공

	내용	출전
1	大毗盧遮那成佛經疏云 陀羅尼者 摠持 摠持者 猶如攬結衆髮 載之在首	大日經義釋
2	演密鈔云 攬結衆髮者 總攝諸敎也 載之在首者 表出衆乘之上也	演密鈔
3	般若理趣經云 如來說有五藏 一經藏如牛乳 二律藏如酪 三論藏如生酥 四般若藏如熟酥 五陀羅尼藏如醍醐 經律論中取爲第一 能令解脫生死 速證涅槃安樂法身	成佛心要集
4	善無畏三藏記云 菩提速疾之輪 解脫吉祥之海 三世諸佛 生於此門	善無畏行狀 宋高僧傳
5	成佛心要云 眞言字字 皆是圓圓果海 離相法界	成佛心要集
6	故 智儼法師 自問華嚴經中 從陀羅尼 顯一切法 云何 自答悉曇章是也	華嚴五十要問答
7	澄觀法師 以四十二字眞言 作事事無寻之觀行也	미상
8	大悲心經▨ 呪是禪定藏 百千三昧常現前	成佛心要集
9	故契符禪師 人問取上乘 直敎持誦眞言 ▨十四祖龍樹菩薩 弘揚准提神呪	成佛心要集
10	延壽禪師 常誦二十五道眞言 普願一切法界衆生所求▨▨	미상
11	大日疏云 苟無頓悟之機 不入其手	大日經疏
12	隨求經云 成佛近人方聽是眞言 成佛遠人 世世不聽是眞言	隨求陀羅尼儀軌
13	演密鈔云 毘盧遮那非[佛?]親演之 金剛蓮花手同禀焉 非普爲一切故 故稱秘藏也	演密鈔
14	心要云 凡諸經中所說書寫陀羅尼利樂有情者 皆用西天梵字 非是隨方文字也	成佛心要集

『성불심요집』의 저자인 도진은 요 도종과 천조제의 재위 기간에 주로 활동하였고, 천경天慶, 1111~1120 말에 입적한 인물이다.41) 그의 대표작인 『성불심요집』은 화엄과 밀교의 교의가 한 뿌리에서 시작되었으며 현교와 밀교를 함께 닦아야 한다는 내용을 담고 있다.42) 『성불심요집』은 『범서총지집』의 서문에서 가장 많이 인용한 책이다. 『범서총지집』의 서문에서는 논지에 맞도록 『성불심요집』의 문장을 적절히 다듬기도 하였다. 이 과정에서 『성불심요집』 본문의 멀리 떨어진 두 부분에서 짧게 몇 구절씩을 선택해 문장을 만든 경우도 있다. 이 부분을 원문과 함께 비교해 보자.

> A-1. 『성불심요』에서 말하기를, "진언의 한 글자 한 글자는 모두 원원圓圓한 과해果海이고, 상相을 여읜 법계法界이다."
>
> A-2. 묻는다) 어찌하여 범자는 모두 이와 같은 불가사의한 신용神用이 있습니까? 답한다) 매 글자 하나하나가 곧 체體이니, 이는 제불보살諸佛菩薩의 심신心身이기 때문이다. 또 이 체는 상을 여읜 법계이기 때문이다. 또 체는 교리의 행과行果이기 때문에 불가사의한 신용이 있는 것이다.43)
>
> A-3. 묻는다) 부처께서는 일체지一切智를 가지고 계신데, 어찌하여 다라니를 어떻게 얻었는지 모르십니까? 답한다) … 셋째, 밀종密宗의 신주는 곧 체이며, 바로 원원한 과해이기 때문에 부처님께서도 얻을 수 없는 것이다.44)

위의 인용문 A-1은 『범서총지집』 서문에 등장하는 내용이며, A-2·3은 『범서총지집』 서문이 인용한 『성불심요집』의 원래 내용이다. 『성불심

---

41) 佛光大辭典編修委員會 編, 1989, 『佛光大辭典』, 道殿.

42) 張踐, 1994, 『中國宋遼金夏宗教史』, 北京: 人民出版社, 181쪽.

43) 道殿 集, 『顯密圓通成佛心要集』 卷上(『大正藏』 46, 996c08~11), "問曰 何以梵字皆有如是不思議神用 答謂 每一一字卽體 是諸佛菩薩身心故 又卽體是離相法界故 又卽體是教理行果故 所以有不思議神用"

44) 道殿 集, 『顯密圓通成佛心要集』 卷下(『大正藏』 46, 1003b14~20), "問曰 佛具一切智 豈不知得陀羅尼也 … 三者密宗神咒卽體 便是圓圓果海"

요집』의 구성은 다음과 같다. 첫 번째는 현교의 심요心要, 두 번째는 밀교
의 심요, 세 번째는 현밀의 쌍변雙辨, 네 번째는 도진 본인이 천우황제天祐皇帝,
즉 도종의 치세에 태어나 현밀 양교를 접하여 기쁘다는 내용을 서술하고
있다. 마지막은 「공불리생의供佛利生儀」로 유통분에 해당한다. 그 가운데
A-2는 「밀교심요」의 제1 '지송의궤持誦儀軌'에 있는 문장이다. 「밀교심요」
의 지송의궤는 진언을 지송하는 방법과 그와 관련된 의문점들을 자문자
답하여 해소하는 내용으로 구성되어 있고, A-2는 자문자답의 한 항목이
다. A-3은 「현밀쌍변」의 제10 '제불여래상내구학문諸佛如來尙乃求學門'에 포함
된 부분이다. 모든 부처님이 신주를 구하는데 하물며 범부가 신주를 지송
하지 않겠는가라고 하여 문제를 제기하고, 『대승장엄보왕경大乘莊嚴寶王經』
을 인용하여, "관세음은 육자대명다라니六字大明陀羅尼를 가지고 계시는데, 일
체 여래께서도 모두 그 얻은 곳을 모른다."라고 하였다.[45] 이에 일체지를
가진 부처께서 왜 모르는가라는 질문이 나오고, 그에 대한 세 가지 해석이
이어진다. 그 가운데 세 번째가 A-3에서 인용한 바와 같이 신주는 체이니
원원한 과해이기 때문이라는 것이다. 인용문 A-2와 3의 내용의 일부분을
"진언은 체이다"라는 접점으로써 통합한 것이 인용문 A-1, 즉 서문의 내
용이다. 이와 같은 문장은 서문의 찬자가 『성불심요집』의 전체 내용을 통
달하였기 때문에 나올 수 있었다.

　『성불심요집』과 『연밀초』는 요 불교계를 대표하는 저술들이다. 고종 5
년에 간행된 『범서총지집』의 서문에서 이들을 숙지하고 자유롭게 인용하
고 있음은 이미 고려 전기에 이들 저술에 대한 연구가 진행되었음을 의미
한다. 따라서 요 불교계의 밀교교학 역시 고려 불교계에 영향을 주었을 것
으로 생각된다.

---

45)　道殿 集, 『顯密圓通成佛心要集』 卷下(『大正藏』 46, 1003b08~12), "諸佛亦求神咒 何況凡
　　夫而不持誦耶 故彼經說 觀音菩薩一毛孔中 有無量土無量諸佛菩薩等 普賢菩薩入觀音一毛
　　孔中 經十二年不知分齊 又云觀音有六字大明陀羅尼 一切如來皆不知其所得之處"

나아가 요 불교계의 다라니신앙 경향 역시 고려에 영향을 주었다. 고종 5년 간행 『범서총지집』에는 11세기에 활동했던 요의 역경승 자현慈賢의 영향이 보인다. 우선 그가 요에 새롭게 소개한 『금강최쇄다라니金剛摧碎陀羅尼』가 수록되어 있으며, 『수구다라니』의 세부 다라니 명칭이 자현이 번역한 『수구다라니』의 명칭을 반영하고 있다. 아울러 도진의 『성불심요집』의 준제진언准提眞言 지송 절차에 들어 있는 다라니들이 세트를 맞추어 수록되어 있다.[46] 이러한 사례들을 통해, 고려는 요 불교계의 밀교와 다라니신앙 경향을 받아들였으며 그 영향은 요의 멸망 이후에까지 신앙 경향으로서 이어지는 모습을 보인다.

---

[46] 고려 밀교에 보이는 요의 영향에 대해서는 김수연, 2021, 「고려-거란 밀교 교류의 양상과 특징」 참조.

2.

무신 집권기의
사회 변동과 밀교

  의종 24년¹¹⁷⁰에 무신의 난이 발발하여 의종이 폐위되고 명종이 즉위하였다. 명종 연간에 중앙에서는 이의방李義方, 정중부鄭仲夫, 경대승慶大升, 이의민李義旼 등이 차례로 권력을 장악하였다. 지방에서는 명종 3년¹¹⁷³에 김보당金甫當이 의종의 복위를 목적으로 난을 일으켰고, 명종 4년에 조위총趙位寵이 평양에서 중앙의 무신정권에 반발하며 난을 일으켰다. 명종 6년에는 공주 명학소에서 망이亡伊·망소이亡所伊의 난이 발생하였고, 12년에는 부성富城, 현재 서산과 관성管城, 현재 옥천에서, 16년에는 진주와 안동에서도 농민 봉기가 일어났으며, 명종 23년에는 운문雲門을 중심으로 김사미金沙彌·효심孝心이 난을 일으키는 등 대규모 반란사건이 연이어 발생하였다. 김보당과 조위총의 난은 무신정권 초기에 정권이 안정되지 않아 발생한 반란이었다. 또한 망이·망소이의 난 등 농민봉기는 무신정권이 들어서면서 중앙의 통제력이 약화되고 신분질서가 동요되었던 당시 사회상이 봉기의 배경으로 꼽힌다.

명종 26년^{1196}에 최충헌崔忠獻이 이의민을 죽이고 최씨 정권을 수립하였다. 무신들 사이의 권력 다툼은 없어졌지만, 반란 사건은 계속되었다. 신종 원년^{1198} 만적萬積이 난을 일으켰고, 동왕 5년에는 경주 별초군別抄軍이 봉기하고 탐라가 배반하기도 하였다. 고종 4년^{1217}에는 거란유종이 침입하였고, 동왕 18년에는 몽골이 침입하였다. 그 사이 최충헌이 사망하였고, 그 뒤를 이은 최이崔怡의 집권 하에 동왕 19년^{1232}에 강화도로 천도하여 대몽항쟁을 지속하였다.

정치적 혼란과 반란 사건, 외국의 침입 등 사회적 혼란이 가중되는 가운데, 이 시기『고려사』「천문지」와 「오행지」를 살펴보면 천재지변도 적잖이 발생하였다. 전염병의 발생도 잦았다. 명종 3년^{1173} 4월에는 정월부터 가뭄이 들고 역질이 돌아 사망자가 많았으며, 17년에는 경성에 역병이 대유행하였다고 한다. 19년에는.황려黃驪, 현재 여주에 역병이 유행하였고 신종 5년^{1202}에는 경주 별초군의 봉기를 진압하러 갔던 군대에서 역질이 돌았다. 희종 3년^{1207}, 7년 및 고종 15년^{1228}, 41년, 42년에도 역병이 크게 유행하였다.[47] 이와 같은 정치·사회적 혼란상은 밀교의례에도 그대로 반영되었다.

1) 국가적 밀교의례의 성행

명종대에서 원종대까지 개설되었던 밀교의례를 표로 정리하면 다음과 같다.

---

[47] 고려 후기 전염병의 발생 양상에 대해서는 이현숙, 2010, 「전염병, 치료, 권력」,『전염병의 문화사』, 40~42쪽 참조.

[표 6-2] 명종~원종 밀교의례의 개설 양상

	의례 종류	개설 시기	최초 개설
명종	소재도량 (12회)	1.5 ‖ 1.7 ‖ 3.10 ‖ 8.8 ‖ 9.9 ‖ 9.11 ‖ 10.8 ‖ 10.9 ‖ 10.12 ‖ 11.10 ‖ 16.9 ‖ 17.2	
	불정도량 (7회)	2.12 ‖ 3.윤1 ‖ 6.10 ‖ 7.2 ‖ 7.10 ‖ 8.2 ‖ 10.10 ‖	
	마리지천도량 (3회)	3.2 ‖ 6.4 ‖ 7.3	
	대불정독경 (1회)	10.3	
신종	소재도량 (3회)	6.4 ‖ 6.7 ‖ 6.10	
	불정도량 (1회)	6.11	
	무능승도량 (1회)	6.2	
희종	소재도량 (1회)	5.3	
	불정도량 (1회)	5.10	
	마리지천도량 (2회)	5.10 ‖ 6.4	
강종	관정도량 (즉위, 1회)	1.1	○
	소재도량 (1회)	1.8	
고종	소재도량 (42회)	2.4 ‖ 3.7 ‖ 4.7 ‖ 4.9 ‖ 4.12 ‖ 6.8 ‖ 8.7 ‖ 9.8 ‖ 10.8 ‖ 10.10 ‖ 10.11 ‖ 11.5 ‖ 12.8 ‖ 14.8 ‖ 14.9 ‖ 15.1 ‖ 15.4 ‖ 15.8 ‖ 15.10 ‖ 16.2 ‖ 17.1 ‖ 17.3 ‖ 17.4 ‖ 21.1 ‖ 21.9 ‖ 22.5 ‖ 23.2 ‖ 23.8 ‖ 23.10 ‖ 30.2 ‖ 30.9 ‖ 30.11 ‖ 36.윤2 ‖ 36.7 ‖ 37.2 ‖ 38.6 ‖ 39.3 ‖ 40.11 ‖ 41.8 ‖ 41.10 ‖ 42.4 ‖ 42.9	
	무능승도량 (5회)	4.1 ‖ 4.4 ‖ 4.10 ‖ 14.9 ‖ 14.10	
	문두루도량 (2회)	4.4 ‖ 4.12	
	마리지천도량 (1회)	4.5	
	불정도량 (6회)	4.10 ‖ 9.3 ‖ 10.2 ‖ 11.2 ‖ 11.10 ‖ 15.9	
	공덕천도량 (9회)	22.3 ‖ 23.8 ‖ 29.7 ‖ 37.5 ‖ 38.5 ‖ 40.2 ‖ 40.4 ‖ 41.6 ‖ 42.8	○
	염만덕가위노왕 신주도량 (1회)	22.11	○
	불정심도량 (1회)	42.3	○

의례 종류	개설 시기	최초 개설
공덕천도량 (2회)	1.5 ‖ 6.3	
소재도량 (24회)	1.6 ‖ 4.2 ‖ 4.8 ‖ 5.2 ‖ 5.5 ‖ 6.4 ‖ 7.8 ‖ 7.10(2회) ‖ 9.2 ‖ 9.6 ‖ 10.1 ‖ 10.6 ‖ 10.12 ‖ 12.2 ‖ 12.10 ‖ 12.12 ‖ 13.4 ‖ 13.5 ‖ 13.8 ‖ 13.12 ‖ 14.4 ‖ 14.5 ‖ 14.10	
대불정오성도량 (1회)	5.5	○
대일왕도량 (1회)	5.6	○
불정도량 (3회)	7.10 ‖ 8.10 ‖ 10.11	
관정도량 (기양, 1회)	10.12	

위의 [표 6-2]를 보면, 명종~강종 연간에는 소재도량, 불정도량, 마리지천도량, 무능승도량, 즉위의례로서의 관정도량이 개설되었다. 이 기간 동안 새로 개설된 밀교의례로는 즉위의례로서의 관정도량이 유일하다.

강종은 명종이 최충헌에게 폐위될 때, 성격이 암둔하고 유약하다는 이유로 함께 폐위되었던 명종의 태자였다.[48] 본인이 무능하다고 폐위시켰던 인물을 다시 왕으로 올리는 것이기 때문에 왕의 권위를 높이기 위하여 전륜성왕사상에 입각한 즉위의례로 관정도량을 개설한 것이다. 한편 이 시기 소재도량은 천재지변을 기양하기 위해서 주로 개설되었고, 성변으로 예견되는 내란 진압을 위해 개설된 사례도 있다. 불정도량과 마리지천도량 역시 기우와 내란 진압을 위해 개설되었다. 무능승도량은 군사 목적의 밀교의례인데, 개설 시기가 경주 지역의 반란 사건과 겹치는 것으로 보아[49] 역시 내란 진압을 위해 개설되었다.

---

48) 『高麗史』卷129, 列傳 第42, 崔忠獻
49) 경주 지역의 반란 사건은 신종 5년(1201)에 시작되었다. 조정에서는 대장군 金陟侯를 보내 반란을 평정하려고 하였으나, 김척후의 군대가 싸우려 하지 않았기 때문에 이듬해 그를 불러들이고 후임으로 丁彦眞을 보냈다(『高麗史』卷21, 世家 第21, 神宗 5年 ; 卷 100, 列傳 第12, 丁彦眞). 이로 미루어 신종 6년에도 경주 지역의 반란이 평정되지 않았음을 알 수 있다.

요컨대, 명종~강종 연간에 개설된 밀교의례는 즉위의례로서의 관정도량을 제외하면 모두 기우와 내란 진압을 목적으로 하고 있다. 사회적 혼란이 극심하기는 하였지만 그 혼란이 '상시적 재난'으로 인한 것이었기 때문인 것 같다. 명종대에 개설된 불교의례 전반을 살펴보아도 비슷한 양상을 보인다. 명종대에는 불교의례의 개설 횟수가 100회를 상회하나, 새롭게 개설된 불교의례는 명종 20년[1190] 12월에 개설된 승법문도량勝法文道場 한 종류뿐이다. 무신정권의 성립은 정치·사회적 변화를 초래하였고 불교계에도 커다란 충격을 주었지만, 전통적 문화관 내지 종교관이 붕괴된 것은 아니었다.[50] 더구나 고려 전기를 거치면서 불교의례가 정착된 결과 '상시적 재난'의 대처 방식에 정형성이 형성되었다. 이는 고종·원종 연간에 발생한 '비상시적 재해', 즉 거란유종과 몽골의 침입이 발생하였을 때의 불교의례 개설 양상과 비교해보면 더욱 뚜렷해진다.

거란유종과 몽골의 침입은 고려 전기 현종대 거란의 침입 이후 약 200년 만에 고려 영토 내에서 전국적으로 벌어진 전쟁이었다. 이에 고려에서는 전통적인 외적 기양 도량인 문두루도량, 불정도량, 무능승도량 외에도 고종대에 공덕천도량功德天道場과 염만덕가위노왕신주도량閻滿德加威怒王神呪道場[51]을 새로 추가로 개설하였다. 새로 추가된 공덕천도량과 염만덕가위노왕신주도량이 모두 고종 19년[1232] 강화도 천도 이후에 개설된 점이 눈길을 끈다.[52] 이후 고종 46년에 제6차 강화조약이 시작될 때까지 몽골과의 전

---

50) 金炯佑, 1992, 『高麗時代 國家的 佛教行事에 대한 研究』, 62쪽.
51) 『高麗史』 卷23, 世家 第23, 高宗 22年 11月, "丁亥 日官奏 關北別構一屋 設閻滿德加威怒王神呪道場 以禳兵禍"
52) 조승미는 공덕천도량이 강화 천도 이후에 나타나게 된 이유에 대한 흥미로운 가설을 제기하였다. 강화 천도 이후 보이기 시작하는 공덕천도량과 대비되어, 마리지천도량은 천도 이후 개설되지 않는다. 이 두 도량은 모두 『다라니집경』에 의거한 것으로, 『다라니집경』이라는 경전의 비중이 유지되면서 신앙 대상이 변화하였다고 한다. 조승미, 2016, 「불교의 여신 마리지천에 대한 동아시아의 신앙 문화」, 『佛教學報』 75, 244~245쪽 참조.

쟁, 강화조약과 그에 따른 휴전이 반복되었다. 강화조약의 세부적인 내용은 매번 체결될 때마다 달랐지만, 강화도에서 나와 항복을 하고 공물을 납부하며 고종의 친조親朝를 요구하는 등 받아들이기 힘든 내용들이었다. 특히 항전론을 내세우며 강화도 천도를 단행하였던 최씨정권의 입장에서는 강화조약을 체결하는 것 자체가 정권의 존립과 관계되는 문제였기 때문에, 미봉책으로 강화조약을 체결하고는 곧 파기하곤 하였다.53) 이와 같은 '비상시적 재난'을 타개하기 위해서는 기존에 개설되던 의례 외에 새로운 시도가 필요했을 것이다. 이 때문에 고종 연간에는 강화도 천도 이후에 새로운 밀교의례가 개설되었다.54)

30년 가까운 전쟁기를 지나, 고종 46년1259 4월에 고려는 태자를 원에 보내 대몽항쟁 이후 여섯 번째 강화조약을 체결하였다.55) 전 해에 유경柳璥과 김준金俊이 정변을 일으켜 최의崔竩를 죽임으로써 원에서 이전부터 요구해오던 태자의 친조가 이루어진 것이다. 그해 6월에 고종이 승하하고 원에 있던 태자가 그 다음해 3월에 귀국하여 즉위하였으니, 원종이다. 그런

---

53) 대몽항쟁기 고려-몽골 관계의 추이에 대해서는 李益柱, 1996,『高麗·元關係의 構造와 高麗後期 政治體制』, 서울대 국사학과 박사학위논문, 10~26쪽 참조.

54) 神衆道場의 개설 양상도 이를 뒷받침한다. 신중도량은 天兵神衆道場, 華嚴神衆道場까지 아우르는 의례명이다. 신중도량이 처음 개설된 것은 숙종 6년(1101) 4월의 일이다. 송충이의 충해를 기양하기 위해 東北의 州鎭에서 개설하였다(『高麗史』卷54, 志 第8, 五行2, 肅宗 6年 4月 丙辰). 송충이의 피해가 전쟁의 징조로 해석되었기 때문이었다. 그 뒤로 신중도량의 개설 기록은 한동안 보이지 않다가, 고종 4년(1217) 5월과 5년 10월에 거란의 침입을 기양하기 위해 개설되었다. 그 후 고종 연간에만 36년 8월부터 43년 1월까지 34회나 개설되었다. 신중도량은 崔沆 집권기에 등장하여 활발히 개설되었다. 화엄신중도량과 관계가 깊은 『(華嚴)神衆經』은 신라 하대 선종의 부상을 의식하고 화엄종단의 결집을 기도하기 위해 찬술되었다. 태조의 후삼국 통일전쟁 때 그를 지지했던 希郞이 이 신앙을 계승하였고 고려 초 均如에게로 이어지지만, 균여와 사상적 맥을 달리하는 義天의 부상으로 일시 단절되었다고 한다. 그런데 최항 집권기에 들어서 균여계 화엄종단이 다시 등장하면서, 대몽항쟁이라는 시대적 상황과 맞물리며 화엄신중도량이 개설되기 시작하였다(南東信, 1993,「羅末麗初 華嚴宗團의 대응과 《(華嚴)神衆經》의 성립」참조). 최초의 개설은 아니지만, 당시의 사상적 흐름과 시대 상황 속에서 화엄신중도량이라는 새로운 시도가 이루어진 것이다.

55) 『高麗史』卷24, 世家 第24, 高宗 46年 4月 甲午

데 원종 5년[1264]에 원은 재차 국왕의 친조를 요구해 왔다. 고려에서는 이를 피하기 위해 그해 6월에 대불정오성도량大佛頂五星道場과 대일왕도량大日王道場을 개설하였다. 대불정오성도량은 백산개불정 관련 의례로 추정되고, 대일왕도량은 대일여래大日如來를 주존으로 개설된 의례이다. 이 역시 미증유의 사태에 대해 새로운 대안책을 모색한 것이었다.

한편, 전쟁기간 중에도 천재지변과 전염병의 발생은 지속되었다. 이에 천재지변을 기양하기 위한 소재도량, 불정도량이 자주 개설되었다. 고종 연간에 최초로 개설된 공덕천도량의 개설 목적 중에 기우도 포함되어 있었다. 고종 37년[1250]에 개설된 공덕천도량이 기우를 위한 것이었다. 그리고 고종 42년에는 전염병의 기양을 위해 불정심도량佛頂心道場이 새로 개설되었다. 이 의례는『불정심다라니경』을 소의경전으로 한다. 고려시대에 왕성했던『불정심다라니경』에 대한 신앙이 의례에 적용된 사례이다.[56]

이상과 같이 전개된 무신 집권기 밀교의례의 개설 양상은 다음과 같이 정리된다. 몽골 침입이라는 '비상시적 재난'이 닥치기 전에는 기존의 밀교의례가 반복되면서 새로운 밀교의례 개설이 보이지 않는다. 그러나 몽골 침입이라는 '비상시적 재난'이 닥치고 이것이 장기화되자, 새로운 밀교의례를 개설하여 돌파구를 찾아보려고 하였다. 또한 전염병 기양에서도『불정심다라니경』을 의례에 도입하여 새롭게 불정심도량을 개설하였다. 고려시대 밀교의례는 반복되는 재난 속에서 상투화되고 경직된 측면이 있지만, 의례 개설을 통해 사회 안정을 추구하는 목적도 있었기 때문에 당시에 유행하던 신앙을 흡수하였다고 볼 수 있다.

밀교종파, 특히 신인종은 외적 기양도량으로서의 효험을 인정받아 종파로 성립되었다. 그렇다면 몽골의 침입이라는 비상시국에 밀교종파는

---

56) 『불정심다라니경』의 왕성한 신앙에 대해서는 이 책의 제4장. 2절. 단본 밀교경전의 간행 참조.

어떻게 움직였을까. 고종 19년 강화도로 천도를 단행했을 때, 종래 개경에서 불교의례가 개설되었던 사찰, 역대 왕의 진전사원眞殿寺院 등 중요 기능을 담당했던 사찰들도 강화도로 이전하였다. 고려 사회에서 불교의례 및 사찰이 출세간적인 종교로서뿐 아니라 고려의 정치와 사회에 영향을 미치는 운영 기제로서도 기능하였기 때문이다. 즉, 강도江都의 국도國都로서의 기능은 궁전, 관아 건물의 조영뿐 아니라 불사경영과 제반 불교의식을 종전대로 집행하는 것에 의해 인정되었다고 할 수 있다.57)

강화도로 이전된 개경 사찰 가운데에는 현성사도 포함되어 있었다. 전쟁의 승리를 기원하는 진병도량으로서의 기능뿐 아니라, 그와 관련한 밀교의례를 주관할 수 있는 신인종 승려라는 인적 재원의 확보도 겸하였을 것이다. 문두루도량은 특히 바다에서 들어오는 적의 침입을 막는 데 효험을 보였다. 천도지 강화도는 섬이었기 때문에 들어오기 위해서는 반드시 바다를 건너야 했다. 종교적 차원의 강도 방어 임무가 현성사를 위시한 신인종에게 주어졌던 것으로 풀이된다.58) 강도 시기에 왕의 현성사 친행 빈도가 가장 높았던 것도 신인종에 기대어 몽골 침입을 물리치고자 한 기대 때문이었을 것이다.

2) 개인적 다라니신앙의 다양화

무신 집권기 사회적 혼란은 민심의 동요를 불러일으켰다. 불안한 민심은 교리체계를 통한 지적 이해보다는 현실적 불안을 즉각 소멸해 준다는

---

57) 尹龍爀, 1990, 「고려 대몽항쟁기의 불교의례」, 439쪽.
58) 한기문은 고종이 강화도 현성사를 자주 찾은 이유는 문두루도량을 행하기 위해서였으며, 이는 몽고의 해상으로부터의 침입을 경계해야 하는 고려 왕조에게 심리적 안정감을 주었을 것이라고 하였다(韓基汶, 2000, 「高麗時代 開京 現聖寺의 創建과 神印宗」, 485쪽).

주술적·신이적 신앙을 선호하였다.[59] 이에 밀교의 다라니신앙은 더욱 고취되고 다양화되었다. 다라니 염송이 갖는 제재除災 구복求福의 역할이 당시의 신이적 색채가 농후하던 사회 분위기 속에서 상승 작용을 일으켰기 때문이다.

우선 재가자들이 다라니를 가까이하는 모습들이 눈에 띈다. 진각국사 혜심眞覺國師 慧諶, 1178~1234은 출가하기 전에 항상 경전을 외우고 다라니를 지송하였다고 한다.[60] 당시에 다라니 지송이 세간에 널리 퍼져 있었으며 불교 신앙을 대표하는 행위 중 하나로 받아들여졌음을 보여준다. 천태종 승려인 백련사白蓮社의 요세了世, 1163~1245도 일상적으로 준제주准提呪를 염송하였다. 매일 선정을 하고 경을 가르치는 여가에 『법화경』 한 부를 외우고, 준제신주를 천 번,[61] 나무아미타불을 만 번 부르는 것을 일과로 하였다고 한다.[62] 선종 승려인 일연一然, 1206~1289은 병란兵亂을 피하기 위해 문수오자주文殊五字呪를 염송하였다.[63] 다라니를 염송하는 행위 자체는 대승불교 내

---

59) 徐景洙, 1997,「麗末鮮初 佛敎의 密敎的 傾向」,『韓國密敎思想』, 한국언론자료간행회, 347쪽.

60) 李奎報,「月南寺址眞覺國師碑」(『韓國金石全文』中世下, 1016쪽), "常念經持呪 久乃得力 喜毁斥淫巫妖祠 或往往救人病有效"

61) 밀교 수행법으로서의 준제주 염송은 의궤에 따라 때와 장소가 갖추어지고 수법에 전념해야 하기 때문에, 요세의 준제주 지송을 밀교식 수행법으로 볼 수 없다는 견해도 있다(서윤길, 2006, 『한국밀교사상사』, 760~761쪽).

62) 崔滋,「萬德山白蓮社圓妙國師碑銘幷序」,『東文選』卷117, 碑銘, "每禪觀誦授之餘 誦法華一部 念准提神呪一千遍 彌陁佛號一萬聲 以爲日課"
민영규 구장본 『범서총지집』은 서문에서 옛 선사들의 다라니신앙을 소개하며, "龍樹菩薩은 … 准提神呪를 널리 선양하였다"고 하였다. 또 "智者禪師는 宿命通을 얻어 持呪儀軌를 자세히 보이셨다"고 서술되어 있다. 持呪儀軌란 다라니의궤라는 의미이므로, 서문의 이 내용은 天台智者가 『請觀音經疏』 등 밀교경전에 대한 주석서를 강찬한 것을 가리키는 것 같다. 이 서문에서는 다라니를 염송하여 삼매에 들 수 있다고 서술하고 있다. 확언하기는 어려우나 천태종 승려 요세가 천태지의의 예를 본받아 다라니에 관심을 가지면서 준제신주를 천 번 외우며 삼매를 추구하였을 가능성도 있다.

63) 閔漬,「麟角寺普覺國尊碑銘」(『韓國金石全文』中世下, 1068쪽), "丙申秋 有兵亂 師欲避地 因念文殊五字呪 以期感應"
문수오자주는 '阿羅波左那'의 다섯 글자인데,『金剛頂超勝三界經說文殊五字眞言勝相』

제6장 고려시대 밀교의 성격 **287**

에서도 종종 보이지만, 고려 후기가 되면 밀교의 다라니가 종파와 관계없이 염송의 대상이 되는 것이다.

1254년^{고종41}에 조성된「양택춘묘지명梁宅椿墓誌銘」에는 묘장다라니墓葬陀羅尼[64]의 사례가 보인다. 양택춘의 묘지석 뒷면에는 아미타상품상생진언阿彌陀上品上生眞言, 육자대명진언六字大明眞言, 보루각진언寶樓閣眞言, 결정왕생정토주決定往生淨土呪 등 총 네 종류의 다라니가 범자로 쓰여 있다. 아미타상품상생진언과 결정왕생정토주는 정토왕생과 직접적으로 결부된다. 육자대명진언은 '옴 마니반메훔'이다. 다소 후대의 자료이지만, 1275년^{충렬왕1} 인흥사仁興寺에서 선린禪麟이 간행한 것으로 추정되는『법화경보문품法華經普門品』말미에는 육자대명진언이 부록되어 있고, 그 아래에 이 진언을 독송함으로써 얻게 되는 공덕을 설하고 있다.[65] 그 내용에 의하면, 이 다라니를 지니고 있는 사람이 만지거나 보는 일체 유정은 재빨리 보살위菩薩位를 얻으며 영원히 생로병사의 고통을 받지 않는다고 한다. 이는 곧 윤회에서 벗어나 해탈함을 의미하는데, 극락도 윤회의 고리에서 벗어나 있는 공간이다. 관세음보살이 아미타불의 협시로서 극락왕생을 상징한다는 점과 결부시키면, 묘지

에 의하면 이를 한번 지송하면 일체 고난이 사라진다고 한다(佛光大辭典編修委員會編, 1989,『佛光大辭典』, 五字文殊法).

64) 묘장다라니란 중국의 불교학자 류슈펀[劉淑芬]이 사용한 개념으로, 망자의 명복을 빌기 위해 葬儀美術에서 활용된 다라니를 가리킨다(이승혜, 2019,「농소고분(農所古墳) 다라니관(陀羅尼棺)과 고려시대 파지옥(破地獄) 신앙」, 342쪽).

65) 蔡尙植, 1996,『高麗後期佛教史研究』, 174~175쪽, "觀世音菩薩六字大明眞言」唵麼抳鉢訥銘吽」若誦此呪 隨所住處 有無量諸佛菩薩」天龍八部集會 又具無量三昧法門 誦」持之人 七代種族 皆得解脫 腹中諸蟲」當得菩薩之位 是人日日 得具六波羅」蜜 圓滿功德 得無盡辯才 淸淨智聚 口」中所出之氣 觸他人身 蒙所觸者 離諸」瞋毒 當得菩薩之位 假若四天下人皆」」得七地菩薩位 是諸菩薩 所有功德」與誦六字呪 一遍功德 等無有異 若以」金寶造如來像 數如微塵 不如書寫 此」六字中 一字功德 此呪 是觀音菩薩 微」妙本心 若人書寫此六字大明 則同書」寫八萬四千法藏 所獲功德 等無有異」若人得此六字大明 是人貪瞋癡病不」能染着 若戴持此呪在身者 亦不染着」貪瞋癡病 此戴持人 身手所觸眼目所」觀 一切有情 速得菩薩之位 永不復受」生老病死苦 廣如大乘莊嚴寶王經說」至正十二年 乙亥 二月 日 山人 禪仏寫"

[그림 6-2] 양택춘 묘지명 뒷면 다라니(1254년, 국립중앙박물관 소장)

명 뒤에 새겨진 육자대명진언도 극락왕생을 위한 것이었다. 보루각진언은 멸죄滅罪와 죽은 자의 해탈을 위한 진언이다.[66] 즉, 망자의 명복과 극락왕생을 기원하는 다라니를 모아 새겨놓은 것이다.

다라니신앙의 다양화와 확산은 다라니경류의 간행과 유통을 촉진시켰다. 무신 집권기에는 『불정심다라니경』, 『소재길상경』, 『범서총지집』, 『장수멸죄경』, 『불설범석사천왕다라니경佛說梵釋四天王陀羅尼經』 등이 간행되었다. 이 중 13세기 전반기에 간행된 다라니경들의 발문跋文에는 최충헌 부자의 수복과 안녕을 비는 문구가 삽입되어 있다. 국왕의 만수무강과 일체중생의 해탈을 바란다는 문구를 삽입하는 것이 일반적인데, 최씨 집권기라는 시대적 상황 때문에 최씨 부자를 위한 문장도 들어간 것이다. 한편, 보물

---

66) 김용선, 2006, 『역주 고려묘지명집성』 상, 한림대학교 출판부, 623쪽.

제691호『불정심다라니경』은 호신의 목적으로 작은 경갑에 넣어 휴대하고 다니던 것이어서 눈길을 끈다. 특히 천재지변과 내란, 외침이 이어졌던 시기였기 때문에 호부護符로서의 다라니가 호응을 얻었을 것이다.

무신 집권기는 천재지변과 전염병, 거란과 몽골의 침입 등 다양한 재해가 겹쳤던 시대였다. 이와 같은 시대에 밀교의 재난 기양을 위한 다라니신앙이 확산되고 고취된 것은 당연한 결과이다. 전쟁기에도 일반인들의 일상생활은 이어졌다. 새로운 생명이 태어나고 질병에 시달리며 종국에는 사망하는 생로병사의 삶은 반복되었고, 그 위에 전란의 피해라는 새로운 고통이 더해졌다. 이에『불정심다라니경』을 활용해 난산과 여러 가지 질병을 해결하고자 하였고,『장수멸죄경』의 공덕으로 아이의 건강한 성장을 기원하였다. 지배층인 최이의 경우에는 지념업선사持念業禪師 조유祖猷의 천수다라니 염송의 공덕으로 발에 난 부스럼을 치유하였다. 가족이나 친지가 사망하면, 「양택춘묘지명」의 경우처럼 다라니를 묘지석에 새겨 극락왕생을 기원하기도 하였다. 더불어 전쟁 상황이었기 때문에 일연의 경우와 같이 문수오자주를 염송해 병란의 화를 피하고자한 경우도 보인다. 이와 같이 미증유의 혼란 상황 속에서 밀교의 다라니신앙은 현세구복신앙의 기저를 형성하였다고 볼 수 있다. 국가적 밀교의례에서 '상시적 재난'의 대비책이 정형화되었으며 일반인의 삶 곳곳에 밀교의 다라니신앙이 작용하고 있다. 이는 고려인들이 밀교의 다라니신앙을 더 이상 낯선 것으로 받아들이지 않고, 일상적이고 친근한 것으로 인식하고 있었음을 의미한다.

3) 선정장으로서의 다라니 인식 대두

신라와 고려 전기에는 다라니를 염송해 그 공덕에 기대어 제재초복除災招福을 하고자 하는 다라니신앙이 주를 이루었다. 무신 집권기에도 다라니

염송을 통한 제재초복 신앙이 유지되는 가운데, 다라니를 선정수행^{禪定修行}의 방편으로 삼아 성불을 추구하는 움직임도 대두되었다. 고종 5년¹²¹⁸에 간행된 민영규 구장본 『범서총지집』 서문을 통해 이를 알 수 있다.

『범서총지집』 서문은 내용 면에서 크게 세 부분으로 나뉜다. 첫 번째는 다라니의 수승^{殊勝}함을 서술하는 부분이며, 두 번째 부분에서는 선정장^{禪定藏}으로서의 다라니, 곧 다라니를 통해 선정에 드는 것에 대해 설명하고 있다. 마지막은 왜 범자^{梵字}여야 하는지, 그리고 그 효능이 어떤 것인지를 서술하고 있다.

우선 『범서총지집』의 서문에서 내세우는 다라니의 의미를 살펴보자.

A. ① 『대비로자나성불경소』에서 이르기를, "다라니는 총지이며, 총지는 비유하자면 머리카락들을 묶어 머리 위에 얹는 것과 같다."라고 하였다. ② 『연밀초』에서 이르기를, "머리카락을 묶는다는 것은 제교^{諸教}를 총섭^{總攝}함이요, 머리 위에 얹는다는 것은 여러 승^乘 가운데 최고임을 표현한 것이다."라고 하였다. ③ 『반야이취경^{般若理趣經}』에서 이르기를, "여래의 설법에 5장^藏이 있다. 첫째는 경장^{經藏}이니 우유와 같고, 둘째는 율장^{律藏}이니 타락과 같고, 셋째는 논장^{論藏}이니 생소^{生酥}와 같고, 넷째는 반야장^{般若藏}이니 숙소^{熟酥}와 같다. 다섯째는 다라니장^{陀羅尼藏}이니 제호^{醍醐}와 같아, 경·율·론 가운데 제일이며 생사에서 해탈케 하고 재빨리 열반하여 안락^{安樂} 법신^{法身}을 증득^{證得}하게 해줄 수 있다."라고 하였다. ④ 다라니란, 「선무외삼장기^{善無畏三藏記}」에서 이르기를, "보리를 얻는 빠른 수레바퀴이며, 해탈을 얻는 길상^{吉祥}의 바다이다. 삼세^{三世}의 제불이 이 문에서 나왔다."라고 하였다. ⑤ 『성불심요』에서 이르기를, "진언 한 글자 한 글자는 모두 원원한 과해이고, 상을 여읜 법계이다."라고 하였으니, 이것이 진실로 교해^{教海}의 근원임을 알아야 한다. ⑥ 그러므로 지엄법사^{智儼法師}가 스스로 묻기를, "『화엄경』에서 다라니를 따라 일체법이 드러난다고 하였는데 무엇인가."라 하고, 스스로 답하기를, "실담장^{悉曇章}이 그것이다."라고 하였다. ⑦ 징관법사^{澄觀法師}는 사십이자진언^{四十二字眞言}으로써 사사무애^{事事無礙}의 관행^{觀行}을 하였다.⁶⁷⁾

『범서총지집』의 전반부인 인용문 A는 총 일곱 구절로 구성되어 있다. ①번의『대비로자나성불경소』는 일행의『대일경의석』이다. ②에서는『대일경의석』의 문장에 대한 각원의『연밀초』해석을 인용하였다.『대일경』「실지출현품悉地出現品」의 관불觀佛하는 방법을 설명하는 부분 가운데, '총지總持의 발계관髮髻冠'에 대한 설명이다.68) 이에 따르면 총지의 발계관은 만 가지 덕이 원만하다는 의미로, 줄여서 지발관持髮冠이라 하기도 한다. '지' 자는 다라니성陀羅尼聲이 갖추어져 있다는 것인데, 만 가지 덕의 최상에 도달하였다가 마침내는 동일한 곳으로 돌아감을 이르는 것이라고 한다.69) 이를 머리카락들을 묶어 머리의 최정상인 정수리에 얹는 것으로 비유한 것이다. 흩어져 있는 여러 교설을 하나로 묶어 최상승最上乘으로 귀결시킨다는 의미로, 여기에서 귀결되는 '하나'란 아자阿字를 가리킨다. ①, ②번은 다라니의 수승함을 설하는 부분 중에서도 총설에 해당한다.

그 다음으로 ③번에서는 다라니장이 최고임을 설하며, ④번에서는 다라니를 통해 보리와 해탈을 얻을 수 있고, 삼세의 제불이 모두 이 다라니문에서 나왔다고 이야기한다. 이 구절은 뒤의 ⑤, ⑥번과 연결되면서 더 명확해진다. ⑤번에서는 다라니는 체體이기 때문에 원원한 과해이며 상을 여읜 법계, 곧 무상법계無相法界라고 한다. 다라니를 불법의 본질 내지는 그

---

67) "大毗盧遮那成佛經疏云 陀羅尼者 摠持 摠持者 猶如攬結衆髮 載之在首 演密鈔云 攢結衆髮者 總攝諸敎也 載之在首者 表出衆乘之上也 般若理趣經云 如來說有五藏 一經藏如牛乳 二律藏如酪 三論藏如生酥 四般若藏如熟酥 五陀羅尼藏如醍醐 經律論中寂爲第一 能令解脫生死 速證涅槃安樂法身 陀羅尼者 善無畏三藏記云 菩提速疾之輪 解脫吉祥之海 三世諸佛 生於此門 成佛心要云 眞言字字 皆是圓圓果海 離相法界 是知實爲敎海之源也 故 智儼法師 自問華嚴經中 從陀羅尼 顯一切法 云何 自答悉曇章 是也 澄觀法師 以四十二字眞言 作事事無㝵之觀行也"(연세대학교 중앙도서관 편, 2007,『귀중고서 특별전』, 47쪽)

68) 善無畏·一行 譯,『大日經』卷3,「悉地出現品」第6(『大正藏』18, 18c09~12), "第二正覺句 於鏡漫茶羅 大蓮華王座 深邃住三昧 總持髮髻冠 圍繞無量光 離妄執分別 本寂如虛空"

69) 一行 述記,『大日經義釋』卷8(『卍續藏經』23, 408c13~16), "總持髮髻冠 卽是萬德圓滿義 若就淺略明義 但云持髻冠 此持字 卽具陀羅尼聲 謂上窮萬德之頂 畢竟同歸 譬如攬結衆髻 戴之在首故 譯者欲兼淺祕二釋故 具云總持也"

자체로 파악하는 것이다. 그래서 다라니는 부처님의 모든 가르침의 근원이라고 덧붙이고 있다. 이에 ⑥번에서 지엄법사가 『화엄경』의 구절을 보충설명하며 실담장, 즉 다라니에 따라 일체법이 드러난다고 한 것이다. 나아가 ⑦번에서 징관이 42자 다라니로써 사사무애의 관행을 하였다는 것도 이 내용과 연결되며, 구체적 실천 사례를 제시한 것이다.

이상을 정리하면 『범서총지집』 서문의 인용문 A 부분은 다라니는 여러 장藏 가운데 최고이고 불법 내지는 무상법계 그 자체로서 일체법이 다라니문에서 드러난다는 내용을 담고 있다. 그리고 다라니로써 관행을 하였음을 이야기하고 있다. 그 다음으로 선정장으로서의 다라니에 대한 언급이 이어진다.

B-1. 『대비심경』에서 이르기를, "주呪는 선정장이니, 백천의 삼매가 항상 현전現前한다."라 하였으니, [2자 결락] 선종의 근본임을 알아야 한다. 그러므로 계부선사契符禪師는 사람들이 최상승最上乘을 물을 때 바로 진언을 지송하도록 가르쳤고, [1자 결락] 14조祖 용수보살龍樹菩薩은 준제신주를 널리 선양하였다. 연수선사延壽禪師는 항상 이십오도二十五道의 진언을 지송하며 널리 일체 법계 중생이 구하는 바가 [2자 결락]도록 발원하였다.[70]

B-2. 묻는다. 앞서 인용한 경전[대비심경]에서는 "다라니는 선정장이니, 백천의 삼매가 항상 현전하기 때문이다."라고 하였습니다. 지금 또 말하기를 "진언은 삼장을 모두 포함하니, 진언이 일체 선정의 문을 갖추고 있음을 알아야 한다."고 하였습니다. 어째서 지금의 선자禪者들은 다라니 지송을 허락하지 않는 것입니까?

답한다. …『전등록傳燈錄』에 의하면 용수보살은 서천축 선종의 제14조인데 지명장경持明藏經을 마디지어 요약하였으며 준제신주를 널리 선양하였다. 일행선사는 중하中夏의 성인으로 신변진언神變眞言을 찬술하였고, 지자선사智者禪師는

---

[70] "大悲心經▨ 呪是禪定藏 百千三昧常現前 是知▨▨禪宗之本也 故契符禪師 人問寂上乘 直教持誦眞言 ▨十四祖龍樹菩薩 弘揚准提神呪 延壽禪師 常誦二十五道眞言 普願一切法界衆生所求▨▨"(연세대학교 중앙도서관 편, 2007, 『귀중고서 특별전』, 47쪽)

숙명통宿命通을 얻어 지주궤의持呪軌儀를 자세히 보이셨다. 계부선사는 사람들이 최상승법을 물으면 밀언密言의 지송을 가르치셨다. 예부터 선사들이 어찌 다라니 지송을 허락하지 않았겠느냐? 또 선종은 이미 일체제법이 모두 진어眞如라고 설하고 있으니, 진언을 지송하는 것이 어찌 진여가 아니겠느냐?71)

B-3. 혹시 범자를 관상觀想하지 못한다면, 다만 온 마음으로 다라니를 지송하는 것만으로도 일체 삼매를 구족할 수 있다. 고로 『대비심경』에서 말하기를 다라니는 선정장이니, 백천의 삼매가 항상 현전하기 때문이라고 한 것이다.72)

위의 인용문 B는 선과 다라니를 연결시키는 부분이다. B-1이 『범서총지집』 서문의 내용이고, 그에 대한 출전을 『성불심요집』에서 찾은 것이 B-2이다. B-1에서는 『대비심경』의 내용을 언급하고 있지만, 뒷 문장까지 보면 『범서총지집』이 『성불심요집』의 『대비심경』 인용 부분을 재인용하였다는 것을 알 수 있다. 다라니는 선정장이어서, 과거에 많은 선사들이 다라니를 지송하였다는 내용이다.

B-2는 『성불심요집』 가운데 「현밀쌍변」에 서술되어 있는 내용이다. 「현밀쌍변」에서 밀주密呪의 공덕이 깊고 넓음을 10문으로 나누어 설하는데, 제6문 '제불모교행본원문諸佛母敎行本源門'에 위의 내용이 서술되어 있다. 이에 의하면 다라니 한 글자 한 글자는 모두 계戒·정定·혜慧의 삼학三學을 품고 있고, 만행萬行은 육바라밀에서 벗어나지 않으며, 육바라밀은 곧 삼학이기 때문에 진언이 만행을 총섭하고 있다고 한다.73) 그 다음에 인용문 B-2

---

71) 道殿 集, 『顯密圓通成佛心要集』 卷下(『大正藏』 46, 1002a15~21), "問曰上引經云 陀羅尼 是禪定藏 百千三昧常現前故 今又說眞言總含三藏 卽知眞言備含一切禪定之門 何以今時禪者不許持呪耶 答云準諸傳記 竺天華夏 古來禪德衆善奉行 何況神呪是無相定門諸佛心印耶 故白傘蓋陀羅尼頌云 開無相門圓寂宗 字字觀照金剛定 又云瑜珈妙旨傳心印 摩訶衍行總持門 如龍樹菩薩準傳燈錄 是西天禪宗第十四祖 節略持明藏經 弘揚準提神呪 一行禪師是中夏聖人 贊述神變眞言 智者禪師得宿命通 廣示持呪軌儀 契符禪師 人問最上乘法 直敎持誦密言 古來禪師豈不許持呪耶 又禪宗旣說一切諸法皆是眞如 持誦眞言豈非是眞如耶"

72) 道殿 集, 『顯密圓通成佛心要集』 卷上(『大正藏』 46, 996b25~28), "或有不能想得梵字者 但只專心持誦亦具一切三昧 故大悲心經云 陀羅尼是禪定藏 百千三昧常現前故"

73) 道殿 集, 『顯密圓通成佛心要集』 卷下(『大正藏』 46, 1001c26~1002a15), "六是諸佛母敎

의 내용이 이어지면서 의구심을 문답의 형식으로 풀고 있다. 다라니는 선정장이며 일체의 삼매를 다라니를 통해 얻을 수 있는데 왜 지금의 선사들은 다라니 지송을 허락하지 않느냐는 질문이다. 이에 대해 그렇지 않다고 답하며, 선사들이 다라니를 지송한 예로 용수보살의 준제신주 홍양, 연수선사의 이십오도 진언 지송 등을 들고 있다.

인용문 B-2에서는 다라니는 선정장이라는 내용을 "앞서 인용했다"고 한다. 그 인용 내용이 B-3이다. 『성불심요집』의 「밀교심요」 중에서 수행을 위해 다라니를 지송하는 방법을 설명하는 '지송의궤' 부분에서 등장한다. 준제진언을 외우는 방법과 구성범자九聖梵字, 즉 준제진언 아홉 자의 글자들을 관상하여 삼매에 드는 방법을 설명한 것이다. 그 뒤를 이어 B-3과 같이 관상을 하지 못한다면 지송하기만 하면 된다고 설한다. 즉, 다라니를 관상하거나 지송하면 삼매에 들 수 있기 때문에 다라니를 선정장이라고 한다는 것이다.

『범서총지집』 서문의 이 부분은 사상사적으로 의미가 매우 크다. 다라니와 선의 관계를 유추할 수 있는 부분이기 때문이다. '다라니는 선정장'이라는 『성불심요집』의 내용을 그대로 인용하고 있는 점은 『범서총지집』의 서문이 쓰였던 13세기 초 고려에서 다라니를 선정에 들기 위한 방편으로 삼고 있었음을 보여준다. 수선사의 혜심이 고종 15년1228에 『범총지집』 간행에 관여한 이유도 다라니의 선정장으로서의 역할에 주목했기 때문일 것이다.

나아가 총지종 승려들은 실제로 이러한 수행을 하였다. 앞장에서 살펴보았듯이 혜심과 총지종 승려와의 대화를 통해 총지종 승려들이 『대일경』에 바탕을 둔 아자 관법 수행을 하였음을 알 수 있다. 아자 관법 수행이란

行本源門者 謂一切諸佛皆從陀羅尼所生 … 又眞言亦名三藏 有持咒者皆號三藏 謂眞言中
每一一字 皆含戒定慧三 且萬行不出六度 六度不離三學 旣眞言名三藏 卽知眞言總含萬行
眞言是總行 其餘法門是支流行門也"

아자를 관상하여 아자로 상징되는 대일여래와 본인을 일체화시켜 우주법계가 본불생本不生이라는 진리를 체득하는 것으로, 밀교의 대표적 수행법이다. 자료가 없어 확언할 수는 없지만, 총지종의 다라니 염송이 제재除災를 위한 것이었을 뿐 아니라 삼매에 들기 위한 방편이었을 가능성도 크다. 이처럼 총지종에 다라니를 관하고 염송하는 수행 전통이 있었기 때문에 고려시대에 총지종 승려들은 선종 승계를 받았다.

다음으로 『범서총지집』 서문에서는 다라니는 범부가 이해할 수 있는 영역을 넘어서 있다고 설한다.

C-1. 『대일소大日疏』에서 이르기를, "진실로 돈오頓悟의 근기根機가 아니면 손에 넣을 수 없다."라고 하였다. 『수구경隨求經』에서 이르기를, "성불에 가까운 자만이 진언을 들을 것이요, 성불에서 먼 자는 세세토록 이 진언을 듣지 못할 것이다."라고 하니, 제목이 [1자 결락] 잠시라도 보고 듣고 수희隨喜한 자는 모두 원돈圓頓의 그릇이요, 비방하고 믿지 않는 자는 모두 [1자 결락]소小의 [1자 결락]이다. 그러므로 『연밀초』에서 이르기를, "비로자나불께서 이를 친히 말씀하셨고, 금강연화수보살金剛蓮花手菩薩께서 마찬가지로 품부稟賦하셨다. 널리 일체 (중생)을 위한 것이 아니기 때문에 비장秘藏이라 칭한다."라고 하였다. 만약 독송, 수습修習, 서사書寫, 패용佩用하거나 집에 안치하여 공양, 예배하면 밀교의 여러 경전에서 설하는 공덕을 얻을 수 있으니, 범부는 알 수 없고 부처님만이 아는 바이다.[74]

C-2. 이때 집금강비밀주執金剛秘密主가 부처님께 말하였다. "희유希有하신 세존이시여! 부처님께서 설하신 불가사의진언상不可思議眞言相의 도법道法은 일체 성문·연각(의 법)과 같지 않습니다. 또 널리 일체 중생을 위한 것이 아닙니다. 만약 이 진언도眞言道를 믿는 자는 온갖 공덕법功德法이 모두 만족될 것입니다."[75]

---

74) "大日疏云 苟無頓悟之機 不入其手 隨求經云 成佛近人方聽是眞言 成佛遠人 世世不聽是眞言 題目是▨ 暫得見聞隨喜者 皆是圓頓之器 誹謗不信者 皆是▨小之▨ 故 演密鈔云 毘盧遮那非[佛?]親演之 金剛蓮 花手同稟焉 非普爲一切故 故稱秘藏也 若有讀誦修習書寫藏佩 安於住處供養禮拜所得功德 如密教諸經中所說 非凡夫之思議 唯佛所知"(연세대학교 중앙도서관 편, 2007, 『귀중고서 특별전』, 47쪽)

위의 인용문 C-1에서는 다라니가 성불과 직결되어 있음을 이야기하고 있다. 그러므로 돈오의 근기가 아니면 손에 넣을 수 없고 성불에 가까운 자만이 들을 수 있다. 이는 일반 중생은 알 수 없는 경계이므로 비장秘藏이라 칭하며, 다라니를 독송하고 익히고 서사하고 패용하거나 집에 안치하여 공양하고 예배하면 공덕을 얻을 수 있다고 한다.

이 부분을 이끄는 대전제는 제일 앞에 있는 『대일소』의 구절이다. 『대일소』는 일행의 『대일경소』를 가리킨다. 긴 문장 가운데 한 구절만을 취한 것으로, 이 부분에서 풀이한 『대일경』의 내용을 제시한 것이 인용문 C-2이다. 『대일경』의 「입만다라구연진언품立曼茶羅具緣眞言品」 가운데에서도 진언이 지니는 공덕에 대하여 설하는 부분이다. 그 내용에 의하면, 진언을 통해 삼매에 들어 일정 경지에 다다르면 모든 실지悉地를 얻는다고 한다. 그런데 이러한 도법道法은 모든 중생에게 보편적으로 설해지는 것이 아니라 진실로 돈오의 근기를 가진 사람이 아니면 들어갈 수 없다는 것이다. 이 도법을 수행하면 성불에 이를 수 있으므로, 『수구다라니경』에서 설한 바와 같이 성불에 가까운 자만이 진언을 들을 수 있다고 한다. 또 모두에게 공개된 것이 아니기 때문에 잠시라도 보고 들은 자는 원돈의 그릇이라고 이야기한다. 그러므로 비장이라고 칭하며, 이를 수지 독송 등을 하면 공덕을 얻을 수 있는 것이다. 위의 내용을 인용문 B-1과 결합시켜 보면, 『범서총지집』 서문의 내용은 다라니를 관상하여 삼매에 드는 관법수행觀法修行을 통해 성불을 추구하는 방향으로 나아가고 있다.

고려 후기에 다라니는 두 가지 목적으로 사용되고 있었다. 하나는 재난을 소멸시키고 현세이익을 추구하기 위한 것이고, 다른 하나는 정신 통일을 위한 목적이었다. 흔히 전자를 제재의 다라니, 후자를 억지憶持의 다라

---

75) 善無畏·一行 譯, 『大日經』 卷2, 「立曼茶羅具緣眞言品」(『大正藏』 18, 10c02~05), "爾時執金剛祕密主白佛言 希有世尊 佛說不思議眞言相道法 不共一切聲聞緣覺 亦非普爲一切衆生 若信此眞言道者 諸功德法皆當滿足"

니라 부른다.76) 『범서총지집』의 서문에서는 다라니의 억지 기능을 선정에 드는 방편으로 활용하고 있다. 그리고 이와 같이 다라니를 관하여 선정에 드는 것은 체계화된 중기밀교의 수행법과 궤를 같이 하는 것이다.

---

76) '憶持'라는 단어가 일상적으로 사용되지는 않지만, 경전 내용을 기억하고 잊어버리지 않는다는 의미를 적절하게 표현할 대체 단어가 없기 때문에 이 책에서는 이 표현을 그대로 사용하였다.
　밀교사에서 보면, 시간적으로는 憶持의 다라니가 除災의 다라니보다 이른 시기에 출현하였다. 원래 다라니는 정신을 집중하고 그 결과 기억력을 높여 경전의 문구와 내용을 잊지 않게 하는 것이었다. 그 후 정신 통일을 하고 교법을 기억하기 위한 방편으로 특정한 문자를 사용하게 되었으며, 이 특정 문자들도 다라니라고 부르게 되었다. 이러한 다라니들은 모두 경전의 핵심적 사상을 의미하게 되었고, 문구 혹은 글자로 이루어진 이들 다라니를 지송하고 관하면 마음의 통일과 집중을 이룰 수 있으며 佛智를 성취할 수 있다고 받아들여지게 되었다(선상균(무외), 2006, 「다라니 의미의 체계화 과정」, 42~48쪽).

3.

원 간섭기 이후의
고려 밀교

1) 티베트불교의 영향과 밀교의 변화

원종 11년[1270]에 개경으로 환도한 이후, 고려는 원과 다양한 인적·물적 교류를 통하여 원의 문화적 영향을 받게 되었다. 밀교에 초점을 맞추어 살펴보면, 원에서 신봉하던 티베트불교의 영향으로 고려의 밀교신앙이 더욱 고취되었다고 할 수 있다.

13~14세기 티베트불교, 소위 라마교[喇嘛敎]는 여러 종파로 나뉘어 있는데, 그 가운데 원 황실과 가장 깊은 관계를 맺고 있었던 것은 사캬파[Sa skya pa]였다. 몽골과 사캬파의 첫 접촉은 우구데이[Ögedei, 窩闊台, 1185~1241]의 아들 쿠텐[Köden, 闊端]이 1240년에 티베트에 군대를 파견하면서 부터였다. 쿠텐은 사캬파의 대학자인 사캬 판디타[Sa skya Paṇḍita, 1182~1261]를 초청하였고, 1247년에 쿠텐의 막사가 있던 양주[凉州, 현재 감숙성 武威]에서 만났다. 쿠텐은 그에게 몽골 종주권에 대한 무조건적인 인정을 요구하였고, 그 보상으로 사캬파가 티베트 통치 대리인임을 공포하였다. 그러나 1251년에 톨루이[Tolui, 拖雷,

1192~1232의 아들 뭉케^{Möngke, 蒙客·蒙哥, 1209~1259}가 대칸으로 즉위하면서 티베트에서 사캬파의 입지가 좁아졌다. 뭉케는 쿠텐이 사캬파에 부여해준 티베트 전체 관할권을 박탈하였고, 어떤 한 파가 우세를 보인다고 할 수 없는 상황에서 여러 교파들이 아릭부케^{Ariq Böke, 阿里不哥, 1219~1266}, 쿠빌라이^{Kublai, 忽必烈, 1215~1294}, 훌레구^{Hulegu, 旭烈兀, 1217~1265} 등 톨루이계 권력의 핵심들과 관계를 맺어나가고 있었다. 사캬파 역시 톨루이계 인사와 새로운 관계를 맺었는데, 그가 쿠빌라이이다. 쿠빌라이는 1252년에 사캬 판디타의 조카인 팍파와 대면하는데, 그때 그의 나이는 17세였다.[77] 그는 이후 쿠빌라이가 즉위한 중통^{中統} 원년¹²⁶⁰에 국사^{國師}로 임명되었고,[78] 1270년에 팍파문자를 만들고 제사^{帝師}가 되었다.[79] 그 이후 사캬파의 고승들은 제사나 국사로 임명받거나 황제의 사위를 의미하는 백란왕^{白蘭王} 칭호를 받으며 원 조정에서 활약하였다.[80]

고려에서 원 간섭기가 시작되던 시기는 팍파가 한창 활약하던 시기였다. 고려는 원종 12년¹²⁷¹에 티베트불교를 처음으로 접하였다. 몽골에서 온 토번 승려 네 명이 고려를 방문한 것이다.[81] 이때 토번 승려의 방문 목적은 알 수 없다. 강화조약을 체결하고 환도를 한 직후의 상황이었기 때문에, 이들은 왕이 선의문^{宣義門} 밖까지 나가 맞이할 정도로 환대를 받았다.[82]

원종의 뒤를 이어 즉위한 충렬왕은 원 세조의 딸인 제국대장공주^{齊國大長}

---

77) 崔昭暎, 2010, 「13세기 후반 티베트와 훌레구 울루스」, 서울대 동양사학과 석사학위논문, 7~11쪽.

78) 『元史』 卷202, 列傳 第89, 八思巴, "中統元年 世祖即位 尊為國師 授以玉印"

79) 『元史』 卷202, 列傳 第89, 八思巴, "至元六年 詔頒行於天下 詔曰 朕惟字以書言 言以紀事 此古今之通制 … 故特命國師八思巴 創為蒙古新字 譯寫一切文字 期於順言達事而已 自今以往 凡有璽書頒降者 並用蒙古新字 仍各以其國字副之 逐升號八思巴 曰大寶法王 更賜玉印"

80) 石濱裕美子, 1999, 「チベット密敎史」, 『チベット密敎』, 東京: 春秋社, 39쪽.

81) 『高麗史』 卷27, 世家 第27, 元宗 12年 8月, "丁巳 蒙古吐蕃僧四人來 王出迎 于宣義門外"

82) 이하 고려와 원의 티베트불교 교류는 李龍範, 1964, 「元代 喇嘛敎의 高麗傳來」를 참고하여 정리하였다.

公主를 왕비로 맞이하였다. 충렬왕 2년¹²⁷⁶에는 원 제사가 파견하였다고 사칭한 라마승들이 공주와 국왕의 복을 빌고자 만다라도량^{曼陀羅道場}을 개설하였다. 공주가 매우 기뻐하며 많은 돈을 하사하였는데, 금전 문제로 갈등이 생긴 제자의 고발에 의해 가짜임이 밝혀져 추방되었다. 이 행사는 충렬왕과 공주가 참석한 가운데 4일 동안 개설되었다.[83] 고려 사회에 티베트불교를 알리기에 충분하였을 것이다.[84]

충렬왕 20년¹²⁹⁴에는 제사가 파견한 고려 출신 티베트불교 승려인 그제스파^[吃折思八]가 방문하였다. 그는 원래 진도^{珍島} 출신인데, 포로로 잡혀갔다가 제사에게 의탁하여 출가하였다. 그가 고려에 올 때에 백관들이 도포를 입고 홀^笏을 갖추고 승려들을 이끌고 문밖까지 마중을 나갔다고 한다. 또한 그의 부모를 찾아 쌀과 토지와 집을 주고 부역에서 면제시켜 주었다고 한다.[85] 티베트불교 승려에 대한 우대를 잘 보여주는 사료이다. 충렬왕은 충선왕에게 전위한 해¹²⁹⁶에 충선왕, 계국대장공주^{薊國大長公主}와 함께 번승에게 계를 받기도 하였다.[86]

충렬왕과 제국대장공주 사이에서 태어난 충선왕은 티베트불교 신자였다. 그는 즉위하던 해¹²⁹⁶에 서번^{西蕃} 승려 바가스^[八哈思] 등 19인을 초청하여

---

83) 『高麗史』 卷89, 列傳 第2, 后妃2, 齊國大長公主, "有吐蕃僧自元來 自言帝師遣我 爲公主國王祈福 宰樞備旗盖出迎 閭巷皆焚香 其僧食肉飮酒 常言 我法不忌酒肉 唯不邇女色 無何潛宿倡家 又請設曼陀羅道場 令備金帛 鞍馬 雞 羊 以麪爲人長三尺置壇中 又麪以作小兒及燈塔 各百八 列置其傍 吹螺擊鼓凡四日 僧戴花冠 手執一箭 繫皀布其端 周回踴躍 車載人 令旗者二 甲者四 弓矢者三十 曳弃城門外 公主施錢甚厚 其徒爭之訴曰 僧非帝師所遣 其佛事亦僞也 公主詰之 皆伏 遂黜金郊外"

84) 松廣寺에는 圓鑑國師 冲止(1226~1293)가 원의 제사에게서 받았다고 전해지는 관문서가 보관되어 있다. 이 문서는 長脚行書 티베트 문자로 씌어 있는 「원대 티베트문 法旨」이다. 탈락이 심해 전체적인 내용을 완전히 파악하기는 어려우나 1275년 이후에 제사가 발행한 사원 보호를 위한 특별 허가서이다[나카무라 준(中村淳), 2002, 「松廣寺 元代 티베트文 法旨에 대하여」, 『보조사상』 17 참조]. 당시 고려와 원의 불교교류를 엿볼 수 있는 중요한 자료이다.

85) 『高麗史』 卷31, 世家 第31, 忠烈王 20年 7月 乙亥

86) 『高麗史』 卷33, 世家 第33, 忠宣王 卽位年, "六月 丙辰朔 太上王及國王公主 受戒于蕃僧"

계국대장공주와 함께 수계를 하였다.[87] 그 다음 달에도 태상왕인 충렬왕, 계국대장공주와 함께 번승에게 수계를 하였다. 그는 즉위한지 1년이 되지 않아 계국대장공주와의 불화 문제로 원으로 소환되고, 충렬왕이 다시 왕위에 오른다. 충렬왕 사후 충선왕이 복위하지만, 정치에 염증을 느껴 연경燕京에 머문 채 전지傳旨로써 고려의 정사를 다스렸다. 그는 연경에 만권당萬卷堂을 짓고 여러 문사들과 교류하였는데, 이제현李齊賢은 충선왕이 "번승을 불러 경전을 번역하고 수계를 하는" 생활을 즐겼다고 하였다.[88] 충선왕이 티베트불교에 심취해 있었음을 유추할 수 있다.

[그림 6-3] 라마탑 모양 사리기(14세기 말, 국립중앙박물관 소장)

[그림 6-4] 공주 마곡사 오층석탑 상륜부

사진: 김수연 촬영

충선왕의 아들인 충숙왕의 경우는 금자로 『밀교대장密敎大藏』 130권을 조성하였다는 기록이 있다.[89] 기록에 의하면, 충숙왕대에 기존에 존재하던 『밀교대장』 90권을 교감하고 새로 40권을 추가하여 130권을 완성하였다고 한다. 이때 새로 추가된 40권은 티베트불교의 영향으로 유입된 후기

---

87) 『高麗史』卷33, 世家 第33, 忠宣王 卽位年 5月, "庚寅 西蕃八哈思等 十九人來 王所招也"; 5월, "乙卯 王與公主 受戒于蕃僧"

88) 李齊賢, 「有元贈敦信明義保節貞亮濟美翊順功臣 太師開府儀同三司尙書右丞相上柱國忠憲王世家」, 『益齋亂稿』 卷9上

89) 李齊賢, 「金書密敎大藏序」, 『益齋亂稿』 卷5

밀교 경전에 실려 있던 다라니로 추정된다.[90]

2) 국가적 밀교의례의 축소와 사적 밀교의례의 확산

고려시대의 불교의례는 종교적 성격을 띤 정치행위였다. 따라서 정치적 상황의 변화는 불교의례의 양상 변화로 직결된다. 원 간섭기는 정치적으로 원의 통제를 받던 시기였기 때문에 국가적 불교의례의 양상 변화는 불가피한 것이었다. 특히 밀교의례는 몽골 침입 이전과 이후를 막론하고 무신집권기까지는 적지 않은 비중을 차지하였다. 그러나 원 간섭기에 들어서면 밀교의례의 개설 횟수가 현격하게 줄어든다. 이를 표로 정리하면 [표 6-3]과 같다.

[표 6-3] 충렬왕~공양왕 밀교의례의 개설 양상

	의례 종류	개설 시기	최초 개설
충렬	소재도량 (17회)	3.5 ‖ 3.7 ‖ 5.10(2회) ‖ 7.3 ‖ 8.3 ‖ 9.1 ‖ 10.윤5 ‖ 13.2 ‖ 15.8 ‖ 21.3 ‖ 24.2 ‖ 24.11 ‖ 26.11 ‖ 29.10 ‖ 33.5 ‖ 34.3	
	공덕천도량 (1회)	24.3	
	관정도량 (기양, 1회)	즉위년.9	
충선	소재도량 (1회)	즉위년.10	
	관정도량 (즉위, 1회)	복위년.8	
충숙	소재도량 (1회)	즉위년.8	
충목	소재도량 (1회)	4.6	
공민	소재도량 (7회)	2.11 ‖ 3.7 ‖ 3.12 ‖ 4.7 ‖ 11.9(2회) ‖ 17.7	
	진언법석 (1회)	16.6	○
	공덕천도량 (1회)	18.8	
우왕	소재도량 (4회)	1.5 ‖ 1.10 ‖ 2.10 ‖ 12.8	

---

90) 邊東明, 2004, 「忠肅王의 密教大藏 金字寫經」, 52~53쪽.

[표 6-3]을 보면, 원 간섭기에는 밀교의례의 종류와 횟수가 확연히 줄어들었다. 천재지변을 기양하기 위한 소재도량만 이전과 같이 개설될 뿐, 다른 밀교의례들은 개설이 중지되는 경향을 보인다. 소재도량만은 이전과 변함없이 개설되었던 이유는 그 개설 목적이 성변이나 오행의 운행 이상을 기양하기 위한 것이었기 때문일 것이다. 진언법석眞言法席이 새로 개설되고 있지만, 침전에 나타난 뱀을 기양하기 위한 것으로 액막이의 성격이다. 공덕천도량도 충렬왕 24년1298과 공민왕 18년1369 모두 기우를 위해 개설된 것으로 추정된다. 충선왕 복위년에 개설된 즉위의례로서의 관정도량도 원에 대한 적대심과는 무관하며, 충렬왕대에 개설된 기양의례로서의 관정도량은 원과 함께 출전한 일본 정벌에서 승전을 기원하기 위한 것이었다. 대몽항쟁이 종식된 다음에는 불교의례 전반에 대한 원의 통제가 가해졌는데,[91] 국가적 밀교의례 역시 이와 궤를 같이 한 것으로 보인다.

한편, 원 간섭기 이후에 승려들이 나라를 위해 자신이 머물던 사찰에서 개별적으로 밀교의례를 개설하고 있어 눈길을 끈다. 물론 승려들이 왕이나 나라를 위해 의례를 개설한 것은 이 시기가 처음은 아니다. 이미 고려 전기의 승려비문에서 승려들이 기우를 위해 『법화경』이나 『금광명경』을 강설하였다거나, 왕을 축복하기 위해 아침저녁으로 축수도량祝壽道場을 개설하였다는 기록이 있다.[92] 그러나 원 간섭기 이전까지는 승려들이 개별적으로 밀교의례를 개설한 사례를 찾아볼 수 없다. 그런데 이 시기가 되면 밀교종파에 소속되지 않은 승려들이 나라를 위해 소재도량, 천수경법석 등의 밀교의례를 개설하는 사례가 나타나기 시작한다.

수선사修禪社 제6세 원감국사 충지圓鑑國師 冲止는 원에 다녀오는 충렬왕을 위해 소재·인왕·대비·지론智論의 4종 법석을 개설하였다.[93] 천태종 승려인

---

91) 원 간섭기에는 轉藏經, 寫經 등 공덕행사와 원 황제를 위한 祝壽齋가 주로 개설되었다 (金炯佑, 1992, 『高麗時代 國家的 佛敎行事에 대한 硏究』, 67쪽).
92) 김수연, 2009, 「고려전기 금석문 소재 불교의례와 그 특징」, 36~37쪽 참조.

신조神熙는 수원 만의사萬義寺에서 공양왕 3년[1391] 정월에 7일간 소재도량을 개설하였는데, 이는 임금의 은혜에 감격하여 불사로써 축복하여 보답하기 위한 것이었다.[94] 여기에서 우선 선종·천태종 승려가 자신들이 머무는 사찰에서 밀교의례를 개설한 점이 눈길을 끈다. 이 의례에는 신도들도 참석하였을 것이므로 밀교의 다라니신앙과 의례가 신도들 사이에서 널리 확산될 수 있는 배경 가운데 하나로 작용하였을 것이다.

한편, 환암혼수幻庵混修, 1320~1392는 우왕 11년[1385] 가을에 천지의 재변을 물리치기 위해 광암사光巖寺에서 50일간 백산개도량白傘蓋道場을 개설하였다. 다음해에는 수창궁壽昌宮에서 소재석消災席을 개설하고, 보국사輔國寺에서 공민왕의 추선을 위해 불정회佛頂會를 개최하기도 하였다.[95] 혼수의 경우 우왕 4년에 국사가 되었기 때문에 국가적 의례의 성격이 없다고는 할 수 없지만, 밀교의례를 선종 승려가 주관하였다는 점이 주목된다. 또 광암사에서 개설된 백산개도량은 일반에게도 공개가 되었던 듯, 명망 있는 유생과 학식 높은 승려들이 앞다투어 와서 청강하였다고 한다. 백산개도량이 50일 동안 개설되었기 때문에『수능엄경』의 강경도 함께 진행되었던 것 같다.

충지, 신조, 혼수의 예는 고려 말에 밀교의례로 분류되는 소재도량, 대비법석, 백산개도량, 불정회가 종파를 초월한 의례였음을 보여준다. 그렇다면 이들 의례의 소의경전인『소재길상경』혹은『소제재난경』과『천수

---

93) 釋宓菴,「祝大駕消災仁王千手智論四種法席疏」,『東文選』卷112, 疏, "爰當九夏之道場 特展四般之熏席 或誦念消 災之妙諦 或諷宣護國之靈詮 或談揚別傳宗旨 則口口瀾飜 或唱演 大悲心呪則聲聲雷振 各期七日 欲循環終始以克勤"

94) 權近,「水原萬義寺祝上華嚴法華法會衆目記」,『陽村集』卷12, 記類, "照公於是益感上賜 思所祝釐以報萬一 乃貨囊鉢所貯白銀一錠 辛未正月 特設七日消災道場"

95) 權近,「有明朝鮮國普覺國師碑銘幷序」,『陽村集』卷37, 碑銘類, "乙丑秋 命設五十日白傘盖道場 以禳天地災變 名儒韻釋多詣聽講 會末 王亦駕幸以致禮 丙寅 大妃安氏 爲導玄陵 請莅佛頂會 于輔國寺 王又請於壽昌宮 主消災席"
혼수가 消災席을 주최하는 같은 해에 禁中에서 소재도량을 개설하였다는 기사가 있으나, 동일한 의례인지는 알 수 없다(『高麗史』卷136, 列傳 第49, 禑王 12年 8月, "丙午 以熒惑入南斗 設消災道場于禁中").

경』, 『수능엄경』, 『불정존승다라니경』 등 밀교경전과 그 주문은 다른 종파의 승려들에게 어떻게 받아들여졌을까.

『수능엄경』은 의천에 의해 고려에서 주목받기 시작하였고, 이자현李資玄, 1061~1125에 의해 성행하였다.[96] 『수능엄경』에서는 계·정·혜의 삼학 가운데 정학定學을 중시하며, 정학이 부족할 때 주문을 외워서 그것을 보충하라고 설하고 있다. 정학을 보충하는 방법으로 능엄주 염송이 강조되었기 때문에 선정을 중시하는 선종에서도 이 경전을 애독하였다.[97] 선종 승려인 혼수가 백산개도량을 개설하였던 이유가 이것이다. 능엄주는 흉년, 전염병, 군사적 난리 등 일체 재앙을 소멸할 뿐 아니라, 바람과 비가 순조로워지며 악성惡星으로 인해 발생한 재해도 없애주는 공덕을 가지고 있다.[98] 『천수경』은 신라 이래로 일반인들 사이에서도 일상적으로 독송되던 매우 친숙한 경전이었다. 또한 『소재길상경』, 혹은 『소제재난경』을 소의경전으로 하는 소재도량은 고려시대에 가장 많이 개설된 비정기적 불교의례인 만큼 고려인들에게 익숙했던 의례였을 것이다.

고려 후기에 능엄주(『수능엄경』), 대비주(『대비심경』), 존승주(『불정존승다라니경』), 소재주(『소재길상경』)는 종파와 승속을 불문하고 지송되었다. 지공指空이 재번역한 여섯 종류의 다라니가 이를 반영한다. 여섯 다라니는 대불정주, 여의주如意呪, 대비주, 존승주, 범어심주梵語心經, 시식진언施食眞言으로,[99] 지공이 고려에 왔을 때 선종 승려인 달정達正, 선숙禪淑, 달목達牧

96) 趙明濟, 2002, 「高麗中期 居士禪의 사상적 경향과 看話禪 수용의 기반」, 『역사와 경계』 44, 106쪽.

97) 辛奎卓, 2004, 「이자현의 선사상」, 『東洋哲學硏究』 39, 221쪽.
  曦陽山門의 圓眞國師 承迥(1187~1221)은 이자현의 사상적 영향을 받아 『능엄경』을 중시하였고, 이를 선문에 널리 유포시켰다. 또 13세기 수산사 계통에서도 『능엄경』은 『화엄경』, 『금강경』, 『원각경』 등과 함께 선 관계 경전으로 중시되었다고 한다(趙明濟, 2002, 「高麗中期 居士禪의 사상적 경향과 看話禪 수용의 기반」, 108~109쪽).

98) 般刺蜜帝 譯, 『大佛頂如來密因修證了義諸菩薩萬行首楞嚴經』 卷7(『大正藏』 19, 137c04~28)

99) 대불정주는 능엄주와 같다. 출전은 『수능엄경』 권7인데, 이 경전은 『수능엄경』 혹은 『대

등이 중인도의 범어 원음을 구하여 얻은 것이다.

기록에 의하면 달정 등이 지공에게 부탁한 것은 능엄주의 범어 원음이었지만, 지공이 원 발음으로 다라니를 고친 후 나머지 다섯 다라니도 범음을 남겨 주었다고 한다.[100] 이들 다라니가 고려 사회에서 유통되고 있었기에 지공도 그 필요성을 인지하고 정확한 원래 발음으로 교정을 해 주었을 것이다. 이들은 선종 승려들로, 당시 선종에서 위의 여섯 종류의 다라니가 지송되었음을 알 수 있다. 다양한 종파의 승려들이 밀교의례를 개설하였다는 것은 당시 밀교신앙이 종파를 초월해 고려 불교의 기저 신앙으로 작용하였음을 의미한다.

3) 다라니신앙과 정토신앙의 결합

신앙의 측면에서 티베트불교의 확산은 다라니신앙의 확산과 결부된다. 그렇다고 완전히 새로운 밀교신앙이 성립된 것은 아니었다. 무신집권기까지 이어져오던 밀교사상 및 신앙 전통이 더욱 고취된 것이다. 즉, 현세구복적 신앙에 다라니가 널리 활용되었는데, 이는 현존하는 단본 밀교경전을 통해서 확인 가능하다. 현존하는 단본 밀교경전은 모두 현세구복적 신앙과 관련이 있으며, 원 간섭기에 간행된 유물이 반 이상을 점한다. 더

불정경』이라 약칭된다. 이 때문에 이 경전에 나오는 다라니를 능엄주라 하기도 하고, 대불정주라고 부르기도 한다. 대불정은 백산개불정의 異稱이기 때문에, 백산개총지도 같은 주문을 가리킨다.

[100] "越泰定三年 三月日 到于王京 受檀」 越之請 結夏於天和寺 一日門人達正禪淑達」 牧等 持大宋時三藏智吉祥等 詳校補闕 大白」 傘蓋眞言一部 呈師願聞中印土梵語正訓 師」 因覽畢曰 此本亦有闕失 於是 添輔漏略 精加」 詳定 以中印土梵字 手書大白傘蓋眞言 幷繕」 寫如意呪 大悲呪 尊勝呪 梵語心經 施食眞言」 以梵訓傳之 達牧等 稽首諷傳 僉曰 嗚呼 我輩」 生此東陲 時當末法 雖欲聞西竺祖師正宗 洎」 梵音眞言正訓 烏可得也 今遇聖師 可謂浮」 木盲龜之大幸也 遂以諷傳正本 用墨畫挾科」 便於誦習 錄鋟梓流通 廣施無窮庶結勝緣用"

구나 이 시기가 되면 경전 가운데 다라니와 주부呪符 등 필요한 부분만을
발췌한 축약본 다라니경이 나타나는데, 이는 현실적 이익을 더 쉽게 추구
하기 위한 것이었다.

현실적 재난을 해소하기 위하여 다라니를 활용하는 것은 신도들만의 신
앙이 아니었다. 승려들도 밀교 다라니를 활용해 재난을 해소하고자 하였
다. 자은종 승려인 혜영惠永, 1228~1294은 원종 10년1269에 저술한 『백의해白衣解』
에서 『금강정경』과 『관정경』의 내용을 인용하고 있다. 『금강정경』을 인
용하며 관자재보살심진언觀自在菩薩心眞言을 외우면, 일체의 여래가 삼매 시
나타나 모든 두려움과 액난厄難, 재난 질병과 고뇌를 없애준다고 하였
다.[101] 또 『관정경』을 인용하며 백의관음이 버드나무 가지와 정병을 들
고 있는 이유가 전염병 치유를 위한 것이라고 설명하고 있다.[102] 자은종
승려가 중기밀교의 사상적 교리를 설하는 『금강정경』을 인용하고 있는
점이 주목된다.

아울러 이 시기에 범자 다라니를 卍이나 원형, 탑 등의 모양으로 배열하
여 조성한 유물들이 다수 발견되었다. 종류도 보협인다라니寶篋印陀羅尼, 불정
방무구정명다라니佛頂放無垢淨明陀羅尼, 단온진언斷溫眞言, 불정심인다라니佛頂心印陀
羅尼, 아미타삼존사각형다라니阿彌陀三尊四角形陀羅尼, 금강계 종자만다라金剛界種子
曼茶羅 등 다양하며 불보살상의 복장腹藏 유물로 많이 발견되었다.[103] 이들

---

101) 惠永 述, 『白衣解』(『韓國佛敎全書』 6, 412a22~b04), "眞言曰唵 阿盧勒繼 娑婆訶 述曰 次
誦呪也 此眞言 是金剛頂經 所說觀自在菩薩心眞 言也 彼經云 觀自在菩薩 白佛言 世尊 我
欲於此會中 說自 心眞言 若纔稱誦一切如來 三昧現前 一切怖畏 厄難災難 及諸病惱 皆得
消滅"
102) 김영미, 2010, 「고려시대 불교와 전염병 치유문화」, 『전염병의 문화사』, 173쪽.
惠永 述, 『白衣解』(『韓國佛敎全書』 6, 415a03~12), "言七寶楊枝除熱惱者 灌頂經云 佛使
禪提比丘 往維耶梨城 持神呪 救人疫病 二十九年 民安其化 禪提死後 民復遭疫 往其住處
但見所嚼齒木 擲地成林 林 下有泉 民酌其水 折楊枝歸 灑病者 身毒氣消 土應時皆愈 又漢
土北人 每至端午等日 以盆盛水 揷楊枝 置于門辟毒 旣此菩薩 順俗化故 以七寶飾楊枝 八
功德水盛瓶"
103) 불복장에서 발견된 다라니 목록은 南權熙, 1999, 「高麗時代 陀羅尼와 曼茶羅類에 대한

유물은 현세이익적 공덕을 추구하는 다라니들로 복장에 납입하여 다라니의 공덕이 조성자에게 미치기를 기원하던 것이었다.

이 가운데 특히 금강계 종자만다라가 주목된다. 조선 세조 12년[1466]에 오대산 상원사上院寺 문수보살상 복장에 봉안된 것이 대표적인데, 이 만다라의 목판이 조성된 것은 충렬왕 18년[1292]이다. 이 만다라는 문자로 된 금강계 만다라를 중심으로, 그 둘레에 보협인다라니와 금강계 대일여래의 진언 및 육자진언을 써 넣은 독특한 형태로 되어 있다. 이 만다라는 복장에 납입하여 공덕을 쌓고자 하는 목적으로 조성된 것이다. 이와 같은 형태와 목적을 가진 만다라는 다른 나라에서는 유례를 찾아볼 수 없으며, 토착화된 고려시대 불교신앙의 특성이 반영된 것이라 평가받는다.[104]

한편 이 시기에 나타나는 밀교신앙의 특징 가운데 하나는 사후에 극락왕생을 빌거나 지옥에 떨어지지 않기를 기원하기 위한 다라니신앙이 성행한다는 점이다. 임종 시에 천수주를 외우거나 묘지명에 다라니를 새겨 넣어 극락왕생을 비는 사례가 고려 전기부터 보이고 있지만, 이 시기가 되면 극락에 왕생하거나 지옥에 떨어지지 않기 위한 다라니신앙 사례가 현격하게 증가한다.

書誌的 分析」; 南權熙, 2002, 『高麗時代 記錄文化 研究』; 정은우, 2004, 『高麗後期 佛教彫刻 研究』, 문예출판사, 부록 참조.

104) 許一範(귀정), 2005, 「韓國密敎의 特性과 曼茶羅」, 371~373쪽.
고려시대 밀교의 특징 가운데 하나는 『대일경』, 『금강정경』의 교설을 도상화한 태장계·금강계 만다라가 유물로 나오지 않는다는 점이다. 이는 고려시대 밀교의 경향성과 관련이 있을 것이다. 고려시대에 밀교는 신앙과 의례를 중심으로 받아들여졌다. 밀교의례도 특정 존격을 중심으로 현세구복적 이익을 구하는 방식이기 때문에 태장계·금강계 만다라가 사용되지는 않았다. 신앙이 중심이 되었기 때문에 만다라도 공덕불사용으로 제작되었던 것 같다. 금강계종자만다라가 그 예이다. 『금강정경』의 37존을 표현하고 있지만 보협인다라니와 결합된 형태인 것으로 보아 처음부터 복장 납입용으로 조성되었음을 추측할 수 있다. 이때 금강계 37존은 경전의 내용을 상징화하는 의미라기보다는, 공덕을 비는 대상으로서 표현되었을 것이다.

먼저 밀교와 정토사상이 융합된 저술이 등장하였다. 고려 후기에 고려에서 찬술된 경전인 『현행서방경現行西方經』에서는 아미타불의 극락정토로 왕생하기 위한 방편으로 다라니 염송이 제시되어 눈길을 끈다. 『현행서방경』은 고려 충렬왕 24년1298 영주 공산公山 거조사居祖社의 도인道人 원참元旵이 집록集錄한 것이다. 경전 도입부에는 원참이 이 경전을 집록한 경위가 쓰여 있다. 거조사에서 불설아미타본심미묘진언佛說阿彌陀本心微妙眞言을 근념수행勤念修行하던 중 마지막 회향하는 날 한밤중에 낙서樂西라는 신이한 승려를 만나 후세에 태어날 곳을 판별하는 미타정토왕생의궤彌陀淨土往生儀軌로서 척생참법擲柶懺法을 전해 받았다는 것이다.105)

이 경전은 아미타본심미묘진언을 욈으로써 서방극락에의 왕생을 설하기 때문에 밀교와 정토신앙이 결합된 형태로 평가받는다. 원래 『관무량수경觀無量壽經』에 의거한 아미타정토신앙은 아미타불의 이름을 염송하는 염불이 중심이 되지만, 이 경전에서는 주문 염송을 더욱 중요시하고 있다. 즉, 11자로 된 아미타본심미묘진언을 한 번 외우는 것이 80억 겁 동안 아미타불을 염불하는 것과 공덕이 같으며, 만약 하루 안에 서방을 향하여 일만 번을 송주하면 아미타불이 현신하여 수기하고 그 즉시 청련화靑蓮花에 태어나 부처님으로부터 정법을 듣게 된다고 한다. 불설에 가탁하여 후대에 찬술된 경전들은 그것을 성립시킨 시대와 불교도들의 종교적 욕구를 반영하고 있다. 당시의 신비사조와 타력신앙에의 욕구가 밀교와 정토신앙이 결합된 이러한 고려 찬술 경전을 낳았다고 할 수 있다.

---

105) 元旵 錄, 『現行西方經』(『韓國佛教全書』6, 861a15~20)
　　『현행서방경』에 관한 연구는 다음과 같다. 徐閏吉, 1981, 「高麗의 密教와 淨土信仰」 ; 南東信, 2005, 「麗末鮮初의 僞經 研究 - 『現行西方經』의 分析을 中心으로」, 『韓國思想史學』 24 ; Suah Kim(Ven. Soun), "The Doctrine of Faith in Amitabha's Pure Land in the Hyeonhaeng seobang gyeong", *The Journal of the Korean Association for Buddhist Studies* Vol. 77, 2016 ; 라정숙, 2018, 「고려후기 『현행서방경(現行西方經)』 찬술과 아미타정토신앙」, 『韓國思想史學』 58.

13~14세기에 제작되는 「아미타팔대보살도^{阿彌陀八大菩薩圖}」도 밀교와 정토
신앙이 결합한 예로 볼 수 있다. 이 그림은 불공 역의 『팔대보살만다라경^八
^{大菩薩曼茶羅經}』에 설해져 있는 팔대보살과 아미타불을 결합한 것이다. 『팔대
보살만다라경』은 여래를 중심으로 팔대보살의 위치와 지물과 다라니 등을
소개하는 경전이다. 경전에서는 '여래'라고만 언급하였는데, 「아미타팔대
보살도」에서는 그 여래에 아미타불을 대입시켰다. 이들 팔대보살이 아미
타불의 극락왕생을 도와준다는 의미로 양자를 함께 그렸다고 보인다.[106]

극락왕생의 반대 개념, 즉 지옥에 떨어지지 않도록 하는 공덕을 중심으
로 하는 다라니신앙도 유행하였다. 이를 보통 파지옥^{破地獄}이라고 하는데,
불력으로 지옥의 고통에서 벗어나는 것을 가리킨다. 많은 다라니경이 지
옥에 떨어질 죄장을 없애주는 공덕을 설하지만, 그 가운데 가장 널리 신앙
되었고 대표적인 것이 『불정존승다라니경』이다. 선주천자^{善住天子}가 7일 뒤
에 목숨이 다하여 축생의 몸으로 일곱 번 태어난 이후에 지옥에 떨어져 나
올 기약이 없을 것이라는 말을 듣고 근심하자, 제석천이 부처님께 구제할
방법을 여쭈었다. 그때 부처님이 지옥에 떨어질 일체 죄장^{罪障}을 없애주는
공덕이 있다고 하며 설해준 다라니가 불정존승다라니이다.[107] 경전 내용
에 의거해 이 다라니는 지옥에 떨어질 죄장을 없애주는 공덕을 가진 것으
로 널리 신앙되었고, 그 신앙 유형도 다양했다. 지공의 『육경합부』 가운데
존승주가 포함되어 있으며, 경전의 내용을 새긴 범종이 제작되기도 하였
고, 추선 목적의 불정회가 개설되기도 하였다.[108]

---

106) 양희정, 2008, 「고려시대 아미타팔대보살도 도상 연구」, 96쪽.
107) 佛陀波利 譯, 『佛頂尊勝陀羅尼經』(『大正藏』 19, 350b02~06), "佛便微笑 告帝釋言 天帝
有陀羅尼名爲如來佛頂尊勝 能淨一切惡道 能淨除一切生死苦惱 又能淨除諸地獄 閻羅王界
畜生之苦 又破一切地獄 能迴向善道"
108) 국가적 밀교의례인 불정도량도 『불정존승다라니경』 신앙의 한 유형이지만, 기우와
외적 기양을 목적으로 하고 있다는 점에서 破地獄이 아니다.
또 고려시대의 사례는 아니지만, 광주 十信寺址에는 龜趺 위 四面 碑身에 한자로 불정
존승다라니를 새겨 놓은 大佛頂尊勝陀羅尼幢이 있다. 건립 연대는 조선 초, 15세기를

개경 연복사演福寺 범종의 아랫부분에는 가로로 연속하여 란챠Lan-tsha체로 문자를 새겨 넣었는데, 이는『불정존승다라니경』을 한 번 들으면 지옥에 떨어질 악업이 모두 소멸된다는 구절이다. 그리고 그 사이사이에 금강계 오불의 진언을 새겨 넣었는데, 이는 오불의 가피를 통한 불정존승다라니의 공덕 성취를 기원한 것으로 보인다.109) 이곡李穀이 지은 이 종의 명문에서 땅 아래에 만 번 태어나고 죽으며 고통을 받는 지옥이 있는데 종소리에 의해 마음이 깨어난다고 언급한 내용도110) 이와 통한다.

연복사는 원 세조의 원당이었던 보제사普濟寺가 충숙왕 초에 이름을 바꾼 것이다. 충목왕 2년1346에 그 동안 절에 폐치廢置되어 오던 범종을 교체하면서 이 종을 주조하였다. 원 순제順帝의 명을 받아 자정원사資政院使 강금강姜金剛과 좌장고부사左藏庫副使 신예辛裔가 장인들과 함께 금강산에 와서 범종의 주조를 마치고 돌아가려던 차에, 고려 왕실과 신료들로부터 연복사에도 새로운 범종을 주조해달라는 부탁을 받고 만들었다고 한다.111) 연복사에『불정존승다라니경』의 경전 문구가 새겨진 범종을 안치하고 명문에서 지옥의 고통을 강조하며 종소리가 구제해줄 것이라 언급한 것은 그곳이 원래 원 세조의 원당인 것과도 관련이 있을 것이다.112) 즉, 원 세조의 명복을 비는 의미도 포함이 되어 있었던 것 같다. 우왕 12년1386에 대비

넘지 않는 것으로 추정되어(崔夢龍, 1978,「光州 十信寺址 梵字碑 및 石佛移轉始末」,『美術史學研究』138~139쪽 및 130~132쪽), 고려시대 불정존승다라니석당 건립의 전통을 잇는 것으로 생각된다.

109) 許一範(귀정), 2005,「韓國密敎의 特性과 曼茶羅」, 370쪽.
란차 문자로 새겨진 내용은 다음의 구절이다. 佛陀波利 譯,『佛頂尊勝陀羅尼經』(『大正藏』19, 350b07~09), "若有人聞一經於耳 先世所造一切地獄惡業 悉皆消滅 當得淸淨之身"

110) 李穀, "齊一衆聽當聲金克整三軍諧" 八音瞿曇之老言甚深地下有」獄何沉萬生萬死苦難堪如」醉如夢聾且瘖一聞鐘聲皆醒」心王城演福大叢林新鐘一吼」振南閻」

111) 윤기엽, 2004,『고려 후기의 불교 - 사원의 불교사적 고찰』, 일조각, 101~102쪽.

112) 연복사는 사원명이 보제사였던 충렬왕 2년(1276)부터 매해 乙亥法席을 열어 원 세조의 祝壽齋를 행하기도 했던 곳이었다(윤기엽, 2004,『高麗後期 寺院의 實狀과 動向에 관한 硏究』, 169~170쪽).

안씨安氏가 현릉玄陵, 즉 공민왕의 추선을 위해 보국사에서 불정회를 개설한 사례가 보인다.113) 이상과 같은 불정존승다라니신앙은 모두 이 다라니가 지옥에 떨어질 죄장을 없애준다는 공덕에 바탕을 둔 것이었다.

또 정추鄭樞, 1333~1382는 염평리廉評理, 즉 염제신廉悌臣, 1304~1382을 대신해 돌아가신 그의 아버지의 천도를 위한 「진언법석소眞言法席疏」를 찬술하였다.114) 이 글에서는 "천비千臂의 장엄이 관세음보살과 같이 원응圓應하고, 십신十身의 구족이 구박俱博 바라문과 같이 빠르기를 기원"하고 있다.115) 천비의 장엄이 관세음보살과 같다는 것을 천수관음을 의미하는 표현이다. 구박 바라문은 불공 역의 『금강정유가최승비밀성불수구즉득신변가지성취다라니의궤金剛頂瑜伽最勝祕密成佛隨求卽得神變加持成就陀羅尼儀軌』에 나오는 인물이다. 구박 바라문은 부처님을 보지도, 불법을 듣지도, 육바라밀을 닦지도 않고 매일 살생을 일삼았다. 죽은 후 지옥에 떨어졌는데, 갑자기 지옥이 연꽃이 가득한 연못이 되어 아름다운 연꽃들이 피어났다고 한다. 그 연유를 찾아보니, 대수구다라니 가운데 한 글자가 지상에 떨어졌는데 그것이 바람을 타고 구박 바라문의 해골 위에 놓였기 때문이었다. 그 공덕으로 구박 바라문과 지옥에 있던 모든 죄인은 32상 80종호를 갖추게 되었다고 한다.116) 이로 미루어 진언법석은 극락왕생과 파지옥의 공덕을 함께 기원하고 있는 것이다.

---

113) 權近, 「有明朝鮮國普覺國師碑銘 幷序」, 『陽村集』 권37, 碑銘類, "丙寅 大妃安氏 爲導玄陵 請莅佛頂會 于輔國寺"

114) 이 글에 나오는 '염평리'는 염제신으로 추정된다. 염제신은 충목왕대(1344~1348)에 40대 전반의 나이로 都僉議評理가 되었다. 정추의 생존기간 동안 '염평리'라 칭해질 만한 인물을 염제신 이외에는 생각하기 어렵다. 또한 그의 아버지인 廉世忠은 생몰년을 알 수 없지만 충목왕대에 60세 이상이었을 것으로 추정되므로, 이때 사망했을 가능성이 크다.

115) 鄭樞, 「薦父眞言法席疏 代廉評理作」, 『圓齋先生文稿』 卷下, 疏, "伏願仙駕 仗此陀羅尼力 蒙彼薄伽梵光 千臂莊嚴 若觀音之圓應 十身具🔲[足?] 如俱博之頓超"

116) 不空 譯, 『金剛頂瑜伽最勝祕密成佛隨求卽得神變加持成就陀羅尼儀軌』(『大正藏』 19, 647b14~647c10)

2014년에는 전북 순창의 농소고분農所古墳에서 금자로 육자진언과 파지
옥진언을 적은 13~14세기의 고려 목관이 발견되었다. 외면에 수차례 옻
칠한 바탕 위에 육자진언[옴마니반메훔]과 파지옥진언[옴카라데야스바
하]을 실담체와 란챠체로 반복적으로 서사하였다. 다라니의 한 글자 한
글자를 원으로 둘렀다.117) 망자의 극락왕생과 파지옥에 대한 염원이 담
겨 있는 묘장 유물이다.

목관 남측면　　　　　　　목관 동측면(부분)

목관 북측면　　　　　　　목관 서측면(부분)

[그림 6-5] 순창 농소고분 발견 다라니목관

사진: 국립나주문화재연구소 제공

117) 국립나주문화재연구소, 2016,『淳昌 雲林里 農所古墳』; 이승혜, 2019, 「농소고분(農所
古墳) 다라니관(陀羅尼棺)과 고려시대 파지옥(破地獄) 신앙」 참조.

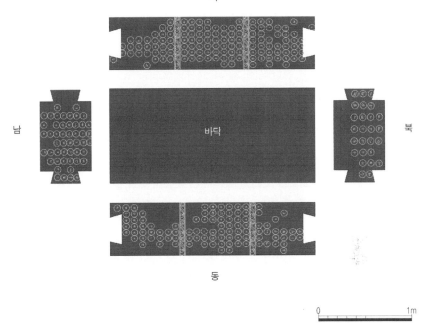

서

남　북

바둑

동

[그림 6-6] 순창 농소고분 다라니목관 펼친 면 복원도

도판: 국립나주문화재연구소 제공

　이상과 같이 고려 말이 되면 다라니신앙을 통해 사후 정토왕생이나 지옥에 떨어지지 않기를 기원하는 사례들이 눈에 띄게 늘어난다. 고려 전기부터 극락왕생을 위해『천수경』을 염송하였고 무신 집권기에도 양택춘의 사례와 같이 극락왕생을 기원하기 위해 묘지명에 다라니를 새겨 넣었던 것처럼, 다라니를 통한 극락왕생과 파지옥은 다라니신앙의 한 부분이었다. 이것이 고려 말에 더욱 성행하는 것은 무슨 이유일까.

　정도전鄭道傳은「불씨지옥지변佛氏地獄之辨」에서 망자가 천당天堂에서 태어나고 지옥에를 떨어지지 않게 하기 위해 부처와 승려를 공양하나 믿지 못하겠다는 선유先儒의 말을 인용하고 있다.[118] 이는 당시 고려사회의 모습이었다. 최해崔瀣는 충숙왕 16년1329에 쓴 글에서 승려들이 "사람이 61번 금강산을 보면 죽어서 악도^{惡道}에 떨어지지 않는다."라고 하여, 길이 막힐 때 외에는 구경꾼이 줄을 지었다고 하였다.119) 또 공양왕 2년1391에 성균박사 김초^{金貂}는 상소문을 올려 불교의 폐단을 지적하면서, 승려들이 "불법^{佛法}에 힘입어 지옥을 부수고 극락에 태어나게 된다."고 이야기한다고 하였다.120) 이 글들은 모두 고려 말 유학자들의 것으로, 승려들이 극락왕생과 파지옥을 신자 확보와 축재의 수단으로 삼고 있다고 지적하고 있다. 고려 말 불교계의 문란과 폐단을 언급하는 내용이지만 이를 통해 고려 말 불교계에서 지옥과 극락을 강조하였음을 알 수 있다.121) 고려 말 지공이 발음을 잡아 준 다라니들 가운데 천수주와 존승주가 포함되어 있는 것도 이를 반영하는 사례일 것이다. 극락왕생을 기원하는 천수주와 파지옥을 대표하는 존승주를 많이 외웠기 때문에 정확성을 기할 필요가 있었을 것이다.

---

118) 鄭道傳,「佛氏地獄之辨」,『東文選』卷105, 辨, "先儒辨佛氏地獄之說曰 世俗信浮屠誑誘 凡有 喪事 無不供佛飯僧 云爲死者 滅罪資福 使生天 堂 受諸快樂 不爲者 必入地獄 剉燒舂 磨 受諸苦 楚 殊不知"
이 글이 포함되어 있는 『佛氏雜辨』이 찬술된 시기는 조선 태조 3년(1394)이지만, 고려 말을 살았던 정도전의 경험이 반영되어 있을 것이다. 따라서 이 글을 통해 고려 말의 상황을 유추할 수 있다.

119) 崔瀣,「送僧禪智遊金剛山序」,『東文選』卷64, 序, "誑誘人六一覩是山 死不墮惡道 上自公卿 下至士庶 携妻挈子 爭往禮之 除冰雪沍寒 夏潦淫溢 路爲之阻 遊山之徒 絡繹於 道 兼有 寡婦處女 從而往者 信宿山中 醜聲時聞 人不知怔"

120) 『高麗史節要』卷35, 恭讓王 3年 5月

121) 현재 남아 있는 고려불화 중 아미타불과 정토왕생과 관련된 주제의 그림은 약50점이다(이승희, 2016,「고려후기 입상 아미타불도상의 재해석 −천태16묘관수행법의 영향을 통해서」,『美術史學研究』289, 65쪽). 대좌에 앉아 있는 아미타불과 보살들을 그린「아미타여래도」,「아미타삼존도」,「아미타팔대보살도」, 아미타불이 임종할 때 마중오는 모습을 그린「임종내영도」,『관무량수경』이 설해진 인연을 그린「관경서분변상도」, 그 경전에서 설한 극락의 모습 등을 그린「관경십육관변상도」등 그 종류도 다양하다. 이로 미루어, 고려불화를 향유했던 상류층은 정토왕생에 관심을 쏟는 경향이 있었던 같다. 밀교 다라니신앙도 정토왕생과 접합되는 측면이 있지만, 아미타불이나 관세음보살을 매개로 하기 때문에 불화에는 밀교 관련 도상이 많이 드러나지 않은 것으로 보인다. 그러나 아미타불과 함께 신자의 극락왕생을 돕는 八大菩薩의 경전적 근거가 밀교경전인『팔대보살만다라경』임을 감안하면, 불화 속에 밀교신앙이 내재되어 있다고 볼 수 있다. 특히 아미타불과 팔대보살이 결합한「아미타팔대보살도」가 10점 이상 남아 있다는 점은 밀교와 결합된 정토왕생신앙의 왕성함을 보여준다.

밀교의 다라니가 사후세계 기원과 관련되어 더욱 확산되었으며 이것이 밀교신앙 대중화의 한 축을 담당하였던 것으로 보인다.

이상으로 고려시대사의 전개 속에서 고려 밀교의 흐름과 신앙의 변천을 고찰해 보았다. 종교적 정치행위인 밀교의례는 정치 사회적 변화에 따라 부침을 겪었으며, 밀교신앙은 다라니의 종류가 다양화되고 고려 말 정토신앙과 결합하면서 확산되어 가는 방향으로 전개되었다. 그러나 이러한 변화는 새로운 경향의 등장이 아니라 기존 다라니신앙의 현세구복적 흐름을 유지한 위에서 정토신앙의 측면이 더해져 확산되고 다양화된 것들이었다. 밀교교학의 경우에도 불충분한 자료 속에서 고려 전기부터 교학에 대한 연구가 꾸준히 진행되었음을 짐작할 수 있다.

이와 같은 고려 밀교의 경향들은 조선의 밀교신앙 및 사상 형성의 바탕이 되었다. 조선은 숭유억불崇儒抑佛의 기치 아래 건국되어 많은 억불정책을 시행하였지만, 고려의 불교 전통을 이어받은 측면도 있었다. 밀교 부분에서는 조선 초에는 총지종 승려가 밀원密員으로 궁궐의 액막이 의식을 담당하였다. 또 세종 연간까지 소재도량이 개설되었던 듯하며,122) 정종 때에 문두루도량이,123) 세조 때에 공작재孔雀齋가124) 개설되기도 하였다. 아울러 왕실의 다라니신앙도 쇠퇴하지 않았다. 『불정심다라니경』, 『장수멸죄경』, 『준제경准提經』 등 밀교경전이 왕실 발원으로 간행되었다.125) 근정

---

122) 『世宗實錄』卷126, 世宗 31年 12月 23日(己巳), "召河演 皇甫仁 朴從愚 鄭甲孫 鄭麟趾 許詡謂曰 今彗出玄菟 樂浪分度 弭災之道 當何如 消災道場之事 亦可行乎 高麗時彗星之見 雖非我國分度 消災之事 無所不爲 今此彗星 雖不干我國 消災之事 行之亦何害乎 僉曰 古人於災變 皆云恐懼修省 此意甚好 當今急務 莫若息民養兵 除不急之務 此外他無可爲之事 消災道場 高麗弊法 豈以此弭天之災乎 上曰 無他可爲之事 只於中心恐懼修省而已"
혜성의 출현이라는 성변에 소재도량 개설에 대한 논의가 이루어지고 있는 것으로 보아, 이때까지 소재도량이 개설되었음을 유추할 수 있다.

123) 『定宗實錄』卷3, 定宗 2年 3月 15日(庚辰), "太白晝見 設祈禳文豆屢道場 于賢聖寺 七日"

124) 『世祖實錄』卷8, 世祖 3年以 7月世 28日(己丑), "以世子病 聚僧二十一人 於慶會樓下 設孔雀齋 竟夜作法 命議政府堂上 六曹判書以上 及承旨 入齋所祈禱"

전勤政殿의 어좌 상옥上屋에는 세종 8년1426까지 여덟 글자로 된 진언이 쓰여 있었다.126) 정치 이념으로서 유교를 내세우고 있었지만 종교 신앙으로서 불교가 왕실 깊숙이 스며들어 있음을 보여주는 사례들이다. 일반 민들 역시 계속 밀교를 신앙하였을 것으로 생각된다. 교학 연구 전통도 조선시대에 이어졌다.127)

고려에는 신인종, 총지종이라는 밀교종파가 있어 질병 치유, 의례 개설 등의 사회 활동을 전개하였다. 이들 밀교종파는 밀교신앙이 사회적으로 확산되는 매개가 되었을 뿐 아니라 밀교사상과 수행을 계승하여 발전시키는 역할을 하였다. 또 국가적 재난을 기양하기 위해 많은 종류의 밀교의례가 개설되어 종교적 측면에서 국가를 수호하였다. 현세구복과 극락왕생 및 파지옥을 기원하는 밀교 다라니신앙이 성행하여, 현실의 고통을 덜어주고 사후세계에 대한 불안을 해소하는 데 도움을 주기도 하였다. 조선시대에 들어 밀교종파와 국가적 밀교의례가 점차 사라지게 되었지만, 현세구복과 극락왕생, 파지옥을 기원하는 다라니신앙은 불교신앙에 흡수되어 현재까지도 이어지고 있다.

---

125) 서윤길, 2006, 『한국밀교사상사』, 67쪽.

126) 『世宗實錄』卷8, 世宗 3年 10月 13日(丙午), "戶曹判書 安純啓曰 勤政殿御座 曾書眞言 以似佛座 旣命改之 御座上屋中 亦有眞言八字 請幷去之 從之"

127) 선조 2년(1567) 豊基 毗方寺에서 간행된 찬술자 미상의 『七大萬法』에서, 우주법계를 地水火風空見識의 칠대의 구성으로 보고, 이를 다시 인체에 배대하는 七大體大說이 설해져 있다. 법계의 본체를 七大로 보는 입장은 『수능엄경』에서부터 시작되었지만, 이 경전의 이론을 수용해 七大法體觀을 정립한 것은 새로운 시도라고 할 수 있다. 밀교의 보편적 교학인 阿字大體나 六字體大說을 넘어선, 조선의 독자적인 法體觀이다(서윤길, 2006, 『한국밀교사상사』, 841~842쪽).

제 7 장

맺음말

이 책의 목적은 고려 불교사의 한 축을 구성하는 밀교가 고려 사회에 어떠한 영향을 미쳤으며, 고려의 사회적 변화가 고려 밀교사 전개에 어떻게 반영되었는지를 살펴보는 것이다. 고려시대 밀교를 구성하는 요소들, 즉 밀교사상과 신앙을 바탕으로 조직된 밀교종파, 그 내용을 전파하는 경전, 구체적 신앙 행위인 의례에 개별적으로 천착하고, 이를 고려시대사의 전개 속에 위치지움으로써 고려 사회와 밀교의 영향 관계를 고찰하였다. 이를 통해 다음과 같은 사실을 알 수 있었다.

고려시대 밀교는 신라 밀교의 전통을 계승하였다. 신라시대에 밀교종파가 성립되지는 않지만 밀본密本, 명랑明朗, 혜통惠通 등이 밀교에 기반을 둔 주술신앙을 전개하였고, 체계화된 밀교를 수학하고 돌아온 당 유학승들이 활동하였다. 유학승이 들여온 교학은 혜통, 명랑 계통이 행하는 밀교 작법作法과 어우러지면서, 통일신라기 밀교 확산의 바탕이 되었다. 신앙 면에서는『무구정광대다라니경無垢淨光大陀羅尼經』,『수구다라니경隨求陀羅尼經』, 준제진언准提眞言 등 여러 종류의 다라니가 유통되고 있었다. 진성여왕대가 되면 다라니의 형식을 빌린 참언讖言이 등장할 정도로 밀교의 다라니신앙이 신라 사회에 녹아들어 있었다. 오대산신앙 등에서 밀교교학 수용의 흔적도 보이지만, 신라 밀교는 밀교 작법과 다라니신앙을 중심으로 확립되어 나갔다고 할 수 있다.

고려시대에는 신인종神印宗과 총지종摠持宗이라는 종파가 성립되어 사회활동을 전개함으로써 밀교신앙 확산의 기틀을 다졌다. 신인종은 고려 초 태조 연간에 성립된 종파로, 외적 기양 의례인 문두루비법文豆婁秘法으로 대표되는 종파였다. 신인종의 종찰인 현성사賢聖寺도 국가 수호를 위한 도량으로 이름이 높아 대몽항쟁기 강화도 천도 때 함께 옮겨지기도 하였다. 총지종은 목종 이전에는 종파로 성립되었을 것으로 보이는데, 다라니 염송을 통한 치병 활동을 주로 전개하였다. 왕실 의료의 일정 부분을 담당했으며, 고려 후기에는 내도량內道場에 소속되어 액막이를 위한 다라니 염송 활동도 하였다. 이러한 신인종·총지종의 활동은 신라 밀교에서 연원을 찾을 수 있다. 신인종을 대표하는 문두루비법은 문무왕대 명랑이 처음 개설한 이래로 이어져오던 의례였다. 총지종의 치병 활동은 혜통의 맥을 이으며, 신라 하대에 다라니 염송이 확산되면서 다라니 전문가로 보이는 인물들이 등장하였다. 신라시대 동안 밀교신앙이 무르익으며 고려 초에 밀교종파가 성립할 수 있었던 것이다. 나아가 총지종은 수행의 측면에서 『대일경大日經』에 입각한 아자阿字 관법수행觀法修行을 하였던 것으로 보인다.

그러나 조선 초에 단행된 몇 차례에 걸친 종파 통폐합 결과, 밀교종파는 세종 6년1424 이후 사라지게 되었다. 이때의 종파 통폐합은 각 종파의 종지宗旨의 유사성을 기준으로 이루어진 것이었다. 우선 신인종은 중관中觀 계열의 종파로 보이는 중도종中道宗과 통폐합되어 중신종中神宗이 되었다. 한편 총지종은 남산종南山宗과 통폐합되어 총남종摠南宗이 된 후, 선종에 편입되었다. 총지종은 다라니를 관하는 관법 수행을 하고 있었기 때문에 고려시대부터 선종 승계를 받았는데, 이러한 수행의 측면이 부각되어 조선 초에 선종에 편입된 것으로 생각된다.

고려시대의 밀교경전은 대장경·『교장총록』에 편입되어 있는 것과 단본으로 간행된 것 등 크게 두 유형으로 나누어볼 수 있다. 전자는 밀교경전과 다라니, 장소章疏를 수집·간행하였다는 데 의미가 있으며, 후자는 당시의 신앙 경향을 가늠할 수 있는 척도가 된다. 고려재조대장경에는 총 355부의 밀교경전이 입장되어 있다. 송의 개보장開寶藏과 요대장경, 개보장 이후 송에서 새로 번역된 경전 등을 받아들여 조성된 것이었다. 특히 고려대장경은 요대장경을 교감 자료로 삼아 조성되었다. 밀교경전의 경우 『소실지갈라공양법蘇悉地羯羅供養法』과 『최승등왕여래경最勝燈王如來經』이 요대장경을 근거로 추가되었는데, 이는 요에서만 유통되던 밀교경전의 유입을 의

미한다. 고려대장경과 함께 주목해야 할 것이 의천의『교장총록』이다. 의
천은 목록 속에서,『대일경』을『화엄경華嚴經』과『열반경涅槃經』에 이어 세
번째로 배치시키고 있다. 이는 의천이『대일경』을『화엄경』에 준하는 중
요성을 가진 경전으로 파악하고 있었다는 의미이다. 이러한『대일경』인
식은 요 불교계의 영향을 받은 것이었다.

　고려시대에는 밀교경전이 단본으로 간행, 유통되기도 하였다. 이들 단
본 밀교경전의 간행 경향에서 몇 가지 특징을 찾아볼 수 있었다.

　첫째, 현세구복적 신앙이 주류를 이루었다. 고려시대에 간행된 단본 밀
교경전은 모두 현세구복 신앙과 관련이 된다. 또 현세구복적 신앙을 대표
하는 관세음보살과 관련된 경전들이 있는데, 현존 유물의 건수로 보아 성
행하였던 듯하다. 그러나 관음신앙 자체가 현세구복과 극락왕생의 두 측
면을 가지고 있기 때문에 극락왕생과 관련된 신앙도 공존하였다고 할 수
있다.

　둘째, 간행자에 따라 경전에 변형이 가해졌다. 해인사 복장본과 민영규
구장본『범서총지집』의 비교를 통해 확인할 수 있었다. 해인사 복장본『범
서총지집』의 앞부분에는 삼종실지진언三種悉地眞言과『대일경』「백자생품百
字生品」의 내용을 도식화한 원상圓相 다라니가 수록되어 있다. 그런데 선종
과의 관련 속에서 간행된 것으로 보이는 민영규 구장본에서는 삼종실지
진언이 더 익숙한 삼신진언三身眞言으로 바뀌었고, 「백자생품」의 내용을 담
은 다라니는 삭제되었다. 밀교교학과 직접적으로 연결되는 내용에 변형
을 가한 것이다.

　셋째, 활용하기 용이한 형태로 제작한 사례들이 보인다. 다라니를 휴대
하면 염송하는 것과 동일한 공덕이 있으며 몸을 보호해 준다는 믿음 때문
에 휴대가 가능한 형태로 제작된 유물들이 있다. 특히 보물 제691호본『불
정심다라니경』은 휴대가 용이하도록 경전을 넣는 경갑까지 부수되어 있

다. 또 다라니경의 축약본이 있어 주목된다. 『불정심다라니경』 가운데 치병을 위해 필요한 부분들, 즉 다라니와 부적만을 발췌해 판각한 목판이 유물로 남아 있다. 최소 비용을 들여 최대 효과를 노린 것이었다.

한편, 국가적 차원에서의 밀교신앙은 밀교의례로 드러난다. 빈번한 국가적 밀교의례의 개설은 신라와는 다른 고려 밀교의 특징 가운데 하나이다. 고려시대에 개설된 국가적 밀교의례는 총 17종이 있었으며, 공작명왕도량孔雀明王道場과 같이 1회 개설로 그친 의례도 있는 반면 소재도량消災道場과 같이 100회 이상 개설된 의례도 있다. 즉위의례로서의 관정도량을 제외하면 모두 재난을 기양하기 위해 개설된 것이라는 공통점을 가진다. 의례개설 목적 면에서 보면 밀교의례는 다른 기양 의례들과 차별화되지 않는다. 이는 고려시대 밀교의례가 정치적 기제 가운데 하나로 활용되었다는 의미이다. 그러나 다라니를 받들면 영험을 얻을 수 있다는 인식이 있었고, 낯선 다라니를 외우는 장엄한 밀교의례는 불보살의 위신력으로 재난이 없어질 것이라는 믿음을 고취시키는 데 효과적이었기 때문에 국가적 밀교의례가 개설되었다.

고려시대 밀교의례 가운데 가장 빈번하게 개설된 것은 소재도량이었다. 소재도량은 성변을 포함한 천재지변을 기양하기 위해 개설되었다. 소재도량은 불교의례이지만 고려시대의 천문재이관에는 유교사상이 작용하고 있었다. 즉, 천체의 운행을 읽고 그것을 비정상적 운행, 곧 성변으로 파악하는 데에는 유교의 천문사상이 바탕에 깔려 있었다. 유교사상에서 성변을 기양하기 위한 방법은 군주의 자기반성이나 수덕修德인데, 시간이 오래 걸리고 가시적이지 않기 때문에 밀교의례인 소재도량을 개설한 것이다.

불정도량佛頂道場은 기우, 외적 기양, 내란 방지를 위해 개설된 의례로 소의경전은 『불정존승다라니경佛頂尊勝陀羅尼經』이었다. 『불정존승다라니경』은 치병과 장수, 파지옥破地獄이라는 지극히 개인적인 공덕을 설하는 경전이다. 그런데 고려시대 불정도량은 기우, 전염병 기양, 외적 기양, 내란 방지 등의 목적으로 개설되었다. 이 경전의 의궤儀軌를 활용해 경전에서 설하는 공덕을 국가적 차원으로 확장시켜 국가의례로 개설한 것이다. 또한 불정도량은 의궤가 있어, 그에 의거해 구체적인 의례 절차를 확인할 수 있었다.

관정도량灌頂道場은 동일한 의례명 하에 두 종류의 상이한 의례가 있는 특이한 사례이다. 즉, 기양의례로서의 관정도량과 즉위의례로서의 관정도량이 개설되었다. 기양의례로서의 관정도량의 소의경전은 『관정경灌頂經』 권4로, 내란을 진압하거나 외적을 물리치기 위해 개설되었다. 즉위의례로서의 관정도량은 국왕이 전륜성왕轉輪聖王의 권위를 가졌음을 공포하기 위한 것이었다. 그 연원은 불공不空이 당 숙종에게 행한 전륜왕위칠보관정轉輪王位七寶灌頂에서 찾을 수 있다. 밀교의 전법의식에서 관정을 행한다는 점에 착안해, 그 위에 전륜성왕의 권위를 덧씌워 왕이 권위를 향상시키고자 즉위의식으로서 개설된 것이었다. 왕의 권위를 어떠한 방식으로 수식하고 있는지를 살펴볼 수 있는 일례이다.

이상과 같은 고려시대 밀교의 여러 요소들은 고려시대사의 흐름 속에서 각기 다른 맥락에서 작용하며 고려시대 밀교사를 형성하였다. 밀교의 교학이나 사상에 대한 연구 흐름도 지속적으로 이어졌다. 고려의 밀교교학은 『대일경』을 중심으로 이루어진 것 같다. 고려 전기에는 『대일경』을 『화엄경』과 대비시키며 밀교의 원교圓教로 파악하는 인식이 있었다. 수행의 측면에서는 다라니를 선정에 드는 방편으로 삼는 입장이 있었다. 총지종 승려들이 행한 아자 관법수행이 대표적인 사례이다. 고려시대 밀교종파의 사상에 관한 자료가 부족하기는 하지만, 이들 밀교종파를 중심으로 한 밀교사상 연구 및 수행도 있었던 것이다.

의례의 측면을 살펴보면, 고려 전기는 밀교의례가 새롭게 개설되고 국가의례로서 정비되었던 시기였다. 무신 집권기에는 정치·사회적 혼란과 대몽항쟁 속에서 밀교의 재난 해소 기능이 부각되어 다양하게 활용되었다. 재난 해소의 효험을 높이기 위해 새로운 밀교의례들이 개설되었으나, 원 간섭기에 접어들어 원과의 정치외교적 이유 때문에 밀교의례는 대부분 개설이 중지되었다. 그러나 밀교의례 자체는 확산되어, 선종·천태종 승려들이 사찰에서 밀교의례를 개설하는 사례들이 보인다.

밀교의 다라니신앙은 현실적 이익의 추구와 극락왕생 및 파지옥을 기본으로 한다. 특히 현세구복적 다라니신앙은 밀교신앙의 가장 근저를 이루는 신앙이다. 현세구복적 다라니신앙의 사례는 신라시대부터 찾아볼 수 있다. 고려시대에 들어서도 이러한 흐름은 이어져, 현세구복을 설하는 『불정심다라니경』이나『장수멸죄경』등이 고려 전기부터 간행되고 있다. 고려 후기가 되면 사회적 혼란과 대몽항쟁 등으로 인해 다라니를 염송해 재난을 피하고자 했던 사례들을 찾아볼 수 있다. 천태종 승려인 요세了世, 선종 승려인 일연一然 등의 사례도 보이기 때문에 밀교의 다라니가 종파와 관계없이 염송의 대상이 되었음을 알 수 있다.

한편 다라니신앙의 또 다른 경향, 즉 사후에 극락에 왕생하고 지옥에 떨어지지 않기를 바라는 신앙도 다양하게 나타났다. 고려 전기에는 극락왕생을 위해『천수경千手經』을 염송하는 사례가 보이며, 무신 집권기에는 역시 극락왕생을 위해 묘지명에 다라니를 새긴 경우를 찾아볼 수 있다. 원 간섭기 이후가 되면 정토신앙과 밀교가 결합되는 모습이 확연히 드러난다. 원참元旵의『현행서방경現行西方經』에서는 염불 대신 아미타불의 진언을 염송하도록 설하고 있으며, 밀교경전인『팔대보살만다라경八大菩薩曼茶羅經』과 아미타불이 결합한「아미타팔대보살도」가 불화로 다수 제작되었다. 또 파지옥을 설하는 대표 경전인『불정존승다라니경』의 구절이 범종에 새겨지기도 하였는데, 지옥에 떨어질 업장을 소멸시키고자 한 것이다. 지옥과 극락을 내세우며 정토신앙을 고취시킨 것은 고려 말 불교계의 분위기였던 것 같다. 고려 말 유학자들이 불교 폐단을 비판하며 쓴 글들을 보면 승려들이 지옥과 극락을 언급하며 악영향을 끼친다고 서술하고 있다. 밀교신앙 역시 이와 같은 고려시대 불교신앙의 전반적인 흐름을 공유하고 있는 것이다.

고려시대의 밀교는 여러 갈래의 밀교 전통을 수용하였다. 송에서 번역된 밀교경전들이 유입되었으며, 요 불교계의 현밀겸수顯密兼修의 영향이 보인다. 밀교의례에서는 당의 사례를 많이 참고하였으며, 티베트불교의 영향도 보인다. 신라의 밀교전통을 이어받고, 고려 당대에는 당·송·요·원의 밀교경전과 밀교사상, 의례 등을 수용하여 고려 밀교를 구축한 것이다. 재난 해소를 위한 다라니신앙은 종파와 승속을 넘어 확산되었다. 밀교의례는 다른 의례들과 차별화되지 않은 채 통치의 기제로 활용되었다. 선정에 드는 방편으로 다라니를 활용하는 방식도 밀교종파만의 전유물은 아니었던 듯하다. 다양한 종파의 승려들이 『범서총지집』 간행에 관여한 모습이 보이기 때문이다. 요컨대 밀교의 다라니신앙은 고려시대 불교신앙의 저류底流로 작용하고 있었다고 할 수 있다. 이는 조선시대 숭유억불 분위기하에서도 밀교신앙이 면면히 이어지고 독자적 밀교사상을 형성하는 밑거름이 되었다.

고려시대 다라니신앙은 신라에서 고려를 거쳐 조선으로 이어지는 흐름 속에 있다. 그러나 밀교종파와 밀교의례는 조금 다른 양상을 보인다. 고려시대 밀교종파의 연원은 신라에서부터 찾을 수 있지만 아직 독자적 종파로 성립되지 못하였다. 또 신라시대에도 문두루비법이라는 밀교의례가 개설되기는 하였지만 이것이 특수한 사례로 밀교의례가 본격적으로 개설되지 못하였다. 독자적 밀교종파와 국가적 밀교의례가 아직 대두하지 않은 것이다.

한편 조선시대가 되면 사회적 패러다임이 유교로 전환되고, 불교는 개인적 종교로서의 역할만을 담당하게 되었다. 그 과정에서 고려의 불교계를 해체하기 위해 종파 통폐합이 이루어졌다. 밀교종파도 사라지고 구심점을 잃은 조선시대의 밀교는 사회나 사상계 전면에 드러나기보다는 불교신앙 속에서 다라니신앙으로 전개되었다. 밀교의례도 불교 자체를 정치의 장에서 배제시키고자 하는 움직임 속에서 점차 자취를 감추게 되었다. 이와 같이 신라와 조선시대에는 없는 독자적 밀교종파와 국가적 밀교의례는 고려시대 밀교의 가장 큰 특징이라고 할 수 있다.

1. 기초 자료

1) 역사서·문집·금석문 자료

『三國史記』『三國遺事』『高麗史』『高麗史節要』

『太宗實錄』『定宗實錄』『世宗實錄』『世祖實錄』

『魏書』『舊唐書』『新唐書』『宋史』『遼史』『金史』『元史』

『稼亭集』『東國李相國集』『東文選』『牧隱集』『補閑集』『三峰集』『陽村集』『圓
　　　　齋先生文稿』『益齋集』

『慵齋叢話』『新增東國輿地勝覽』

『全遼文』『高麗圖經』

김용선, 2006, 『역주 고려묘지명집성』, 한림대학교출판부

김용천·최현화 역주, 2007, 『천지서상지 -당 제국의 국가제사와 의례』, 예문
　　　　서원

金曉呑 譯註, 2011, 『高麗史 佛敎關係史料集』, 民族社

박용운, 2009, 『『高麗史』 百官志 譯註』, 신서원

여원관계사연구팀 편, 2008, 『譯註 元高麗紀事』, 선인

李能和, 1918, 『朝鮮佛敎通史』, 京城: 新文館(1968, 景仁書林)

李智冠, 1995~1996, 『校勘譯註 歷代高僧碑文』 고려편, 伽山佛敎文化硏究院

張東翼, 1997, 『元代高麗史料集錄』, 서울대학교출판부

張東翼, 2000, 『宋代麗史資料集錄』, 서울대학교출판부

조동원 외 공역, 2005, 『고려도경』, 황소자리

朝鮮總督府 編, 1976, 『朝鮮金石總覽』, 亞細亞文化社
崔貞煥 編, 2006, 『譯註 「高麗史」 百官志』, 景仁文化社
許興植, 1984, 『韓國金石全文』, 亞細亞文化社
黃壽永, 1999, 『黃壽永全集』 4-金石遺文, 혜안

2) 불교 전적

伽梵達摩, 『千手千眼觀世音菩薩廣大圓滿無礙大悲心陀羅尼經』 (『大正新修大藏經』 20)
覺苑, 『大日經義釋演密鈔』 (『卍續藏經』 23)
鳩摩羅什, 『梵網經盧舍那佛說菩薩心地戒品』 (『大正新修大藏經』 24)
鳩摩羅什, 『佛說仁王般若波羅蜜經』 (『大正新修大藏經』 8)
金剛智, 『金剛頂瑜伽中略出念誦經』 (『大正新修大藏經』 18)
道殿, 『顯密圓通成佛心要集』 (『大正新修大藏經』 46)
良賁, 『仁王護國般若波羅蜜多經疏』 (『大正新修大藏經』 33)
未詳, 『大唐靑龍寺三朝供奉大德行狀』 (『大正新修大藏經』 50)
未詳, 『佛說大威德金輪佛頂熾盛光如來消除一切災難陀羅尼經』 (『大正新修大藏經』 19)
未詳, 『佛頂心觀世音菩薩姥陀羅尼經』 (『高王觀世音千手陀羅尼經』, 隆熙 戊申 [1908] 重刊, 동국대학교 소장)
般剌蜜帝, 『大佛頂如來密因修證了義諸菩薩萬行首楞嚴經』 『大正新修大藏經』 19)
帛尸利蜜多羅, 『佛說灌頂七萬二千神王護比丘呪經』 (『大正新修大藏經』 21)
法崇, 『佛頂尊勝陀羅尼敎跡義記』 (『大正新修大藏經』 39)
不可思議, 『大毘盧遮那經供養次第法疏』 (『韓國佛敎全書』 3)
不空, 『金剛頂瑜伽略述三十七尊心要』 (『大正新修大藏經』 18)
不空, 『略述金剛頂瑜伽分別聖位修證法門』 (『大正新修大藏經』 18)
不空, 『佛頂尊勝陀羅尼念誦儀軌法』 (『大正新修大藏經』 19)
不空, 『佛說熾盛光大威德消災吉祥陀羅尼經』 (『大正新修大藏經』 19)
不空, 『佛頂尊勝陀羅尼念誦儀軌法』 (『大正新修大藏經』 19)
不空, 『金剛頂瑜伽最勝祕密成佛隨求卽得神變加持成就陀羅尼儀軌』 (『大正新修大藏經』 19)
不空, 『普遍光明淸淨熾盛如意寶印心無能勝大明王大隨求陀羅尼』 (『大正新修大藏經』 20)
不空, 『七俱胝佛母所說准提陀羅尼經』 (『大正新修大藏經』 20)
佛陀波利, 『佛頂尊勝陀羅尼經』 (『大正新修大藏經』 19)

善無畏, 『佛頂尊勝心破地獄轉業障出三界祕密陀羅尼』(『大正新修大藏經』 18)

善無畏, 『尊勝佛頂修瑜伽法軌義』(『大正新修大藏經』 19)

善無畏 · 一行, 『大日經』(『大正新修大藏經』 18)

守其, 『高麗國新雕大藏校正別錄』 卷5(『高麗大藏經』 38)

呂夷簡 等, 『景祐新修法寶錄』(『宋藏遺珍』 20)

念常, 『佛祖歷代通載』(『大正新修大藏經』 49)

圓照, 『代宗朝贈司空大辨正廣智三藏和上表制集』(『大正新修大藏經』 52)

圓照, 『大唐貞元續開元釋教錄』(『大正新修大藏經』 55)

圓照, 『貞元新定釋教目錄』(『大正新修大藏經』 55)

圓測, 『仁王經疏』(『韓國佛教全書』 1)

元昢, 『現行西方經』(『韓國佛教全書』 6)

義天, 『大覺國師文集』(『韓國佛教全書』 4)

義天, 『新編諸宗教藏總錄』(『大正新修大藏經』 55)

李無諂, 『不空羂索陀羅尼經』(『大正新修大藏經』 20)

一行, 『大日經疏』(『大正新修大藏經』 39)

一行, 『大日經義釋』(『卍續藏經』 23)

趙安仁 等, 『大中祥符法寶錄』(『宋藏遺珍』 20)

志磐, 『佛祖統紀』(『大正新修大藏經』 49)

智昇, 『開元釋教錄』(『大正新修大藏經』 55)

智儼, 『華嚴五十要問答』(『大正新修大藏經』 45)

智顗 · 灌頂 記, 『請觀音經疏』(『大正新修大藏經』 39)

贊寧, 『宋高僧傳』(『大正新修大藏經』 50)

贊寧, 『大宋僧史略』(『大正新修大藏經』 54)

天息災, 『佛說大摩里支菩薩經』(『大正新修大藏經』 21)

天頙, 『禪門寶藏錄』(『韓國佛教全書』 6)

波羅頗蜜多羅, 『寶星陀羅尼經』(『大正新修大藏經』 13)

海雲, 『兩部大法相承師資付法記』(『大正新修大藏經』 51)

赫連挺, 『大華嚴首坐圓通兩重大師均如傳』(『韓國佛教全書』 4)

玄奘, 『大乘大集地藏十輪經』(『大正新修大藏經』 13)

慧諶, 『曹溪眞覺國師語錄』(『韓國佛教全書』 6)

惠永, 『白衣解』(『韓國佛教全書』 6)

慧超, 『大乘瑜伽金剛性海曼殊室利千臂千鉢大教王經序』(『韓國佛教全書』 3)

金達鎭 譯註, 1993, 『眞覺國師語錄』, 세계사

김무봉 역주, 2008, 『역주 불설아미타경언해·불정심다라니경언해』, 세종대왕
　　　　기념사업회
金月雲 역, 2004, 『우리말 석가여래행적송』, 東文選
김영덕 역주, 2008, 『대비로자나성불경소』, 소명출판
釋法性·總持華 編譯, 2002, 『어떻게 성불할 것인가 -顯密圓通成佛心要集』, 운
　　　　주사
圓仁 撰, 김문경 역주, 2001, 『入唐求法巡禮行記』, 중심
圓仁 撰, 足立喜六 譯注·鹽入良道 補注, 1970, 『入唐求法巡禮行記』, 東京: 平
　　　　凡社
이상현 역, 2010, 『원감국사집』, 동국대학교출판부

3) 기타 자료

『開元占經』
『元始天尊說十一曜大消災神呪經』(『道藏』 第4函, 洞眞部, 本文類, 臺北: 藝文印
　　　　書館)
金勝東 편저, 1996, 『道敎思想辭典』, 釜山大學校出版部
望月信亨 著, 1954, 『佛敎大辭典』, 京都: 世界聖典刊行協會
佛光大辭典編修委員會 編, 1989, 『佛光大辭典』, 臺灣: 佛光出版社
小野玄妙 編, 1964, 『佛書解說大辭典』, 東京: 大東出版社
佐和隆硏 編, 1970, 『密敎辭典』, 京都: 法藏館
한국민족문화대백과사전편찬부 編, 1991, 『한국민족문화대백과사전』, 정신문화
　　　　연구원
耘虛 龍夏, 1995, 『佛敎辭典』, 東國譯經院
정승석 편저, 1998, 『고려대장경해제』, 고려대장경연구소
中國佛敎協會, 2000, 『房山石經』, 北京: 華夏出版社
국립나주문화재연구소, 2016, 『淳昌 雲林里 農所古墳』
국립중앙박물관, 2002, 『고려·조선의 대외교류』
국립중앙박물관, 2008, 『영원한 생명의 울림 -통일신라 조각』
국립중앙박물관, 2011, 『문자, 그 이후 -한국고대문자전』
동국대학교 불교학술원, 2017, 『원각사의 불교문헌』
동아대학교 박물관, 2002, 『密陽 古法里 壁畫墓』
불교문화재연구소, 2009, 『안동 보광사 목조관음보살좌상』

수덕사 근역성보관, 2004, 『至心歸命禮 -韓國의 佛腹藏』
연세대학교 중앙도서관, 2007, 『(민영규 선생 기증) 귀중고서 특별전』
위덕대학교 회당학술정보원, 2004, 『韓國의 傳統 陀羅尼 -東齋文庫 所藏資料 特別展』
해인사성보박물관, 2008, 『誓願 -海印寺 비로자나불 복장유물 특별전』
해인사성보박물관, 2017, 『願堂 -해인사 원당암 아미타불 복장유물 특별전』
Rob Linrothe and Jeff Watt, *Demonic Divine: Himalayan Art and Beyond*, 2004, Chicago : Serindia Publications
Rubin Museum of Art, *Collection Highlights from the Rubin Museum of Art*, 2014, New York : Rubin Museum of Art

2. 연구 문헌

1) 단행본

(1) 한국어

高翊晉, 1989, 『韓國古代佛敎思想史』, 동국대출판부
국사편찬위원회 편, 1995, 『한국사』 12 -고려 왕조의 성립과 발전, 국사편찬위원회
국사편찬위원회 편, 1994, 『한국사』 16 -고려 전기의 종교와 사상, 국사편찬위원회
權熹耕, 1986, 『高麗寫經의 硏究 -高麗後期寫經을 中心으로한 美術史的 考察』, 미진사
권희경, 2006, 『고려의 사경』, 글고운
금강대학교 불교문화연구소 편, 2016, 『동아시아 종파불교 -역사적 현상과 개념적 이해』, 민족사
金光植, 1995, 『高麗 武人政權과 佛敎界』, 민족사
金福順, 2002, 『한국 고대불교사 연구』, 民族社
金英美, 1994, 『新羅佛敎思想史硏究』, 民族社
金潤坤, 2002, 『고려대장경의 새로운 이해』, 불교시대사
기무라 기요타카 저, 정병삼 외 역, 2005, 『중국화엄사상사』, 민족사
김영미 외, 2010, 『전염병의 문화사 -고려시대를 보는 또 하나의 시선』, 혜안

김영호 엮음, 2008,『한국불교의 보편성과 특수성』, 한국학술정보

김일권, 2007,『동양 천문사상, 하늘의 역사』, 예문서원

김일권, 2008,『우리 역사의 하늘과 별자리』, 고즈윈

김일권, 2011,『『고려사』의 자연학과 오행지 역주』, 한국학중앙연구원출판부

김종명, 2001,『한국 중세의 불교의례 -사상적 배경과 역사적 의미』, 문학과지
　　　성사

김종서, 2005,『종교사회학』, 서울대학교출판부

김철웅, 2007,『한국중세의 吉禮와 雜祀』, 景仁文化社

김한규, 2000,『티베트와 중국』, 소나무

김호성, 2006,『천수경의 새로운 이해』, 民族社

南權熙, 2002,『高麗時代 記錄文化 硏究』, 淸州古印刷博物館

다나카 기미아키 저, 유기천 역, 2010,『티베트 밀교 개론』, 불광출판사

마츠모토 시로 저, 이태승 외 역, 2008,『티베트 불교철학』, 불교시대사

박광연, 2013,『新羅 法華思想史 硏究』, 혜안

박용진, 2011,『義天 -그의 생애와 사상』, 혜안

朴胤珍, 2006,『高麗時代 王師·國師 硏究』, 景仁文化社

서윤길, 1993,『高麗密敎思想史硏究』, 불광출판부

徐閏吉, 1994,『韓國密敎思想史硏究』, 불광출판부

서윤길, 2006,『한국밀교사상사』, 운주사

松長有慶 저, 張益 역, 1993,『밀교경전 성립사론』, 불광출판부

松長有慶 저, 許一範 역, 1990,『密敎歷史』, 경서원

안상현, 2000,『우리가 정말 알아야 할 우리 별자리』, 현암사

안지원, 2005,『고려의 국가 불교의례와 문화』, 서울대학교출판부

안지원, 2011,『고려의 불교의례와 문화』, 서울대학교 출판문화원

야마구치 즈이호·야자키 쇼켄 저, 이호근·안영길 역, 1990,『티베트불교사』,
　　　민족사

요리토미 모토히로 외 저, 김무생 역, 1989,『밀교의 역사와 문화』, 민족사

윤기엽, 2012,『고려 후기의 불교 -사원의 불교사적 고찰』, 일조각

윤이흠 외, 2002,『고려시대의 종교문화 -그 역사적 상황과 복합성』, 서울대학
　　　교출판부

이문규, 2000,『고대 중국인이 바라본 하늘의 세계』, 문학과지성사

이범교, 2008,『밀교와 한국의 문화유적』, 민족사

이병욱 편, 2002,『의천』, 예문서원

이병욱, 2002,『고려시대의 불교사상』, 혜안

이숙희, 2009,『통일신라시대 밀교계 불교조각 연구』, 학연문화사

李永子, 2002,『법화·천태사상연구』, 동국대학교 출판부

이욱, 2009,『조선시대 재난과 국가의례』, 창비

李熙德, 2000,『高麗時代 天文思想과 五行說 硏究』, 一潮閣

장남원 외, 2011,『고려와 북방문화』, 養士齋

장충식, 2007,『한국사경 연구』, 동국대학교출판부

쟝샤오위앤 저, 홍상훈 역, 2005,『별과 우주의 문화사』, 바다출판사

정성준, 2007,『밀교학의 기초지식』, Eastward

정병삼, 2016,『그림으로 보는 불교 이야기』, 풀빛

정병삼, 2020,『한국불교사』, 푸른역사

鄭恩雨, 2007,『高麗後期 佛敎彫刻 硏究』, 문예출판사

鄭泰爀, 1988,『正統密敎』, 경서원

鄭駜謨, 1990,『高麗佛典目錄硏究』, 亞細亞文化社

조르주 뒤비 저, 성백용 역, 1997,『세 위계: 봉건제의 상상 세계』, 문학과지성사

宗釋, 2000,『밀교학개론』, 운주사

蔡尙植, 1996,『高麗後期佛敎史硏究』, 一潮閣

千惠鳳, 1980,『羅麗印刷術의 硏究』, 景仁文化社

千惠鳳, 1990,『韓國典籍印刷史』, 汎友社

崔源植, 1999,『新羅菩薩戒思想史硏究』, 民族社

캐서린 벨 저, 류성민 역, 2007,『의례의 이해』, 한신대학교 출판부

韓國道敎思想硏究會 編, 1987,『道敎와 韓國思想』, 汎洋社出版部

韓基汶, 1989,『高麗寺院의 構造와 機能』, 民族社

허일범, 2008,『한국밀교의 상징세계』, 해인행

허일범, 2008,『한국의 진언문화』, 해인행

許興植, 1986,『高麗佛敎史硏究』, 一潮閣

許興植, 1997,『高麗로 옮긴 印度의 등불 -指空禪賢』, 一潮閣

許興植, 1997,『韓國中世佛敎史硏究』, 一潮閣

허흥식, 2005,『고려의 과거제도』, 일조각

황인규, 2003,『고려후기·조선초 불교사 연구』, 혜안

황인규, 2005,『고려말·조선전기 불교계와 고승 연구』, 혜안

(2) 외국어

鎌田茂雄, 1994·1999, 『中國佛教史』 5·6, 東京: 東京大學出版會

金岡秀友, 1983, 『佛教學と密教學』, 京都: 人文書院

金岡秀友, 1989, 『密敎の哲學』, 東京: 講談社

藤原崇人, 2015, 『契丹佛教史の研究』, 京都: 法藏館

賴富本宏, 2003, 『『大日經』入門 -慈悲のマンダラ世界』, 東京: 大法輪閣

賴富本宏, 2005, 『『金剛頂經』入門 -卽身成佛への道』, 東京: 大法輪閣

牧田諦亮, 1976, 『疑經研究』, 京都: 京都大學人文科學研究所

松本有慶, 1997, 『密教 -インドから日本への傳承』, 東京: 中公文庫

神尾弌春, 1938, 『契丹佛教文化史考』, 大連: 滿洲文化協會

氏家覺勝, 1984, 『陀羅尼の世界』, 大阪: 東方出版

氏家覺勝, 1985, 『陀羅尼思想の研究』, 大阪: 東方出版

安藤俊雄, 1968, 『天台學 -根本思想とその展開』, 京都: 平樂寺書店

野口善敏, 2007, 『禪門陀羅尼の世界』, 京都: 耕文社

野上俊靜, 1953, 「遼朝と佛教」, 『遼金の佛教』, 京都: 平樂寺書店

立川武藏·賴富本宏 編, 1999, 『中國密教』, 東京: 春秋社

立川武藏·賴富本宏 編, 1999, 『インド密教』, 東京: 春秋社

立川武藏·賴富本宏 編, 1999, 『チベット密教』, 東京: 春秋社

長部和雄, 1982, 『唐宋密教史論考』, 京都: 永田文昌堂

長部和雄, 1990, 『唐代密教史雜考』, 東京: 北辰堂

竺沙雅章, 2000, 『宋元佛教文化史研究』, 東京: 汲古書院

脇谷僞謙, 1920, 『華嚴經要義』, 京都: 興敎書院

洪潤植, 1976, 『韓國佛教儀禮の研究』, 東京: 隆文館

栂尾祥雲, 1933, 『秘密佛教史』, 和哥山縣: 高野山大學出版部(1985, 京都: 臨川
　　　書店)

蘇魯格·宋長紅, 1994, 『中國元代宗敎史』, 北京: 人民出版社

梁鳴飛·趙躍飛, 1994, 『中國隋唐五代宗敎史』, 北京: 人民出版社

呂建福, 1995, 『中國密教史』, 北京: 中國社會科學出版社

張樹棟 等, 2004, 『中華印刷通史』, 台北: 財團法人印刷傳播興才文敎基金會

張踐, 1994, 『中國宋遼金夏宗敎史』, 北京: 人民出版社

黃有福·陳景富, 1993, 『中朝佛教文化交流史』, 北京: 中國社會科學出版社

Sam Vermeersch, *The Power of the Buddhas: The Politics of Buddhism During the
　　　Koryŏ Dynasty(918-1392)*, Cambridge: Harvard University Press, 2008

Orzech, Sørensen, Payne(Eds.), *Esoteric Buddhism and the Tantras in East Asia*, Leiden; Boston : Brill, 2011

2) 연구 논문

(1) 한국어

姜南錫, 2001, 『高麗 天台思想史의 研究』, 원광대 불교학과 박사학위논문

강대현, 2020, 「밀교경전에 나타난 符印의 현황과 그 현실적 功能 -『대정장』 '밀교부'를 중심으로」, 『동아시아불교문화』 42

강대현, 2021, 「고려시대 밀교종파 지념업[총지종] 연구」, 『한국불교학』 98

강문식, 2001, 「權近의 生涯와 交遊人物」, 『韓國學報』 102

姜順愛, 1994, 「高麗國新雕大藏校正別錄의 分析을 통해 본 初雕 및 再雕大藏經의 變容에 관한 研究」, 『한국비블리아』 7

姜順愛, 1995, 「舊大藏目錄의 初雕大藏經 構成體系에 관한 研究 -開元釋敎錄과의 比較를 中心으로」, 『書誌學研究』 11

강순애, 2010, 「고려 팔만대장경의 판각, 봉안 및 판가구성에 관한 연구」, 『書誌學研究』 46

姜友邦, 1989, 「韓國 毘盧遮那佛像의 成立과 展開 -圓融의 圖像的 實現」, 『美術資料』 44

姜恩淨, 2002, 「12世紀初 高麗의 女眞征伐과 對外關係의 變化」, 『北岳史論』 9

姜好鮮, 2011, 『高麗末 懶翁慧勤 研究』, 서울대 국사학과 박사학위논문

강호선, 2015, 「고려시대 국가의례로서의 불교의례 설행과 그 정치적 의미」, 『동국사학』 59

계미향, 2015, 「신라 悟眞의 오백나한 입전 현황 고찰 -제479번 羅漢 新羅國 悟眞常尊者」, 『한국불교학』 76

高翊晋, 1975, 「法華經 戒環解의 盛行來歷考」, 『佛敎學報』 12

高翊晋, 1979, 「白蓮社의 思想傳統과 天頙의 著述問題」, 『佛敎學報』 16

郭丞勳, 1996, 「고려 전기 『一切如來心秘密全身舍利寶篋印陀羅尼經』의 간행」, 『아시아문화』 12

구산우, 2003, 「高麗 成宗代 정치세력의 성격과 동향」, 『한국중세사연구』 14

權相老, 1929, 「神印宗과 摠持宗 -朝鮮에서 自立한 宗派의 其五」, 『佛敎』 59

권순형, 2005, 「원 공주 출신 왕비의 정치권력 연구 -충렬왕비 제국대장공주를 중심으로」, 『사학연구』 77

권영택, 1999, 「新羅 佛教受容에서의 密敎의 역할」, 『石堂論叢』 28

權熹耕, 2000, 「三國遺事를 통해 본 高麗的 시각」, 『書誌學硏究』 20

김경집, 2009, 「고려시대 麗·元 불교의 교섭」, 『회당학보』 14

金光植, 1993, 「崔忠獻의 寺院政策」, 『史學硏究』 46

金南允, 1992, 「고려중기 불교와 法相宗」, 『韓國史論』 28, 서울대 국사학과

金南允, 1995, 『新羅 法相宗 硏究』, 서울대 국사학과 박사학위논문

김당택, 2007, 「高麗 顯宗·德宗代 對契丹(遼) 관계를 둘러싼 관리들 간의 갈등」, 『역사학연구』 29

金塘澤, 2000, 「高麗 肅宗·睿宗代의 女眞征伐」, 『東아시아 歷史의 還流』, 지식 산업사

金塘澤, 2001, 「高麗 仁宗朝의 西京遷都·稱帝建元·金國征伐論과 金富軾의 《三國史記》 편찬」, 『歷史學報』 170

김대중, 2002, 「崔忠獻 政權의 성립배경」, 『진단학보』 39

金杜珍, 1992, 「新羅 下代의 五臺山信仰과 華嚴結社」, 『伽山 李智冠스님 華甲 紀念論叢 韓國佛教文化思想史』 上, 伽山文庫

김리나·이숙희, 1998, 「統一新羅時代 智拳印 毘盧舍那佛像 硏究의 爭點과 問題」, 『미술사논단』 7

金炳坤, 2007, 「元의 宗敎觀과 高麗 入元僧의 行蹟」, 『佛敎硏究』 27

金福順, 1988, 「新羅 下代 華嚴의 1例 -五臺山事蹟을 中心으로」, 『史義』 33

金福順, 1996, 「新羅 五臺山 事蹟의 形成」, 『江原佛教史硏究』, 小花

金福順, 2005, 「신라 불교의 연구현황과 과제 -중대와 하대를 중심으로」, 『新羅文化』 26

김복순, 2011, 「『삼국유사』 '명랑신인'조의 구성과 신인종 성립의 문제」, 『新羅文化祭學術論文集』 32

金相鉉, 1976, 「高麗時代의 護國佛教 硏究 -金光明經 信仰을 中心으로」, 『學術論叢』 1, 단국대학교 대학원

김상현, 2004, 「동아시아불교에서의 한국불교의 정체성(正體性)」, 『금강대학교 국제불교학술회의 발표문』

김선아, 2018, 「고려의 보주(保州) 확보와 그 의미」, 『軍史』 106

金聖洙, 1982, 「新編諸宗敎藏總錄의 分類體系에 關한 硏究」, 연세대 도서관학과 석사학위논문

金聖洙, 1987, 「高麗續藏經目錄 編成의 思想的 背景」, 『人文科學論集』 6, 청주대 인문과학연구소

김수연, 2009, 「고려시대 佛頂道場 연구」, 『梨花史學研究』 38

김수연, 2009, 「고려전기 금석문 소재 불교의례와 그 특징」, 『역사와 현실』 71

김수연, 2011, 「高麗後期 摠持宗의 활동과 사상사적 의미」, 『회당학보』 16

김수연, 2015, 「고려시대 간행 『梵書摠持集』을 통해 본 고려 밀교의 특징」, 『한국중세사연구』 41

김수연, 2016, 「민영규본 『범서총지집(梵書摠持集)』의 구조와 특징」, 『韓國思想史學』 54

김수연, 2017, 「14세기 고려의 다라니신앙 경향과 그 성격 -『금강경』 권말수록 다라니를 중심으로」, 『한국중세사연구』 49

김수연, 2017, 「원 간섭기 고려 왕실의 티베트불교 수용과 밀교의례의 확산」, 『이화사학연구』 54

김수연, 2021, 「고려시대 밀교 치유 문화의 양상과 특징」, 『醫史學』 30-1(통권 제67호)

김수연, 2021, 「고려-거란 밀교 교류의 양상과 특징」, 『이화사학연구』 62

金勝惠, 1987, 「≪東文選≫ 醮禮靑詞에 대한 宗教學的 考察」, 韓國道教思想研究會 編, 『道教와 韓國思想』, 汎洋社出版部

김양순, 2000, 「高麗後期 白蓮結社의 淨土思想 연구」, 『불교학연구』 1

金淵敏, 2004, 「新羅 文武王代 明朗의 密教思想과 그 의미」, 국민대 국사학과 석사학위논문

金淵敏, 2008, 「新羅 文武王代 明朗의 密教思想과 의미」, 『韓國學論叢』 30, 국민대 한국학연구소

김연민, 2012, 「密本의 『藥師經』 신앙과 그 의미」, 『韓國古代史研究』 65

金淵敏, 2012, 「『三國遺事』 惠通降龍條의 전거자료와 기년문제」, 『韓國史學史學報』 25

金淵敏, 2017, 『新羅 密教思想史 研究』, 국민대 국사학과 박사학위논문

김연민, 2019, 「8·9세기 新羅의 中期密教 유학승」, 『新羅史學報』 47

김연민, 2019, 「신라 하대 다라니신앙과 그 의미」, 『한국고대사탐구』 33

金永德, 1997, 『金剛界 三十七尊의 研究』, 동국대 불교학과 박사학위논문

金永德, 1999, 「佛頂尊勝陀羅尼經에 관한 연구」, 『韓國佛教學』 25

金永德, 2001, 「密教의 韓國的 受容의 一例 -三十七尊을 中心으로」, 『密教學報』 3

김영미, 2002, 「11세기 후반~12세기 초 고려·요 외교관계와 불경 교류」, 『역사와 현실』 43

김영미, 2008, 「靜和宅主 王氏의 삶과 불교 신앙」, 『梨花史學研究』 37

김영미, 2011, 「11세기 후반 遼·高麗 불교계와 元曉」, 『元曉學硏究』 16

金映遂, 1937, 「五教兩宗에 對하야」, 『震檀學報』 8

金永材, 1999, 「華嚴密教的 原型으로서의 五臺山 曼茶羅」, 『韓國佛教學』 25

金煐泰, 1977, 「高麗歷代王의 信佛과 國難打開의 佛事」, 『佛教學報』 17

金煐泰, 1979, 「五教九山에 대하여 -新羅代 成立說의 不當性 究明」, 『佛教學報』 16

金容煥, 1992, 「佛教의 眞言에 관한 연구」, 『湖西文化研究』 10

金一權, 1999, 『古代 中國과 韓國의 天文思想 硏究 -漢唐代 祭天 儀禮와 高句麗 古墳壁畵의 天文圖를 중심으로』, 서울대 종교학과 박사학위논문

金在庚, 1978, 「新羅의 密教 受容과 그 性格」, 『大丘史學』 14

金在庚, 1993, 「新羅 佛教史의 大勢 -五教說의 否定과 그 代案」, 『大丘史學』 46

金在庚, 2000, 「新羅 佛教史의 大勢와 土着信仰」, 『韓國古代史研究』 20

金昌賢, 2004, 「고려말 불교의 경향과 문수신앙의 대두」, 『韓國思想史學』 23

김창현, 2005, 「고려 강도의 신앙과 종교의례」, 『인천학연구』 4

김창현, 2005, 「원간섭기 고려 개경의 사원과 불교행사」, 『인문학연구』 32-2, 충남대 인문과학연구소

金昌鎬, 2001, 「新羅 密教사원 四天王寺의 역사적 위치」, 『密教學報』 3

金昌鎬, 2001, 「新羅壽昌郡護國城八角登樓記의 分析」, 『古文化』 57

金澈雄, 2002, 「고려 國家祭祀의 體制와 그 특징」, 『韓國史研究』 118

金澈雄, 2005, 「고려시대 太廟와 原廟의 운영」, 『國史館論叢』 106

김철웅, 2015, 「고려시대 국왕의 즉위의례」, 『정신문화연구』 38-2

김치원(修覺), 2008, 「진언종자(眞言種字)의 상징적 의미와 밀교수행에서의 적용」, 『밀교세계』 4

김현남, 2002, 「一行阿闍梨의 學問과 法統에 關한 硏究」, 『회당학보』 7

金賢南, 2004, 『一行의 密教觀 硏究』, 원광대 불교학과 박사학위논문

김현남, 2006, 「일행아사리의 天文觀 연구」, 『회당학보』 11

金炯佑, 1992, 「高麗前期 國家的 佛教行事의 展開樣相」, 『伽山 李智冠스님 華甲紀念論叢 韓國佛教文化思想史』上, 伽山文庫

金炯佑, 1992, 『高麗時代 國家的 佛教行事에 대한 硏究』, 동국대 사학과 박사학위논문

金炯佑, 2000, 「高麗後期 國家設行 佛教行事의 展開樣相」, 『蓮史洪潤植教授 停年退任紀念論叢 韓國文化의 傳統과 佛教』, 간행위원회

金惠婉, 1985, 「新羅의 藥師信仰 -藥師如來 造像을 中心으로」, 『千寬宇先生還曆紀念 韓國史學論叢』, 正音文化社

나카무라 준(中村淳), 2002, 「松廣寺 元代 티베트文 法旨에 대하여」, 『보조사상』 17

南權熙, 1999, 「12世紀 刊行의 佛教資料에 관한 硏究」, 『書誌學研究』 17

南權熙, 1999, 「高麗時代 陀羅尼와 曼荼羅類에 대한 書誌的 分析」, 『高麗의 佛腹藏과 染織 : 1302年 織造環境과 織物의 特性』, 계몽사

남권희, 2001, 「≪佛說長壽滅罪護諸童子陀羅尼經≫의 版本 硏究」, 『國會圖書館報』 38-6

남권희, 2005, 「韓國 記錄文化에 나타난 眞言의 流通」, 『密教學報』 7

남권희, 2013, 「장서각 소장 불교 典籍文化財의 書誌 연구」, 『藏書閣』 29

남권희, 2014, 「高麗時代 『密教大藏』 卷9의 書誌的 硏究」, 『書誌學研究』 58

남권희, 2017, 「고려시대 간행의 수진본 小字 총지진언집 연구」, 『書誌學研究』 71

남권희, 2019, 「高麗時代 金泥 梵字陀羅尼塔圖의 서지적 연구」, 『書誌學研究』 80

南東信, 1993, 「羅末麗初 華嚴宗團의 대응과 ≪(華嚴)神衆經≫의 성립」, 『外大史學』 5

南東信, 2005, 「麗末鮮初의 僞經 硏究 -『現行西方經』의 分析을 中心으로」, 『韓國思想史學』 24

南東信, 2007, 「여말선초기 懶翁 현창 운동」, 『韓國史研究』 139

남동신, 2007, 「『삼국유사』의 사서로서의 특성」, 『일연과 삼국유사』, 신서원

남동신, 2009, 「고려 전기 금석문과 法相宗」, 『佛教研究』 30

南豊鉉, 2007, 「古代韓國에 있어서 漢籍·佛典의 傳來와 受容에 대하여」, 『書誌學報』 31

남희숙, 2000, 「朝鮮時代 陀羅尼經·眞言集의 간행과 그 역사적 의의 -서울大 奎章閣 所藏本의 분석을 중심으로」, 『회당학보』 5

남희숙, 2002, 「조선후기 王室의 佛教信仰과 佛書刊行 -『佛說長壽滅罪護諸童子陀羅尼經』의 간행을 중심으로」, 『國史館論叢』 99

노재은, 2015, 「동화사 비로암 삼층석탑 금동사리외함 연구」, 이화여대 미술사학과 석사학위논문

노중국, 2011, 「『삼국유사』 惠通降龍조의 검토 -질병 치료의 관점에서」, 『新羅文化祭學術論文集』 32

뎀브렐, 2009, 「몽골과 고려의 불교교류에서의 밀교적 영향 연구」, 동국대 불교학과 석사학위논문

라정숙, 2005, 「고려시대 지장신앙」, 『史學研究』 80

라정숙, 2009, 「『삼국유사』를 통해 본 신라와 고려의 관음신앙」, 『역사와 현실』 71

羅淨淑, 2010, 『高麗時代 淨土信仰 研究』, 숙명여대 사학과 박사학위논문

라정숙, 2018, 「고려후기 『현행서방경(現行西方經)』 찬술과 아미타정토신앙」, 『韓國思想史學』 58

뤼지안푸, 2006, 「高麗 왕조의 祈禳佛教와 東傳한 密教」, 『佛教研究』 25

文明大, 1976, 「新羅 神印宗의 研究 -新羅密教와 統一新羅社會」, 『震檀學報』 41

文明大, 1992, 「智拳印毘盧遮那佛의 成立問題와 石南巖寺毘盧遮那佛像의 研究」, 『佛教美術』 11

文明大, 1994, 「毘盧遮那佛의 造形과 그 佛身觀의 研究 -毘盧遮那佛像 研究 Ⅰ」, 『李基白先生古稀紀念 韓國史學論叢』 上, 一潮閣

文相連(正覺), 2005, 『韓國佛教 經典信仰 研究』, 동국대 불교학과 박사학위논문

문상련(정각)·김연미, 2021, 「관음(觀音) 42수주(手呪) 및 『오대진언』의 성립과 전개」, 『불교미술사학』 31

文梨花, 1987, 「新羅時代 佛教의 密教的 展開에 對한 考察」, 원광대 사학과 석사학위논문

문진영, 2020, 「신라 명효 『해인삼매론』의 주요 내용과 특징」, 『불교철학』 7

閔賢九, 1979, 「高麗의 對蒙抗爭과 大藏經」, 『韓國學論叢』 1, 국민대 한국학연구소

박광연, 2006, 「眞表의 占察法會와 密教 수용」, 『韓國思想史學』 26

박광연, 2010, 『新羅 法華思想史 研究』, 이화여대 사학과 박사학위논문

박광연, 2012, 「高麗前期 佛教 教團의 전개 양상 -'業'과 '宗'의 용례를 중심으로」, 『한국중세사연구』 34

박광연, 2015, 「한국 오대산신앙 관련 자료의 재검토 -『삼국유사』 기록의 비판적 해석」, 『사학연구』 118

박광헌, 2014, 「高麗本 『密教大藏』 卷61에 관한 書誌的 研究」, 『書誌學研究』 58

朴魯俊, 1997, 『唐代 五台山文殊信仰과 그 東아시아的 展開에 關한 研究』, 성신여대 사학과 박사학위논문

박미선, 2007, 「新羅 五臺山信仰의 成立時期」, 『韓國思想史學』 28

박미선, 2011, 「新羅 占察法會와 密教」, 『東方學志』 155

朴泳洙, 1959, 「高麗大藏經版의 研究」, 『白性郁博士頌壽記念 佛教學論文集』

朴鎔辰, 2007, 「고려중기 義天의 佛教儀禮와 그 認識」, 『한국중세사연구』 22

박윤미, 2011, 「12세기 전반기의 국제정세와 고려-금 관계 정립」, 『史學研究』 104

박윤미, 2017, 「고려의 保州 수복과 고려·금 간 외교교섭」, 『한국중세사연구』 51

朴胤珍, 2010, 「고려 천태종의 종파 문제 -조선초 천태종의 선종 귀속의 역사적 배경」, 『韓國史學報』 40

朴宗基, 1997,「李奎報의 생애와 著述 傾向」,『韓國學論叢』19, 국민대 한국학
　　연구소

朴泰華, 1965,「新羅時代의 密敎 傳來考」,『曉城趙明基博士華甲紀念 佛敎史學
　　論叢』, 동국대출판부

朴泰華, 1986,「神印宗과 摠持宗의 開宗 및 發展過程攷」,『韓國密敎思想硏究』,
　　동국대출판부

朴漢男, 1982,『高麗의 對金外交政策 硏究』, 성균관대 사학과 박사학위논문

朴漢男, 1996,「고려 인종대 對金政策의 성격 －保州讓與와 投入戶口推刷 문제
　　를 중심으로」,『韓國中世史硏究』3

백진순, 2007,「유식학파에서 요가의 의미와 목적 －『해심밀경』「분별유가품」
　　을 중심으로」,『불교학연구』16

邊東明, 2004,「忠肅王의 密敎大藏 金字寫經」,『歷史學報』184

史文卿, 1998,「11세기 후반 慧德王師 韶顯의 金山寺 廣敎院 설치와 法相宗」,
　　『忠南史學』10

徐景洙, 1997,「麗末鮮初 佛敎의 密敎的 傾向」,『韓國密敎思想』, 한국언론자료
　　간행회

서병패, 2009,「安東 普光寺 木造觀音菩薩坐像 腹藏典籍 硏究」,『안동 보광사
　　목조관음보살좌상』

徐秀晶, 2004,「義天『新編諸宗敎藏總錄』의 佛敎書誌學的 硏究」, 동국대 불교
　　학과 석사학위논문

徐閏吉, 1977,「高麗의 護國法會와 道場」,『佛敎學報』14

徐閏吉, 1977,「新羅의 密敎思想」,『韓國哲學硏究』9

徐閏吉, 1977,「了世의 修行과 准提呪誦」,『韓國佛敎學』3

徐閏吉, 1981,「高麗의 密敎와 淨土信仰 －元旵의 現行西方經을 중심으로」,『東
　　國思想』14

徐閏吉, 1982,「高麗 密敎信仰의 展開와 그 特性」,『佛敎學報』19

徐志敏, 2006,「통일신라 비로자나불상의 도상 연구 －광배와 대좌에 보이는
　　중기밀교 요소를 중심으로」,『美術史學硏究』252

서지민, 2020,「석남사 비로자나불상을 통해 본 통일신라시대 여래형 지권인
　　비로자나불상의 도상과 신앙」,『불교미술사학』29

선상균(무외), 2006,「다라니 의미의 체계화 과정」,『밀교세계』1

宋基豪, 1987,「발해의 불교 자료에 대한 검토」,『崔永禧先生華甲紀念 韓國史
　　學論叢』, 探求堂

宋基豪, 1992, 「渤海佛教의 展開過程과 몇 가지 特徵」, 『伽山 李智冠스님 華甲 紀念論叢 韓國佛教文化思想史』上, 伽山文庫

辛奎卓, 2004, 「이자현의 선사상」, 『東洋哲學研究』 39

신동하, 1997, 「新羅 五臺山信仰의 구조」, 『人文科學研究』 3, 동덕여자대학교

신안식, 2011, 「고려 고종초기 거란유종의 침입과 김취려의 활약」, 『韓國中世 史研究』 30

신종원, 2010, 「『삼국유사』 신충괘관조의 몇 가지 문제」, 『新羅文化祭學術發表 論文集』 31

심효섭, 2000, 「韓國古代 佛教寺院內 四天王門의 形成考」, 『역사와 교육』 9

安啓賢, 1959, 「燃燈會攷」, 『白性郁博士頌壽記念 佛教學論文集』

安啓賢, 1960, 「麗元關係에서 본 高麗佛教」, 『海圓黃義敦先生古稀記念 史學論 叢』, 동국대학교 출판부

安啓賢, 1975, 「佛教行事의 盛行」, 『한국사』 6 -高麗貴族社會의 文化, 국사편 찬위원회

安啓賢, 1980, 「三國遺事와 佛教宗派」, 『新羅文化祭學術論文集』 1

安明姬, 1999, 「瑜伽唯識의 波羅蜜行」, 『韓國佛教學』 25

안승광, 2010, 「여몽전쟁기 신중도량의 설행」, 동아대 사학과 석사학위논문

안지원, 1997, 「고려시대 帝釋信仰의 양상과 그 변화」, 『國史館論叢』 78

안지원, 2011, 「고려후기 금석문을 통해 본 불교의례의 새로운 동향」, 『역사와 현실』 80

安眞鎬, 2001, 「寶篋印塔에 관한 研究」, 동국대 미술사학과 석사학위논문

양지은, 2009, 「麗末鮮初 多面多臂 菩薩 圖上 研究」, 이화여대 미술사학과 석 사학위논문

梁希姃, 2006, 「韓國 八大菩薩 圖像 研究」, 서울대 고고미술사학과 석사학위논문

양희정, 2008, 「고려시대 아미타팔대보살도 도상 연구」, 『美術史學研究』 257

엄기표, 2011, 「고려-조선시대 梵字眞言이 새겨진 石造物의 현황과 의미」, 『역 사민속학』 36

呂聖九, 1992, 「惠通의 生涯와 思想」, 『擇窩許善道先生停年記念 韓國史學論叢』, 一潮閣

呂淑子, 1979, 「高麗佛教의 密教的 要素」, 『綠友研究論集』 21

吳龍燮, 1986, 「高麗國新雕大藏校正別錄 研究」, 『書誌學研究』 1

吳龍燮, 2004, 「慧照國師 購來의 遼本大藏의 봉안」, 『書誌學研究』 27

옥나영, 2007, 「『관정경』과 7세기 신라 밀교」, 『역사와 현실』 63

옥나영, 2012, 「不可思議의 『大毘盧遮那供養次第法疏』의 찬술 배경과 의의」, 『韓國思想史學』 40

옥나영, 2013, 「『不空羂索陀羅尼經』의 신라 전래와 그 의미」, 『史學研究』 111

옥나영, 2016, 「紫雲寺 木造阿彌陀佛坐像의 腹藏 「如意寶印大隨求陀羅尼梵字軍陀羅像」의 제작 배경」, 『이화사학연구』 53

옥나영, 2020, 「고대~고려시대 佛頂尊勝陀羅尼 신앙 경향과 성격」, 『신라문화』 57

옥나영, 2020, 「『五大眞言』 千手陀羅尼 신앙의 배경과 42手 圖像」, 『규장각』 56

옥나영, 2021, 「밀교 승려 혜초의 사상과 신라 밀교 –『천발경』 서문을 중심으로」, 『韓國思想史學』 67

우주옥, 2010, 「高麗時代 線刻佛像鏡과 密敎儀式」, 『美術史學』 24

禹秦雄, 2010, 『韓國 密敎經典의 版畫本에 관한 연구』, 경북대 문헌정보학과 박사학위논문

元善喜, 2008, 「신라 하대 無垢淨塔의 건립과 『無垢淨光大陀羅尼經』 신앙」, 『韓國學論叢』 30, 국민대 한국학연구소

柳富鉉, 2003, 「『開寶勅版大藏經』에 관한 研究」, 『書誌學研究』 25

柳富鉉, 2004, 「高麗再雕大藏經에 收容된 契丹大藏經」, 『한국도서관·정보학회지』 35-2

柳富鉉, 2007, 「「高麗再雕大藏經」과 「開寶勅版大藏經」의 比較 研究」, 『불교학연구』 16

윤기엽, 2003, 『高麗後期 寺院의 實狀과 動向에 관한 研究』, 연세대 한국학협동과정 박사학위논문

尹善泰, 2002, 「新羅 中代의 成典寺院과 國家儀禮」, 『新羅文化祭學術論文集』 23

윤선태, 2015, 「新羅 中代 成典寺院과 密敎 –중대 國家儀禮의 視覺化와 관련하여」, 『先史와 古代』 44

尹龍爀, 1990, 「고려 대몽항쟁기의 불교의례」, 『歷史敎育論集』 13·14

윤용혁, 2010, 「고려 도성으로서의 江都의 제문제」, 『韓國史學報』 40

윤이흠, 1998, 「종교와 의례 –문화의 형성과 전수」, 『종교연구』 16

이강한, 2008, 「고려 충선왕의 정치개혁과 元의 영향」, 『한국문화』 43

이광수, 2002, 「삼국과 고려의 불교 辟邪 儀禮의 정치학」, 『역사와 경계』 43

李箕永, 1997, 「釋摩訶衍論의 密敎思想」, 『韓國密敎思想』, 언론자료간행회

이미숙, 2003, 「고려 태의감의 변천」, 『梨花史學研究』 30

이상훈, 2011, 「羅唐戰爭期 文豆婁 秘法과 海戰」, 『新羅文化』 37

李世賢, 1975, 「麗代 諸王의 天變觀과 恤刑」, 『論文集』 8, 군산대학교

이세호, 2010, 「新羅 中代 王權과 密敎」, 『동국사학』 49

이승혜, 2015, 「高麗時代 佛腹藏의 形成과 意味」, 『美術史學研究』 285

이승혜, 2017, 「韓國 腹藏의 密敎 尊像 安立儀禮적 성격 고찰」, 『미술사논단』 45

이승혜, 2018, 「중국 묘장 다라니(墓葬 陀羅尼)의 시각문화 당(唐)과 요(遼)의
  사례를 중심으로」, 『불교학연구』 57

이승혜, 2019, 「농소고분(農所古墳) 다라니관(陀羅尼棺)과 고려시대 파지옥(破
  地獄) 신앙」, 『정신문화연구』 42-2(통권 155)

이승혜, 2021, 「10~11세기 中國과 韓國의 佛塔 내 봉안 『寶篋印經』 재고」, 『이
  화사학연구』 62

이승희, 2016, 「고려후기 입상 아미타불도상의 재해석 -천태16묘관수행법의
  영향을 통해서」, 『美術史學研究』 289

李姸淑, 1995, 「一然의 『三國遺事』 편찬 의도에 관한 一考察 -神呪篇을 중심
  으로」, 『東義語文論集』 8

李永子, 2004, 「天台敎團의 觀音行法 儀禮」, 『天台學研究』 6

李龍範, 1964, 「元代 喇嘛敎의 高麗傳來」, 『佛敎學報』 2

李煜, 2000, 『儒敎 祈禳儀禮에 관한 研究 -朝鮮時代 國家祀典을 中心으로』, 서
  울대 종교학과 박사학위논문

李元求, 1991, 「韓國 符籍信仰의 一考察」, 『동양종교학』 1

李益柱, 1996, 『高麗·元關係의 構造와 高麗後期 政治體制』, 서울대 국사학과
  박사학위논문

李廷秀, 1994, 「不空三藏의 文殊信仰에 관한 研究」, 동국대 불교학과 석사논문

이정수, 2010, 「밀교승 혜초의 재고찰 -『表制集』을 중심으로」, 『佛敎學報』 55

이정신, 2004, 「고려 무신집권기의 국왕, 희종 연구」, 『한국인물사연구』 2

이정신, 2006, 「고려시대 명종 연구」, 『한국인물사연구』 6

이정신, 2008, 「원 간섭기 원종·충렬왕의 정치적 행적」, 『韓國人物史研究』 10

이정희, 2009, 「明皛 『해인삼매론』의 화엄사상과 밀교적 특성」, 『한국불교학』 55

李鍾益, 1979, 「韓國佛敎諸宗派成立의 歷史的考察」, 『佛敎學報』 16

이현숙, 2019, 「치유 공간으로서의 한국고대 사찰 -신라 흥륜사를 중심으로」,
  『新羅史學報』 46

李弘稙, 1959, 「新羅僧官制와 佛敎政策의 諸問題」, 『白性郁博士頌壽記念 佛敎
  學論文集』, 東國大學校

이희재, 2001, 「초례(醮禮)의 종교적 의미」, 『종교교육학연구』 12

林基榮, 2009, 『海印寺 寺刊板殿 所藏 木板 研究』, 경북대 문헌정보학과 박사
　　　　학위논문

임기영, 2014, 「고려시대 밀교 문헌의 간행 및 특징」, 『書誌學研究』 58

임석규, 2010, 「石山寺 所藏 加句靈驗佛頂尊勝陀羅尼記에 대한 一考察」, 『동북
　　　　아영사논총』 27

林惠懃, 2006, 「고려시대 질병 치료와 승려」, 동아대 사학과 석사학위논문

임혜경, 2012, 「義天의 《新編諸宗敎藏總錄》 편찬과 그 의의」, 『韓國史論』
　　　　58, 서울대 국사학과

장익, 1999, 「密敎의 起源에 관한 고찰」, 『田雲德總務院長華甲紀念 佛敎學論叢』,
　　　　救仁寺

장익, 2002, 「『大日經』의 修行次第에 관한 考察」, 『회당학보』 7

장익, 2007, 「初期 大乘經典에서 陀羅尼 機能의 變化」, 『印度哲學』 23

장익, 2009, 「밀교경전에 나타난 호마의 의미와 성취법」, 『밀교세계』 5

張志勳, 2001, 「신라 佛敎의 密敎的 성격」, 『先史와 古代』 16

張忠植, 1996, 「新羅 狼山遺蹟의 諸問題(Ⅰ) -四天王寺址를 中心으로」, 『新羅
　　　　文化祭 學術發表會 論文集』 17

全宗釋, 1991, 「高麗時代의 密敎經典 傳來 및 雕造考 -高麗密敎의 性格과 思
　　　　想」, 『鏡海法印申正午博士華甲紀念 佛敎思想論叢』, 荷山出版社

전동혁, 1992, 「「眞言集」 「秘密敎」로부터 본 李朝密敎」, 『中央僧伽大學 論文集』 1

鄭炳三, 1982, 「統一新羅 觀音信仰」, 『韓國史論』 8, 서울대 국사학과

정병삼, 2004, 「7세기 후반 신라불교의 사상적 경향」, 『불교학연구』 9

정병삼, 2005, 「8세기 신라의 불교사상과 문화」, 『新羅文化』 25

정병삼, 2005, 「慧超의 활동과 8세기 신라밀교」, 『韓國古代史研究』 37

정병삼, 2007, 「신라불교사상사와 『삼국유사』 의해편」, 『불교학연구』 16

정병삼, 2009, 「고려 후기 體元의 관음신앙의 특성」, 『佛敎研究』 30

정병삼, 2010, 「고려 再雕大藏經 '외장'의 사상적 의의」, 『佛敎學研究』 27

정병삼, 2011, 「고려대장경의 사상사적 의의」, 『佛敎學研究』 30

정병삼, 2011, 「『삼국유사』 神呪편과 感通편의 이해」, 『新羅文化祭學術論文集』 32

정병삼, 2013, 「신라 약사신앙의 성격 -교리적 해석과 신앙활동」, 『佛敎研究』 39

鄭柄朝, 1983, 「新羅法會儀式의 思想的 性格」, 『新羅文化祭學術發表論文集』 4

鄭盛準, 1993, 「新羅 藥師信仰 研究」, 『佛敎大學院論叢』 1, 동국대 불교대학원

鄭盛準, 2006, 「東北亞 密敎의 修行理念 考察」, 『韓國佛敎學』 44

鄭盛準, 2008, 「『대비로자나경차제법소(大毘盧遮那經次第法疏)』의 밀교사적 의미 고찰」, 『韓國佛敎學』 50

정성준, 2009, 「선과 밀교의 소통에 관한 고찰」, 『종교교육학연구』 29

정성준, 2012, 「요송시대 중국밀교의 준제진언 수용 연구 -『현밀성불원통심요 집』을 중심으로」, 『韓國禪學』 32

정성준, 2013, 「중국 화엄과 밀교 교섭의 양상에 대한 고찰 -陀羅尼의 受容을 중심으로」, 『선문화연구』 14

정성준, 2016, 「수당시대 천태종학의 밀교소재에 대한 해석」, 『불교연구』 44

정은우, 2009, 「고려시대의 관음신앙과 도상」, 『불교미술사학』 7

정은우, 2010, 「고려 중기 불교조각에 보이는 북방적 요소」, 『美術史學硏究』 265

鄭恩雨, 2012, 「고려후기 불교조각과 원의 영향」, 『震檀學報』 114

정은우, 2015, 「공주 마곡사 오층석탑 금동보탑 연구」, 『백제문화』 52

鄭濟奎, 1989, 「統一新羅의 佛敎信仰 變遷 小考 -密敎的 特性을 中心으로」, 『史學志』 22-1

정진영, 2020, 「나말려초 '묘관찰지인' 아미타불상의 출현과 의미」, 『美術史學』 39

정진희, 2013, 「고려 熾盛光如來 신앙 고찰」, 『정신문화연구』 36-3

鄭泰爀, 1981, 「韓國佛敎의 密敎的 性格에 대한 考察」, 『佛敎學報』 18

鄭泰赫, 1986, 「首楞嚴三昧와 楞嚴呪의 不二性 小考」, 『佛敎學報』 23

鄭泰爀, 1997, 「高麗朝 各種道場의 密敎的 性格」, 『韓國密敎思想』, 한국언론자료간행회

趙明基, 1959, 「大覺國師의 天台의 思想과 續藏의 業績」, 『白性郁博士頌壽記念佛敎學論文集』, 동국대학교

趙明濟, 2000, 『高麗後期 看話禪의 受容과 展開』, 부산대 사학과 박사학위논문

趙明濟, 2002, 「高麗中期 居士禪의 사상적 경향과 看話禪 수용의 기반」, 『역사와 경계』 44

曺凡煥, 2010, 「9세기 赤山法華院의 佛敎儀禮 -특히 菩薩戒 受戒 의례를 中心으로」, 『韓國古代史探究』 4

조승미, 2014, 「『금광명경』의 여신들과 한국불교에서의 그 신앙문화」, 『불교학연구』 39

조승미, 2016, 「불교의 여신 마리지천에 대한 동아시아의 신앙 문화」, 『佛敎學報』 75

曺元榮, 1999, 「新羅 中古期 佛敎의 密敎的 性格과 ≪藥師經≫」, 『釜大史學』 23

조원영, 2001, 「新羅 中代 神印宗의 成立과 그 美術」, 『釜山史學』 40·41

조은순, 2008, 「崔瑀의 佛教政策과 修禪社 慧諶」, 『보조사상』 30

宗釋(전동혁), 1992, 「密教의 受容과 그것의 韓國的 展開(1)」, 『중앙승가대학 교수 논문집』 2

종석(전동혁), 1995, 「밀교의 수용과 그것의 한국적 전개(2) -밀교종파 총지종의 형성과 전개」, 『중앙승가대학 교수 논문집』 4

宗釋(全東赫), 1996, 「唐朝의 純密盛行과 入唐 新羅 密教僧들의 思想 -순밀사상의 신라전래와 그것의 한국적 전개」, 『중앙승가대학 교수 논문집』 5

종석, 1998, 「韓國에서의 密教의 受容과 展開」, 『密教學研究』 1, 진각종 교육원

宗釋(全東赫), 2003, 「고려불교에 있어 밀교가 차지하는 위상」, 『중앙승가대학교 교수 논문집』 10

宗釋(全東赫), 2007, 「不空三藏의 밀교부흥과 오대산 文殊信仰의 밀교화 -『大辨正廣智三藏和上表制集』을 중심으로」, 『중앙승가대학교 교수 논문집』 11

진민경, 1997, 「高麗武人執權期 消災道場의 設置와 그 性格」, 부산대 사학과 석사학위논문

陳旻敬, 1998, 「高麗武人執權期 消災道場의 設置와 그 性格」, 『釜大史學』 22

蔡尚植, 2003, 「한국 중세불교의 이해 방향과 인식틀」, 『民族文化論叢』 27

蔡尚植, 2004, 「고려후기 圓妙國師 了世의 백련결사와 그 역사적 의의」, 『天台學研究』 6

채웅석, 2012, 「고려 말 권근(權近)의 유배(流配)·종편(從便) 생활과 교유」, 『역사와 현실』 84

千惠鳳, 1991, 「高麗初期刊行의 寶篋印陀羅尼經」, 『古山千惠鳳教授定年紀念選集 韓國書誌學研究』, 삼성출판사

崔夢龍, 1978, 「光州 十信寺址 梵字碑 및 石佛移轉始末」, 『美術史學研究』 138·139

崔柄憲, 1980, 「高麗時代 華嚴學의 變遷 -均如派와 義天派의 對立을 중심으로」, 『韓國史研究』 30

최성규, 2011, 「金剛界37尊圖의 韓國的 展開에 대한 연구」, 『회당학보』 16

최성은, 2002, 「나말려초 중부지역 석불조각에 대한 고찰 -궁예 태봉(901~918)지역 미술에 대한 시고」, 『역사와 현실』 44

崔聖銀, 2008, 「高麗時代 護持佛 摩利支天像에 대한 고찰」, 『佛教研究』 29

崔昭暎, 2010, 「13세기 후반 티베트와 훌레구 울루스」, 서울대 동양사학과 석사학위논문

최소영, 2021, 「대칸의 스승: 팍빠('Phags pa, 八思巴, 1235~1280)와 그의 시대」, 『東洋史學研究』 155

崔愛梨, 2006, 「『新編諸宗教藏總錄』의 편성체계 연구」, 동국대 불교학과 석사학위논문

최애리, 2007, 「『新編諸宗教藏總錄』의 편성체계 고찰」, 『書誌學報』 31

최연식, 2004, 「≪健拏標訶一乘修行者秘密義記≫와 羅末麗初 華嚴學의 一動向」, 『韓國史研究』 126

최연식, 2011, 「신라 및 고려시대 화엄학 문헌의 성격과 내용」 『佛教學報』 60

최연식, 2012, 「釋迦塔 발견 墨書紙片의 내용을 통해 본 高麗時代 佛國寺의 현황과 운영」, 『佛教學報』 61

秋明燁, 2001, 「11世紀後半~12世紀初 女眞征伐問題와 政局動向」, 『韓國史論』 45, 서울대 국사학과

추명엽, 2002, 「고려전기 '번(蕃)' 인식과 '동·서번'의 형성」, 『역사와 현실』 43

하정룡, 2002, 「『三國遺事』 神呪第六 惠通降龍條와 新羅密敎」, 『회당학보』 7

韓基汶, 1983, 「高麗太祖의 佛教政策 -創建 寺院을 중심으로」, 『大丘史學』 22

韓基汶, 1988, 「新羅末·高麗初의 戒壇寺院과 그 機能」, 『歷史教育論集』 12

韓基汶, 2000, 「高麗時代 開京 現聖寺의 創建과 神印宗」, 『歷史教育論集』 26

韓基汶, 2003, 「高麗時期 定期 佛教 儀禮의 成立과 性格」, 『民族文化論叢』 27

한기문, 2010, 「고려시대 寺院의 정기 行事와 交易場」, 『大丘史學』 100

한기문, 2010, 「佛教를 통해 본 통일신라·고려 왕조의 연속성 -종단사상을 중심으로」, 『한국중세사연구』 29

한기문, 2011, 「고려시대 資福寺의 성립과 존재 양상」, 『民族文化論叢』 49

한성자, 2001, 「다라니를 통해 본 지공화상의 밀교적 색채」, 『삼대화상 연구논문집III -지공·나옹·무학·함허화상』, 불천

한성자, 2002, 「『文殊舍利最上乘無生戒經』을 통해 본 지공화상의 밀교적 색채」, 『회당학보』 7

韓定燮, 1976, 「佛教 符籍信仰 小考 -특히 密教符를 중심하여」, 『韓國佛教學』 2

許一範(귀정), 2005, 「韓國密教의 特性과 曼茶羅」, 『학술대회 발표집』, 회당학회

허일범, 1994, 「만다라의 이론과 실천」, 『회당학보』 3

許一範, 2000, 「高麗·朝鮮時代의 梵字文化 研究」, 『회당학보』 5

허일범, 2001, 「한국의 진언·다라니 신앙 연구 -육자진언과 천수다라니를 중심으로」, 『회당학보』 6

許一範, 2007, 「韓國의 六字眞言信仰과 金剛界三十七尊의 習合」, 『회당학보』 12

허일범, 2008, 「진언의 형성과정에서 파릿타의 역할 -진언과 파릿타의 활용목
　　적을 중심으로」, 『회당학보』 13

허일범, 2009, 「한·몽 불교문화의 流轉 -문화적 유전과 사찰의 천정장엄」, 『회
　　당학보』 14

허형욱, 2005, 「석굴암 梵天·帝釋天像 도상의 기원과 성립」, 『美術史學硏究』
　　246·247

許興植, 1997, 「宗派의 起源에 대한 試論」, 『高麗佛教史硏究』, 一潮閣

許興植, 1999, 「佛腹藏의 背景과 1302년 阿彌陀佛腹藏」, 『高麗의 佛腹藏과 染
　　織 : 1302年 織造環境과 織物의 特性』, 계몽사

헨릭 소렌슨, 2004, 「동아시아 전통의 관점에서 살펴 본 고려시대 밀교의 성
　　격」, 『금강대학교 국제불교학술회의 발표문』

혜정, 2007, 「韓國密教와 金剛界三十七尊」, 『회당학보』 12

洪潤植, 1975, 「韓國佛教 儀禮의 密教信仰的 構造 -日本佛教 儀禮와의 比較를
　　中心으로」, 『佛教學報』 12

洪潤植, 1980, 「三國遺事와 密教」, 『東國史學』 14

洪潤植, 1980, 「三國遺事와 佛教儀禮」, 『新羅文化祭學術發表論文集』 1

洪潤植, 1984, 「新羅의 佛教儀禮」, 『新羅文化祭學術發表論文集』 5

洪潤植, 1988, 「≪高麗史≫ 世家篇 佛教記事의 歷史的 意味」, 『韓國史硏究』 60

洪潤植, 1993, 「新羅 社會와 曼荼羅」, 『新羅佛教의 再照明』, 신라문화선양회,
　　書景文化社

홍윤식, 1994, 「불교행사의 성행」, 『한국사』 16 -고려 전기의 종교와 사상, 국
　　사편찬위원회

洪潤植, 1995, 「新羅華嚴思想의 社會的 展開와 曼荼羅」, 『千寬宇先生還曆紀念
　　韓國史學論叢』, 正音文化社

황인규, 2003, 「여말선초 유가종승의 동향」, 『東國史學』 39

黃仁奎, 2007, 「高麗後期 教宗僧의 中國遊歷과 佛教界의 動向」, 『佛教硏究』 27

황인규, 2015, 「고려후기·조선초 천태종단의 존재양상 추이 및 동향 -주요 고
　　승과 사찰을 중심으로」, 『한국불교학』 74

(2) 외국어

嘉木揚凱朝, 2000, 「モンゴル佛教の開拓者サキャ·パンチン」, 『印度學佛教學硏
　　究』 48-2(96)

干潟龍祥, 1939, 「佛頂尊勝陀羅尼經諸傳の硏究」, 『密教硏究』 68

鎌田茂雄, 1960, 「華嚴思想史よりみた遼代密敎の特質」, 『印度學佛敎學研究』8-2(16)

鎌田茂雄, 1992, 「'清涼山記'攷 −五臺山における佛頂陀羅尼信仰」, 『興敎大師覺
　　　鑁研究 −興敎大師八百五十年御遠忌記念論集』, 東京: 春秋社

氣賀澤保規, 1999, 「『房山石經(遼金刻經)』 所載石經總目錄」, 『中國佛敎石經の
　　　研究』, 京都大學出版會

大塚伸夫, 1985, 「三密思想について」, 『印度學佛敎學研究』67(34-1)

大澤信, 2011, 「高麗時代の被帽地藏菩薩像に關する研究」, 靑山學院大學 碩士學
　　　位論文

三崎良周, 1983, 「佛頂尊勝陀羅尼經と諸星母陀羅尼經」, 『敦煌と中國佛敎』, 東
　　　京: 大東出版社

三崎良周, 1985, 「台密の蘇悉地法をめぐる諸問題」, 『密敎文化』149

小野玄妙, 1920, 「千臂千鉢曼殊室利經幷其序眞僞考」, 『佛敎學雜誌』1-4

松長有慶, 1978, 「三種悉地と破地獄」, 『密敎文化』121

矢崎正見, 1958, 「パクパの敎學について」, 『印度學佛敎學研究』7-1(13)

野上俊靜, 1944, 「契丹人と佛敎」, 『佛敎研究』7-4, 佛敎研究會, 大東出版社

二楞生, 1922, 「燉煌千佛洞壁畫千臂千鉢文殊曼茶羅に就いて」, 『佛敎學雜誌』3-3

李泰昇, 1993, 『『二諦分別論細疏』の研究 −後期中觀思想の展開に關する考察』,
　　　駒澤大學 博士學位論文

長部和雄, 1944, 「一行禪師の研究」, 『密敎研究』87

全東赫, 1989, 「『梵書總持集』から見た高麗密敎の性格」, 『大正大學 綜合佛敎研
　　　究所年報』11

前田聽瑞, 1919, 「初期 朝鮮密敎 私考」, 『密敎研究』12

全宗釋, 1987, 「高麗佛敎と元代喇嘛敎との關係 −喇嘛敎の影響を中心に」, 『印度
　　　學佛敎學研究』35-2(70)

鄭學權, 1975, 「韓國佛敎に於ける密敎傳來について」, 『印度學佛敎學研究』46(23-2)

佐藤厚, 2003, 「韓國佛敎における華嚴敎學と密敎との融合」, 『印度學佛敎學研究』
　　　51-2(102)

村岡倫, 1996, 「元代モンゴル皇族とチベット佛敎 −成宗チムルの信仰を中心に
　　　して」, 『佛敎史學研究』39-1

許一範, 2000, 「チベット・モンゴル佛敎の高麗傳來について」, 『印度學佛敎學研
　　　究』48-2(96)

唐希鵬, 2004, 「中國化的密敎 −≪顯密圓通成佛心要集≫思想研究」, 四川大學 碩
　　　士學位論文

Chi Chen Ho, *The Śūraṃgama Dhāraṇī in Sinitic Context: from the Tang Dynasty through the Contemporary Period*, Ph.D diss., UCLA, 2010

Henrik H. Sørensen, "On the Sinin and Ch'ongji Schools and the Nature of Esoteric Buddhist Prantice under the Koryŏ", *International Journal of Buddhist Thought & Culture* Vol. 5, 2005

Henrik H. Sørensen, "Worshipping the Cosmos; Tejaparabha Rituals under the Koryŏ", *International Journal of Buddhist Thought & Culture* Vol. 15, 2010

Henrik H. Sørensen, "Esoteric Buddhism under the Koryŏ(918-1392)", *Esoteric Buddhism and the Tantras in East Asia*, Leiden; Boston : Brill, 2011

Paul F. Copp, *Voice, Dust, Shadow, Stone: The Makings of Spells in Medieval Chinese Buddhism*, Ph.D diss., Princeton University, 2005

Sooyoun Kim, "Esoteric Buddhism and the Cross-cultural Transfiguration of *Śūraṃgama-sūtra* Faith in Goryeo", *Asian Review of World Histories* Vol. 2-2, 2014

Suah Kim(Ven. Soun), "The Doctrine of Faith in Amitabha's Pure Land in the *Hyeonhaeng seobang gyeong*", *The Journal of the Korean Association for Buddhist Studies* Vol. 77, 2016

고려 사회와 밀교

초판인쇄 2022년 6월 20일
초판발행 2022년 6월 30일

저   자 김수연
펴 낸 이 김성배
펴 낸 곳 도서출판 씨아이알

책임편집 신은미
디 자 인 송성용, 박진아
제작책임 김문갑

등록번호 제2-3285호
등 록 일 2001년 3월 19일
주   소 (04626) 서울특별시 중구 필동로8길 43(예장동 1-151)
전화번호 02-2275-8603(대표)
팩스번호 02-2265-9394
홈페이지 www.circom.co.kr

I S B N 979-11-6856-080-2 93220
정   가 23,000원